笃学大讲堂

DuXue Da JiangTang

中国社会科学院研究生院文丛

主 编 黄晓勇

社会科学文献出版社
SOCIAL SCIENCES ACADEMIC PRESS (CHINA)

王　蒙 ▶

◀ 李学勤

◄ 西原春夫

高 宏 ►

姜　昆 ▶

◀ 罗伯特·卜若柏

冯远征 ◀

关键期

◀ 彭光谦

季塔连科 ▶

◀ 郑欣淼

◀ 唐双宁

单霁翔 ▶

编委会成员

前　言

当前，国际金融危机正在演化成一场对全球未来战略格局产生深刻影响的重大革命，机制要素重组，中国经济正面临洗牌和结构性战略转型，并由此进入了继续由发展主导的机遇和挑战凸显的新时期。时代要求中国思想和东方智慧必须再次集结出发，寻找由科学发展观引领的转变中国发展方式之路。

2011年初，中国社会科学院研究生院顺利迁至良乡新校园。为了让广大师生适应新的学习生活环境，进一步丰富同学们的精神文化生活，同时促进我院与良乡大学城其他兄弟院校的友好交流，在我院党委的支持下，我们以社会面临的重大学术课题、经济热点问题等为切入点，策划举办了新校园落成典礼之"社科大师大讲堂"系列讲座活动，以期引领全校师生的思想，并对社会意识产生一定影响。

该活动以"治学·社会·人生"为主题，王蒙、李学勤、西原春夫、姜昆、彭光谦、季塔连科、郑欣淼、唐双宁、单霁翔等一批著名专家、学者先后作为应邀嘉宾来我院做精彩演讲，演讲主题涉及政治、经济、文化、军事、历史、艺术等诸多领域。嘉宾们的讲座风格迥异，却都基于深厚的专业功底，辅以自身多年的感悟，厚积而薄发，坦诚地与同学们分享自己的世界观、人生观和价值观，无论是谈论学术、剖析社会，还是畅谈人生，都阐发了自己独到的见解，为广大师生、员工呈上了一场场深邃广博的思想盛宴。

广大听众在讲座过程中认真聆听，在互动环节积极发言，对不解的地方虚心求教，对怀疑的问题大胆直陈，充分彰显了研究生院"笃学、慎思"的严谨治学风貌。

"社科大师大讲堂"成效显著，对提升我院新校园的学术氛围和人文精神起了重要的推动作用，得到了我院领导、广大师生的一致肯定和广泛好评。为了保存大讲堂的完整意义，我院决定将大讲堂所有的讲座文稿整理成集纳入此书，与社会科学文献出版社合作出版。"社科大师大讲堂"本辑共十二讲，各章内容如下：

第一讲：文化部原部长、著名作家王蒙先生以"传统文化中的几个问题"为题，从泛道德论、泛哲学论以及泛相对主义论三个方面剖析了中国传统文化的特征，提出了中国传统文化在现代社会的出路。

第二讲：著名历史学家、古文字学家李学勤先生以"发现·理论·眼界"为题，阐明了发现、理论和眼界对于治学的重要作用，其中发现是契机，理论是基础，眼界则是治学深度与广度的保证。

第三讲：日本早稻田大学原校长、著名学者西原春夫先生以"人类历史的未来发展趋势——成立区域性国际组织"为题，以欧共体的形成和作用为分析案例，强调亚洲成立区域性国际组织的可能性与必要性以及为达到这一目标亚洲各国目前所面临的任务。

第四讲：著名农民画家高宏先生以"活下去——走来的农庄"为题，展开了一幅扎根于黄土高原的陕北农民粗糙坚韧的生活画卷，通过对"饥饿、活着、承受、希望"的解读，再现了自己对生命、生活的体验及人性的种种理解。

第五讲：中国曲艺家协会原党组书记、著名相声表演艺术家姜昆先生以"中国说唱艺术的魅力"为题，介绍了中国戏曲艺术的来龙去脉，充分展现了中国说唱艺术的巨大魅力。同时他不无担忧地指出，作为中国传统文化的重要组成部分的曲艺艺术的发展遇到了新时期的考验。

第六讲：北美经济学家、中央财经大学教授罗伯特·卜若柏先生以"中美经济前景分析"为题，从能源经济、中美关系、金融危机等方面，对比分析了中美改革的共同点、金融危机对于经济改革的影响以及中美应对策略等问题，强调了中美两国加强合作的重要性。

第七讲：著名演员冯远征先生以"冯远征的艺术人生"为题，通过分享本人的从艺历程，指出无论是在哪个行业，只有不断地努力，不轻言放弃，并以从容淡泊的心态去看待成败得失，才能走得更远。

第八讲：中国人民解放军军事科学院少将、著名军事战略研究专家彭光谦先生以"中美关系和我国未来国际安全环境"为题，从实力、意图和行动三个维度对挑战我国国际安全的因素进行评估，着重分析了中美之间复杂微妙的双边关系对我国国际安全所造成的长期影响，并得出结论，中美两国之间的这种既斗争又合作的局面在短期内不会消失，双方应积极努力以实现中美关系的软着陆。

第九讲：俄中友协主席、俄罗斯科学院院士季塔连科先生以"苏联解体和中国改革开放的世界经验"为题，客观分析了苏联解体的种种原因，肯定了中国特色社会主义道路的成就，并以中国改革开放的卓越成就为例，反证苏联解体是 20 世纪最大的悲剧，同时论证这并不意味着马列主义和科学社会主义理论和实践的崩溃。

第十讲：时任文化部党组成员、故宫博物院院长兼党委书记郑欣淼先生以"故宫学与新国学思潮"为题，首先论述了国学研究的重要性，继而从国学思潮与故宫学的产生、国学的学术使命与故宫学的学术价值等方面解读了故宫学与新国学思潮的相得益彰，强调了故宫学这门新学科的学术责任和历史使命。

第十一讲：中国光大集团董事长、党委书记唐双宁先生以"金融危机大背景下的中国与世界"为题，全面深入地分析了金融危机背景下的国际形势和中国面临的机遇与挑战，接着指出坚持中国特色社会主义道路，坚持改革开放，努力解决发展中遇到的各种矛盾和问题才是中国抓住机遇、迎接挑战的良方。

第十二讲，文化部党组成员、故宫博物院院长单霁翔先生以"城市文化建设与文化遗产保护"为题，深入地总结、分析了我国城市文化建设及文化遗产保护中存在的问题，并对这些问题提出了切实可行的解决方案。同时，还阐述了故宫博物院宏伟的未来发展规划。

为方便读者阅读，成书时略作调整，分成三篇，分别是"文化与艺术""治学与人生"及"中国与世界"。其中，"文化与艺术"涵盖第一讲、第五讲、第七讲、第十讲及第十二讲；"治学与人生"涵盖第二讲、第四讲；"中国与世界"涵盖第三讲、第六讲、第八讲、第九讲及第十一讲。

本辑"笃学大讲堂"所收录文稿起自 2011 年 4 月 25 日，止于 2012 年 5 月 15 日，历时约一整年。本书的出版恰如"社科大师大讲堂"（现名"笃学大讲堂"）的周年献礼，为这次活动的阶段性收获画上了圆满的句号。

黄晓勇

2012 年 6 月 25 日

目　录

文化与艺术

治学与人生

中国与世界

文化与艺术

传统文化中的几个问题

王 蒙

主持人 黄晓勇（中国社会科学院研究生院党委书记）：大家上午好，4月 23 日是世界读书日。在这书香浓郁、满眼青绿的大好时节，中国社会科学院研究生院也迎来了创建新校区后的首次学术盛典——新校园落成典礼之"社科大师大讲堂"。本次大讲堂以治学、社会、人生为主题，我们盛情邀请了多位国内国外知名的专家、学者、业界名人前来讲学。希望通过聆听他们讲述的新锐的思想观点、丰富的人生经历，我们大家在思想上能够受到启迪，在治学为人方面能够获得收获。

今天，新校园落成典礼之"社科大师大讲堂"在这里拉开帷幕。首堂讲座，我们十分荣幸地邀请到了文化部原部长、中国作协副主席、享誉中外的知名作家、学者王蒙先生。王蒙先生是中国当代最具影响力的作家之一，不仅以其性格刚毅著称，还以其经历坎坷而闻名，七十七岁高龄仍然笔耕不辍，创作成果十分丰富，据不完全统计，已发表长篇小说七部、中篇短篇微型小说几十余部、古典研究文学著作两部、旧体诗集一卷、新诗集两卷。王蒙先生不仅是中国当代文坛上创作极为丰富的作家，而且是始终保持着旺盛的创作活力的作家。王蒙先生的语言集睿智、精辟、幽默为一体，其作品不仅在国内影响广泛，还被翻译成二十余种文字在世界各地发行，先后获得过意大利蒙德罗国际文学奖、日本创价学会和平与文化奖。王蒙先生同时也是一位著名的文化活动家和文化使者，曾参与策划和组织的许多重大的文化活动影响深远，为传播中华文化、为我国的对外文化交流做出了突出的贡献。更为令人敬重的是，在社会发展与变迁十分迅速的今天，王蒙先生仍然坚持读书、坚持思考、坚持写作，十分重视人文精神的传承与弘扬，也强调文化交流与融汇，从未停止对中国文化尤其是中国传统文化的关注与思考。王蒙先生拥有丰富的生活积淀、渊博的知识积累、深厚的文化修养，对我国传统文化有着独到的领悟，其视野之开阔、理解之深刻无疑是我辈努力追赶而难以望其项背的。王蒙先生认为，中国在吸收大量民主、科学、社会进步等思想观念后，更应该珍惜传统文化中有价值的、美好的内容，这将有利于维护社会的和谐与稳定，也将为中国长远的改革与发展创造更为有利的氛围。

在得知王蒙先生将要莅临我们研究生院讲课后，社科院有关研究所的研究人员、我们周边兄弟院校的师生员工、房山区有关部门的工作人员也纷纷赶来，一睹大师风采。我们对各位的到来表示热烈的欢迎！下面就让我们以最热烈的掌声欢迎王蒙先生为我们讲解《传统文化中的几个问题》。

王蒙（文化部原部长、著名作家）：大家好，我很高兴有机会在这个即将正式落成的崭新的社科院研究生院跟大家就一些有兴趣的话题进行交流，对我个人而言也是一种荣幸。但是，我确实也非常惶恐，因为我的特点跟各位不一样，我既缺少科班的学问训练，也没有一个很严谨、缜密的学术功底，即兴的、闲谈式的东西多，所以一到这我得先声明，我谈的是"山寨版"的传统文化。不过这个也有根据，礼失而求诸野，传统文化也可以"山寨"地研究研究。我是业余地探究传统文化，我的主业是写小说，不过传统文化也给了我一个很好的词——小说家言。小说家言就是稗官野史、引车卖浆之流的一些说法，跟那些很一板一眼的说法不完全一样，是野路子的或者叫赤脚的。

我谈传统文化中的几个问题，是因为关于中国传统文化的谈法我也掌握不全，有的是以儒家为正宗来谈，有的是以儒道互补来谈，有的则是以阴阳五行为基础来谈中国的文化。我过去也曾经很喜欢把汉字作为中国文化的一个核心来谈传统文化，我现在能做到的就是从整个传统文化中找几个有趣的问题和大家讨论，一是关于泛道德论或者简称为泛善论，一是泛哲学论或者称之为泛道论，还有一个姑且称之为泛相对主义，或者称之为泛易论。

第一，我先讲泛道德论。中国很早就有一个说法，"天下惟有德者居之"。因为中国崇信这种一元化的权力结构，统治的合法性就在于你是有德者，你在道德上要可以成为人民的表率。我在一些书里面，更喜欢用的词是"民人"。为什么我不说人民而说"民人"呢？因为在解放战争时期，人民这个词差不多是解放区的专利，意识形态性非常强。国民党那边是讲国民，日语里面也不用人民而用国民，到市里叫市民，到县里叫县民，人民是共产党的词，相信先秦诸子的时候，可能还没有这种意识形态的概念。当然若是让大学问家来研究，"人"和"民"这两个词意思还不一样，"民"是小老百姓，"人"是奴隶主。统治者必须要成为"民人"道德上的表率。统治里面不仅包含行政的管理，还包含教化。这种道德至上的论点被孔子大大强化了，孔子要在不可能完全平等的人际关系中树立一个道德的规范，也就是君君臣臣、父父子子。这个论点再往后发展下去，就是以德治国。来这之前，我一直想找"天下惟有德者居之"这句话最早出自哪里，结果查了半天，发现最早是《三国演义》中说的。但是类似的意思很多，早到《吕氏春秋》就已经有这种说法。这种观点的意思是说天子、皇权的合法性和他的道德表率、道德修养以及道德境界有关。这种说法很高明，而且不容易做到。这种观点在给了封建统治者以统治合法性的同时，又给了封建统治者以极大的压力。因为道德上，你是很难做到尽善尽美的。你可以说我能做到 GDP 每年提升百分之几，或者说我要整顿社会秩序，这些都好说。但是说到我要做大家道德上的表率，这个就很难了，因为道德是不好衡量的。所以这种不完全能做到的成为道德表率的要求，既可能成为统治者为自己的权力作打扮的一个外衣，也可能成为老百姓批评统治者的一个根由。最近，我看到有关意大利总理的一些报道，若在中国，他可能早就被轰走了，被轰下台了，送去一年半劳教都有可能，在中国绝对不可能出现这样的人物。所以不完全能够实现的道德表率的要求，在客观上成为对中国的封建皇权的一种文化监督，一种道德压力。我们不是常说，中国的权力缺少监督、缺少压力吗？这个压力有，就是这种道德上的要求。我们可以反过来设想，你的统治是以你的道德上的制高点为合法性的，而你道德上老是达不到这个制高点，就会成为"民人"对你谴责、不满甚至成为某些乱世英雄想取而代之的最重要的理由。这样，我们看到传统文化里面有两个方面，一方面是君臣观念，"君要臣死，臣不得不死"，"父要子亡，子不敢不亡"，要求绝对的忠心。要愚忠，绝对没有聪明的忠、智慧的忠，一智慧他就忠不到哪儿去。另一个比较厉害的方面，那就是"无道昏君"，一旦被扣上"无道昏君"的帽子就危险了，有道是"水能载舟，亦能覆舟"，当你是无道昏君的时候，"民人"就要把你给革命掉。比如孟子云"民为贵，社稷次之，君为轻"等等，中国有很多在这方面的很厉害的话语。陈胜、吴广说"王侯将相，宁有种乎"，你是天生的吗？你也不是天生的。秦始皇出巡，项羽看见了，说"彼可取而代之"，刘邦看见了，则说"大丈夫当如是也"。

　　毛主席曾经多次指出，儒家的那一套是失败的，他说历代的帝王都批评秦始皇，实际上做事学的都是秦始皇那一套。在"文化大革命"中还有一个提法，叫做"评法批儒"，历代的帝王在中国搞政治统治，在中国掌权，要实行法家那一套，那个时候的法家思想跟我们现在说的注意法治（rule by law）和法制（law system）含义不同。中国的法家侧重研究权力，研究驭民之术，就是如何保持权力，如何使用权力，如何巩固权力，如何防止权力的流失等。毛主席这样讲，是事实，就是有道理的，千万不要误以为中国既然是泛道德主义的，提倡以德治国，因此就认为中国历代封建王朝的统治者都是按照仁义道德、礼义廉耻、孝悌忠信进行统治的。不是！尤其到后期不是，明朝和清朝都不是，你看看《金瓶梅》中有几个是讲求"孝悌忠信、礼义廉耻"的，再看看《红楼梦》，除了一个贾政口头上仁义道德实际啥事都办不成以外，有几个是反映儒家（思想）的？儒家在中国已经很大地受挫折了，可现在还有人误以为只要让小学生都穿上汉服，然后在那朗诵"人之初，性本善，性相近，习相远……"以为念念这个，再念一念《弟子规》，中国一切就能秩序井然了。做梦，白日之梦也！

　　但是，我们仍然要极其重视泛道德主义对中国的影响，为什么？因为老百姓信这个。真正的权力持有者不肯完全违背这个东西，就是因为老百姓对这个非常重视。作为权力的持有者不但在掌握权力时要讲道德，什么时候都要讲道德。陈世美和秦香莲的关系问题，这里头不必讨论他们的感情如何，也不用讨论两人之间的性的吸引力是否和谐，按照中国人的道德观，陈世美就是杀妻灭子，就是没有基本道德的坏人，可以说，儒家的这一套对人民的影响是深入人心的，是不能够轻视、不能够小看的。五四搞得再激烈，再伟大，最后人民——尤其是农村百姓，他们仍然坚信道德友善是第一位，我们常讲的德才兼备也得以德为先。

　　为什么有了道德就有了权力的合法性？这就是中国文化的一绝。绝在哪儿呢？绝在它认为这种道德是宇宙本身所具有的基本特色。道德是谁制定的？是圣人制定的。圣人是根据什么制定的？是根据宇宙，尤其是根据天和地制定的。它不仅把道德提高到政治的、权力的或者是人际关系的规范的最高境界，而且把道德说成是宇宙，是天与地的最基本的、最可贵的特质。"天行健，君子以自强不息"，天本身就是君子，就是君子的表率，君子自强不息，这是一种健康的、积极的、充满活力的文化象征。"地势坤，君子以厚德载物"，大地多么有担当，无论多少压力都一概接受，偶尔地震一回那是因为人干了坏事，古代中国每发生一次地震，皇帝都要下罪己诏，来表示由于自己这个皇帝做得不好，道德表率做得不够，得罪了老天爷。我们把道德寓于对天地的尊敬和信仰之中，这就在某种意义上把道德的信条信仰化了，造就了一个崇高的、超人间的原则。这不仅是人间的鼎则，而且是天地的意志。庄子讲"天地有大美而不言"，天地多么有道德，有大美而不说，不自我吹嘘，天地非常高尚，非常伟大，真正成为人间表率的，就是天和地。只有老子说："天地不仁，以万物为刍狗。"在他看来，天地不讲什么道德，有些时候甚至是冷酷无情的。即使如此，老子也讲"上善若水"，就是认为水本身载有大道，具有道德性，能给人道德感，"利万物而不争"。孟子说"人之向善，如水之向下"，他们都是从大自然中来体会道德精髓的。老子还说过"大道泛兮，其可左右，万物恃之以生而不辞，功成而不名有，衣养万物而不为主"，这也是讲天地的美德。

老子还讲到"天之道如张弓乎"。正像拉弓一样，他说天之道是损有余以奉不足，一个人在各方面所获已经远远超出了他的消费需要的时候，就应该从他身上往下减少，以便帮助一些弱势群体。可是老子说，人之道德相反，是损不足以奉有余，就是说，人间的情况是：越是不足的，就越要受到剥削、压迫，用你的不足去伺候有余的他人。他强调人之道与天相反，损不足以奉有余，什么意思呢，地主老财不正如此吗？损喜儿、损杨白劳以奉黄世仁。喜儿和杨白劳本来是不足的，本来是弱势的，结果却越是遭到压榨。所以在中国，一方面有不可动摇的君权，一方面又有无数次的农民起义，而且农民起义的口号就叫做"替天行道"，就是要杀富济贫或是劫富助贫。农民起义为什么会出现，是因为弱势的穷人占了多数，把这些人号召起来，见着有钱的人就杀，之后把他的金银珠宝一分，以此来动员起义。所以关于以天地为道德表率的说法，既是一种非常高明的理论，其中也蕴藏着中国数千年来的内在逻辑性。

这种泛道德主义存在需要一个前提——人基本上是性善的，用孟子的话说，就是"恻隐之心，人皆有之，羞恶之心，人皆有之，是非之心，人皆有之"。如果好好调动人本性中的善良成分，比如说，感恩、敬老、爱幼等美德，这个社会就不仅不会出现问题，还会有父慈子孝、君明臣贤、夫妻恩爱的良好局面。这种观念和西方人对政治、对社会的理解不一样，西方人虽不说性善性恶，但更多的时候是从性恶的角度来考虑问题。他们倾向于认为人是自私的，人是有贪欲的，因此需要很多的规范，特别是制定很多的法律来将人约束。20 世纪 90 年代出过一本书叫《总统是靠不住的》，介绍了美国人关于行政管理方面的观念。该书的中心思想是，总统也是靠不住的，哪个人都是靠不住的，人与人之间必然存在竞争和争夺，因此强调严密的律法的重要性。

我还想专门谈一下中庸之道。中庸之道在中国由来已久，孔子早就提倡过"君子中庸，小人反中庸"。当然，对于中庸也有各自不同的解释，其中一个很主要的解释是，中庸不是中间路线的意思，而是恰到好处，不要过分，也不要不足。类似中庸的思想在苏格拉底和柏拉图那里均有所体现，他们认为中点是最美的。中庸在革命的过程中曾被误解，大家嘲笑中庸，谁要是中庸，谁就是不革命、不进步、不敢于担待。甚至认为，中庸就是不阴不阳、不男不女、不前不后，是对社会、对国家、对集体不负责任的假装老好人的无能和窝囊行为。但是我们想一想，在中国为什么中庸之道讲了这么长的时间，我觉得这里面有些想法还是很有道理的。

国外的政治学最基本的命题是多元制衡。因为人性存有恶的一面，所以各种各样的权力，包含行政的权力、立法的权力、司法的权力等多种权力在相互制衡的过程中得到控制。中国则是另一种情况，中国没有多元制衡的这种传统，如果有的话，今天中国也不是现在这样的国家。顺便说一下，汉学家费正清指出中国早在两千多年以前就是一个大国，当时统治的人口多于同时期欧洲和美洲的人口总和。如果按照欧洲的标准，中国的人口至少应该分成五十多个国家，但是中国实行的是集中的统一管理，而且这种管理颇有成效，根据费正清先生的研究，秦朝开始设立郡县制，县的数量在那时达到两千多个，而在国民政府统治时期，全国的县也是两千两百多个，我估计我国现在的县和县级市的规模也是两千多个。费正清据此认为这个数字就是集中、统一的集权式政治管理的上限。此后即使县的人口不断增加，县的数量却没有太大的上调。这是很有趣的说法。美国的很多关于政治和管理的观念，中国人并不接受，也很难让中国人接受，因为当中国人管着两千多个县，管着比欧美全部人口还多的人口的时候，美国根本就不存在。这一观点被基辛格所接受，基辛格多次讲这个问题。今年胡锦涛主席访问美国的前夕，基辛格又发表了一篇大文章，讲的就是这个道理。中国自古以来就有集中管理的一套办法。中国之所以没有分裂，里面有很多原因，有人说是因为汉字，即使我国方言很多，却有统一的文字，我相信这个产生了很好的作用，否则广东话、温州话和北京话的差别不见得会比法语和西班牙语的小。还有人说，中国不容分裂是出于水利建设的需要，中国的黄河、长江是一个整体，不能分割。这些观点，都不是我能够把握的，希望待会儿我讲完后，大家给我指教一二。

中国的权力是绝对的集权吗？答案是否定的。中国历史上，有频繁的农民战争和改朝换代。除了我前面所说的文化监督和道德监督，中国还有文死谏、武死战的习惯，更有反对奸佞之臣，称赞忠心之臣的价值观。那么中国的平衡是如何实现的呢？有趣的是，中国政治上的平衡不是依靠共时性的制衡，而是在时间的纵轴上实现的，所谓"三十年河东，三十年河西"。赵氏孤儿的故事正是如此，一开始赵氏一家人是很厉害的，赵盾弑其君，有弑君之力可见其权威之盛。但是后来遭小人陷害，被屠岸贾所取代。屠岸贾大肆追杀赵家人，赵家甚至连刚出生的婴孩都差点保不住。幸亏程婴等拼死相救，赵家孤儿才得以存活。这个故事惊天动地，经伏尔泰改编后曾在法国上演，歌德也喜欢这个故事，也曾改编过，故事发展到后期，赵氏孤儿成长起来，几经努力，把屠岸家族给压了下去。在这"三十年河东，三十年河西"的情况下，一个人做事留有余地，勿为己甚，就成为很可贵的一个道德，因为现在你逞一时之强，他日可能会遭到报复。在现在的中国，我们常说一个人厚道，哪怕他傻，越傻越好。另外一个人很聪明，可他刻薄，大家都不喜欢。中国提倡老成持重，林语堂说过中国人最喜欢的是老成持重。说某人少年老成是极高的评价，这人只有三十岁样子看起来却有五十多岁。我时常琢磨为什么中国人喜欢老成持重，而不喜欢青春万岁，不喜欢冒冒失失。就是因为"三十年河东，三十年河西"的道理。你若想获得一个"河东"加一个"河西"的经验，读"河东""河西"两期的研究生，学业有成至少需要六十年。我现在七十七了，我基本上算是期满了。一个人如果只有三十二岁，这个时候他的学问中只有"河东"的经验，没有"河西"的经验，他就是片面的。这种逻辑的结果是政治更青睐于内敛的、不过多说话的人，中国人多半是能做到这点的。

但是一味强调中庸，也会掩盖许多真实的想法，带来很多弊端。现在的情况是，大家先不考虑事情中的是非、曲直、真伪，我们先讲这人态度怎么样。你说得很好，说的都是真话，可我不喜欢。你来一个半真半假，大家却都爱听。这样注重人际关系的结果会演变成情义第一，而后发展成情面第一。道德评价虽然是一个崇高的理念，但是非常不具体。我是一个不爱较劲的人，但是我自个跟自个较劲，直到现在七十七岁，还没有解决掉这么一个问题：

关公的义到底对还是不对？这实在令我惶恐。关公既忠又义，是忠义的象征。时下，处处供奉关公，尤其你们到海外去，海外华人开饭馆的、卖古玩的供的都是关公，而不是孔子。关公义字当头，义就是讲交情，老百姓需要的是交情，需要的是义气，皇上需要的是忠心。但是义字层面的道德难以具体化，最后就变成了一种情面。看了曹操败走华容道和关羽过五关斩六将的情节之后，从感情上讲，我喜欢曹操不喜欢关公。道德本身也包含了矛盾，有时忠义不能两全，有时忠孝不能两全，有时候也有为了某种道德而牺牲另一种道德的残酷做法，但是在老百姓眼中，最重要的还是情面。我去过台湾三次，有一次回来在凤凰台遇到梁文道，梁文道跟我说，台湾人民最得意他们是有情有义之人，鹿港小镇的生意人最重情义，台湾人的情义发展到什么程度呢？原来和陈水扁关系好的人，什么时候都说陈水扁的好话，无论有多少证据证明陈水扁有贪污、洗钱、非法转移财产等犯罪行为。我看《红楼梦》的时候，有一个感兴趣的环节，王夫人房间里头丢了玫瑰露，彩霞偷的，但彩霞受赵姨娘压迫才偷的，然后玫瑰露又被贾宝玉当浓缩冷饮给喝了。尽管王夫人很生气，贾府也着手在查，但这事牵涉较广，情节复杂，不好深究，因为若是真的追究起来，一些人的面子上过不去，所谓投鼠忌器。到了后来，当贾宝玉出来替彩霞顶罪的时候，彩霞又羞愧难当，主动坦白，并表示愿意承担任何后果，最后，大家有感于彩霞的真诚和勇气，非但没有责备，反而是皆大欢喜。这是一个令人啼笑皆非的结果，偷了东西，轻易就被原谅，想必西方人很难理解其中的奥妙。

第二个我要讲的问题是泛哲学的问题。

中国人喜欢整合，喜欢找根，认为万事万物有一个统一的按钮，可以称为泛通论。中国人还喜欢搞文字崇拜和概念崇拜。光一个"道"字，就不得了，什么都可以称为"道"。用老子的话说，不仅物质是一个"道"，精神也是一个"道"，这完全超越了唯物主义和唯心主义的概念。"道"既是万物的法则和规律，又是万物的起源和归宿。"道之为物，唯恍唯忽"，道既是物质，也是精神，找到这个"道"，就什么问题都好解决。孔子也云："朝闻道，夕死可矣"，到了孔子的学生一代，则变成"夫子之道，忠信而已"。中国人热衷于寻求一个"概念神"。神本来就是一个概念，现在宗教神学方面存在一个很大的问题，就是概念神变成了人格神，神被赋予了很多人的特点。比如说，基督耶稣实有其人，耶稣的爸爸约翰和妈妈玛利亚也都是实有其人，但耶稣还有另外一个身份——上帝的儿子。可是上帝是没有形象的，我们无论是到基督教堂还是天主教堂，都可以看到耶稣被钉在十字架上的形象，可以看到圣母玛利亚的形象，还可以看到耶稣十二个门徒的形象，但是我们看不到上帝的形象。可见，上帝耶和华只是个概念，没有具体形象。麻烦的是，耶和华有儿子，那孩子他妈是谁呢，这个问题难以回答。为此，捷克作家米兰·昆德拉没完没了地做文章，文章主题是"耶稣进不进卫生间"。欧洲神学也曾就此问题进行过数百年的讨论。到了《达芬奇密码》又提出一个新的问题：耶稣是否结过婚？书中写到一个教派，这个教派的名字就是以耶稣的妻子——莫达拉来命名的。我很难想象莫达拉是什么样一个形象，因为耶稣的神子和人子的这种双重身份，关于此类的争论还会继续下去。中国的佛教就不一样，佛教中的神明确地说有一部分佛是由人转化而来的，是先有人格，才有神格的。如来佛祖的前身就是释迦牟尼。那在释迦牟尼化身佛祖之前的社会有没有人管呢，由谁管呢，这个问题我也回答不了。伊斯兰教在这一点上最先进，他们坚定地认为真主是没有形象的。我在新疆的时候，一个六岁的维吾尔族小孩告诉我，真主不在天上，真主在每一个人的心中。所以伊斯兰教的符号中没有关于人的具象，有的只是一些自然的符号。在他们看来，神就是一个至高无上的概念，不是由一个人变成的，更不会变成一个人。中国的士人中，人们寻找的其实是一个值得崇拜的概念，而不是一个值得崇拜的人，在实用主义的驱使下，民间的概念就更多了，管火有火神，管水有水神，管怀孕还有送子观音。但是有学问的人追求的是终极概念，并且非常信赖这个终极概念解决问题的力量。这与外国人强调的细致分科、头痛医头、脚痛医脚的观点大不一样。中国古人有一句话："不为良相，便为良医。"过去中医给人看病，治好一个病人，病人家属就会给医生所在的诊所送一块匾表示感谢。医生得到的匾越多，找他看病的人就越多。我们常见的匾有"华佗再世""妙手回春""仁心仁术"等，里面包含的意思是，看病首要的是要有仁心，爱人之心。第二要有仁术，救人之术。如果当医生，就做一个能治病救人的医生；如果当总理的话，你就要做一个爱人救人的总理。不当总理就当医生，西方人也很难理解。在西方人看来，当医生要去医学院学习六七年才能毕业，当干部要或是去法学系，或是进行行政管理学习才能具备一定的条件，这两个完全不同的领域怎么能互通呢？中国人还喜欢把美学、医学、兵法、政治、权术都高度地哲学化，好像什么都可以用哲学思维来处理。比如说，你听医学类的讲座，中医的特别好听，讲得很生动，和四时相关，中医会告诉你春分吃什么，立秋吃什么。中药药方也格外讲究，药材按照药性和作用分为君、臣、将、卒，搭配的时候也很有分寸。《红楼梦》中就讲到这样一个奇怪的情节，秦可卿生病需要请大夫。有人给贾母推荐了一个翰林院的翰林，并说跟靠给人看病为生的江湖郎中完全不一样，这个翰林不是专业的医生，他很少给人看病，只是偶尔到几个好朋友家看看病。贾母一听，立即就同意了。里面原因是什么呢？如果把医生作为职业，就要考虑很多细节的问题，比如说钱的问题，职业的是遭人贬低的。虽然翰林本不常给人看病，但他是依靠哲学来看病，所以越发显得高明。

毛主席也喜欢谈哲学，尽管他也谈军事、政治，但他最得意，最成体系的还是哲学。他谈治国平天下，背后都是哲学。毛主席非常喜欢徐寅生，因为他说乒乓球要学《实践论》《矛盾论》才能打赢的。有一次我们国家的乒乓球队员在国外比赛，打两个球后就拿起《毛主席语录》翻一下，全队的人跟着念，念完接着打。当时，美国记者说了一些刻薄话来讽刺我们，他说，《毛主席语录》中可能有一部分语录能够帮忙抵挡从左边杀来的球，另外一部分语录能够帮忙抵挡从右边杀来的球。虽然无论是英美甚至全世界都信赖通才的作用，但是像中国这样，崇拜追求一种可以战无不胜的打通一切文理政经，小到下棋打牌大到治国平天下的全通的偶像，这种情况却不曾有过。

费正清说过，中国这么一个文明曾经高度发达的国家，到了近现代科学却这么落后的原因就是中国人不讲逻辑。中国人爱讲文气，讲"高屋建瓴""势如破竹"，这八个字不仅毛主席爱讲，周总理也爱讲，我们革命，我们写文章，研究学问，要"高屋建瓴"，要"势如破竹"。这八个字有什么含义呢？就是"欲平天下，先治其国，欲治其国，先齐其家，欲齐其家，先勤其身，欲勤其身，先正其心，欲正其心，先成其名，心正而后身勤，身勤而后家齐，家齐而后国治，国治而后天下平"，噌一下就下来了，噌一下又上去了。我去年非常得意，因为我发现"高屋建瓴""势如破竹"不单单是中国的词儿，奥巴马的竞选词就是典型的中国式的"高屋建瓴""势如破竹"。他是这么说的：

> If one can change his room, he can change the city, if he can change the city, he can change the state, if he can change the state, he can change the nation, if he can change the nation, he can change the world. Let's go, let's change the world.

第三个，谈谈中国的泛相对主义。

中国人特别相信这个主义，而且讲得比谁都好，相辅相成，物极必反等，因此中国人有相当高的应变能力和反思能力。老子说过"反者道之动"。道是怎么运行的呢？就是朝着自己相反的方面运行。这也是毛主席爱讲的话，世界万物无不向自己相反的方向运转。在春秋战国时期，这种变化太多太常见了，"朝为座上客，夕为阶下囚"是经常的事情。诸侯国之间刚才还联姻结盟，亲如一家，马上就反目成仇，相互厮杀；君臣之间臣弑君、君杀臣的事屡见不鲜，整天变来变去。中国人在那么早的时候，已经看透了这个道理，长期的战乱纷争和瞬息万变的局势养成了中国人多变而且善变的民族性格。常说中国人的戏路子最广，他们不只能演悲情的角色，演完悲剧，还可以演喜剧，演完喜剧，又可以演绎后现代艺术，演后现代又可以演传统古罗马。我们的一些说法，是西方人绞尽脑汁也想不出来的，我最佩服孔子讲宁武子"邦有道则知，邦无道则愚，其知也，可及，其愚也，不可及"。你这个邦国，如果万事都有条理，有章法，那我就要发挥我聪明的一面，我可以给你出谋划策，为你办事；如果你这个邦国秩序混乱，君王无道，这个时候我则要装傻，傻得说不出句话，也就没人找我了。"知可及，愚不可及"则是说，其有道则聪敏的做法好学，但是无道则装傻的本事却很难学到。"文化大革命"时"批林批孔"，有人理解这句话，认为孔子是说劳动人民愚不可及，这完全是一种误解。我这一辈子就吃了不少"学不会傻劲"的亏。老有人说我聪明，我的道德高尚他也看不见，我的为人民牺牲他也看不见，他怎么就能看见我聪明。我要是真聪明，那么多倒霉的事能让我碰上吗？我深为认同，如果能像宁武子那样，该愚的时候则愚，太难了。这孔子是真懂人情世故。

中国还有些说法，说的也是相对主义，叫"内圣外王"。"内圣"，在内心中，你遵行仁义道德，不惜牺牲小我，成全大我，像圣贤一样。"外王"，对外，则对不起，我该用权的时候就用权，该奖惩的时候就奖惩。"内圣外王"这么稀奇古怪的词，在外国人看来是充满矛盾难以理解的词，中国人却都能理解。"小隐隐于野"，为求避世，隐居于野外，进原始森林，草甸子，泥泞不堪的地方，不让别人发现，像梭罗的瓦尔登湖，这是一种级别较低的隐居方式；"中隐隐于市"，在城市周边找个地方，买或者租，看点不相干的书，是一种级别较高的隐居方式；"大隐隐于朝"，哪怕进了朝廷，依然可以保持隐居的心态，善于藏拙，不得意忘形，这是级别最高也是最难做到的隐居方式。

金克木先生是一个非常有学问的人，他说：中国历史上，官场无政治，文场无文学，商场无平等竞争。那个时候中国人讲"场"，"文坛"是现在的词儿。"官场无政治"，官场大家不讨论政治，却讨论人事，关心谁升谁降；讨论脾气，琢磨领导人是什么脾气；讨论关系。"文场无文学"，文场不讨论文学，中国这批文人聚在一块却讨论吃喝玩乐，讨论妓院，讨论赌钱。"商场无平等竞争"，也是类似的含义。盛极必衰，兴久必亡，水满则溢，月盈则亏，登高必跌，中国人经历了太多这样的历史。《桃花扇》里面最后有这么几句，你眼睁睁看着一座大厦修起来，又眼睁睁看着它倒塌；你眼睁睁看着一座城市落成，又眼睁睁看着灾难降临。说的也是一个道理。美国的一个女作家叫赛珍珠，她在年轻的时候就到了中国镇江，可以说对中国很了解。赛珍珠曾给美国政要写过信，信中说中国是一个经历了各种各样历史变动和灾难的国家，中国人亲历了天灾、人祸、瘟疫、内战、外侮，看到过无数的政变，无数的兴亡。因此，她认为，现在存活的中国人是世界上最优秀的国民之一。

中国还有一些稀奇古怪的词，比如说"韬光养晦"，这外国人很难翻译。而且这个词是不能说自己的，曹操问刘备在忙什么，刘备说在小地方种菜。如果刘备回答说"我在韬光养晦"，则有可能陷自己于险境。可现在我国不知道怎么回事，这个词一经传达，风靡一时，全国老百姓都说"我们要韬光养晦"，能把"韬光养晦"这个词变成一个全民口号，可谓一绝。

还有些奇怪的论点，像老子说的"柔弱胜刚强""柔弱者生之徒"。柔弱是生命的象征，刚强是死亡的象征。就拿这草来说，草活着的时候很柔软，草干枯了反而刚强了，一折就断了。"卧薪尝胆"也是如此，有好几个日本人就此存有疑惑，我也无法替他们解惑，他们说无法理解越王勾践的故事，无法想象勾践可以忍受这样的侮辱，换作日本人早就该自我了结了。日本人说过，为什么日本人那么喜欢樱花，因为樱花代表了日本国民的性格。这花说开，唰的一下就盛开了，说谢，二十四小时谢光，跟下雪一样。这符合日本人的性格。话说回来，像越王勾践这样的人，在全世界确实不多见，这是由中国非常特殊的政治环境、社会环境和文化环境造成的。从好的方面说，这是应变能力；往坏的方面说，就是中国人不认真。

中国还有些实际上是毫无办法的办法，极端无奈之下才用的办法，比较突出的和好玩的就是所谓"不战，不和，不守，不死，不降，不走"。咸丰七年（1857）九月，英国纠合法国组织联军抵达广东海面，叶名琛仍淡若无事，且拒绝与会。十一月十二日，联军致最后通牒，限四十八小时出降，叶名琛毫无反应，不抵抗，不议和，不逃跑，联军遂于十一月十四日占领广州。随后，叶被擒，被解往香港的英舰"无畏号"，时人讥之为"六不总督"。叶曾声言"意欲面见其王理论"，要求面见英王，当面理论其侵略行为是否合法。"自备粮食，耻食敌粟"，偶然有人上舰，都向叶脱帽致意，他也欠身脱帽还礼。他在军舰上生活了四十八天后，即被解往印度的加尔各答，囚禁在威廉炮台，自书"海上苏武"。次年绝食而亡。你说这人该怎么评价？你说他厉害，他什么办法也没有，你说他不厉害，他又很有气节，宁愿绝食亦不食敌粟。

我谈传统文化的几个问题的最后之所以举叶名琛这个例子，是想说，我们的传统文化确实非常的宝贵，但是传统文化一定要和现代文化对接，一定要按邓小平说的去对待，"面向世界，面向未来，面向现代化"。不知在座的朋友有没有人看过美国一个叫林毓生的教授写的书，他在书中提出，中国的传统文化需要创造性地转化。中国传统文化中有很多宝贵的东西，依然很有活力。很多学者包括国外的杜维明都很重视传统文化与现代世界、现代中国相结合，毕竟我们现在不是生活在孔孟年代，而是生活在中国特色社会主义建设新时期，生活在一个全世界紧密联系的新时代。

今天讨论的这个话题有点谈天性质，姑且先到此为止。其中的山寨化、赤脚化或者还有什么硬伤，欢迎大家提出来，谢谢大家。

主持人（黄晓勇）：下面大家可以提问。

学生甲：王蒙先生，您好。很感谢您给我们带来这么一场深入浅出的讲座。首先，我想讲的是，如果您以后多到我们研院几次的话，您会感受到我们研究院的硕士和博士不仅不抗拒生活和时尚，而且非常热爱生活和时尚。我是文学所博二的学生，我的问题是，我们传统的国学比较讲究"训诂、考据、校雠"，随着近代以来很多西方的一些理论不断地涌入，很多学者就把西方的这些理论拿过来重新解释中国古代的典籍，同时，也有很多学者认为，不同的文化体系是不兼容的，这种做法实际上是不得其法的。我想请问您是怎么看待这个问题的？

王蒙：这是一个比较专业的问题，我也闹不太清楚。只是我觉得，世界有它的统一性。比如说文学，文学中经常谈到语言的艺术、修辞的方法、形象的描绘、感受、理解、印象、遐思等，这是每个国家文学作品中的要素，也是可以跳出国界与世界其他国家的人们产生共鸣的，所以说，绝对的不兼容应该不大可能。但是，如果你一味地生吞活剥地套用"洋模式"来解释中国的传统问题，肯定也有勉强的地方。中国的"训诂"这一套学问非常深，离了这些"训诂"的人还真不行，可是我自己这方面有所欠缺，所以我就多多学习别人的说法。但是问题是，经过他们的"训诂"以后，我原来明白的东西反而不明白了。一般这个时候，我暂时把"训诂"放在一边，我用我自己"山寨"的路子去试着理解，也许这也不失为一个读书做研究的好方法。

学生乙：相比五四时期和 20 世纪 80 年代，五四时期包括鲁迅在内的一批知识分子有一种当国民精神导师的气质，20 世纪 80 年代有刘心武、张贤亮等一批作家经过"文革"巨变后形成反思文学和伤痕文学，而当下的文坛，缺少引领社会人文精神建构的这种意识和勇气，事实也表明，当下的文人缺乏过去曾有的一呼百应的这种号召力，沦为一个相对孤立的小圈子，起码我是这么认为的。请问，这是社会话语多元化带来的进步还是文学与文人的悲哀和堕落呢？

王蒙：这是个很好的问题。现在的时代确实有很大的不同，国家不兴诗家兴，在鲁迅时期，因为整个国家的混乱，思想的混乱和方向上的混乱，旧政府公信力彻底消解，这种情况下，文人比较热血沸腾，能讲出一些很激烈很悲情又有相当深度的道理，犹如一个个令人瞩目的火炬手。鲁迅曾说过，生活好比芝麻，文学好比麻油，麻油泡芝麻，芝麻就更油，他认为他本身起着改变整个社会生活的作用。而巴金喜欢举的例子是俄罗斯的勇士丹柯的故事，众人困在一片森林里，什么也看不见，这时，丹柯掏出自己燃烧的心，然后举着心领着大家走出黑森林。他们都是把文学当作一种改造社会的力量。可是那时的社会背景和现在有很大的不同，从历史上来说，扮演鲁迅这种角色的文学家在全世界也是少有其闻。你不能说莎士比亚是鲁迅式的人物，也不能说李白是鲁迅式的人物。现在社会有一个新的因素，这个因素很复杂，如果还将要花三倍于今天讲座的时间才能完成，那就是市场的发育、网络的手段以及人们现在对文学的不同期待。现在的人们少有旧社会人们的那种等着文学来照亮，然后义无反顾地去承担文学作品中沉重的社会责任的意识，相反，那种带有娱乐、休闲、解闷的作品却更符合市民心理的需要。我不认为这是一种文学的堕落。只有在处于危急关头的悲情时期，崇高更容易被树立。在另外的相对轻松的环境下，人们有权力维护自己的倾向，也有更多的选择。但是，文学圈中个人的堕落是完全有可能的，现在社会上拜金主义盛行，商业意识强烈，故连蒙带哄、只求畅销、不求文化内涵的作品时有出现，这种现状也是可以理解的。社会在往前进步，文学反倒显出失意的状态，至少没有原来悲壮了。

我常常想，我们的国歌《义勇军进行曲》最后一句是"我们万众一心，冒着敌人的炮火前进，前进，前进"。句中"敌人的炮火"就是文学和音乐显得崇高的一个必要条件。前几年，国家忙着国企改革，按理说，国企改革也是一个艰难的事业，但是我们却很难把《义勇军进行曲》改成"我们万众一心，冒着赔钱的危险改制，改制，改制"。我始终没有想出一个好的歌来唱唱这个国企的改革。

这是中国作家的原罪之一，有人说中国的幸运在于有一个鲁迅，中国的悲哀在于只有一个鲁迅，这个说法十分雄辩，但是所有作家都是不可重复的。中国本来只有一个鲁迅，只有一个李白，也只有一个王实甫，法国不也只有一个雨果嘛。今天没怎么谈文学，所以再说下去更说不清楚了，以后有机会我们再一起讨论文学，好吗？

学生丙：王蒙先生是经历了几个时代的人，而且经历十分坎坷，今天能够见识大师的风采，听到这么精彩的演讲，我觉得非常不容易。我是历史所的。我想问一下，您今天的演讲让我想到一个问题：中国的文化向何处去的问题？就像您刚才提到的，中国文化的一个特点是"物极必反"，我们都有印象。比如说，20世纪五六十年代，大家都认为，革命能彻底拯救中国，而且不但能救中国，还能救整个世界。到了20世纪80年代，柏杨、李敖那个时候非常流行，在整个文化界和知识分子当中都非常有名，当时的说法有中国文化是"一团酱缸"，还有《丑陋的中国人》。而到现在，国学热又再度兴起。在我看来，表面上看起来，中国已经是非常发达，而且已经成为世界第二大经济体，但实际上，表面的繁荣下面，隐含着更多的问题。所以，我想向王蒙先生请教，您在新中国成立前是一个地下党，20世纪50年代写的小说获得过毛主席的关注，随即又被划为右派，平反后您当过部长，在文坛又有那么大的影响，您有那么多起起伏伏的经历。那么您觉得中国文化以后应该改造，我们怎么能真正把传统国学发扬光大？

王蒙：这个问题是这样的，其实我刚才讲的内容中涉及了这方面的内容。第一，传统文化是无法也不能全部否定的，谁要想否定传统文化，只能够使自己脱离开这个国情，脱离开这里的人民，脱离开这里的体制，也脱离开现在不断发展的学术的各个方面。即使上层有些人不见得喜欢谈传统文化，比如像毛主席，毛主席就不爱谈。但是民间蕴藏了很多传统文化，毛主席归根结底还是离不开传统文化，尽管他说要"批林批孔"，但毛主席的讲话内容动辄引用不是孔子就是老子要么就是庄子的话。

第二，中国文化又不可能原汁原味地坚持下去，只有把全世界最先进的东西——比如说科学等吸收进传统文化当中，我们的传统文化才能经久不衰。我赞成中国的文化需要继承，需要弘扬，也需要一个创造性的改造，使传统文化能够和现代文化健康地融合。中国文化还是比较容易与现代接轨的，因为中国现在还在讲自强不息，讲与时俱进。关于"与时俱进"有一个趣事，国家图书馆的一个领导，政协委员，他说与时俱进的思想最早出现在明朝，为此还写了一篇文章，但是所有的报纸都不给他登载。与时俱进明明是江主席说的，怎么能变成明朝的话语呢？这个事情也许可以说明传统文化有自我发展，自我成长的基因。刚才这位同学说我有这经历，那经历，使我联想到宋美龄的话。宋美龄她说她这辈子，仗也打过了，人也骂过了，事也做过了，现在我老了，我全忘了。而暂时我记住的东西还太多，也许过几年再到社科院研究生院，我将以一个坐忘的姿态而赢得更高的形象。

主持人（黄晓勇）：今天的大讲堂到此结束，让我们再一次以热烈的掌声感谢王蒙先生的精彩演讲和解答。

（录音整理：黎越亚；初稿整理：薛显超）

中国说唱艺术的魅力

姜 昆

主持人 黄晓勇（中国社会科学院研究生院党委书记）：尊敬的姜昆先生、各位来宾、亲爱的同学们，大家上午好！4月25日，我们新校园落成典礼之"社科大师大讲堂"正式开讲。今天，我们非常荣幸地迎来了著名相声表演艺术家、国家特一级演员、原中国文联曲艺家协会党组书记、副主席、中华曲艺学会会长姜昆先生前来主讲。

姜昆先生祖籍山东省烟台龙口市。顺便说一下，今天在座的各位大部分都跟龙口有关系，知道为什么吗？因为龙口有一个特产，叫做粉丝。1950年，姜昆先生出生于北京，"文革"期间曾经在黑龙江生产建设兵团十六团工作，1976年调进中央广播文工团说唱团工作，师从著名相声艺术表演家马季先生学习相声表演。1978年当选为中国曲艺家协会理事。1983年参加创作了当年的中央电视台春节联欢晚会，并作为主持人登上了春晚舞台。1985年姜昆先生当选为中国曲艺家协会副主席，并接替恩师马季先生担任中国广播说唱团团长，同年，还当选为中国青年联合会的常委。1995年，姜昆先生辞去中国广播说唱团团长职务，转任1990年创立的中华曲艺学会会长，2004年担任中国文联曲艺家协会党组书记、副主席。

在三十余年的演艺生涯中，姜昆先生创作并演绎了诸多脍炙人口的相声作品。大家耳熟能详的有《如此照相》《错走了这一步》《老奶奶看排球》《虎口遐想》《电梯风波》《着急》《学唱歌》《踩脚》《妙趣网生》等优秀作品。另外，姜昆先生编辑的《中国传统相声大全》成为中国研究相声艺术的珍贵的权威资料，他创作的《姜昆相声集》更是中国曲艺界学相声的人手一册的教科书。1998年，姜昆先生出版了自传《笑面人生》一书，引起了广泛

的轰动，很多人争相购买，一时洛阳纸贵。

姜昆（中国曲艺家协原党组书记、著名相声表演艺术家）：这词儿都听着耳熟啊！

主持人（黄晓勇）：（《笑面人生》）这本书在当年中国销售排行榜上名列第二。同年，姜昆先生还创办了中国相声网，把世界的笑以及笑的艺术引向中国，把中国的笑以及笑的艺术介绍给世界。2003 年，姜昆先生被中国文联授予"全国德艺双馨艺术家"光荣称号。

从艺三十余年来，姜昆先生勤奋敬业，以自己精湛的专业素养与多彩的人格魅力，在海内外华人中有着广泛的影响，广大青年学生更是仰慕已久。今天，姜昆先生将以"中国说唱艺术的魅力"为题，为大家解说相声艺术，下面让我们以热烈的掌声欢迎姜昆先生为大家演讲。

姜昆：刚才黄书记讲了这么多，我都不知道这是什么场合，一般是介绍升迁干部的时候会这样，再有就是念悼词的时候也会这样。其实我和大家并不陌生，跟大家和大家的父母都是电视机里的老朋友。研究生院这个地方很不错，很隐蔽，就算是 GPS 都找不着，虽然你们水平很高，但是你们谁能说出它准确的地址，我就算谁是最棒的。

今天让我到社科院研究生院这么一个学术塔尖的地方来讲点东西，正如中国一个词所说，班门弄斧。既然有这个要求，我就想不妨在这里给大家介绍一下中国的说唱艺术。中国说唱艺术实际上就是曲艺，曲艺是中国说唱艺术的统称。曲艺这个名字怎么来的呢？新中国成立后，中国文联和各个文学艺术家协会也相应成立，周总理亲自批示要给中国的说唱艺术命名，一些老一辈的艺术家如赵树理先生等人在一起经过商量后，把这个说唱艺术就叫做曲艺。

第一部分：给大家讲讲说唱艺术的起源

曲艺这个词听起来，有点不好理解，什么叫曲艺啊？要把它翻译成外文就更难了。要说是民间的说唱艺术，我觉得理解就容易多了。所以，我今天想就说唱艺术的起源、相声的起源以及大鼓书和评书的一些概念给大家简单讲一讲，以供大家简单了解一下。说实在的，这些知识讲起来，也挺深的，一时半会儿也讲不了多少。

刚才，我们的领导在介绍我的时候，忘了提一点，我在 2000 年，调到了中国艺术研究院曲艺研究所担任了三年的所长。在任期间，我曾把全国的相关专家组织在一起，给他们做后勤保障工作，让他们做了一件应该说是我们中国曲艺史上里程碑式的大事——为我们中国的说唱艺术立史、立论，于是，就有了两本书——《中国曲艺概论》和《中国曲艺史》。这一论、一史两本书的出版，基本上奠定了说唱艺术在中国文学艺术范围当中的基础性位置。

说唱艺术，其实发源于民歌民谣。大家都熟悉《诗经》，其中有一首《伐檀》："坎坎伐檀兮，置之河之干兮，河水清且涟猗。不稼不穑，胡取禾三百廛兮？不狩不猎，胡瞻尔庭有县貆兮？彼君子兮，不素餐兮。"这就是民歌。那时候字少，不够用，作者就在里面加了很多"兮"，弄得大家不明白。"坎坎伐檀兮，置之河之干兮"就是在那砍木头，砍完后，把木头搁在河边上。还有个特点，《诗经》里面的句子很讲究押韵。我记得在"文革"期间，郭沫若先生迫于压力，曾写了很多言不由衷的东西。当时，他组织了一些人，要把我国古代的诗歌翻译成白话文，而《伐檀》中的"彼君子兮，不素餐兮"被他们翻译成"混蛋，王八蛋，没肉就不吃饭"。我一看到就乐了，怎么连骂人的话都说出来了，那个时候可能受了极左态度的影响，才闹出这样的笑话。不过，我们从中可以发现，《诗经》以及《乐府民歌》里面的一些诗歌，都是从口头的生活言语中得来的，口头的说唱艺术本身直接造就了我们的文学。《诗经》当中还有个《硕鼠》："硕鼠硕鼠，无食我黍！三岁贯女，莫我肯顾。逝将去女，适彼乐土。乐土乐土，爰得我所。""硕鼠硕鼠，无食我黍！三岁贯女，莫我肯顾"翻译成白话就是：大耗子，别吃我麦子啦！我打三岁就惯着你，你不能没完没了。你们一下就听出来了，这些话都是老百姓身边最普通的事，直接反映了普通百姓的生活，而不是那些达官显贵们的宫廷生活。由此可见，说唱艺术很早就在民间生根，而且对古代文化有着重要的引导和充实作用。

南宋大诗人陆游诗云："斜阳古柳赵家庄，负鼓盲翁正作场。死后是非谁管得，满村听说蔡中郎。"满村的村民都去听盲翁讲蔡中郎的故事，可以想象，说唱艺术那个时候多受欢迎。我们国家的古代社会是一个农耕社会，底层百姓缺乏娱乐活动，民间说唱艺术的民俗性质刚好满足了普通百姓的娱乐需要而备受欢迎。

说到这，我举个例子，大家有机会，不妨到处走走。在河南平顶山下面的宝丰县有个马街书会。30年来，我去过这个马街书会无数次。正月初一的时候这里并不热闹，到了每年的正月初七时，家家户户就把门打开，把被子

衣物搁在门外，同时还把一屉刚蒸出来的大白馒头放在门口。为什么呢？马街人想以此欢迎来自四面八方的艺人，给艺人们免费提供吃住，希望他们在马街唱大鼓。到了正月十三的时候，马街书会就正式开始了，但逢马街书会，来自河南省和外省市的说书艺人成千上万，负鼓携琴，汇集于此，说书亮艺，河南坠子、道情、曲子、琴书等曲种应有尽有，加之蜂拥而至的观众，几乎有数十万人云集在一个很大的田野上，场面极其壮观。这种盛况从古代到现在绵延700年不衰，不过在20世纪90年代到新千年初期几年间，也曾由于各种原因一度式微，后来国务院将之列为第一批国家级非物质文化遗产，利用各种手段加以保护，现在又恢复了往日盛况。

马街书会无疑是众多艺人吹拉弹唱、表现自我、展示自我的一种农民文化盛会。乐器种类之多，曲种、曲目之繁杂，令人称奇。在这众多的曲种当中，最受人喜爱的就数"河南坠子"了。它的特点是说唱内容简洁明快，演技幽默传神，让听众听之易懂，过瘾，且极容易产生共鸣。从马街书会的历史发展过程来看，我们可以发现，中国的说唱艺术在民间扎的根有多深。

中国的说唱艺术一开始是发源于民间，活跃于民间，不过也同样经历了一个"成于街巷，走入庙堂"的过程。后来，随着社会的发展，说唱艺术逐渐世俗化，并越来越得到人们的青睐，于是，民间曲艺从农村走向了城市。北京的天桥、沈阳的三不管、天津的劝业场，各地的艺人开始有了自己撂地为生的地盘。什么叫"撂地为生"？过去的艺人没有舞台，只能画锅撂地，用白沙子画了一个圆圈，就是自己的表演舞台。研磨汉白玉的时候，研出来的粉末就像白沙子一样。艺人们用的就是这个白沙子在地上写字，他们写字的时候很有技巧，叫"双钩字"，这种写法在一开始你看不出是什么字，但是钩着钩着那个字就清楚了，但是把这个字钩完后，接下来的字又没法认了。比如说，他们写"黄金万两"这四个字，是连着写的。"黄"字底变成"金"字头；"金"字底变成"萬"字头；"萬"字底变成"两"字头。他不仅写的奇特，同时还会伴着有趣的唱词，这样就能招来一些观众。但这个艺人他不会抬头看有多少观众，而是边写边数腿，两条腿一个人，估摸着有个三四十条腿的时候，他就站起来开始表演了。这个就是画锅撂地的场景。

相声也是从这样的环境中慢慢成长的。

相声开始讲的都是些世俗笑话。那个时候，有些相声内容俗到不能让女性听。在相声即将开始时，艺人得要圆场子：

"大婶、大妈、大姐、大姨你们赶紧去别的地儿去玩儿，别听这个，我们说相声的嘴里没人话……大妈你带头走，您要是能带头帮我清清场子，让我混口饭吃，我一定会报答您。不过，这辈子我太穷，您别指望了，我下辈子报答您，下辈子我托生到您家当大母鸡，每天给您下蛋，一天十个，只要您高兴，我多累也没关系。"一通说辞，把妇女都给轰走了。然后就给在场的男人们讲一些荤段子、伦理段子等一些没干没净的内容。

也有一些相声艺人讲一些反映自己生活内容的东西。从中，我们可以看出这些说唱艺人的生活窘态。比如说，有些艺人这么说自己：我们这些说相声的，肩不能挑，手不能提，连小偷都当不了。做小偷那是技术活，我也不是没干过，没成功。我在天桥那会儿，有一次看见一个穿着蓝棉袍、兜里鼓鼓当当的像是有钱的主儿，我就琢磨着弄俩钱吧。趁这人没注意，我吱溜一下就把手伸他兜里去了。伸进去以后我就后悔了，这不是当贼吗？这要一开始，哪里还有完，这事做不得。那赶紧把手拿出来吧！正是这个时候，坏了！这衣服是怎么做的？兜那么小，手进去后卡着出不来了，那就老老实实在里面待着。胆小，手哆嗦，正碰着人家兜里还有两个铜子，我这一哆嗦，不打紧，只听得哐啷哐啷的声音。那穿蓝棉袍的主可不就听见了嘛，啪地一个大嘴巴就朝我抽过来，嘴里大喝"怎么回事？"我还得跟人解释："没怎么回事，天太冷，在您兜里暖和暖和。"

艺人们之所以这么说，就是把自己摆在了一个很低的位置，让听众可怜可怜他们，打个零碎钱，赏口饭吃。艺人的生活是非常苦的，过去我们相声中，也有专门描写相声艺人窘迫生活的词儿：

知道我们穷到什么程度吗？家里没吃没喝的，但是我们这个相声演员他认命，北方话叫认头，没办法，谁让咱命苦。可我们家那孩子不知道命苦，一天没吃没喝的，还往市里跑。有些个城里人吃饱了没事，出来溜达溜达，碰到孩子们，还会问："孩子们，你们吃饭了吗？"孩子们都喊："我们吃了。"接着问："那你们都吃什么呀？"有钱人家的孩子回答："我们家吃包饺子""我们家吃打卤面"……人家再一问我们家那孩子："你们家又吃什么呀？"我们家孩子实话实说："我们家喝棒子面粥。"第二天早上，孩子们还出去玩，见了面，人家还问："你们家吃什么？""吃面条"……"吃花卷"……"吃米饭"。我们家孩子："我们家喝棒子面粥。"

孩子老说棒子面粥，我心里就不高兴了。我这当爹的说相声，孩子老在家里喝棒子面粥，这多寒碜啊！我就把孩子叫到跟前：

"你怎么能老说棒子面粥？"

"咱家也没吃过别的。"

"没吃过别的，你也得说点别的。"

"那我说什么呀？"

"你就说吃打卤面"

"打卤面？打卤面是什么味？"

"你别问我，你爹我也没吃过。反正你这么说就得了。"

然后，孩子又出去玩。一出门看到那些人，人家还没问呢，自个就吵嚷开了："知道我们家吃什么吗？我们家吃打卤面。"

谁知道，碰上几个多嘴的市民：

"你们家吃打卤面呀？那你们家吃的什么卤啊？"

孩子一下子给问住了："我们家吃棒子面卤。"

"你们家用棒子面做卤，那吃什么面？"

"我们家不吃面，光喝卤。"

这就是相声艺人们生活的一个缩影。但是相声已经慢慢在发展了，艺人们在相声中反映自己的生活窘态，反映市民的一些世俗生活，颇得下层人民的喜爱。后来，随着一些提笼架鸟的官宦子弟或是没落贵族也逐渐进入曲艺这个行当，他们以票友的身份不仅带来了消费上的需求，也刺激了文化上的需求以及相声水平的发展。这个时候，一些以没落贵族为代表的文人也进入了这个圈子，相声的内涵也提高了很多。比如著名的韩小窗，他就是其中的代表人物，在这些人的相声中，不仅仅是反映生活了，古代时期的一些历史典故也被他们改造加工，引进了相声段子中。你们听下面俩人表演的这段：

甲：您把我当个小孩子。

乙：呸！小孩子您也配？想当初，大宋朝文彦博，幼儿倒有灌穴浮球之智。司马文公，倒有破瓮救儿之谋。汉孔融，四岁让梨，懂得谦逊之礼。十三郎五岁朝天，唐刘晏七岁举翰林，汉黄香九岁温席奉亲。秦甘罗一十二岁身为宰相。吴周瑜七岁学文，九岁习武，一十三岁官拜水军都督，执掌六郡八十一州之兵权，施苦肉，献连环，祭东风，借雕翎，火烧战船，使曹操望风鼠窜，险些命丧江南。虽有卧龙、凤雏之相帮，那周瑜也算小孩子当中之魁首。

他把一大堆史上有名的小孩编进来。这里面有司马光砸缸救人的典故，也有《二十四孝》当中的汉黄香温席奉亲之美谈。通过这些耳熟能详的典故，相声不再只单独面对下层劳动人民了，而是一点点向市民阶层渗透。

　　仔细研究中国的说唱艺术，实际上，中国的很多文学作品也吸取了说唱艺术中的精髓。我们都知道，中国有四大名著。这四大名著，其中有三部在没有成文之前，在民间的口头传播已经是非常广泛了。除了《红楼梦》以外，其余三部早就代代相传，很受追捧。说这些名著是建立在口头文学的基础之上，一点也不过分。

　　扬州有一位专门讲武松的专家王少堂先生，他专讲《武十回》。扬州评话《武松》是"王派水浒"四个十回（武松、宋江、卢俊义、石秀）中的一个，也是其中最著名的一部长书。这本书单讲108大将中的武松，整体篇幅却比《水浒传》多出三倍来，当然这其中有很多艺术上的描写。关于此，还有一个真实的趣事。王先生在讲武松杀潘金莲的环节时，讲到武松用刀去挑开窗户环，就这个环，讲了两天。讲到看似最关键的时候，"啪"的一拍，得，"欲知后事如何，请听下回分解"。有个小伙子忍不住了，就跑过去问：

　　"王老师，武松他进去没有？"

　　"你明天再来嘛。我要是今天把它刨了，那明天还怎么说！"

　　"明天我出差。"

　　"去几天？"

　　"我很快，三天就回来了。"

　　"三天啊！那你先去吧，等你回来，武松还没进去呢。"

　　你们看，这个相声已经深深地吸引住了观众。包括我们熟知的和珅、纪晓岚和乾隆的故事都是起源于单口相声八大棍儿，我们称之为《满汉斗》。现在很多拍摄电视剧的手法就参照了我们过去说书艺人的说书方式，不断地制造悬念吊人胃口，让你不忍舍弃。

　　要说在我们中国，有哪个文学方面的成就可以跟著名的《荷马史诗》相媲美？没有。但是在世界上，所有从事民俗说唱艺术研究的专家们都公认一条，在中国的少数民族曲艺当中，藏族的《格萨尔王》、蒙古族的《江格尔》和柯尔克孜族的《玛纳斯》，这三部史诗即便跟《荷马史诗》相比也不遑多让。

　　《格萨尔王》这个藏戏我看过几段。不过我真正听说这部戏是在1995年，适逢西藏自治区四十年大庆，我作为中央代表团的团员前去演出。就那次，当地的一个说书艺人叫玉梅，这个人大概比我大一两岁，长得胖胖的。这个玉梅找到我，说是有困难想请我帮忙。在说她找我什么事之前，先给你们介绍一下前因。玉梅是何许人？据说，此人在二十多岁的时候得了一场大病，这场大病使她烧了七七四十九天。这四十九天，她在海拔 4950 米以上的那曲高原一个牧民家里住，等她烧退恢复后，非常奇妙的事发生了，她竟然能以说唱形式来讲《格萨尔王》，连说带唱，韵脚自然。她说的这个《格萨尔王》有多长呢？每天讲四个小时，她能讲三年。当时的社科院大概在 20 世纪 80 年代初期，知道了这个人之后，专门到西藏给了她一笔钱，给她盖了三间房子，想把她讲的《格萨尔王》给录下来。而她那次找我，就是告诉我给她的那三间房子搁磁带都已经搁满了，没法继续录制。她希望我能继续给她拨点钱，以便她把这事完成。当然，为了这事，我们后来也多有接触，也尽量帮助她完成录制工作。这不是我要说的重点，重点是，我们看看《格萨尔王》它篇幅有多长。

无论是《格萨尔王》《江格尔》，还是《玛纳斯》，这些宝贵的文化遗产，如果我们自己不去保护，不去争取，就可能会变成别的国家的东西。因为，一个少数民族可能会分布在好几个国家。蒙古国和俄罗斯两国都为《江格尔》争过，这里就涉及一个文化主权的问题。如果，我们要从事中国的说唱艺术这个行业，就一定不能忘记，中国的这三部在世界上也极有分量、值得大家骄傲的、能够体现中华文明艺术魅力的史书。讲到这里，大家可能就明白了，中国的说唱艺术在中国文化中也同样占有相当重要的位置。

以上是我今天讲的第一部分。

第二部分：给大家讲讲中国说唱艺术的真实魅力

中国说唱艺术的魅力之一在于其生活性，它直接反映了人们的语言，满足了人们心中期望的那种轻松诙谐的艺术享受。不知道，大家有没有这种体会。当你们在读一首诗的时候，你的脑海中就存在一种想象中的逻辑，你觉得诗中场景会往哪个方向发展。而恰在此时，你发现作者的逻辑也迎合了你的想象，这时，你极容易与作者产生共鸣。而当作者写的比你想象的更高远、更有意境、更有深度的时候，你心中则无比倾慕。这就是那些千古佳句的独特魅力。时下有一些流行歌曲唱什么：我爱你，爱着你，就像老鼠爱大米……跟我们那时的追求太不一样了。我们年轻那会儿，读贺敬之的诗《桂林山水歌》：

> 云中的神呵，雾中的仙，
> 神姿仙态桂林的山！

情一样深呵，梦一样美，
如情似梦漓江的水。
水几重呵，山几重？
水绕山环桂林城。
是山城呵，是水城？
都在青山绿水中。

读到这里，甭提心里那个开阔了！简直就是身临其境的享受！这些诗歌在我们这一代人心中奠定了一个非常深厚的文化基础，同时也让我们领略到了文学艺术的魅力，尤其是能说能唱的这种诗歌，特别具有美感。

我们的曲艺作品，同样也脍炙人口。这里给大家举一个简单的例子。现在 55 岁以上的老人家，只要喜欢听快板书的，都会知道《劫囚车》的双枪老太婆的故事。但是年轻人恐怕就不知道了，别说"70 后"，哪怕是"60 后"未必都清楚这个故事。你们听：

华蓥山，巍峨耸立万丈多，
嘉陵江，滚滚地东流似开锅。
赤日炎炎如烈火，
路上的行人烧心窝。

这个作品来自著名快板大师李润杰先生的经典之作。在过去，快板是要饭人的谋生之道。在新中国成立以前，快板从来没有登过大雅之堂。要饭的人拿个竹板子在有钱人家的门口，边拍打边唱：

我求掌柜的给了吧，
工夫大了你省不下。
要省你从大处省，
能省十顷带八顷；
要算你从大处算，
能算十万带八万。
我老傻，也能算，
算来算去要了饭。
别说要饭的牵拉头，

要饭的不在下九流。

……

　　就这么一直唱，把人给唱烦了为止。你要是吝啬不给钱，他就搅和掌柜的买卖，拿一砖头一拍自己脑袋："哦，我死了，死在你门口呢。"你们看，过去说快板的都是些街头的流浪儿、乞讨者甚至是带有一点流氓性质的小地痞无赖。快板也因此被认为是撒泼耍赖的一门活儿。而这门活儿被我们的老前辈李润杰先生改造成了说唱艺术中非常重要的一个分支，实际上，这个老前辈文化水平并不高。大家都知道，过去自家一般都没有洗手间，都是用外边的公共厕所。这个老前辈有一次在厕所中无意看到一张破报纸，这报纸上有《红岩》小说的连载，正好印了"双枪老太婆"的故事。李润杰先生看到后，产生浓厚的兴起。回去后，就开始一个字一个字地写。要是我们写山就写：

　　华蓥山，巍峨耸立万丈高。
　　嘉陵江，滚滚地东流起波涛。
　　赤日炎炎如火烧，
　　路上行人好心焦。

　　可是人家这个老先生写的时候，"华蓥山，巍峨耸立万丈多"，把"万丈高"写成"万丈多"，从一个形容词变成了一个量词。要仔细分析，这里面不简单。老先生心里肯定不是在想是用形容词还是用量词，他就是想把句子口语化。"嘉陵江，滚滚地东流似开锅"，一听到这，你脑中立刻就浮现出一个景象：嘉陵江水像开水一样翻滚着东流。"赤日炎炎如烈火，路上的行人烧心窝"，既形象，又传神。押韵也押得恰到好处。虽然老先生的话都是口语，但他改编的这个快板一下子让很多作家都对其中的非凡之处叹为观止。下面还有：

　　忽然间，乌云密布遮天日，
　　一阵暴雨就似过瓢泼！
　　霎时间，雨过天晴消了热，
　　长虹瑞彩照山河。
　　清风徐来吹人爽，

——哎！有一乘滑竿儿就下了山坡！

这么一个普通的下雨解凉的场景用老百姓自己的语言描写得活灵活现的，充满生活气息，无论是读，还是听，都让人十分舒畅。说唱艺术的魅力在这里彰显无遗，你们有时间，去听一听这个作品，也可以感受得到。

中国的这个快板和外国的 RAP，有点类似，都是说出来的唱词。只是现在的这种说唱，不太讲究押韵了。比如："今天天气不错，挺风和日丽的，我们下午没有课，这的确挺爽的。"这也算是新时代的群众语言了。不说别的，单就与群众的联系来说，本质上还是相通的。但是正规的传统说唱还是非常注意押韵。我们的老先生写过一个《战洪水》，描写20世纪60年代天津洪水泛滥的场景，他既要描写洪水肆虐、恣意横行的状态，又要按当时对文学艺术的要求表现人对洪水的蔑视和斗争精神。他是这么写的：

那洪水，它要在天津城里边转一转，
它要到胡同里边串一串，
它要上各屋各户地看一看，
它要把工厂的机器涮一涮，
它还要到阳台上边站一站。

"转一转，串一串，看一看，涮一涮，站一站"，这一连串的词语用的传神之极，生动之极，既反映了洪水的肆虐，又反衬出人民对它的蔑视。别看这些词普普通通，看似信手拈来，其实经过了非常缜密的艺术构思。现在有人说，现在的相声都不太好听了。原因就是不够精彩，里面传神的词眼太少。侯宝林先生过去说过一句话："我们国家的自行车除了铃不响，哪都响。"这句话现在时常被大家伙拿来开玩笑，已经融入了大家的生活语言当中。该响的地方不响，不该响的地方都响，你说这车该有多破，无须太夸张，一句简单的话就足以说明一切。还有马三立表演的那个马马虎虎、大大咧咧、嘻嘻哈哈的马大哈形象现在不是也经常被大家挂在嘴上说吗？马季老师学江青在假锄地时的口吻："你们快点照，我可坚持不了多一会儿。"这句话也成了大家生活当中的趣事。生活当中的这些精彩语言在我们的相声当中经过艺术加工后，对作品的结构往往起到画龙点睛的效果。这些精彩的语言绝对不是相声作品中的佐料，而是关键性的重点。

在我十几年前演过的那个《捕风捉影》中，我让一个警车给接走了。其实我是跟别人商量节目去了，可别人不知道啊，还以为我犯了什么事，一个个议论纷纷，我只能慢慢解释。回头我跟看门的老大爷讲："大爷，您别听人家乱讲，没有那回事。"大爷说："这事说有就有，说没有就没有。逮着就有，逮不着就没有。只要女方不告，就什么事都没有。"其实他也不知道怎么回事，他就用"有"和"没有"把我都给说糊涂了。而且这个"有"和"没有"也是大有讲究的，不仅勾画出了大爷的心理活动和他的处世哲学，同时也反映了社会上的某些现象，也是这个作品的画龙点睛的词语，刚好符合捕风捉影的主题需要。

说唱艺术的另一个魅力就是幽默。在新中国成立初期，我们国家推广普通话，西河大鼓的马增芬老师有一段相关的名段，词是这么写的：

说有个大嫂本姓白，
站在河边儿喊起来，
"我的孩子掉水里了，谁能帮我捞上来。"
打南边来了个小伙子，
一头就往河里栽，
东一把，西一把，
憋足了劲乱摸开。
摸了半天没摸到，
河中露出脑袋来，
"大嫂，您孩子被水给冲走了，我保证给您救上来。"
二次又往河里栽，
东一把，西一把，
憋足了劲乱摸开。
摸了半天没摸到，
最后捞上一只绣花鞋来。
"大嫂，您孩子可能没救了，我只捞上一只鞋。"
"小伙子，我要的就是这只鞋。"
"您孩子不是让水给冲走了吗？"
"因为我是四川人，我们那地方管鞋就叫孩。"
小伙子一听一咧嘴，
一个劲地摇脑袋，

"大嫂，您这是掉的一只鞋，您要是掉双袜子，我不定上来上不来。"

一个完整的小笑话，利用方言产生的一个小误会，幽默地告诉人们讲普通话的重要性。中国的说唱艺术就是这样被艺人们一代一代地传承下来。

说唱艺术里面的说很重要。如果大家还记得的话，在六年前的时候，报纸上曾报道过有关我的一个新闻，说我怒批《曲苑杂坛》这个节目。节目导演当然不乐意了，为此还差点和我闹别扭。事实上，这个报道中存在误会。我在一次学术研讨会上，说到中国的说唱艺术要按字行腔。北京曲艺界素有"唱着说，说着唱"的艺术要求，明确提出，一切行腔、润腔都必须严格依照唱词中字音的语言规范进行，使乐音和语言的音调结合成不可分割的整体。用演员的话说，叫作"按字行腔，曲随词走，字正腔圆"，"字音要先行，腔调慢慢跟"。正确地吐字、发音、归韵，遂成为唱腔圆润的先决条件。二人转就是典型的"按字行腔"：

我不是难过我这是乐，
心里边一高兴眼泪就多。
旧社会咱穷人受苦受难，
讨荒要饭四处奔波。

侯宝林先生在他的《改行》里头，说刘宝全唱大鼓，唱的是自己卖烧饼：

吊炉烧饼扁又圆，
那油炸的麻花脆又甜。

大家都知道，普通话有四声，曲艺中的韵脚是不能变音的。歌曲不一样，歌曲的四个声调可以改：

蓝蓝的天上白云飘，
白云下面马儿跑（刨）。

你听这唱的是"刨"，但是你知道是"跑"。歌曲中改声调，是为了适应音乐旋律。

有一个作曲家叫姚明，为《前门情思大碗茶》作曲，作得非常好。但是里面犯了一个小错误。

我爷爷小的时候，
常在这里玩耍，
高高的前门，
仿佛挨着我的家。
一蓬衰草，
几声蛐蛐儿叫，
伴随他度过了那灰色的年华，
吃一串冰糖葫芦就算过节。

我一听到这里，不对呀，不是过"jié"吗，怎么变成过"jiě"？我就跟姚明说这事，他解释说：我愣是想了半天，也改不过来，俺们东北人就管过节叫过"jiě"。他这是受东北话习惯的影响。

我说这么多，就是方便大家理解我和《曲苑杂坛》这个节目到底是怎么一回事。这个节目的开头：

相声，小品，魔术杂技；
评书，笑话，说唱艺术。

就这里面，把相（xiàng）声唱成"xiǎng"声，这是怎么回事。这档节目是中央电视台指出，"央视"面对的是全国人民，一定要做好表率，既然是曲艺节目，就要有极强的专业性，而不能以讹传讹，否则就会误人子弟。我这话一说，媒体一点也不客气，写"姜昆说中央电视台以讹传讹、误人子弟"。为此，节目导演就出来解释：姜昆有一次想上我们节目，我没给安排，所以他心中有气。我一看这阵势，是摆明了要打嘴仗，我急忙给撤了，这事才算完。

媒体给我造成的误会还不止一次。我有一次去四川，四川的媒体采访我：姜昆，你说说你对上春节联欢晚会是怎么看的？我说：我现在的基本观点是，有好相声也不能先给春晚。其实，我的意思是，好的相声都要在底下练习很多次，要经历过观众和市场的很多检验才能上春晚那么大的节目。不料，媒体断章取义，又误会了我的意思，大字标语打出：姜昆说了，有好相声也不给春晚。无奈之下，我只能又给电视台打电话解释一番。

但是，咱们这个说唱艺术本身也有自己的生长规律，这个规律要让大家知道。中华民族历史悠久，文化底蕴深厚，我们传承的一定要是那些正宗的、实在的文化，而不能是半吊子的东西。社会发展到现在，年轻人对我们民族自身的特色越来越疏远淡化，这种情况下，如果我们这些从事艺术表演的艺人没有一个严肃科学的态度，恐怕会对中华文化中传统的一些经典艺术的传承造成不小的伤害。

中国有十三道大辙。仔细说来，中国明清以来北方戏曲、曲艺等押韵用的13个韵部。"辙"也叫"辙口"，就是"韵"。"合辙"就是"押韵"，这是用顺辙行车做比喻的通俗说法。"十三辙"的名称是：①中东；②江阳；③一七；④灰堆；⑤油求；⑥梭坡；⑦人辰；⑧言前；⑨发花；⑩乜斜；⑪怀来；⑫姑苏；⑬遥条。此外还有两道用儿化音节构成的"小辙儿"："小言前儿"和"小人辰儿"。这么多、这么复杂的辙子很难记，因此我使了个巧办法：月下一哨兵，镇守在山冈，多威武！这样就好记多了。月，乜斜辙；下，发花辙；一，一七辙；哨，遥条辙；兵，中东辙；镇，人辰辙；守，油求辙；在，怀来辙；山，言前辙；岗，江阳辙；多，梭坡辙；威，灰堆辙；武，姑苏辙。

这些基本的知识如果能够普及的话，日常生活中，就不会出现我们经常看到的一些标语类的错误。比如说：竹板一打响连天。"响连天"中一个言前辙，一个江阳辙，两个挨着放是不规范的。我时常也在电台里听到很多播音员打着快板做节目，里面也有很多错误。和其他的艺术一样，说唱艺术本身也有自己的规律与规则，想要从事这门艺术，或者想要了解这门艺术，我们必须要先熟悉并且遵循这些规律和规则。

老百姓喜欢听相声，非常重要的一点是因为幽默贯穿始终。幽默，是缓解各种各样的矛盾、化解各种各样的尴尬、拉近人与人之间关系的一种非常有效的方式。但幽默不是直愣愣的，它有一定的隐晦性，需要听众自己用心去体会。在日常生活中，我们看到一些有趣的场景，我们也会乐，比如说，我们看到身边熟人溜冰一不小心，摔个四仰八叉，都会哈哈大笑。但是这种乐，不是幽默，而是一种直观的因生理满足所产生的愉悦情绪。

相声中的幽默，更是一种婉转的、曲折的表达，它用一种简单的、自然的手段来达到制造幽默的目的。我有一次去国外见一个人，叫Kevin，我之前没见过这个人。在他办公室（国外的办公室都是开放的）旁边我对一个人说我找Kevin，是他约我过来的。这时，一个小伙子站起来说：Where is Kevin? Where is Kevin? Oh, I am sorry, I forgot I was Kevin! 我一听就乐了。你们想呀，我一个人来到国外，人生地不熟，要见的人也完全不认识，这心里头多少有点忐忑。但是 Kevin 开了这么个玩笑后，一下子就缓解了我的紧张，拉近了我们俩之间的关系，接下来的相处既轻松又融洽。另外一次，1984 年我们到美国的康奈尔大学访问，康奈尔大学是一所著名的大学，中国有很多留美科学家都是从那毕业的。我们抵达该校之后，选了一个早上，首先拜访的是该校的校务长。双方见了面，旁边的大使馆人员向教务长介绍我，说我是著名的相声演员，而且还是春晚的节目主持人。这个教务长也特别有意思，他说：如果您不介意的话，给您讲一个笑话吧。我当然是很乐意听。他说：有一天，他在家里睡懒觉，怎么都不愿意起床，他妈妈叫了一遍又一遍，最后，他妈妈跟他说：

"孩子，你必须要到学校去，这个学校需要你。"

"不行，我不去，老师和学生都说我是笨蛋。"

"可是你还是得去，你是学校的教务长啊！"

他这个笑话可能讲了无数次了，他之所以要这么开场，是为了用这种方式介绍自己教务长的身份，同时也体现了自己的谦虚与友好，让来访的朋友们感觉轻松自然。西方人很注重幽默的培养，他们把幽默感看作一种良好的文化素养，也是人与人交往的一种基本技能。

当然，幽默也不是全无限制的。比如说，大人物对小人物好幽默，小人物对大人物就不那么好幽默了。毛主席对警卫员小王说："小王，咱俩是亲戚呢，先有你这个王，才拐出我这个毛嘛，我们不是亲戚是什么。"大家一听，就觉得毛主席真幽默。但要是小王说：毛主席，咱们是亲戚，先有我这个王，再有你这个毛。这就不是一个幽默不幽默的问题了。

幽默，当然是一门学问，既是学问，就有自己的学科规律，一个好的幽默符合"完全在情理之中，却又必定在意料之外"的标准。说唱艺术的精髓在于幽默，如何把幽默这个元素不着痕迹地融入说唱过程中，让观众不由自主地发出来自内心的微笑，是每一个从事说唱艺术的艺人应该认真考虑的事情。相声也好，双簧也好，快板也好，都非常注重采用夸张而不失幽默的手法来构造故事的完整性。

随着时代的发展，人们的需求也一点一点地在改变。我曾经多次到大学去看孩子们的演出，说实在的，我深深地感觉到自己距离这个时代，远了。孩子们说到"小强"的时候，我很费解，就问旁边的孩子："小强是什么？"孩子们嘲笑说："小强就是蟑螂，你不知道？"这个我确实不知道！上次去北京师范大学看孩子们表演，也是对里面一些情节不太理解，一问才知道是模仿电视剧《大长今》中的镜头。《大长今》我也没看过。

新的时代内容的出现，新的需求的出现，给我们说唱艺人提出了新的要求，要求我们说唱艺术去积极适应社会发展的需要。有时候和别人聊天，就经常有人问我如何看待周立波和郭德纲。今天，我就小范围地和大家讲一讲。这些人很用心，也很尽责，身上有一种我们这些人身上不多见的忧患意识。他今天演完了，就得琢磨明天演什么。同时，他们还得摆正自己的位置。比如说周立波讲的"北京人与上海人"：

我们都是上海人，北京人不要听。北京是大城市，北京人民都生活在皇城之下，他们都想当皇上呢。只是现在皇上没了，都改行开出租汽车了……北京人吃大蒜，我们（上海人）喝咖啡。吃大蒜是自己吃着香，别人闻着臭；喝咖啡是自己咽下去苦，但是别人闻着香。北京人吃饭讲究，要吃就吃满汉全席，几百道菜，吃都吃不过来；我们上海人不一样，我们不点菜，我们点厨师，点自己满意的厨师。

从周立波讲的这个段子，我们可以看出点端倪，这类艺人的清规戒律相对少些，讲的内容更贴近实际和生活，老百姓能够从中得到放松。郭德纲在相声中，敢开玩笑。他们敢于也善于用这些生活中的笑料来迎合观众的口味。这些人身上有革命的种子，有反抗精神，敢于突破千篇一律的陈旧观念或是现在存在的某些规则。他们有这种精神，首先是要值得肯定的，但是我担心的是，他们的文化素质不足以支撑他们完成这个远大的目标。类似于摇滚歌星，中国的摇滚歌星为歌坛带来了很多新的元素，但是他们未必有能力能给中国歌曲行业带来革命性的变化。这些摇滚歌星从国外取经学习摇滚，在学习的过程中，缺乏鉴别，缺乏扬弃，缺乏本土改造，那这个摇滚就不能算真正扎根中国。所以，中国的文化艺术改造或者是突破之路，在我看来，还需要更多的人下更多的工夫，而且需要更多的时间去实践。

当然，也有人不同意我的观点，人家（郭和周）多受欢迎，人们不都爱看嘛。这个问题，讨论起来就复杂了，不是简单的受欢迎与否能够解释的。不管我们承认与否，大众娱乐和主流文化之间是有差距的，我们以前唱的红歌为什么现在唱不起来，而一些网络歌曲一下子就红了，这不就能说明问题吗？归根结底，还是现在人们的追求改变了，符合大众口味的文化反而显得更有市场。但是这种状态是有时间限制的，因为大众口味随意性太大，缺乏实质的可以支撑大众文化长期生存和发展的内在动力。我给大家举一个简单的例子。大家都知道有一种很著名的相机——蔡司相机，德国产的。蔡司相机的镜头，在全世界范围内都是数一数二的。但是，尽管蔡司相机经历这么多年的光辉历程，可谁也没有想到，它会被傻瓜相机打败，傻瓜相机以其低端、实用、价廉的优势，在利润和销量方面都远远超过蔡司相机。不过，我们必须注意，评价事物不是只有一个标准，有很多重要的指标也要加以考虑。有相机的朋友，都可能有这个经历，不断地更换相机，500 万像素换 800 万像素，800 万像素又换 1000 万像素。蔡司相机有换的吗？没有，蔡司相机作为一款古典名机，现在隔一年涨一次价，越老越值钱。

所以，我们评判一种事物或一种现象，一是不能只看一面，而要多角度全方位地去看。二是不能只看眼前，还要有一个长远的眼光，要有战略眼光。目前，主流艺术也好，大众艺术也罢，都是市场需要的产物。昨天，我跟"玖月奇迹"组合的王小伟、小海一块儿吃饭，聊天的时候，我跟他们说他们选择了一条非常好的道路。他们唱的全部都是经典，比如说《浏阳河》《我的太阳》《九九艳阳天》等，但是他们表演的方法完全是现代的，他们将新颖独特的现代风格与传统歌曲完美融合，开创了一个新的表演模式。我很喜欢听他们唱的歌，尽管唱的是老歌，却依然给人耳目一新的感觉。他们以后有演唱会，如果我有时间，我就一定会去捧场，而且还会带我的老朋友一块儿过去。

他们选的这条道路，非常正确，正如我们胡锦涛同志在八次人代会上讲的"继承是基础，创新是关键"。没有继承的创新，是无源之水，维持不了多久。光有继承，没有创新，也无力发展，很可能会走向消亡。现在的这些孩子们在规划将来的时候，也是在不断地选择，为了能把我们真正的文化艺术发扬光大，有力地展示我们中国的文化软实力，这些孩子们都付出了很大努力，吃了很多的苦。

我已经六十多岁了，我们这一代人，就像庞龙唱的《往日时光》，"人生中最美的珍藏／正是那些往日时光／虽然穷得只剩下快乐／身上穿着旧衣裳／海拉尔多雪的冬天／传来三套车的歌唱／伊敏河旁温柔的夏夜／红梅花儿在开放……"这就是我们现在的状态，平静却缺少激情，社会各项事业，包括曲艺事业更多的是靠现在的年轻人去努力开拓新的境界。

前年，我带着《人民日报》《光明日报》《北京晚报》以及《北京青年报》的记者，专门去天津考察天津的（曲艺）小剧场。我当时是党委书记（中国文联曲艺家协会党组书记），我就跟他们的党委书记讲：我告诉你呀，我是以党委书记的身份来的，你别老让我上台表演，免得把这次考察变成个人巡回专场（玩笑话）。那一行，我总共考察了七个小剧场，到最后一个剧场时，已经是晚上十一点半。请容我插一句，大家都记得那个《和谁说相声》中的赵津生吧，我就是在这里发现了那个小伙子，把他带上了春晚。大家都叫他老头，其实他不老，才五十多岁。

我十一点半进这个小剧场，发现里面还有很多的老同志，都是些老艺迷，资格比较老。结果，我坐在那听戏的时候就被人家发现了，有个老人家就说：姜昆，哎哟，你怎么到这来了，来说个相声吧！我琢磨着这是最后一场，也算是充实一下这次考察行程，就答应了。我上台之后，难免要一段开场白："各位大爷、大婶们你们好！今天我们有机会来天津考察学习天津的小剧场，内心很高兴，天津小剧场搞得真是火爆，比我们北京可强多了。现在我给大家介绍一下，这里有来自《人民日报》的记者，有《光明日报》的记者，有……"话还没讲完，只听见一个老大爷喊："别讲话，说相声。"这一下子懵了，话都不让我说了。随即，我想，是不是太晚了，再说人家就烦了。我就又赶紧应了老大爷："老大爷，我听您的，我现在就说相声，今天我就给大家说一段，我来天津的相声，说真事……""别说新的，说老的，传统的会吗？"这边大爷刚打断我说话。另外两位大爷又接口了："给我们背个菜单子吧。""《八扇屏》来一段。"我一听，脑袋就大了，敢情他们是想考我。

在曲艺界有个不成文的规矩，如果你的表演得不到天津观众的认可，你就不算一个真正的曲艺演员。天津的观众，特别地挑剔，他们要是承认你的功夫，就会捧你，要是不承认你的水平，就会埋汰你。有一个真事，有个演员在天津演出，在台上唱得正欢，台下就有人喊："别鼓掌，憋死他。"我是马季老师的徒弟，马季老师是侯宝林先生的徒弟，侯宝林先生反对炫技，一般不爱说"贯口活"（侯宝林先生在"相声改进运动"后的作品中就没有"贯口"的段子，但侯老的贯口还是说得非常的好）。等传到我们这一代时，我们基本上不讲"贯口活"。让我背《八扇屏》，确实有点让我为难，但是媒体都在这里看着，堂堂曲艺界的掌门人要是说"不会"，那该是多么寒碜。毕竟，我是相声演员出身，"贯口活"我肯定学过，但是没演过，不知道能不能演下来，但不管怎么样也只能试试了。我说："这位大爷，您既然有要求，那就是合理的，我现在其他身份都不是，就是一个相声演员。既然您出题了，我就得考试，舞台上我没演过'贯口活'，但是我今天还是要大家伙来段《八扇屏》中最难的'浑人'。"说完，我就暗暗提醒自己，万万不可"吃栗子"，然后沉了沉心就开始了：

想当初，楚国霸王项羽，目生重瞳，板肋虬筋，臂力过人，帐下有八千子弟兵，那真是攻无不取，战无不胜。只皆因鸿门宴刘邦赴宴之时，项伯拔剑闯入，在席前舞剑。多亏大将樊哙，保走刘邦。从此斗智，张良访韩信，韩信登台拜帅，明修栈道，暗度陈仓，智取三关，九里山，十面埋伏，困住霸王。霸王失机大败，正败之时，面前有乌江拦路，后有韩信追兵赶到。霸王抬头望，见江中来了一只打鱼小舟。霸王点头唤之曰："渔家，将孤家渡过江去，有薄银相赠。"渔家言道："你的人高马大枪沉，渡人难渡枪马，渡枪马难以渡人。"霸王言道："那有何难，先将孤家的枪马渡过江去，然后再渡孤家不迟。"渔家闻听，顺舟靠岸，将枪搭在船上，马匹拉上舟中，一篙支开，船离江岸，约有数丈，渔家拱手言道："呔！项羽听真：我并非是渔家，乃是韩元帅帐下一员大将。奉了某家元帅之命，特意前来盗你枪马，看你身为大将者，无枪，无马，无卒，孤身一人，必落到韩元帅之手。"霸王闻听，顿足捶胸："悔不听亚父范增之言，今日果有此败，我有何面目去见江东父老，看来孤乃一浑人也。"

我说的又急又快，声音也大，因为带了点情绪，说完，我差点胃痉挛，我身体的那点能量不够我使那么大劲。谁知，我演完，大伙没有鼓掌，一个大爷站起来："姜昆，我知道你们不说这个，来，给呱唧呱唧！"这时，所有的老头老太太们才哗哗地鼓掌开了。第二天，天津的小报上大字标题：姜昆天津考试过关。

我今天给大家简单讲了一下说唱艺术的起源以及这门艺术独特的魅力。现在，我给大家留一点时间，和大家交流。大家可以提问，我能回答的尽量回答。因为今天只是一个介绍性的讲座，并非专业的讲课，我的一些电子资料都没有带过来，所以在回答的时候可能会有不周到的地方，希望大家不要介意。最后，我更希望大家喜欢曲艺，支持曲艺。谢谢大家！

主持人（黄晓勇）：非常感谢姜昆先生刚才给我们做的这堂精彩的报告，让我们对曲艺有了更全面、更深刻的了解，请把我们最热烈的掌声献给姜昆先生。接下来的时间，欢迎大家提问。

学生甲：姜老师，您好！请允许我问一个比较私人的问题——关于我自己的。因为我自己在表达方面不是很好，第一个是说话比较慢；第二个是发音不准确。所以想请教您，如何改正这些缺点。

姜昆：就回答你一个字，练！

学生甲：怎么练？

姜昆：具体的练习方法，你可以到我们中国曲艺网（www.cnquyi.com）去看一看，上面有很多艺人分享的各种各样的方法。说句实话，不是每个人都可以当曲艺演员的，也不是说只要练，就可以练成曲艺艺人的。如果你仅仅是想把话说清楚，那就只需要练习，就能提高。我们广播学院出来的学生都是一个声音，这都是练习的结果。不管是谁主持中央人民广播电台，基本上是一个声音，分不出谁是谁。现在不要求大一统了，才有了一些广播员的个性。但是基础的发音方法还是一致的。有的人说话的声音由于位置不对，让人听着发腻，不着听。有人的声音，天生好听，这种天赋真是想学也学不来。你们熟知的蒋大为，都65岁了，还能唱，他就是有天赋，音色特别好，所以他唱的歌大家喜欢听。我的意思就是说，练习，当然很重要。你要觉得说话慢，那就快点说呗，如果快不起来，那就是你脑子转得慢了些。如果你脑子反应快，嘴能跟上你的脑子，那你就是相声演员。只要你多加强针对性的练习，一定会慢慢提高的。

学生乙：姜昆老师，您好！本来在听您讲座之前，我还挺淡定，但是听完后，就有点激动。我的问题比较啰唆，希望您尽量回答。我有三个问题。第一个问题是关于您的，我从小爱听您的相声，您跟很多人合作过，也创作了很多精彩的作品。请容我说句实话，在您后期，特别是您和戴老师合作之后，经典作品相对来说，就少一些。据我所知，您现在是中国曲艺协会的掌门人，可能有很多事情要处理，这些事情毫无疑问会分散您的精力。我想问的是，除了这个原因外，您的创作不及以前那么好。以前的作品中，您有很多针砭时弊、讽刺某些社会现象的经典语句，现在却不那么明显，这种是不是跟现在大的环境有关系？

姜昆：第一个问题，我可以告诉你，我现在岁数大了，没有以前那么能干了。

学生乙：那我问第二个问题，这个问题跟您刚才的演讲也有关系。我在北京和天津，都去过小剧场。我发现，天津的小剧场确实做得比北京要好很多。在过去四门八大派中，相声可能是保护最好的一个派别。我听过有些相声演员聊天，有时候他们还会讲行话。由此可见，相声的传统应该还没有被大家遗忘。但是，为什么我们听到的很多相声里面，传统的一些表演形式及表演技巧都很少见。我想问您，您是如何看待相声中的传统因素？

姜昆：对于你的这个问题，我只能这么说，一个时代有一个时代的要求。传统的东西好不好，当然好。但是传统的东西，我们不光要继承，还得创新。如果没有创新，而一味地追求传统，最后只会消亡。我刚才也讲了，不同的人有不同的需求，特别是年轻人有年轻人的需求，你不可能把所有人的需求都满足了。有些人喜欢传统的东西，有些人则喜欢更具时代气息的东西。你说那个周杰伦，你们的爸爸妈妈会喜欢吗？你让那些受过传统教育，接受主流文化的人去喜欢郭德纲，恐怕也不可能。

学生乙：谢谢姜老师。我看过很多的相声，也包括郭德纲的相声，我觉得在中国相声的幽默形式以及其艺术创作方法中，比较习惯于用讽刺、挖苦甚至是一些不道德的玩笑来表演。这种方式，虽然我们听完后，可能感觉不太好，但是听的过程中，我必须承认，我听得很高兴。所以，有些外国人就认为中国人的这种幽默层次和方式并不是那么高雅。你觉得呢？

姜昆：你别听外国人一面之词，他们比我还俗呢。是这样，外国人过去认为咱们中国人没有幽默，实际上，咱的幽默比他们强得多，也深刻得多。外国人的脱口秀，最大的一个问题是比较随便。相声也好，笑话也好，全世界公认的两大特征：政和性。相声中，无亵不笑，就是要亵渎神圣的东西。政治，够神圣吧，所以大家要拿政治开玩笑，即使是对孔圣人，过去相声中也是多有冒犯的。而性呢，性是一个较普遍的话题，是延续我们社会发展的一个很必要的途径，但是过去在相声中也要丑化"性"这个词语。可能没有亵渎，相声中会少了很多可笑的成分，但是这种"无亵不笑"的方式跟中国的由儒、释、道三家交织而成的传统道德有相违背的地方，所以，我们会限制这种相声，不让它登大雅之堂。底下，他们爱怎么说，我们也没有反对过。我相信他们肯定讲过黄段子，也讽刺过一些时政问题，我们不也没说什么吗？而在国外，我曾经在1994年的时候，作为访问学者，在加拿大待了两个月，考察他们的剧场运动。在这场运动中，我见识到了很多的Stand Comedy，站着说的喜剧，就是中国的相声。国外的这些相声演员就是随意地说，随意地讽刺，就像那个清口，但是比清口程度更甚。不同的是，国外的人比较能经得起玩笑，但中国人还没发展到这一步，你的玩笑把人给惹急了，人家会抽你。你们再看中国的相声演员，哪怕是郭德纲，也只能开开于谦的玩笑，而不敢什么人都随意冒犯的。整个社会的环境如此，为了适应这种环境，对于相声表演的限制也是自然而然的事情，我们不应该盲目地学习西方的幽默，因为两种不同的文化，绝对会催生两种不同的幽默内涵和形式。

西方的幽默，有它自己成功的一面，西方人受的教育比较开放，普遍的受教育程度也高，对幽默的领会能力也较强。我今天在这里演讲，大家时不时会心大笑。但在有些地方，有的人就领会不到其中的幽默。这种领悟力，可能是受文化层次的影响，也可能是受逻辑思维的影响。我过去，给几个人讲过一段笑话：

山洞里边有一只狐狸，有几个国家的人在一起打赌，看谁能够跟狐狸待在一起的时间最长。先是一个法国人进去了，没一分钟，他就出来了：我受不了这味，太难受了。接着，德国人进去了，进去的时间较法国人要长得多，但是还是出来了：我意志这么坚强，也忍受不了太久。最后，一个吉普赛人进去了，进去没一分钟，狐狸出来了，嚷道：他身上的味我实在受不了。

这个笑话讲完，大家都乐了。可是就在大家都笑的同时，有一个阿姨没乐起来，我还以为她没听懂。谁知十分钟以后，阿姨大笑：哈哈！原来狐狸也会说人话。她的逻辑就和别人不一样。

所以你不能期望，所有人都能懂你的幽默，但是幽默它是有层次的，有基础的。我相信，随着社会的不断进步，人们受教育的程度越来越高，我们中国幽默的方法和艺术一定比西方还高。

学生丙：姜老师，您好！很高兴能有机会来听您的讲座，您的讲座非常精彩。我有个小问题想请教您，中国说唱艺术的南北差异。

姜昆：因为今天讲得不够详细，我忘了讲一点。曲艺艺术是我们中国传统的民族文化，它有一个最大的特点，地域性。失去了地域性，说唱艺术就少了很多活力与魅力。广东有个曲种叫"粤曲"，郭沫若曾经称赞它"万家灯火万家弦"。如果你看见万家灯火，你就看见一万家人在拉弦唱粤曲。我想这不大可能吧，就到底下走了走，确实如此，广东的粤曲社多达上万个，这你想象不到吧。粤曲中伴奏的演员叫"私伙局"，就是大家伙自发处在一起的组织。广东人唱粤曲，不是为了表演和展示，而是自娱自乐。其他省份，比如说湖南、贵州的一些少数民族的一些曲艺也有类似的现象，别人未必听得懂，他们唱是为了自娱自乐。对于这些曲种，我们要求他们严格地保存自己的原始状态，一方水土孕育一方文化，一定要让这种曲艺扎根于本地。2004年底，我曾经组织过一次越剧专场演出活动，地点在北京。当时粤曲《卖荔枝》正红着，那些粤曲演员一想可以来北京演出，都很兴奋，也做足了工夫，这可

是把粤曲推向全国的好机会啊。

那一次，我请了中央电视台的台长杨伟光前来观看，因为他是广东人。同时，我也组织了很多观众捧场。谁知，演了没有十五分钟，人就走了一半。十五分钟，一个曲子都还没完呢，为了防止冷场，我赶紧劝阻观众：大家不要走，留下来，我请大家吃饭。这场粤曲整整演了三个半小时，结束时我回头一看，后面只剩两百个人了。但是，我特别感谢杨伟光台长，他一直都坚持在看。但是他接了句话，就把我逗乐了："我一个字也听不懂。"他还是广东人，一句也听不懂，其他人就更不用说了。不过，广东的粤曲发展确实是非常好的，在顺德和佛山都有非常好的基础。有机会，大家去广东走走，就可以发现我所言非虚。

学生丁：姜老师，您好！讲座之前的介绍中说您"德艺双馨"，今天听您讲座，了解到您为中国说唱艺术的发展做了很多努力，也做了很多贡献，这点真是辛苦您了。我不知道小品是不是说唱艺术，就此，我提两个比较尖锐的问题。一是，如您刚才所说，很多相声作品取材于社会下层人民的生活，然后经过艺术家们的改造登上大雅之堂。但是，看了今年春晚的小品，我觉得格调有点低下，表演过程中经常会提到一些词，如"外面有人""婚外情""小三"。这些词语的出现，让我觉得这种艺术的不健康趋势越来越明显。关于这点，您有什么样的想法吗？第二个问题是，前几年赵本山去美国演出的时候，遭到起诉，据说赵本山讽刺残疾人、讽刺农民，表演内容低俗。您作为当时曲艺界的重要领导之一，您是怎么看待这个问题的？谢谢姜老师！

姜昆：你的第一个问题，关于春晚小品档次低俗的问题，我一定把你的这个意见转达给有关领导。第二个问题，关于赵本山的国外演出问题，你说的也都是事实，可能是因为我们国家的人们能够接受的东西，在西方人眼中是接受不了的。要如何避免这种问题的再次出现，需要双方坦诚地相互交流、相互理解、相互磨合、相互学习。在西方，讽刺总统是可以的，但是你要是讽刺黑人就不行，至于残障人士，在西方是受到重点保护的，是不可以随便开玩笑的，这是西方文化造就的西方道德标准。这种道德标准与中国的道德标准是存在差距的，如何跨越这些不同标准带来的理解上的误会，还是一个需要研究的问题。

（录音整理：黎越亚；初稿整理：薛显超）

冯远征的艺术人生

冯远征

主持人 吴十洲（中国社会科学院研究生院文博中心主任）：中国社会科学院研究生院新校园落成典礼之"社科大师大讲堂"第八讲现在开始。我们今天荣幸地请到了著名演员冯远征老师，下面请我们以热烈的掌声表示欢迎。这期讲座别开生面，我们以座谈的形式请冯老师与大家分享自己的艺术人生，座谈会由研究生院团委书记韩育哲女士主持，下面开始。

主持人 韩育哲（中国社会科学院研究生院团委书记）：很荣幸请到冯老师光临我们的现场，这次是"社科大师大讲堂"系列讲座之第八讲，接下来有请所有在座的师生一同见证冯老师的艺术人生。

冯远征（著名演员）：我有点紧张，因为第一次和这么多高学历的学生面对面交流。当然，更多是高兴。来的时候，看到你们的新校园，我有点遗憾自己出生太早，如果能晚些年份出生，我一定会来这里上学。

韩育哲：我觉得年龄没有关系，学习是一生的追求，只要冯老师愿意，随时欢迎来研院进修。刚才冯老师和院领导见面的时候，谈到我们新时期学子要追求多元化，不仅要加强文化学习，还要走出校园，参加各种学习。冯老师说了，要给咱学校的学生创造机会去人艺参观学习，近距离体验表演、学习表演……你看，大家果然很期待。请大家放心，这件事由我们团委来做，一定会让大家一睹人艺的风采。相信在座的各位有很多是冯老师的粉丝，但是大家可能不知道冯老师是属虎的，还是天蝎座的。属虎的人，在我看来，热情、勇敢、富有冒险精神；天蝎座的人，深邃而神秘。这两个特征在一起就是，属虎的天蝎座是骄傲的人，他们聪慧、坚强、有能力并令人信赖，极有吸引力。选择对他们来说，实非易事，决定一个方向，可能需要 10 年的时

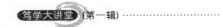

间来准备，但是他们一旦选择，就会坚持把自己选择的事业做好。

冯远征：这个分析真是非常透彻。我当初在学习表演的时候，从我决定学习开始到我进入人艺，这中间经历了将近 10 年的时间。

韩育哲：我记得，您在上中学的期间做过飞行员，是吗？

冯远征：是跳伞运动员。

韩育哲：您是出生于军人家庭？

冯远征：我父亲曾在北京军区空军司令部服役工作。我是在大院长大的。有部影片《阳光灿烂的日子》，特别贴近我的生活，影片名字很恰当地反映了我们儿时的生活状态。我们那个时候真是无忧无虑，自由自在，不像现在的小孩每天有那么多功课要做，没有时间玩耍。我现在从事表演艺术，可能和韩老师分析的属相和星座有一定的关系。不过最主要的还是因为小时候，我在北京军区空军司令部所属的育翔幼儿园学习。现在著名的蓝天幼儿艺术团就是由空军司令部下面的几个幼儿园组成的，育翔就是其中之一。那个时候，我经常有机会上台表演，而且表演得也很卖力。当时，我不知道，台下看表演的老人家都是中央的重要领导人，我只知道表演完回去有面包吃。我想，我表演的兴趣就是那个时候培养出来的。

韩育哲：我还听说，您为了成为专业的跳伞运动员，曾放弃了高考。

冯远征：实际上在跳伞的时候，是 1977 年，1976 年恢复高考时，我正好上初中。那段时间，你们知道，百业待兴，体育事业也处于一个上升期，体育界四处在寻找人才，主管体育事业的部门到各地的中小学去发掘体育特长生。有一天，我正在上自习，班主任领着几个穿着空军制服的人进来，跟我们说：刚才进来的是几位跳伞的教练，你们有谁愿意报名？

结果所有的同学都低着头。我们那班整体的学习成绩挺好，大家都不太想去参加体育行业。那个时候无论是体育，还是体育明星都没有现在这么高的地位，不像现在见着姚明大家都尖叫。当时大家的印象中，只有头脑简单、四肢发达的人才会去从事体育事业。老师见大家都不乐意报名，急了，就用了点名的法子。班干部都必须去，而我正好是班干部。没办法，我只好下课后去操场，接受他们的训练与挑选。

训练项目有三个。第一个是跑步，教练让去了操场的同学十个站一排，往返跑，他掐着秒表，给大家计时。第二个是蛙跳，测试大家的身体素质和弹跳力。再有一个是原地打转。

韩育哲：这个原地打转，应该是跳伞运动员最基本的素质吧？

冯远征：对，你要是达不到他们规定的圈数，你就不合格。

韩育哲：这个动作是很有难度的，有没有同学愿意上来尝试一下。

冯远征：我给大家稍微示范一下。教练给我们画了一个十字，然后你就绕着十字走多少圈，走完你要是歪了，就被淘汰。我当时绕完后，走得也比较直。无论是折返跑，还是蛙跳，抑或是绕圈，我表现得都还行，教练就把我给留下了。留下来后，其实我不高兴的，被挑中后，我要去参加训练。那时，还没有双休日，只有单休日，但周六下午已经不上课了。于是，我每个周六下午和周日整天都要去一个训练基地。这个基地坐落在东城区，现在已经不能使用了。我在那里一开始进行的是地面训练，要跑步、做俯卧撑，还要跳沙坑等各种加强协调性和力量的训练。训练几次之后，就让我们去跳伞塔。伞塔很高，在你背上系根尼龙绳子，吊上去，放下来。刚开始也挺害怕的，被拉上去的时候，吊在半空，手脚无处发力，又担心绳子会断。过了那么一个礼拜，就开始真正的跳伞。第一次跳的时候，吓死了，不知道怎么下来的，但在脚着地的那一刹那，觉得太刺激了，就特别想马上再跳第二次，没想到就这样一下喜欢上了这个运动。

从此以后，我天天盼着跳伞的那天到来，每个礼拜六上午，连上课的心思也没有了。我也暗暗下决心，要做一名跳伞运动员。

韩育哲：您跳伞有多长时间？

冯远征：四年。

韩育哲：据我了解，这四年中取得了不错的成绩。

冯远征：经过半年的训练，在第一年，我们就参加了全国的跳伞比赛。在我们这一波新人进入之后，北京队接下来的四年（直到1981年）一直是全国跳伞比赛的冠军。而北京108中学（冯老师就读的中学）又是北京队中的冠军队。那个时候，我在北京跳伞队和108中学也算是小有名气。由于同学们都很羡慕，我们也很骄傲，那时还太小，以为自己有多了不起。我之所以放弃高考，是因为我们毕业是在1981年的5月20日，而全国的跳伞比赛是在7月份。如果我参加高考，可能就失去了参加全国比赛的机会。专业队的教练曾跟我说，如果我这一年（1981年）表现好的话，就把我招进专业队。我一听，觉得机会难得。所以5月20日，毕业考试考完后，21日我就扛着行李去基地集训了。到比赛的时候，北京队又是全国冠军，我个人也拿了第三名。我想机会来了，就很兴奋地去找那个专业队的教练，没想到，那个教练特别和蔼地、遗憾地告诉我进不了专业队。

这是我所经历的第一个比较大的打击，当时我已经有点懵了，不知道该说什么，该做什么。当然，也没想过要去求教练帮忙。时隔 28 年，前年，航校成立 50 周年的时候，因为自己有点名气，学校把我请过去了。去了之后，另外的一个专业教练跟我说：冯远征，我一直都想不明白，你为什么没进专业队？我昨天晚上，特意查看了那时的工作日志，发现最后的名单中有你的名字，怎么你没过来报到呢？

韩育哲：这个问题怎么能问您呢？

冯远征：对啊。我当然也不知道。我到现在还不明白怎么回事呢。我是想进专业队的，我 5 月 21 日扛着行李走的时候，我的班主任还劝我不要放弃高考，但是我还是比赛去了。只可惜，没能如愿。

韩育哲：但事实上，我们都替您感到庆幸。如果没有当时的曲折，也就没有您今日的成就，我们研院也就可能没有机会与您这么近距离交流。那您又是如何下定决心，要走表演艺术这条路呢？

冯远征：这个说来话长。小时候，经常唱歌跳舞，给自己打下了一个好的基础。上中学的时候，我是一个比较内向的人，尽管当过班干部，那也是默默地做好老师交代的事，一点也不活跃。故而，到了现在，我中学的班主任都无法相信我能做演员。后来，我能改变这点，我得感谢我的跳伞经历。经过跳伞训练，我打开了自己的另一扇窗户。跟着跳伞的伙伴们一块玩，一块闹，一块逃课，一块受罚，慢慢地变得坚强、开朗起来。加上跳伞运动的那种性质，从高空跳下，心胸也开阔了，加之跳伞成绩不错，自信心也有所增强。毫无疑问，跳伞对我的帮助是非常大的。当然，这只是一个方面，促使我去表演还是后来的事情。当我得知不能进专业队，没有机会一生从事跳伞事业时，我很受打击。但我马上回过神来，想回到学校复读，参加下一年的高考。本来教导主任和补习班老师都同意我复读的，但国家出了新政策，我因为没有参加毕业那年的高考，没有资格参加补习班。这下，我真是懵了，回到家后，无事可做，又正好赶上待业高峰，我成了待业青年。这在家一待，就是两个月，其实这两个月我也没有闲着，我还在自学英语。我爸爸是军人，他不知道我为什么天天待在家里，就找我严肃地谈了一次话。他问我：为什么你闲了两个月？我说：我毕业了。他说毕业了不是该去上大学吗？我说我没考试。他问我怎么不考试，我就跟他说自己因为跳伞给耽误了。我本来还想让他帮我进跳伞队，但是我爸拒绝了。

我们家那时住在现在的王府井附近。当时，我们家附近有一个著名的售货员叫张秉贵，下手特别神奇，你要多少，他一手给你抓多少。我在家没事的时候，就去看看他打发时间了。又过了一段时间，我二哥回来探亲，也了解了我的情况。我现在的二嫂，当时我二哥的对象的父亲在一个工厂当厂长。这个工厂是做拉链的，他们有一个解决待业青年的政策。通过我二嫂的关系，我就到那里去上班了。能到那儿上班，我还挺兴奋的，心想自己当了工人，就是光荣的工人阶级了。

但是当第二天真正到那儿上班后，才有点失望，这是一个家属工厂，工厂名字叫北京龙潭街道拉链厂，很小，做的事情也很枯燥。工厂给了我一把锤子，找了一个师傅带我，慢慢地熟悉操作流程。不过我还是很用心地在适应，过了三四天，师傅觉得我可以了，就从学徒工变成正式工了。没多久，我认识了一位工友，意外地被拉进了艺术的大门。

这位工友是个文艺爱好者，有一天，他拉着我去朝阳区文化馆，陪他去报一个"朗诵声乐培训班"，报完名后，他对我说：你也报一个吧，才30块钱。一个星期学两个晚上，可以学两三个月呢。我那时已经在拉链厂上了好几个月的班，平时花销也小，所以还有点积蓄，当下一合计，还行，就也报了一个表演培训班。

表演班里有许多小青年，经常在一起很像回事地讨论莎士比亚等"艺术上的事"，尽管刚开始，我也听不明白人家说什么，但我很快就喜欢上了那种氛围，具有艺术性，生活中接触不到。然后，我又兴奋起来了，就像当初期待跳伞一样，当工人的时候期待去上培训课。每周三天，下班后就买个面包填填肚子，和那个工友骑着自行车去上课。因为喜欢表演，我开始努力学习，这个学习班结束后，我又去别的表演班上课。又过了一年，我把拉链厂的工作给辞了。一心想要从事表演，然后又经历了三年的北漂生活，尽管我是北京人。

韩育哲：那就是说，从您辞职到正式进入人艺，中间还有一段曲折的过程。

冯远征：其间有三年多时间吧。这三年当中，我几乎把北京城所有的和表演有关的文化馆和学习班都跑遍了。辞了工作后，没有经济来源，又不好意思找家里要，我时常打零工，只要挣够交学费的钱，就赶紧报名去学习。当时，有一群与我一样想学表演的文艺青年，大家志同道合，聚在一起很有意思。不过我们的行为在当时看来，还是比较不易让人接受，所以我们有活动的时候，旁边的群众，特别是老人家往往看不下去，就走开了。就像现在，我要是看到一群年轻人在外面疯玩，我也受不了。但是，正是有这种当众表演的勇气，以及这种执著的追求，让我们在表演的路上走得更远。

韩育哲： 其实您报考人艺的经历好像也充满了曲折，您第一次报考人艺是什么时候？

冯远征： 第一次报考艺术院校是在1984年，报考的电影学院。这个报考过程也有一个小插曲，类似于跳伞的经历。那时，我长得比现在还瘦，面相也不是很好看，不怎么招人待见。就连我在业余班的时候，因为长相不佳，很多女孩都不愿意和我合作演小品。有时就连我想找一个女孩一起做一个小品都非常难，或者得恳求人家，或者就得找稍微丑一点的才行。曾经有一个老师还问我："小冯，你是哪儿来的呀？"我说是拉链厂的，老师说："那你还是继续回去做拉链吧。"

老师的直言不讳让我有了小小的挫折感，但即便如此，我也依然坚持如故。我相信我自己的。上课的时候，对于老师的讲课内容，当别人还在犯迷糊的时候，我已经先明白了。而且，我演过的一些小品，老师也觉得还不错。我觉得自己能够把表演学好。

我在考电影学院的时候，熟悉我的人都认为，我肯定没有什么机会。当时去报考电影学院的，多是些形貌出众、打扮时髦的年轻人，身着绿上衣、蓝裤子，而穿着懒汉鞋的我在人群中显得格格不入。可是没想到我初试顺利通过，进入了复试。

复试过程也不是那么顺利，因为错过了自己应有的顺序，我被安排在下一波面试的第一位。第一位面试的学生是很吃亏的，因为老师没有比较，会无意中把分数先压低。在介绍自己的基本情况后，面试开始了。

表演系复试的第一项内容，是要连续完成朗诵、声乐、形体三项测试。我准备朗诵的是一首叙事诗——《我是青年》，属于伤痕文学的一种，大意是讲一个步入中年、吃了许多苦的人，粉碎"四人帮"以后，重新焕发青春活力，觉得自己又回到年轻状态的事儿。我每次在朗诵到主人公回忆自己所遭受磨难的片段时，都会声泪俱下，极有渲染力。可是复试那天，我正要朗诵到那一段时，主考老师说："停。行了，就这样吧。"得，没机会声泪俱下了。最好的表现没有机会展示，我极度失望，扭头往回走。正在这时，老师把我叫住了，让我接着表演声乐。我唱的是《驼铃》，可因为刚才被打断，一点感觉也没有，还没唱到高潮，我自己就给停下了。然后，跟老师说了句"我不想唱"，就又往回走。老师又把我叫住了，说我还没进行形体测试。我本来为此准备了一套长拳，但心中郁闷，谎称只会广播体操，然后应付地把体操做完。测试完之后，我低落地准备回家，心想这回没戏了。

没想到事情似乎还有转机，主考老师又给了我一次机会，让我和另外一个女生一起表演一个小品——《重逢》。当时，只有5分钟的时间可以准备，非常紧迫。因为平常爱好"伤痕文学"，我灵机一动，抓住了这个机会，把伤痕文学中的情节稍稍改造，精心设计了一段返城知青偶遇的场面。大概的意思是：两个知青命运相似，同病相怜，在插队期间相爱。后来，男知青先返城，却没了消息，女知青返城后也没有找到他。有一天，在一个小酒馆中，这对知青偶然重逢，故事开始了。我简单地给搭档解释一番后，就上了台。在表演中，我们都很投入，自己感觉也演得很好，结束后两人都激动得直哆嗦。

就在这一次考试，我遇到了著名导演张暖忻。她说在考场上，我对小品的设计和表演，引起了她的注意，正好那时她在为新片《远乡》（后改名《青春祭》）寻找男主角，于是她给了我一次试镜的机会。

说到这个张暖忻，还得从我上业余培训班的时候谈起。有一次，我和一个同学下课聊天，在谈到自己的理想时，我就曾说，我最想合作的导演就是张暖忻，而且要演就演她片中的男主角，最好是这个男主角（在剧情中）最后还死了。我喜欢张暖忻导演，是因为她早期的电影《沙鸥》中有一个情节让我产生共鸣。电影中，沙鸥不吃牛肉，教练逼着她吃牛肉，生活中，我也不吃牛肉，也有被教练逼着吃牛肉包子的经历。当然，这个片子本身也拍得十分好，很有时代特色和艺术深度。

言归正传，张暖忻老师能给我这样一次机会，我也非常珍惜，尽管当时与我竞争的有很多专业演员，但我始终坚持，努力表现。经过多轮筛选，我一直走到了最后一轮。皇天不负有心人，在当年4月份，我接到剧组的通知，我被聘为《青春祭》的男主角。

准备去云南拍《青春祭》的同时，我收到了北京电影学院寄来的高考通知书，这意味着，我已经顺利地通过专业考试，只剩下文化考试这一关了。狂喜之余，我想到的第一个问题就是"高考怎么办"。张导对我说："放心，我跟学校协调这件事，你可以在云南考文化课。"

即将成为电影学院的学生，我却莫名地担忧起来，常常觉得心里有点不安。

一天，我收到三哥发来的一份电报，说中国煤矿文工团正在招演员，他给我报了名。三哥告诉我当中国煤矿文工团得知我正在拍张暖忻导演的电影时，就决定让我直接进入三试。但当我三哥去街道开报考介绍信时，却被告知，我的档案已经被北京电影学院调走了。

我拿着电报去找张导，请她帮忙拿个主意，要不要试着去考一下煤矿文工团？张导很有把握地说："不用考了，电影学院肯定要你！你就一心一意在这里拍戏吧。"可心绪不宁的我还是坚持请了几天假，要回北京看看。

当我从西双版纳坐了三天汽车到昆明，又从昆明坐了三天火车赶到北京，已是下午5点。第二天一大早，我来到煤矿文工团，负责招生的人告诉我，考试已经结束了。

那么，北京电影学院是我仅存的希望了。然而不得不相信的是，"煮熟"的鸭子真的飞了——我的档案被电影学院退了回来。我想不明白怎么会这样，我的专业考试成绩排在北京考区前三名，文化课成绩也达到了标准，没有理由上不了。我又找到当时的代班老师，请他说说怎么回事。那位老师不停地搓手：

"太遗憾了，太遗憾了。"

"请您告诉我到底是什么原因？"

"嗯……多数老师觉得你形象太一般了。不过只要再多一票，你就能被录取，实在是很遗憾。"

"可是形象一般的演员也很多啊。"我据理力争，自信影视圈里比我丑的大有人在。

"唉，我们有些学表演的学生，就因为形象问题，毕业好几年了都分不出去，只能在学校团委搞搞行政工作。学校也很为难啊。"

韩育哲：其实哪有您说的那么严重。您1984年考试的时候，在座的很多同学都还没有出生。我们不妨让大家看看您那时的形象，下面请大家看一段冯老师年轻时拍的片子。

冯远征：在这个视频里我坐的牛车。这个牛特别有趣，它听不懂普通话，但是它听得懂傣族话。

韩育哲：那个时候，说话的语气有点像港台语气。

冯远征：是的，那时要求标准的普通话，所以配音要非常标准，加之录音设备的原因，听起来就是这个样子。

韩育哲：片子里反映了冯老师当年的风采。

冯远征：当年很青涩。说到这个赶牛车，其实还有一段故事。

北京电影学院于1985年成立了首届"明星班"。唐国强、宋春丽等著名表演艺术家都在班里上过课。开班第二年，学院请来曾红极一时的法国影星拉法，观看每个人的影视作品，然后为学员进行"一对一"的单独辅导。一天，她观看了《青春祭》，对李凤绪的表演赞赏有加，并说：

"除了凤绪，这里面还有三个非常好的演员。一个是傣家老奶奶，一个是哑巴，还有一个就是赶牛车的小伙子。"

一位老师很高兴地向她解释："老奶奶和哑巴都是当地村民，只有那个小伙子，是我们从电影学院考场上挑出来的。"

"哦？我能见见他吗？"拉法饶有兴致地问。

"这个……他不在这里。"

"为什么？"

"我们当时没有录取他，觉得他……形象一般。"

那个"赶牛车的小伙子"就是我在影片中扮演的任佳。

拉法笑了一下，没再说话，站起身和老师学生走进了会议室，准备点评这部电影。在会上，拉法说："我没想到，在80年代，北京电影学院的审美观还停留在好莱坞二三十年代的水平，单纯以外形作为演员的评判标准。这个小伙子真让人惋惜，如果他有机会在这里学习，或许会成为一个很出色的演员，但是他没有被录取，就可能永远埋没了。"

拉法的话令在座的老师们大为震惊，之前，在很多人心目中，我不过是一个可有可无的毛头小伙子。

散会以后，老师们分成两派争论起来。当初主张录取我的开始拍桌子："我就说冯远征好嘛！"另一些人则陷入深切的反思："难道，真是我们错了？"

表演系主任钱学格和刘诗兵老师为此召开了三次会议，共同决定：重新录取冯远征。他们很快找到我，问我是否愿意回到电影学院84班。如果当年被录取，我本应是王志文、孙松的同班同学。

但是，命运就是这样阴错阳差，我很抱歉地告诉两位老师："我已经考进人艺了。"

韩育哲：您1988年赴德国留学，曾引起小小的轰动。那么您在德国学习了多长时间？

冯远征：我在德国本来是应该学习5年的，但实际上才留学两年。第一年学完后，我在教授的介绍下，就去德国当地的一个小剧团演戏了。

韩育哲：您为什么要这么快就回国呢？

冯远征：有几个原因吧。第一个，我到德国不久就适逢柏林墙倒塌的历史事件，东德并入西德，德国统一，德国的政治环境对我的留学环境很有影响。第二个，就是，作为一个中国演员，在国外演出的生活很不容易。打个简单的比方，北京人艺的《茶馆》一开演，王掌柜王利发是一个黄头发、蓝眼睛的外国人，大家恐怕都难以接受。大家不能接受王掌柜由外国人出演，就像德国人不能接受我演哈姆雷特是一样的道理。

德国的演艺界不像中国存在体制这么一种门槛，他们没有体制，德国的剧团在制作节目的时候，都是临时招聘演员。德国的剧场里面都有一个小酒吧，演出结束后，有一些演员和观众没有离开，而是来到小酒吧交流演技和心得。有一天，我也在小酒吧和大家喝酒聊天，突然有一个德国人过来问我："你是日本人。"我说：

"我不是日本人。"

"那你是韩国人。"

"你弄错了，我是中国人。"

当时欧洲人判断亚洲人国籍时，依据是你的穿着。那时候出国，被戏称为"洋插队"。实际上绝大部分中国留学生都很穷，在国外穿的都是从家里带出去的衣服，与国外相比，看起来比较寒碜。而我的穿着还是比较光鲜，所以那个德国人以为我是日本人或是韩国人。

在得知我是中国人之后，他又问我来德国做什么。我说来德国学习，这对我来说是一个很好的机会，结果他却说，我抢了他们德国人的机会。原来，他也是一个演员，已经失业两年了，生活非常艰难。他在自己的国度，看到一个外国演员生活比他好，他心里难以平衡。

最后是，我突然意识到自己并不属于这个国家。我去德国不久，德语就学得不错了，可以顺利地与人沟通，也因此结交了很多朋友。然而，在德国大选的时候，我两个朋友为自己所支持的党派发生争执，我插了句嘴，表明了自己的立场。结果，那两个朋友都用异样的目光看着我，然后说："这跟你有什么关系？"对德国人来说，我终究是个外人。

这么一连串的事情对我刺激很深，经过一些考虑之后，我决定回国。

韩育哲：据说，您的那位德国教授因此非常生气。

冯远征：对，教授很生气。我跟他谈了三次要回国，每次他都极力反对。我1991年回来后，还给教授写过信，教授都没有理我，联系中断了好多年。

直到 3 年前，我才联系上他，他已经很老了，看到教授的苍老，想起以前他对我的照顾，我很心酸。

韩育哲：您回国后就去了人艺？

冯远征：我出国之前就在人艺。人艺的老师很好，我出国的这段时间，他们没有退掉我的档案，回国后，人艺又接纳了我。

韩育哲：我不得不说，人艺对您的演艺生涯确实有很多帮助。正如大家评论的一样，您是大器晚成、厚积薄发型的实力演员。而您最具有影响力的代表作无疑是 2002 年的《不要和陌生人说话》，您在里面饰演暴力的安嘉和，展现了您精湛的演技。现在请大家一起看大屏幕，再次观赏冯老师的精彩演出。

关于您塑造的这个形象，我跟我其他的同事朋友一起讨论过。我们一致同意，您实在演神了。您把安嘉和那种内心的挣扎、表面的狰狞以及自己内心的痛苦形象表现得淋漓尽致。还有在 2004 年的《天下无贼》中，您演的那个伸着兰花指的劫匪形象也是深入人心，着实让大家乐了一把。这些角色可以说是很有挑战性的，但是您游刃有余，演技之高让我们很佩服。现在请大家再次体验一下《天下无贼》中冯老师的劫匪形象。

韩育哲：您演这么个角色是因为导演要求的吗？

冯远征：没有，这个角色来得颇为蹊跷。本来这段戏在最终的剧本中给删掉了。但是，还是因为冯导，得以出现在电影中。片子里的火车车厢是在一个蔬菜大棚里搭的，就在这个场景要拆除之际，冯小刚又想把这段戏给拍出来。他跟副导演一合计，找两个劫匪，胖的就找范伟，瘦的就找了我。我当时自己其实也在导一个戏，但一想到是冯小刚的戏，也想过去客串一下。也巧，我自己的戏正好在那段时间转场，从天津转到上海，得要一个星期。我就告诉他们我愿意去，冯导那边也很乐意，顺便把打劫那段戏给我传真过来了。但是，他们没有把整个剧本给我，我也不知道这部戏是什么格调的。去现场的那天，我就到处问人，这个戏是不是喜剧。

问范伟，范伟说："我也不知道。"

问葛优，葛优说："喜剧？不是。"

问刘德华，刘德华说："不是吧。"

我和范伟闹糊涂了，什么也不管，我们俩先对起台词。熟悉台词后，我们找到导演问怎么演，谁知道他们也糊涂，一时半会儿居然也不知道怎么演。思来想去，最后，让范伟按《刘老根》中的形象演，让我按短篇《百花深处》中的形象演。这样子演劫匪，我们俩都觉得怪怪的，但还是先去车厢试演看效果如何。结果，因为范伟是喜剧演员，这段戏最后还是给整成喜剧片段，为配合剧情，我只好说"严肃点，不许笑，我们这打劫呢"，同时也使出了你们都知道的"兰花指"。

韩育哲： 2006年，您在一部电视剧中，也把一个身体有缺陷的丈夫刻画得入木三分。

冯远征： 那个电视剧是《爱了散了》，我演的方凯。

韩育哲： 对，大家对您的这个角色也是印象深刻，请大家看大屏幕……您在接戏的时候，对这个角色有什么想法吗？

冯远征： 我没想那么多，是我的一个朋友力荐我过来演的。我们本来开始想拍个商业片的，投资方里有个女老板（也就是后来《潜伏》的制片人），她就找我们商量给片子定个主题，问我们拍个"打老婆"的好不好？创意就这样定下了。演戏演多了，我有个感触，就是你想把戏演好，特别是想把那些贴近生活的角色演好，你就必须用心观察生活，用心体验生活。《不要和陌生人说话》如此，《爱了散了》亦如此，都要在有对生活一定感悟的基础之上才能把剧中角色需要的元素都一一表现出来。当我看完这部戏的剧本时，我觉得这是对我的一个很大的挑战，方凯这个角色让我怦然心动，我想把他演好。

在演每部戏之前，我都要做一些准备功课。比如说，在拍《不要和陌生人说话》之前，为了入戏，我得先了解家庭暴力的具体内容。但是，没有多少人能够告诉如何施展家庭暴力，这个话题也是别人不愿意谈的敏感话题。无奈之下，我只好拨打妇女热线，一聊开，热线那头的人还以为我有家庭暴力的倾向，首先就先给我做了一通思想工作，然后我才能通过这个比较专业的渠道慢慢了解家庭暴力这么一种不良的社会现象究竟是怎么一回事。方凯的变态和安嘉和不一样，安嘉和是因为心里扭曲导致的变态，方凯是因为生理缺陷而导致的失控，我必须要把两者之间的区别体现出来，这不是一件容易做到的事情。所以说，《爱了散了》对我来说，是一个挑战。同时，我要说的是，方凯的这种角色在生活中能找到很多原型，据我了解，在重庆有30万左右方凯这样的男性，他们的生活肯定有痛苦的成分。我希望，通过这部电视剧，能够让更多的观众了解这个群体，不要将之视作另类，也给这些人更多的关注和关怀。同时，也是希望这个群体中的人们正视自己的缺陷，无须有心理负担，依然积极地对待生活，积极锻炼，其实这个生理障碍是可以克服的。

韩育哲：您刚才说的想法，让我想起了濮存昕做艾滋病宣传的公益广告。

冯远征：对，经过媒体的大量宣传以及各种公益广告的推动，现在大家对艾滋病的认识已经比较理性了，不再像以前怀着盲目的恐惧心理，一说到艾滋病就谈虎色变。

韩育哲：可能明星在做公益宣传的时候，会有更广泛的影响力，大家不仅认识你，关注你，而且还信任你。所以，一位有社会责任感的明星对社会会产生非常好的示范作用。请大家为冯老师这一份社会责任感表示感谢。接下来，就是冯老师您在 2008 年拍摄的《非诚勿扰》，这是一个不得不谈的经典形象。冯老师在这部影片中挑战的角色也是高难度的，与前面三个角色有异曲同工之妙，让我们来看一下大屏幕。

剧中有一个细节，您一直拉着您"葛大爷"（葛优）的手不放。这个细节令我们印象深刻，您能告诉我们怎么会设计这样一个细节吗？

冯远征：这个动作是即兴的想法。我当初在接到这部戏时，还在想，这部戏能拍吗？拍出来，在中国恐怕无法上映。为了把握适当的度，以免影响审查，我和小刚导演、"葛大爷"三人认真地商量了该如何演。最后的结论是，不能太夸张，要平实自然，却又要很真实地反映角色的心态和表情。你们看我那一身造型，背心是临时改装的，小拇指的指甲油是我让涂上去的（为了逼真），耳朵上还带了一个小钻石的耳环，这就是我们三人商量后一致认可的造型。在排练中，我和"葛大爷"握手的这个细节很简单，就仅仅是握手。但是，在实际拍摄的时候，我突然觉得，我不能这么快撒手。但是"葛大爷"不知道，他以为只是一个握手，所以他很快就要把手抽出去，结果被我拉住了。他往外抽，我拉着不放，所以你们看到的时候，就变成了这么一个依依不舍的镜头。我的这个想法得到了小刚导演的支持，他觉得也非常合适，还专门为这个镜头拍了特写。拍完后，"葛大爷"还心有余悸地给我说：刚才我直起鸡皮疙瘩。

韩育哲：鉴于您挑战的种种这些高难度的比较另类的角色，观众朋友们给你起了个外号，戏称您为"问题男人专业户"，专演问题男人。

冯远征："问题男人专业户"这个说法还算挺客气的，其实有人说我是"变态男人专业户"。我理解观众朋友们的想法，我也接受他们给的这个封号。《不要和陌生人说话》在挑选男一号的时候，找了 5 个男演员，大家熟知的濮存昕、高曙光都是备选演员，我是最后一个，排在末端，因为在导演心中，刚开始我并不是最佳人选。无奈，其他四个人要么是因为走的偶像路线，不

敢尝试这种可能会自毁形象的角色，比如说孙淳和高曙光，要么就是太忙，没有回信，比如说濮存昕。最后，还是我坚持下来，找到导演，说这个角色其实并不坏，我想演。在我看来，安嘉和内心是爱梅湘南的，只不过他的表达方式过于激烈，当然他也有很多的问题。正是这个复杂的充满矛盾的角色，吸引了我。

从这以后，对于很多别人不太愿意演的角色，导演和制片人的第一人选都会想到我。有一个演员特别逗，他有一次跟我说，我马上就有戏要演，我说什么戏啊，我自己怎么不知道。他说听过导演跟制片人说："这个戏必须由冯远征来演，没有人比他还变态。"这个演员说他特别想和我一块合作，不过这个戏最终我还是没上。但是，我"变态专业户"的名声算是传开了，作为回应，我自嘲地解释："变态我一个，幸福千万家。"

韩育哲：都说艺术来源于生活，没有生活，艺术就是无源之水。当您把这些角色演得那么深刻，那么传神，那么入木三分时，很多人就会好奇您实际生活中是什么样子，而且大家可能会把你戏中的形象和你的生活联系在一起。

冯远征：确实如此。当《不要和陌生人说话》这部戏在北京热播的时候，我夫人正好在拍戏，那会儿剧组的人特别关心她，时不时就来嘘寒问暖，问问她还好不好。更有甚者，有老熟人问她身上有没有伤。别说，这部戏对他人的影响，连我自己都有点心虚了。有一次，我夫人从外面刮痧回家，身上留下了不少痕迹，我一看到，立马神经质地告诉她不要让别人看到她身上的印痕，以免别人误会那是我打的。更离谱的是，这部戏热播期间，我买的那辆捷达连续两天车胎给人扎破了，这明显是因为受不了剧中的安嘉和形象嘛。

韩育哲：遇到这种情况，您是怎么想的呢？

冯远征：一开始气愤啊！你骂我两句就算了，为什么扎我车胎。后来，我就想通了，就当是对我自己演技的一种肯定吧。

韩育哲：那您的夫人对您这种对演艺大胆的追求和奉献精神有什么样的看法吗？

冯远征：我夫人也是演员，她比较理解我，一般都不会干涉我去演什么戏。但是她的妈妈比较担心我的演出会影响到我们家庭之间的关系。《不要和陌生人说话》热播期间，她妈妈也是多次打电话过来问我们俩还好不好，并且叮嘱我们要相互理解，相互支持。最后绕弯弯到我拍的这部戏上，让我夫人劝我不要再演这种戏，说什么影响不好。

韩育哲：老人家的想法可能相对来说，要保守一些。

冯远征：应该是她周围有很多人议论这部戏，或是因此议论我及我的家庭，她觉得这种戏让别人有闲话说，影响不好。

韩育哲：冯老师和他的夫人从结婚到现在 18 年，大家可能不知道，冯老师和他夫人的感情堪称圈内楷模。哪怕结婚这么多年，依然是甜蜜如昔，羡煞旁人。据说，到现在夫妻双方因为拍戏要暂时分开，还会因不舍而含泪惜别。让我们来看一段视频，了解一下，冯老师和梁老师是如何结下这连理之缘的。

我看您的个人基本情况时，还发现，您在 30 岁那年身上长过水痘。

冯远征：是啊，说起来这也是一件趣事。本来只有小孩子才出水痘的，但我小时候没出过水痘，所以没有免疫力，30 岁那年被我的小侄子传染了。长水痘的时候，我刚好因为梁丹妮老师的推荐在海南共同出演《豺狼入室》，那时我们已经彼此熟悉了。也正是因为这个水痘，梁老师走进了我的生活。

梁老师冒着被传染的危险，到医院去看望我，并把我那些脏衣服洗得干干净净。我向医生咨询了，凡是没有出过水痘的人，接触这类病人很容易被传染。所以我就劝梁老师不要再来，她是女演员，万一被传染上了，落一脸伤疤，将来还怎么演戏？她故作轻松地说："即便被传染上了，现在的医疗条件这么好，医生不会让我落下疤痕的。"其实，我知道她也害怕被传染，一个女演员如果满脸疤，那就麻烦了。

有一次，我浑身涂满药水，梁老师过来看望我，见我很难受，就想伸手摸一摸，抚慰一下我。可是我整个双手都涂满了紫药水，根本没有地方触摸。她犹豫了一下，轻轻地在我中指的手指甲盖上摸了摸，以表示安慰我。这一触摸，让我感到特别的温暖。

最令我感动的是，我在医院躺了 20 多天，头发长了没有理，一绺一绺地被脓水黏住了，发出一阵阵难闻的气味。梁老师来看望我的时候，问我哪儿不舒服，需要帮什么忙。我说，自打住院以来，还没有洗过头，实在是难受。她看了看我脏兮兮的头，就说我帮你洗吧。海南很热，房间里没有热水管，梁老师先去找人借了两三个暖壶，再把热水打回房间，并把自己的洗发水拿来了。她把水温兑好，然后让我侧身躺着，就开始给我洗头。洗完后，我感到从没有过的舒服。

经历"水痘事件"后，我觉得，作为一个女人，还不要说是有名的女演员，梁老师能够这样对待我，我还有什么不能把自己的一生托付给她呢？

韩育哲：中国有一个词，叫做"七年之痒"。您和梁老师已经一起走过了18个春秋，这非常不容易。我想问一下，您和梁老师有如何保持爱情常青的秘诀吗？在座的很多学生可能都希望分享您的经验，获得您的指导。

冯远征：我想在座的同学，大部分都有恋爱经验。在我看来，婚姻和恋爱有很多相通之处。在恋爱的时候，如果你喜欢对方，你会制造一切机会吸引对方的注意力。比如说，关心对方，包容对方，寻找与对方相处的机会。婚姻同样需要花心思的，最重要的是要知道对方喜欢什么，在乎什么，要投其所好。梁丹妮老师，她喜欢毛绒玩具，为了让她开心，我看到漂亮的、特别的毛绒玩具，我都会给她买。生活当中要善于给对方制造小惊喜，而且这种小惊喜会让双方产生持续的甜蜜情绪。

我和梁老师很少过情人节，我们一般注重彼此的生日和结婚纪念日，只有这三个节日才是属于我们自己的节日。当然，如果有孩子，孩子的生日也是属于我们家庭的重要节日。在这三天中，如果我们在一起，就会格外开心，如果因为工作不在一块儿，我们也会通过各种方式告诉对方我们彼此挂念，这一天依然是意义非凡。

梁老师前年过生日，我正在大连拍《钢铁年代》，没有在梁老师身边，她特别伤感。然后她就给我发了个信息，说她今天生日，可是我没有在她身边，而且她马上要去南京拍戏了，她觉得有点落寞。我没回这个信息。她又追发一个信息，问我收到短信没有。我还是没回，其实这个时候，我已经有了自己的小计划了。我给南京那边的制片人打电话，告诉他今天是梁老师的生日，请他在梁老师下飞机的时候替我献上一束花。然后，在晚上的时候，给梁老师准备一个蛋糕。那个制片人也觉得我很有心，很支持我，都一一替我照办了。梁老师收到花后很高兴，又给我发信息，说她知道我为什么不给她回信息了，原来我是有"阴谋"的。不过，梁老师还是有点伤感，因为毕竟她的生日没有人祝贺她，给她唱生日祝歌。然而，到了晚上，制片人把演员们都叫住了，然后宣布今天是丹妮老师的生日，在梁老师惊讶而且惊喜的目光中，又推出漂亮的生日蛋糕，大家一起为她唱生日歌。梁老师特别感动，当场就掉泪了。

还有一次，我从上海拍戏回来，带着简单的行李，在机场柜台上看见一只毛茸茸的玩具小狗，我觉得梁老师会喜欢，就花了四十多元钱给她买了。一到家，她看到玩具也很开心。我开玩笑逗她："这个小狗像什么？是不是很像你开车时的那种紧张的表情。"她一听，觉得我很关注她，就更喜欢这个玩具了，到现在这个便宜的小玩具还摆在她最重要的位置。

所以说，只要你有心，生活当中处处都可以发现一些意外的惊喜和意外的小浪漫，温馨而又自然，这是对感情生活最好的保护。

我还有一个经验，这个可能和大家的喜好不一样，不过我还是说出来供大家参考一下。结婚前，我和梁老师很认真地谈过一次话，说的并不是很多。我跟她说："丹妮，首先，我不会把海誓山盟、海枯石烂这种话挂在嘴边，但是我会好好跟你过。生活一步一步地走，日子一寸一寸地过，我会一直陪伴着你，关心着你。其次，我还想约法三章：一旦发生矛盾，双方不能打人、骂人，不轻言离婚。如果我没有特别强烈的动机，我这辈子不会说'离婚'两个字，可是如果你说了这两个字，我明天就和你离婚，哪怕第二天再复婚。"我可以和大家说，我们结婚到现在18年来，吵了无数次架，我们没有骂过人，没有动过手，再怎么生气，也没有提过离婚两字。我觉得这真是一个比较重要的经验。

韩育哲：冯老师，不仅是好丈夫，而且是好儿子。今年2月份，我们国家评选的第五届中国演艺界十大孝子，您位居其中。您在家里排行是？

冯远征：老四，上面还有三个哥哥。

韩育哲：您作为一位知名演艺人士，时间紧，工作忙，您怎么才能够使家庭和事业二者兼顾呢？

冯远征：关于这点，我其实挺惭愧的。因为工作的缘故，我老是东奔西跑，出门在外，真的很难尽身为人子的孝心。有段时间，我表达孝心的方式是，爸妈需要什么，就给他们买什么。然而当我父亲去世的时候，我才意识到我错了。

父亲去世的时候，我正在去剧院的路上，开车到了一个十字路口，左转可以见到重病的父亲；右转是要表演的剧院，台下坐着一千多位观众等着我，我选择了向右拐。因为在此之前，我父亲报过病危，由此我心存侥幸，觉得父亲可能这次也可以撑过去。然而当我到医院的时候，父亲已经被推到了太平间。见到父亲安详的遗容，我再也控制不住了，眼泪哗哗直流，心里默默地给父亲道歉了无数次。

对于我的母亲，我也是满怀歉意。本来我已经决定，打算去看看母亲的，去之前还给母亲打了几次电话，告诉她我要过去。然而就是准备去看望母亲的那天，我因事耽搁了。那天晚上，我母亲给我打了个电话，说四儿你怎么还不回来，我等了你一整天。我于是马上就从北京往家赶，但第二天上午我还没到家，大哥就给我打电话，说母亲已经去世了。没能见到母亲最后一面，成了我心中永远的痛。直到现在，我还不能接受母亲离世的事实，到现在我手机里还存着母亲的那个号码。

我现在时常想起我的父亲和母亲，他们为孩子们付出太多，但是孩子们长大后，却常常忽略他们，我觉得惭愧。我意识到这些，已经没有机会弥补了。

无论是在什么地方，什么时候，无论你在做什么，父亲和母亲始终是最关心、最牵挂你的人。所以，我想说，即使你再忙，即使你生活多么不如意，也一定要时常看看你的父母，多跟他们联系，多听听他们的叮嘱，这是每一个孩子应该做到的事情。

韩育哲：当我们的父母还健在的时候，我们一定要珍惜，父母为我们付出一生的心血，我们要知恩图报……我们再回到您的演艺生涯中。大概在2008年的时候，你又出演一部电视剧《最后的王爷》，相信在座的很多同学也都看过。该剧中，您扮演的是一个率直血性的王爷，这跟您以前一直尝试的另类角色差别很大，结果您演得非常好，再次用杰出的表现证明了您的实力。毫无疑问，这部电视剧大获成功，当时创下北京卫视的收视率新高，在同期全国电视剧排行榜上拔得头筹。您能谈谈角色的急剧转换给您带来什么困难了吗？您又是如何克服这些困难的呢？

冯远征：实际上，我是一个被挑选的演员，都是导演让我去的，我自己本身不挑戏的。

《最后的王爷》一开始挑的角色并不是我，而是另有其人。因为拍摄拖延，原定的演员去演别的戏了，导演找人一合计，就把这戏给了我。我一看他们给我的剧本，也觉得是特别不错的角色。剧中王爷是溥仪的叔叔，连皇上见了都得管叫叔叔，如何演好这么一个大人物，对我来说也是一个全新的挑战，好在我成功了。拍这部戏期间，其实我特别高兴，因为这部戏给了我很多发挥的空间，而剧中王爷那种洒脱、自由的性格也是我喜欢的性格，一路拍过来感觉很痛快。

韩育哲：让我们看看《最后的王爷》的一个片段。因为是电视剧，所以我们只截取了很小的一部分，不能代表冯老师的演技，希望冯老师您别介意……视频比较短，看来大家都意犹未尽。我在网上看到过网友这么评价，说这王爷绝对是山东人的性格。北京网友不乐意了，说王爷肯定是北京人，说话还带着一股子京腔呢。从这个争论中，可以看出你演的这个王爷角色深入人心。

冯远征：我觉得这个王爷有一点点"二"。为什么这么说呢，因为他不落俗套，谁也不怕，在一些人眼中有点傻气。

韩育哲：您还演过一个非常 man 的角色。在《钢铁年代》中，您和陈宝国老师演对手戏。

冯远征：他是共产党连长，我是国民党连长，国民党军队起义之后，我就留在了钢厂。因为，我有知识，懂炼钢，鞍钢刚刚成立，需要我这样的内行。

韩育哲：结果两人还阴差阳错地娶了同一个媳妇。剧中还有一个情节，就是为了这个媳妇，您和陈宝国还针锋相对，动手打架。

冯远征：对，这是一个不好处理的误会。可能大家看看电视剧就明白了当时的情境确实很让人为难。

韩育哲：对，听说您演这个戏的时候，因为时间上不合适，陈宝国老师曾经帮了您的忙。

冯远征：对，剧组当初先敲定的演员是陈宝国老师。然后剧组问陈老师，他愿意让谁演对手，陈老师就推荐了我。但是剧组联系我的时候，我正在拍别的戏，时间上有冲突，而且我也协调不过来。无奈之下，我请剧组去做陈老师的工作，他要是愿意延期拍摄，就等我，如果不愿意，就找别人。剧组真的就去找陈老师商量，陈老师说他等我。后来，陈老师告诉我，他一看剧本的时候，他脑子里就想到了我。他觉得我很合适，而且他也想和我合作，所以愿意等我一个月的时间。对于陈老师的理解和支持，我表示非常感谢。

韩育哲：无论是在最近刚出来的《建党伟业》中，还是在刚刚上映的《敏感事件》中，您表演的角色都是那么让人耳目一新，印象深刻，真是让观众大饱眼福。从1984年算起，您主演或是参演的作品，加起来有数十部。在这么多的作品中，您自己觉得感受最深的，最难以忘怀的是哪部作品？

冯远征：我个人而言，印象最深的应该还是第一部，毕竟那是我的处女作，是我演艺生涯中迈出的重要的第一步。直到现在，我还记得当初剧组的很多工作人员的名字。

韩育哲：第一部作品对您来说是非常关键的，既是您自己检验自己的时候，也是能否获得导演和观众认可的重要机会。

冯远征：尽管那时的我，表演时还很青涩，演技还非常不成熟，但却充满热情，对演出充满执著的向往。过去了这么多年，虽然演艺生涯比较顺利，演技也很有提高，但是反而很难找到当初的那份单纯与执著。所以，大家一定要十分珍惜你们现在的年轻时光。

韩育哲：谢谢冯老师。我想 2011 年对您来说，也是一个特殊的年份。在今年的 2 月 15 日，你收了一个开山弟子，余少群。大家对这个名字应该很熟悉吧，因为演《梅兰芳》电影出名，被大家称为小梅兰芳。

冯远征：是。我这个徒弟是武汉人，开始学汉剧的，但他自己很喜欢越剧，尤其喜欢越剧中的贾宝玉，所以为了演贾宝玉，他中途改学越剧。

韩育哲：他这一点倒是和您相似，执著于自己的追求。让我们看看拜师过程的视频……冯老师对青年演员的帮助是非常多的，大家都很赞赏您的这种行为，您对每一个请教您的学生，都会耐心细致地去提供力所能及的帮助。我要恭喜您，您收的这个徒弟是非常出色的，作为一个崭露头角的新秀，他屡获各种奖项，演艺前途是不可估量的。您是怎么和这个徒弟结缘的呢？

冯远征：我们去年合作拍一个电视剧《百花深处》，就认识了他。综合他前几部戏中的表现，我觉得在年轻演员中，他非常认真，因为他毕竟是汉剧出生，没有经过专业训练，所以为了演好戏也很努力，这点很难得。可能是因为我在《百花深处》中，对他的演戏有过指导，他觉得我能够帮助他提高演技，所以有一天，他突然问我能不能收他做徒弟。我并没有当场答应，而是说考虑一下，然后就走开了，倒不是说这孩子不好，只是觉得收徒弟就要对徒弟负责，所以我得认真考虑一番。后来，我和丹妮老师商量，先观察他一段时间。

余少群自己也很忐忑，因为我没有答应他，接下来一段时间也没有理他。但他很坦然，依然认认真真、踏踏实实演戏，没有让这个忐忑的情绪影响自己演戏。经过一周的观察，我觉得这孩子有培养的潜力，于是我就答应了他，收了这个徒弟。现在，他只要有表演上的难题，都会给我打电话请教。

韩育哲：有人评价你们师徒俩的关系时，说"亦师亦友亦父子"，可见您对他的指导和关怀是非常细致入微的。不过你们师徒俩分属不同的经纪公司，这会对你们的关系有什么影响吗？

冯远征：这个不重要，也不会有什么影响。

韩育哲：我估计这会儿教室中有很多同学也想拜您为师。冯老师，您是影视剧三栖明星，但您的起步是从话剧开始的。与您的影视作品相比，可能我们对您的话剧关注得还不够，不知道现在我们大家有没有机会可以现场感受一下您出演话剧的风采。很抱歉，事先我们并没有告诉您有这个要求，您只需要来一段独白就可以了。

冯远征：昨天晚上，我们刚刚完成了一个话剧，叫《知己》。我把剧情给大家简单介绍一下，要不然大家听不明白。

顾贞观是本剧的主角，清代最知名才子，著名诗词《金缕曲》的作者。1657年，江南主考官方猷等被参奏科场徇私舞弊，无辜考生吴兆骞也被卷入其中，流放宁古塔二十三年。顾贞观为了搭救吴兆骞，屈身在权相纳兰明珠家当老师，一等就是二十年。《金缕曲》就是在这段时间里他以词作的方式写给吴兆骞的信。然而，就在顾贞观历经波折终于盼得故人归的时候，却震惊地发现，那个他熟悉的昔日狂放不羁的江南才子，已经变成了一个苟且偷生的猥琐小人，几十年的真诚与坚持如同一则笑话。这让顾贞观无比失望，最后他与吴兆骞"割袍断义"。

当顾贞观看到吴兆骞的剧变时，一时难以接受，就问为什么。吴兆骞的丫鬟告诉他，是为了活着。顾贞观悲愤之余说了这么一段独白，也是剧中最打动我的台词：

世间万物谁个不为活着？蜘蛛结网，蚯蚓松土，为了活着；缸里金鱼摆尾，架上鹦鹉学舌，为了活着；密匝匝蚂蚁搬家，乱纷纷苍蝇争血，也是为了活着；满世界蜂忙蝶乱，牛奔马走，狗跳鸡飞，哪一样不为活着？可人生在世，只是为了活着？人，万物之灵长，亿万斯年修炼的形骸，天地间无与伦比的精魂，只是为了活着！读书人悬梁刺股、凿壁囊萤、博古通今、学究天人，只是为了活着！活着！活着！顾梁汾为吴汉搓屈膝，也只是为了活着。顾贞观，你蠢啦！偷生，偷生！我顾贞观就是个苟且偷生的人，我真羡慕那扑火的飞蛾，就是死也死得个辉煌！

刚才忘了交代两个细节，顾贞观为吴兆骞跪拜了十年，他在墙上写了俩字"偷生"，就是为了告诉自己一定要等到吴兆骞回来。

韩育哲：您刚才演话剧的风采给我们带来别样的震撼。除了《知己》外，您还演过一个比较悲情的话剧《全家福》，这个话剧在2005年荣获中国戏剧界最高奖项——梅花奖，您在里面演的是王满堂。

今天您的到来让我们受益良多，您的执著，您的认真，您的大度，您的爱情观都让我们很受启发。非常感谢冯老师，希望下次还有机会请您过来继续为我们分享您演艺生涯中的点点滴滴，也希望我们有机会在您的帮助下去人艺现场观看话剧。谢谢！

冯远征：能够为大家创造机会去人艺看话剧，也是我的荣幸，我一定尽力办到。下面是提问环节吧，大家有什么问题，请提出来。

学生甲：冯老师，非常荣幸，我上周有幸能到北京人艺的首都剧场去观看了您的《知己》，让我领略了您影视作品之外带给我们的另外一种震撼。我想请问您，作为一个受观众欢迎的三栖明星，您更偏爱哪一种作为艺术的载体？

冯远征：谢谢，这是一个很专业的问题。首先，我得说，这三种表演形式我都很喜欢，每一种都有独特的魅力。能用三种载体去刻画自己想演的角色，我觉得非常高兴。如果，我单独钟爱一种表演形式，可能就会失去在其他两个领域学习和成长的机会，这是我不愿意看到的，而且我觉得无论是电视、电影或者话剧都能够相互补充，共同进步。不过，当影视和话剧档期有冲突的时候，我会选择话剧，因为首先我是人艺的演员，应该尽自己的责任。其次，相对于影视，话剧在我心中的地位确实要重要些。去年上映的《非诚勿扰2》之所以我没参加，是因为那段时间我正好在演《知己》。

请容我插一句，作为一个话剧演员，我想告诉大家要演好话剧，一定要静得下心，耐得住寂寞。前段时间，我去过土耳其，那是一个特别漂亮的国度，不过更让我注意的是，那里的生活节奏特别慢，似乎每个人都很悠闲。我在那认识一个汉学家，他虽然并不富有，却怡然自得。他中文说得特别棒，聊天的时候多次说要感谢中国，因为土耳其的很多历史都是中国记载的。他的研究生涯如涓涓细流，虽然不宏大，但是却总是从容淡定，自有一番气度。是什么培养了土耳其人这样的性格，我想大概一是因为环境优美，更重要的是，应该是他们除了物质追求之外，还有很高的精神追求。

所以说，懂得精神追求的人，一般对现状比较满意，这不是说要安于现状，而是说没有那么多功利的想法，不单纯为了物质而物质，而是能撇开功利的影响，真正安下心来，去做一些物质回报不是很高但是精神享受很高的事情。

我常常自我反省，告诫自己要少一些浮躁，多一些平和，有时间的时候，别只想着吃喝玩乐，而是要想想如何再改进演技，改进剧本，给观众提供更多的好作品。

学生乙：冯老师您好！我小时候，就看过您的电视，那时我就非常喜欢您的电视，觉得您演得真好，所以今天能看到您本人，我非常高兴。我也有幸去人艺看过您的话剧，总是令我印象深刻。我有两个问题，第一个是，据我看过的一些话剧来说，现代话剧给我的感觉就是跟以前的经典剧目相比还是有一些差距，而像《知己》这样优秀的现代话剧更是少之又少了。我想可能是因为话剧创作的付出与收入是不成比例的，话剧需要付出大量的时间和精力，但所得收入相对影视来说太少，所以很多人都不愿演话剧。请问针对这种现象，您是怎么看待的？第二个问题是，人艺现在有一批年轻的演员，虽然他们很努力，但是跟您这样的老演员相比，还是很有差距，请问这批年轻演员将来该如何发展？谢谢。

冯远征：感谢你对话剧艺术的关注。我先回答你第一个问题，话剧艺术创作现在确实面临着一些尴尬的局面。尽管话剧现在很有市场，但是里面有很大一部分是为了迎合观众的口味而催生出来的一批娱乐性质较重的话剧。这种娱乐话剧实质上不是真正的话剧，它们结合了曲艺形式的很多特征，比如说小品、相声里面的一些幽默元素。这种话剧容易博得观众的一笑，但是其中缺乏深刻的内涵，对真正话剧艺术来说并不是一个好现象。

不得不说，话剧艺术创作人才资源暂时处于短缺状态。我们有好导演，有好演员，但是基础性的好剧本却比较少。我们人艺每年会排练一些经典的老剧本，是因为我们觉得好的，有较高艺术修养的好剧本不够用。

话剧创作是非常枯燥而漫长的一个过程。一部好的话剧，可能需要多年的心血才能完成，而且有很多人付出多年心血也未必能出一个好剧本，足可见话剧创作的艰辛。就说我们演的那个《知己》，是由编剧郭启宏老师历时30年倾力打造而成的。要创作一个好的话剧剧本，还要看他们能否耐得住寂寞，能否放弃一集几万的电视剧编剧片酬。这正如我前头刚说的那些，如果能专心致志，心无旁骛，就完全有可能出好剧本。如果受物质条件所累，码字只是为了挣钱，那是绝无可能出好剧本的。我从来没有见过，一个好剧本的作者的创作初衷是为了赚钱。

我听说，有些小剧场一个话剧的排练只有三到五天，然后就上台与观众见面。这在人艺是不可想象的，我们排练一个话剧最少都是一个半月到三个月，就这几个月还是我们刻意压缩后的时间。还有，在排练的同时，也在不断地改进，我们觉得剧本中的字眼与整个情节不是那么吻合，就会停下来与作家商量如何调整，以期达到最好的效果。这也是一个问题，有好剧本，有好演员，最后还得要认真排练，精益求精。

其实，现在的整个艺术从业环境比以前要好很多，不仅更受重视，艺术人员的地位和待遇有所提高，而且很多资金和技术也投入到艺术培养当中，有条件培养出更好的苗子。但是，无论外在的条件多么好，最终还是要靠人自己去努力，去抵制种种诱惑，一心一意地钻研艺术，只有这样，话剧才能够不断地发展。

第二个问题是，北京人艺现在处在一个新老交替的阶段，虽然暂时有我们这一帮中间力量支撑，但是我们不得不考虑一下人艺的后续人才问题。不仅我们人艺，其他单位也面临同样的难题，后续人才不足。这个原因很简单，年轻人抵抗不住物质的诱惑。很多年轻演员到了人艺后，想着去外面拍戏挣钱，因为他们想要买房子，买车子。人艺对年轻人还是很好的，能够理解年轻人的压力，只要他们能够完成人艺的任务，还是允许他们出去演戏的。可问题是，他们这样三心二意，如何能踏踏实实和老艺术家们学点东西。他们太浮躁了。

我收余少群为徒，就是因为看中了他对演艺事业的追求，这点与很多年轻人不一样。在演戏过程中，我见过很多年轻人的演戏方式不是很合适，我就忍不住去和他们交流，结果发现这种沟通很难，他们都有自己的想法，不大乐意接受别人的意见。至于余少群，他要是哪里演得不好，我就可以大大方方地教训他，当然也会认真地指出他的不当之处，再督促他修改，让他进步得更多、更快。我自己是一个幸运的演员，我在人艺还是新人的时候，有很多老前辈指点我。跟这些知名前辈一块儿拍戏，不仅可以沾他们的名气，更重要的是能够时时刻刻接受他们的教导，所以我觉得我现在的成就有很大一部分要得益于这些老前辈对我的关照。

所以，我觉得年轻人目前要做的是踏踏实实练好基本功，而不要太急功近利，为了眼前的利益，毁了自己的大好前程。

学生丙：冯老师，您好！非常喜欢您演的片子，一路走来，您的认真有目共睹，您的成绩也是有目共睹。然而现在的一些电影或者电视，在认真方面做得都不是特别好。如《潜伏》，它可能也是一部小成本制作的电视剧，但由于姜伟认真细致地去导演，使得这部片子大受欢迎。如果用挑剔的眼光去看，这部片子还是有些瑕疵，但是整体而言，还是具有很强的吸引力，让人忍不住要看完。

您刚才谈到，影视圈中普遍存在求快心理，从编剧到演员，从场景的布置到道具的设计，都是匆匆上马，力图短时间内出成果。这种功利的想法无疑会降低作品的质量，而且我想也违背了表演艺术的基本出发点。

所以，我觉得影视圈内的作品质量不高还是归结于从业人员的态度不够认真，不知道您是否认同我的看法。

冯远征：你的分析是很有道理的。我常常把话剧的表演和排练过程比作酿酒。酿一坛好酒，你需要做大量的准备工作和经过很多道工序，而且每一道工序都不能出错，否则这酒酿出来就变味儿了。一个好的话剧，哪怕只有一两个小时，在台下也要排练近一两个月，才能很好地表达优秀剧本中所体现的主题，也才能获得观众的认可。

话剧是酿酒，电视剧则是拿着这瓶好酒去勾兑。在我看来，电视剧现在属于快餐文化的一种，不能将其划入艺术的范畴。也许有些电影和话剧可以称之为艺术，但电视剧无论如何也只能称之为商品，那种想让电视剧既卖钱又叫座的想法是不切实际的。电视剧面对的主要观众一般是四五十岁的家庭妇女，疲惫之余，她们希望通过一种贴近生活的电视剧来获取一种轻松愉快的体验。韩剧在中国之所以很有市场，是因为有大批的妈妈能够一边做饭一边观看，对她们来说，这是很好的生活调料。

像姜伟这样优秀的一批导演，他们拍电视剧，我想大概有两点原因。一是他们也要吃饭，毕竟电视剧的相对收入较高。二是想尝试用拍电影的手法去拍摄电视剧，把电视剧拍得和电影一样吸引人。所以，你看到的《潜伏》确实有一定的生命力，虽然它是一部好电视剧，但是它最终不能与好电影和好话剧相比。

现在很多人的态度不够认真，还是因为被物质生活所累，物质固然重要，但过度追求物质会降低自己在其他方面的天赋。我爱演话剧，有娱记曾就此问过我知道不知道因为演话剧耽误了多少赚钱的好机会，从他的问题中，我可以发现他也是比较崇拜物质的，但他不知道人艺话剧这个舞台在话剧界有多高的地位和声誉，能站在这个舞台上，本身就是一种让人骄傲的成就，这种成就不是花钱能够买到的。如果现在的人能够冷静下来思考自己到底想要做什么样的事，想要过什么样的生活，什么样的追求能够让自己更充实等这些问题，你就会清醒地发现其实你对物质的要求并不是那么高。

学生丁：冯老师，您好，非常感谢您的分享！我的问题是，您如何看待娱乐和艺术这两个概念，娱乐和艺术是否能够很好地结合在一部作品中？

冯远征：当艺术变成商品的时候，我就觉得很娱乐了。你们说现在风行的大片是艺术还是商品？是商品。话剧同样如此，那些搞笑逗乐的话剧也是商品。中国的电视荧屏，现在其实被各种娱乐所充斥，在大额广告费的支撑下，娱乐节目大行其道。或许，我们置身事外看着这些节目的时候，感觉很乐，但是过后，我们就忘记了，它们并没有留给我们多少思考的空间。

真正的艺术一开始未必能得到大家的认可。比如说，我们演的《知己》，我认为它还算是一个艺术作品。这部话剧刚出来时，看的人并不是很多，但上演第一遍后，大家认同了这部作品，看的人也越来越多。有一个大学生，他发微博说一周就看了两次，虽然每次都坐在最后的位置，但每次都被剧中的情景深深打动。我也十分感谢这位大学生，我打算下次《知己》再演出的话，我买票请他到第一排看戏。

我觉得，娱乐和艺术是不兼容的，并且艺术比娱乐要深刻得多，重要得多，推动一个国家文化发展，推动国民素质提高的绝对不是娱乐，而是艺术。谢谢。

吴十洲：今天的讲座到此结束，让我们再一次以热烈的掌声感谢冯远征老师，下面请学生代表给冯老师献花。

冯远征：谢谢大家，我希望以后还有机会和大家一起聊天，也希望大家有机会可以去人艺观看演出，我给大家联系学生票。如果你们成立话剧社的话，我可以过来给你们当指导老师。谢谢。

（录音整理：李卉；初稿整理：朱俊）

故宫学与新国学思潮

郑欣淼

主持人 黄晓勇（中国社会科学院研究生院党委书记）：尊敬的郑欣淼先生、尊敬的故宫博物院各位领导、各位来宾、亲爱的同学们：大家下午好！时光飞逝、春华秋实，转眼间新校园落成典礼已逾半年，我们举办的"社科大师大讲堂"已经讲过了十讲，回顾过去与大师们一同走过的经历，我相信同学们从中收获良多。今天是我们"社科大师大讲堂"系列讲座的第十一讲，我们非常荣幸地邀请到了研究生院的战略合作伙伴单位故宫博物院的院长兼党委书记、政协第十一届全国委员会文史和学习委员会副主任委员郑欣淼先生前来演讲，同时，我们还要举行中国社会科学院研究生院授予郑欣淼先生"名誉教授"的仪式。

郑先生履历丰富，令人起敬。1947年，郑先生出生于陕西省澄城县，1992年以前一直在陕西省工作，曾任中共陕西省委研究室副处长、处长、副主任、主任，中共陕西省委副秘书长；1992年11月调任中共中央政策研究室文化组组长；1995年调任青海省人民政府副省长；1998～2002年任国家文物局党组副书记、副局长；2002年任文化部副部长、文化部党组成员，故宫博物院院长；2003年起兼任故宫博物院党委书记；2008年，郑先生从文化部抽身出来专心从事文物与博物馆相关方面的研究和领导工作。

因为在文史方面有深厚的造诣和丰富的著述，郑先生还担任中华诗词学会会长、中国紫禁城协会会长、中国鲁迅研究会名誉会长、中国作家协会会员等，除此之外，郑先生还是中国艺术研究院研究生院博士生导师以及浙江大学故宫学研究中心名誉主任、特聘教授。多年来，郑先生一直从事文化理论研究以及鲁迅思想研究，先后撰写并出版了《文化批判与国民性改造》《社会主义新文化论》《鲁迅与宗教文化》等多部学术专著。1999 年以来着力于文物、博物馆研究，在博物馆建设、文物与旅游、文物保护体制改革、民间文化的保护等方面建树颇多，发表论文近百篇，影响广泛而深远。2003 年，郑先生首创故宫学，该学科研究范围大致包括故宫、古建筑、院藏百万件文物、宫廷历史文化遗存、明清档案、清宫典籍以及八十多年的故宫博物院的历程六个方面。这个体系已日趋完备，也是一个崭新的学科，是他奉献给故宫的最重要的成果，也是对数辈故宫人非常完美的交代。郑先生走近故宫并不是巧合，而是命运的安排。在离开陕西这个文物大省之前，他一直从事着和文化、文物相关的工作，后来在担任国家文物局副局长期间，更是走遍了全国的文物古迹，为最终胜任故宫博物院院长、带领故宫研究迈向一个新的台阶和一个新的高度做了充分的铺垫。

2002 年 10 月 10 日，郑先生正式就任故宫博物院院长，这一天恰好是故宫博物院成立 77 周年纪念日。据介绍，上任之前时任国务院副总理的李岚清同志找他谈话，特别叮嘱要把故宫大修作为任后的最重要工作。郑先生肩负重任，上任不到一个月，便组织开始了自辛亥革命后近百年规模最大的一次故宫修缮工程，工期计划从 2002～2020 年，长达 19 年。

郑先生与我们研究生院感情深厚，为推进我院新校园文化建设和文物与博物馆专业学科建设做出了许多重要而影响深远的贡献。在郑先生的支持下，故宫博物院与我院在去年签订了战略合作协议，为我院文物与博物馆专业的学科建设以及人才培养发挥重要的作用。我们"社科大师大讲堂"的第一讲，原文化部部长王蒙先生也是在郑院长的斡旋之下请来的。陈设在我们图书馆大厅的"社会科学颂"这一巨幅屏风也是在郑先生的支持下，由故宫博物院的张志和先生题写的。2012 年 5 月，在郑先生的牵头、支持和领导下，故宫博物院还向我院图书馆捐赠了"故宫学文库"，非常感谢郑院长为我院的发展做出的突出贡献，大家以热烈的掌声表示感谢！

今后研究生院的发展、研究生院文物与博物馆专业的发展，有关方面的人才培养仰仗郑先生和故宫博物院的各位领导与各位专家的地方还有很多。我们希望一如既往、继续得到郑院长和故宫博物院专家和领导的支持。

下面我们有请中国社会科学院研究生院学位委员会秘书长、研究生院院长刘迎秋教授致辞！

刘迎秋教授致辞：

尊敬的郑欣淼院长、尊敬的李文儒副院长、尊敬的故宫博物院的各位领导、各位来宾、各位同学：

大家下午好！

很高兴与故宫博物院郑欣淼院长共聚"社科大师大讲堂"，郑院长长期致力于文史管理研究，曾任国家文化部副部长、国家文物局副局长等重要职务。自 2002 年调任故宫博物院院长以来，郑先生为故宫博物院的建设发展倾注了大量心血，在潜心研究的基础上首次提出并创立了故宫学。

故宫博物院建立于 1925 年 10 月 10 日，它是在明清两朝皇宫建筑和文物收藏基础上建立起来的国家级综合性大型博物馆，也是近代中国最大的古代艺术文化博物馆。故宫作为皇家宫殿，历经两朝，共 500 余年，可谓饱经世事沧桑变迁，是无数重要历史的真实记载。故宫博物院馆藏文物丰富，奇珍异宝价值连城，文献典籍珍稀可贵，文物档案收藏完整，是史学和文物考古学等众多研究不可多得的史料来源。刚才郑院长介绍，我们的故宫收藏 180余万件，而中国台湾的"小故宫"收藏的是 60 几万件，我们是它的三倍，这也是一个骄傲。

郑院长于 2003 年首创故宫学之后，不仅使故宫研究提高到一个新的高度，而且使故宫建设进入到一个新的发展阶段。经过多年的努力，如今的故宫学已经逐渐成为一门独立的学科，并以崭新的姿态展现在世人面前。根据郑院长的分析和概括，故宫学属于综合性、交叉性学科，涉及历史、文学、艺术、宗教、民俗、科技、政治、建筑、器物等众多专业，包括故宫文物、宫廷历史和文化遗产、明清文学档案和清宫典籍六个方面，并由此提出和阐明了开展故宫学的特殊方法，就是文物、古建筑和宫廷史记整体研究法、人文与科技多学科协作研究法以及鉴定、维护、修复与传承等。郑先生大力倡导和开展故宫学研究，充分体现和表达了他传承与弘扬中华民族文化的责任感、使命感以及他的强烈的"文化自觉"。故宫学的提出和阐发，不仅提高了故宫文化遗产的地位，而且提升了故宫多学科学术研究的影响力，同时还为保护和建设故宫，促进我国文物与博物馆事业的发展提供了重要的理论支持。在此，我们要对郑先生在故宫学和文物保护与研究方面做出的突出贡献表示崇高的敬意和诚挚的谢意！

郑院长接受我院邀请，被授予我院"名誉教授"，并由此给予我院文物与博物馆学的学科建设和发展以大力支持和指导表示衷心的感谢！今天我们有机会在这里聆听郑院长讲解《国学新视野与故宫学》，其思想深邃、报告精彩，一定会使大家大开眼界，并从中获得诸多裨益。谢谢！

主持人（黄晓勇）：为了感谢郑先生为我院的建设和发展做出的重要贡献以及表彰他在相关学科领域的深厚造诣，经研究生院 2011 年 5 月 25 日院长办公会议研究决定，中国社会科学院研究生院诚聘郑欣淼先生为我院名誉教授，下面有请研究生院院长刘迎秋教授代表研究生院向郑欣淼先生颁发名誉教授证书！

（受聘仪式略）

同时，我们还诚聘故宫博物院副院长李文儒先生为研究生院特邀教授，有请研究生院院长刘迎秋教授代表研究生院向李文儒先生颁发特邀教授证书！

（受聘仪式略）

还有，研究生院文物与博物馆硕士教育中心还诚聘故宫博物院研究室主任余辉先生和故宫学研究所所长章宏伟先生为本中心兼职教授，下面有请研究生院副院长文学国教授代表文博中心向余辉先生、章宏伟先生颁发兼职教授证书！

（受聘仪式略）

下面我们就以热烈的掌声欢迎郑欣淼先生做《国学新视野与故宫学》的讲座，大家欢迎！

郑欣淼（文化部党员成员、故宫博物院院长兼党委书记）：很荣幸来到社科院研究生院和大家交流，本来预定是在今年五六月份进行的，但是因为多种原因推迟到现在。

在这个过程中，研究生院和我们故宫博物院在领导层已经进行了多次的交流。刚才黄书记和刘院长都说了很多客气的话，其实从我们的内心来说，我们是很感谢研究生院的，因为中国社会科学院在我们全国人民心目中是人文社会科学研究人才最集中、最高级别的学术机构，它的各方面成果都具有带动性。研究生院与时俱进，适应我们国家社会发展的需要，开办了许多新的专业，这将为我们国家培养一批又一批的人才。所以，我们故宫博物院能和社科院研究生院一起培养高层次的人文社会科学人才，是非常荣幸的。故宫博物院和研究生院的合作不仅在教学方面，同时对我们故宫博物院的学术研究，对我们共同来发掘故宫学的内涵也将起到相当重要的作用。

我们一直强调故宫在北京，但是故宫学在中国、在全世界，我们和研究生院的合作也是这一理念的体现。今后，我们也会请研究生院的老师去为我们的研究人员做报告，同时我们也欢迎研究生院的学生到故宫博物院去实习、去参加相应的一些活动，我想这对研究生院是一件好事，对故宫博物院的发展也是一件好事，这是适应时代的发展、社会的需要！

我今天讲的题目是《国学新视野与故宫学》，原来预定题目是《故宫学与新国学思潮》，虽然题目有所调整，但意思大致是一样的。我讲四个方面：第一个是国学思潮与故宫学的产生；第二个是国学的学术使命与故宫学的学术价值；第三个是国学的文化解读与故宫学的文化意义；第四个是国学研究的立场、方法与故宫学的研究。我有一个比较长的文稿，因为时间的关系，我摘要地讲到 3：40 吧。

国学这些年来在学术界和社会上比较热，不过在这里我先简单地说一下故宫学，故宫学是 2003 年在南京博物院成立 70 周年的时候由我提出来的。我提出故宫学，说实话不是赶时髦，是因为我到故宫以后，我感觉到故宫的内容和内涵确实是很丰富的，同时更重要的是故宫的这些内涵是联系在一起、不可分割的，只有用故宫学这样一个宏观的、全面的理念，你才能加深对故宫的理解。比如说故宫的古建筑，你看皇宫这么漂亮，这么宏伟，它是一代的中国皇宫建筑的集大成。不是简单的一个壳，我们说清宫的收藏很丰富，这个收藏是跟皇帝个人的审美和文化等各方面联系起来的。所以故宫文化是一个整体，这是我提出故宫学的一个重要的基础。故宫学从提出来到现在已经八年了，故宫的维修也到第九个年头了。故宫学也引起学界一些关注，我们也有幸得到一些大学的邀请举办了一系列的讲座。

我写过四本关于故宫的书，其中有一本叫《天府永藏》，就是谈两岸故宫博物院藏品的。当然我声明不管台北故宫有多少，北京故宫有多少，都是我们中华民族的文化遗产。我这本书主要是介绍两岸故宫藏品的比较，也有它的来龙去脉。这本书台湾也出版了，卖得还可以，因为台湾也不知道大陆故宫的藏品。我们国家的一些领导人也不了解，见了我也问到底北京故宫有多少东西，我说出来后他说，哦，那比台湾多。想来肯定是比台湾多。是不是好的都在台湾，当然我写这个不是狭隘地一定说哪边有几件好东西。但是这本书它是故宫学的一个基础，就是说故宫到底有什么藏品，两岸故宫的特点是什么，我分了十二个大类进行比较。这本书紫禁城出版社已经印了 9000 多册了，已经印了好几次了，台湾出的人跟我联系说卖得不错。

我 2009 年在台湾出的第二本书叫《故宫与故宫学》，是我到故宫以后，对故宫价值的发掘，对故宫学一些思考的文章的汇集。这本书出版以后在台湾也引起了很好的反应。到去年我才知道，从 2009 年的 9 月开始，台湾的清华大学开设了故宫概论的课程，台湾那边把课目表都给我寄来了，包括用的参考书和相关论文。当时，台湾的清华大学设故宫学概论是计入学分的，是选修课，有 80 个听课指标，但是报名的有 2000 多人，到最后学校把这个指标给增加了。但是听课的时候，他们给我的照片上显示连走廊上也都挤满了人，这说明大家不是为了学分的，这对我也是一个鼓舞。现在浙江大学成立了故宫学研究中心，还有中国艺术研究院的研究生院这些年也培养了故宫学方向的学生，我还带了一个博士，今年也毕业了。还有东北师范大学今年也开始上这方面的课程。我认为，高等院校能和故宫博物院联手，这对我们来说是一件好事，对故宫学的发扬，对故宫内涵的发掘，我们是寄予厚望的。

下面我说国学思潮与故宫学的产生。因为国学太博大精深了，我不敢妄谈，我就谈它跟故宫学有关的一些情况，包括我自己的一些理解。国学这几年比较热，到处都有这一类的文章，我想简单地讲一讲。百年以来一共有三次重要的思潮。一次是辛亥革命前，准确地说是辛亥革命前后。当时的民族危机非常严重，晚清的国学派认为国学为本国固有的学问，提出了国与学的关系，认为学是国的灵魂，要救亡图存必须以国学重塑国魂。这个时期的国学有很强的政治性，而在这个时候国学还有个重要的特点，它并不排斥西学，它并不排斥外来文化，它就是说怎么样重振我们中国自身的学问和文化，这个时候有章太炎等。我们特别喜欢鲁迅先生文章的学生可能在高中就学过《太炎先生二三事》，里面就说到用国粹集中种性，增进爱国的热潮，大家认为应把我们民族历史上最好的、最辉煌的东西拿来激励中华民族，国学在这个时候产生了相当重要的影响。

第二次国学思潮发生在 20 世纪 20 年代，就是整理国故运动。大家知道，这主要是胡适提出的，胡适在新文化运动中具有重要地位，所以北大这个时候成立了一批国学研究机构，特别是像北大研究院成立的国学门研究所，像清华大学的国学研究院，像厦门大学的国学院。这个时候叫国故，国故其实也有很强的价值评判色彩，以为"故"就是过去的，所以我们叫国故，叫国故它也属于国粹，也有国杂，既有好的，也有不好的，他们认为叫国故是一个中性的名词。20 世纪 20 年代有几个特点：一个特点就是接受采用了西方的学科体制，对我国传统的经史子集进行重新分类。一般的大学都分为文史哲、语言文字等学科，这都是新的。最近大家看，特别是中国人民大学的纪宝成先生强烈地提出要把国学作为一级学科，因为我们固有的学问被西方的学科体制给抹杀了。另外第二次国学思潮还有一个特点，就是打破了经学一统天下的局面。我看李学勤先生在这讲过一次，李先生一个重要的观点，其实也是大家公认的，就是他认为国学的核心和重点就是儒学，儒学的重点是经学。过去是经学一统天下，所以，20世纪20年代在整理国故中产生的这些国学研究机构，它的课程设置完全是新的。像北京大学设置的，有进行歌谣研究、采风、方言研究的，它完全是新的。过去经学是很神圣的，现在什么都可以作为学问研究，学问是平等的，这打破了经学一统天下的局面。并且，它开拓了一些新的研究范围，在研究中采取了西方的理念和方法，对传统的研究方法进行了革新，重视二重证据法、文史互评法、田野调查法，这些大家可能都了解些。

第三次的国学思潮兴起于20世纪90年代，其实像我们五十岁左右的人应该都记得20世纪80年代有个文化热，那是改革开放的初期，特别是引进西方的文化，像四川出的一套"走向未来"丛书，包括好多。还有湖南钟叔河编的晚清时候一批人，讲在国外留学的包括考察的，好像那批丛书是"走向世界"，总的都是20世纪80年代的文化。到20世纪90年代又出现了国学热，20世纪90年代以来第三次国学思潮又兴起来。前两次国学思潮有一个重要的背景，中国还基本是一个农业与小商品经济结合的前现代化的社会。到20世纪90年代的第三次国学思潮，中国已处于工业化的初期与市场化的完善期，已不可逆转地进入现代工业市场经济与全球化的轨道上。我们可以从这个大背景下来看第三次的国学思潮的兴起，由于中国现代化进程的客观性，客观上促使学界回溯传统文化以汲取养分，谋取本民族发展的精神支柱，这时国学教研机构的大量兴起、国学媒介的大量出现，使国学思想广泛进入社会与思想前沿和主流媒体。第三次国学思潮的兴起还有一些新的特点，就是在国学的定义上，它有了更广泛的外延，还注意到了历史文化的流动性。也就是说把国学视为广义的传统文化。与前两次相比，第三次的国学已经是一般的传统文化都作为国学了。这传统文化不仅包括中国古代的传统文化，而且还包括近现代的传统文化。

在国学研究的意义方面，不论是新国学还是大国学，不论是强调中国学术研究的整体观念，还是强调以立足当下、面对未来的态度对待传统，大家都紧扣时代的需求，着眼于国学的当代价值。特别是高校一些学科的设立，连接了国学内容与西式体制、古典传统与现代艺术、学术研究与社会诉求，是颇具时代特色和民族特色的尝试。当然这一次的国学思潮，仍然在发展之中。也有人提倡儒学独尊、儒教救国，有的人是一概诋毁和排斥西方的先进文化，过分强调实用化及大众化而导致对国学有诸多歪曲、误区，有些论证需要引起重视和注意。可能我们也听到，儒教救危，走了一圈还是我们的儒教，还是必须只有中国的儒教才能救世界，儒学独尊，这个现象也引起社会的注意了。

回顾百余年来国学的发展历程，我更感觉到国学具有开放性的特点。它的概念是不断拓宽的，研究范围在不断扩大，这也表明国学是不断演进的，它具有去适应时代需要的形态、使命和价值。我个人感觉较之辛亥革命前后的国学思潮，20世纪20年代的国学已是新国学，现在的国学更是新国学了。对国学研究的意义，我想用袁行霈先生谈到的四点，他认为意义表现在四个方面。第一个是当代国学研究应当立足建设、服务与增强中华民族凝聚力，担任起实现现代化的伟大历史任务；第二个是当代的国学应当建立在对传世文献和出土文献文物认真清理的基础之上，并在此基础之上建立具有中国特色的理论体系；第三个是当代的国学应当注意普及，在广大人民群众中弘扬中华优秀的传统文化；第四个是当代的国学应当汲取人类一切优秀的文化成果，同时要确立文化自主的意识与文化创新的精神。

上面我给大家介绍的是近代以来的三次国学思潮，其中第二次、第三次都与故宫博物院、故宫学有关。故宫博物院在成立之初就与当时的国学思潮发生了密切的联系，我给大家简单介绍一下，故宫博物院是1925年10月成立的。1924年第二次直奉政策中，冯玉祥倒戈之后，搞了个"北京政变"，把溥仪赶出了故宫。我给大家介绍故宫博物院的牌子为什么在北门挂不在南门挂，这就是故宫博物院当时成立的时候它只有后寝的部分，没有前面。故宫分两大部分，前面三大殿是前朝部分，后面是皇帝真正办公、住宿的生活区，它在后面，也有说前面是国，后面是家。故宫是把中间相隔的家和国联在一起了，国就是家，家就是国。在辛亥革命发生后，民国成立，民国政府把前面这三大殿要回去了。要回去以后，从1914年开始成立了古物陈列所，古物陈列所的文物其实不在前面，都在后面。当时的民国政府就从承德避暑山庄运来了近十万件；同时在沈阳的故宫——当时叫盛京，就是满族的老家的宫殿，这两个地方弄了20多万件东西都陈列在前边。这后边是溥仪在辛亥革命之后待的地方，当时有个优待清室条件，这个条件满足了他才搬出去，搬到颐和园去。据说条件不具备，他也没有搬，这一住就住了13年，这都是很有意思的，很少有的现象。

等到溥仪被赶出去以后，马上就组织了清室善后委员会，进行清宫物品清点。那个时候不叫文物，就叫物品，比如有坛黄酒也就得登记，几号几号是一坛黄酒。当然另一个是按千字文天地玄黄宇宙洪荒来标号。第一个宫殿就是乾清宫，乾清宫就是天龙，乾清宫就是天字第一号，所以登记的第一号是什么，一个脚踏凳，皇帝宝座前的一个凳子，一进门就看见它，所以就登记了，故宫的前辈们清点物品时的第一件东西，就是一个脚踏的凳子。故宫博物院成立时的参与者，很多是北京大学的老师，包括一部分学生，而且这些人以后是故宫博物院的主要领导或骨干，比如说李煜瀛。李煜瀛是留学勤工俭学的，当时在北京大学教心理学；还有马衡，马衡是北大考古所的负责人。

在20世纪20年代，北京大学的国学门干了一件很重要的事情。大家都知道大内档案，就是清末的时候，装档案的库房倒塌了，这些档案流失出去，以后把这些档案就给了临时博物馆。临时博物馆管理不好，准备把它卖掉，以后就有人，也就是罗振玉把它留下了。留下了以后，北京大学就提出由他们来帮着整理。这就是北京大学在20世纪20年代做的很重要的事，就是把临时博物馆剩下的档案进行了分类和保存。运到北大的明清档案共61箱，1502麻袋。当时的陈垣为明清史料整理会的主席，到1924年完成了初步整理，这一批东西是在1948年或1949年新中国成立前后北京大学还给故宫博物院的。

当时参加故宫博物院筹建的好多人士都是国学门的同人，吴十洲先生写《紫禁城的黎明》，认为北大的这批老师、教授、学生其实是故宫领导干部的重要来源。这批人到故宫博物院，重建了故宫博物院。故宫博物院当时开设了两个馆，一个文献馆，一个古物馆，博物馆就是现在的书画、陶瓷、铜器啊，都叫古物馆，另外一个叫文献馆，以后成立了图书馆。这文献馆就管理着档案，这给北大来的教授和学生提供了广阔的天地，你想北大那个时候才1500多麻袋的档案，现在的这清宫里面的档案，那量大得不能说了。中国的档案事业，中国档案最初的人才培养，档案学的产生，就是依靠清宫档案。清宫保存的明清档案的发现和敦煌的藏经洞的发现，还有殷墟的甲骨，这是近代的三大文化发现。故宫博物院在1980年开始开设明清档案部，1950年以前明清档案给了国家档案局，到1969年国家档案局说这不能要，怎么能接收封建时代的档案呢，又退还给故宫。这一退，在故宫那又过了十来年，1980年，我们有 830 万件档案（台北故宫现在有 39 万件档案）。

故宫博物院在 20 世纪 30 年代最有声有色的学术成果、展览成果就是档案的整理，如文字狱的档案。当时我做了一个统计，1949 年前故宫博物院共编辑出版了各类档案史料丛书 54 种，358 册，约 1200 万字，这是很了不起的。应该说这也和当时整理国故的环境是一致的，也可以说故宫博物院从成立以后本身就成了整理国故的一部分，所以我就说一开始它就有这么一个缘分。我也说现在的故宫学是新国学的一个组成部分。21 世纪以来故宫学的提出，我认为也与日渐升温的国学热的大环境有关，特别是在对故宫价值全面认识基础上的一个突破，是两方面结合在一起的成果。故宫学几个方面其实都是专门学问，本身都是研究不尽的。20 世纪 80 年代以来，有几个大的进展，一个就是故宫被列为世界文化遗产，中国人一直都很喜欢古物、文物、古董，但是从文化遗产的角度来看文物，这是我们过去所缺少的，你从文化遗产角度去看这些东西，就不是简单看它在市场上值钱不值钱，就不是说看它材料珍贵不珍贵，只要它反映了历史文化，有深刻内涵，哪怕它是普通的，也是重要的。比如说周口店，周口店也是世界文化遗产，但是大家感觉不出什么，好像觉得没什么看头，你看在黄金周参观一天有十几万人，其实它也很重要的，这就是对它的一个认识。所以故宫列入世界文化遗产，给国人的理念带来了一个大的提升，这是一个。另外一个是 1995 年成立了紫禁城学会，以后又成立了清宫史研究会，应该说故宫学提出的时候各方面都已经具备了一定的基础；还有故宫的大修引起社会的关注，清史的编纂这也是一件大事，这些方面结合在一起促进了故宫学的提出。

所以我总结来说，80 多年来的故宫研究积累了丰硕的成果。明清档案本身就应该作为一门学问，而紫禁城学会主要是从建筑的角度来研究，包括清宫史学研究，包括我们的文物藏品可以从古代艺术学这么一个角度来看，这些方面的研究有相当发展和基础，因而含纳以上几个方面的故宫学也就呼之欲出了，而把这几个似乎联系不紧密的方面结合在一起，就看到了它们是不可分割的文化整体，故宫学的产生就水到渠成，所以包括大修、清史研究都是故宫学的外部机遇，故宫学的产生也标志着故宫研究从自发走向了自觉。

第二个，我讲一下国学的学术使命与故宫学的学术价值。新国学的学术使命可从三个方面来认识，其一，从研究目的来说，就是要运用现代科学精神与学术知识，通过对反映我们文明的丰富的典籍、文物等载体的研究，认真总结和思考我们的经验和传统，揭示和认识持续至今的中华五千年的文化及其本质特征；其二，从学术研究自身来说，让现代中国的学术承续国学的精华，在新时代获得更好的发展；其三，从社会效果来看，国学中优秀的思想文化、传统的智慧在培养现代人的生活内容和人的素质，在建立中华民族共有的精神家园方面发挥应有的作用。

作为新国学重要组成部分的故宫学，具有重要的学术价值，它主要体现在研究内容的丰富性以及它的价值特色方面，一个是研究领域，一个是紫禁城的宫殿建筑群。好多人到故宫其实一般是看皇宫，但皇宫本身，从它的建筑技术、工艺来看，它是集大成，而且是历代宫殿的集大成。它本身方位的选择，包括体量的大小，包括装饰彩画，就是它本身等级的一个区别，紫禁城的修建完全是封建礼制的反映，它的大小、规制都是有讲究的，而且它传统的阴阳五行的学说也用建筑语言得到了体现。看北京的新闻，注意到北京要把中轴线申遗，中轴线要申报世界文化遗产，体现了中轴线在北京有大故宫的提法的重要性，在故宫的重要性，它今天仍然相当重要。它这条中轴线是北京城市规划的一个核心，也得到了世界专家学者的高度赞扬，北京的故宫，也是世界上目前建筑面积最大、保存最完整的皇宫建筑群。而且故宫不是孤立的，我们还有大故宫的提法，故宫学讲究大故宫，像天坛、圆明园、颐和园、太庙、社稷坛本身就具有有机的联系，是皇宫的一个组成部分。

另外就是文物典藏了，我们现在的 180 万件套，85% 以上为清宫旧藏。故宫的藏品分两部分，一部分像三羊尊，就是一个艺术品，像三羊尊等都是传世的文物；还有一批就是生活用品，它当时并不是作为文物的，像皇帝的宝座、皇帝的印章，是使用之物，还有衣食住行的好多东西，像我们看到的太和殿广场品级山，文左武右，有盛大的庆典活动时文武百官分四排站这儿。像这个我们就完整地保存的，这是按级别来排的，开始是木的，以后是铜铸的。包括一些清宫的历史文化遗匾，像光明正大匾与清朝的皇位继承制度是联系在一起的。还有明清档案，大和殿内存放的一些档案，这是 20 世纪 20 年代排设的一个重要内容。其实过去在皇宫里面，皇帝重视典籍甚至超过对一般书画的重视，你看特别是明清两代，对编书修书特别重视，而且成果相当丰富。台北故宫真正从大陆拿走的最好的一批东西应该是典籍了，近十余万册，其中包括最好的一部四库全书，文渊阁的四库全书，还有一些宋元的珍本，都在台北故宫。

另外，故宫博物院的历史其实也是值得研究的。故宫博物院的产生其实很有意思，当时冯玉祥通过政变的方式把总统曹锟给软禁起来，用曹锟的名义发了很多布告。但他自己又把握不住，就把段祺瑞给请出来了。以曹锟的名义就是要清点清宫的物品，条件成熟就成立博物院，但是段祺瑞上台以后反对点查，一直在阻挠这件事情。在二次北伐的前夕，冯玉祥赶溥仪出宫以后，就请孙中山先生到北京来共商国是，孙中山先生坐船好像从广州出发绕了一大圈，经过日本从承德过来。这个时候是二次直奉战争以后，国内整体的形势对革命是有利的。段祺瑞虽然反对，但是他没阻挡住，李煜瀛这批人很坚定地搞这件事，也和清室代表进行了斗争。故宫博物院成立的时候，为什么放在 10 月 10 日——我们大家知道双十节嘛，中华民国的国庆是 10 月 10 日，它为什么也选择这一天呢？当时的成立者在会上就讲谁要是反对故宫博物院就是反对民国，提高到这么一个高度上来。故宫博物院成立以后，给北洋政府发了一个电报，说故宫博物院已经成立了要来统治你们的政府。有些人的回忆文章也觉得这很有意思，说好像北洋政府和故宫博物院是同一个级别的。国民政府有广州的国民政府，有北平的国民政府，到 1928 年以后蒋介石有南京的国民政府，南京政府接管了当时的故宫博物院以后，就改成了"国立北平故宫博物院"。这个时候故宫不得了，为什么呢，故宫博物院的级别相当高，高到什么程度呢，它和行政院是一个级别的，它和行政院、考试院、立法院和监察院是一个级别的，到 1933 年以后，它才改成部委一级的机构了，由行政院管。蒋介石是故宫博物院的理事，而且蒋介石很重视他这个头衔。1930 年，故宫博物院的院长易培基先生就提了一个完整保护故宫的方案，这个方案要向行政院报，虽然和行政院是一个级别的，但事还要靠行政院来解决，这第一个署名的人是故宫博物院理事蒋中正，第二个理事是李煜瀛，第三个理事是院长易培基。

特别是"九·一八"之后，故宫要南迁，南迁是件大事。现在我们回头看，南迁绝对不仅仅是这批东西珍贵，而且它最终体现了民族的觉醒和意志。就是说我们这个民族是有着五千年历史传统文化的伟大民族，我是不可以屈服的，我能保护、保卫我的历史文化，这反映了我们的一个态度，我们今天来看，其历史意义是很重要的，所以这也是故宫文物的一个特殊价值。因为我这几年在外讲得多，有人就说郑院长你可能吹牛，中国这么大，出土文物这么多，博物馆、公私的藏品这么多，你故宫好像好东西都在你那儿。我说这是两回事，我们国家确实好东西很多，但是故宫的文物有特殊的历史传承关系，在封建社会它就和皇权联系在一起，所以有人谈蒋介石为什么到台湾去要带这个，他就是要把政权合法性；另外一个就是故宫的文物在我们民族危难的时期和中华民族共命运，这就赋予了故宫文物特殊的价值，其他的没有这么一个经历。

故宫学研究内容有四个明显的特征，研究对象价值的独有特征，杨宗建先生说过一句：无论是紫禁城这个古代建筑群本身，还是紫禁城内珍藏的各种文物都是罕见的旷世珍宝。这确实说的是。另外就是它的对象价值的整体性，历史上在490年里面，24个皇帝执政，它的收藏，宫清中的用品它都是有内在的联系。比如前年我到一个宫殿，在弘一阁还是什么地方，太和门一进附近的一个地方，我看到一个棺材，我问这是谁的棺材，他们说是溥仪的，这溥仪的棺材还在，因为一当皇帝就要造坟墓嘛，它们好多都是一个内在的整体的联系。

另外一个研究对象价值累计的特征。故宫的价值、故宫的影响不是一天形成的，它有一个历史发展，过去我们说是国宝，是祖宗留给我们的文化遗产，它蕴涵着我们民族的历史、民族的文化、民族的情感，它不是用钱可以衡量的，故宫文物南迁使大家对这个有了更深的认识。今年以来大家知道故宫出了几件事，这几件事对我们来说，我们感觉到从积极的方面来看故宫在全国人民心中的地位和价值，我们也感觉到在不同的时期，人们对故宫赋予了不同的期望，有新的价值在产生，所以我们更有责任把故宫保护好。

另外一个是典制文物的集大成性，明清时是封建社会最后的也是最腐朽、最为成熟的阶段，它的典章制度具有集大成性的特性，有继承也有变革，这些在文物上都有充分的体现。这个故宫的宫廷文物具有的集大成性的特点对研究封建典制的演变历史是有重要意义的。大家知道马克思有句名言，说人体解剖对猴体解剖是一把钥匙。这个我们也可以把它当作一个方法论来理解，马克思这句话的意思就是，低等动物身上表露的高等动物的征兆，反而只有在对高等动物本身的认识之后才有一定的理解。刘院长是研究经济的，对此了解更深入，马克思研究商品，他不是由商品交换的古希腊开始，而是从商品经济走向成熟形态的资本主义社会开始，所以说资本主义经济为古代经济等提供着钥匙。

比如说我举个例子，故宫的宫殿，我们来看它这个布局是这么一个现状，其实是历代宫殿的集大成。通过考古，夏商周的宫殿就有前堂后室，我们现在说的前朝后廷，在夏商周的时候就出现四合院。其实故宫是千万个大大小小四合院构成的，秦汉宫殿的中轴线对称的群体构图方式，隋唐宫殿的左中右三路对称的规整格局，宋金元宫殿等取之于中央宫殿的成立等都在紫禁城建筑群中有所体现。当然它是有所变化的，不是一成不变的。总的来说，它是不断完善、不断形成的过程，对其他文物其实也可以这样来理解。另外谈到故宫的学术价值，体现在它丰富的内涵和显著的特点上，刚才和院长、书记还有几位院领导在交谈的时候，我也谈到，故宫的好多东西都是中国文化史、中国艺术史、中国明清史的重大课题。故宫学六科包括紫禁城学、明清宫廷史学、明清档案学以及中国古代的书画工艺金石等古典艺术学，故宫学的研究对象主要是中国的传统文化，这是一座蕴藏着丰富资源和宝藏的大山，是一个几千年积累传承下来的知识宝库。我们应以虔诚敬畏的态度来对待研究对象，在此基础上对中国传统文化进行深入研究和具体分析，诠释其文化源流，形成服务于当代文化建设和积极参与人类文明对话的故宫学的理论体系，同时丰富并发展新国学的知识体系。

第三个是国学的文化解读与故宫学的文化意义。用现在多数人的看法，大家认为国学的范围已经扩大到整个传统文化了，但是在传统文化中，国学最深层次的，是学术的部分。但是我们也应从传统文化的角度来深思新国学，才能明确国学研究对社会人生的真正意义，摒除对国学研究的实用主义、功利的态度，也才能找到新国学的尊严，所以我们从文化的意义来看新国学，从文化的角度解读新国学，新国学最有价值的部分就是它所蕴涵的传统的文化精神，这些精神是中华民族得以绵延发展的内在力量。国学研究的重要现实意义就是继承弘扬这些优秀的文化精神。从国学新视野来看，国学研究最重要的是正确对待传统文化，认识传统文化的意义，这就必须坚持"文化自觉"的态度。

大家都知道，"文化自觉"最早是费孝通先生晚年提出来的很重要的一个概念，其实就是讲在人类社会进入全球化时代以后，我们人类各个民族都要知道自己的来历，都要知道自己是怎样来的，知道自己的文化路线。用他的话来说，"文化自觉"首先是要对自己的文化有自知之明，充分认识自己的历史和传统。他认为，文化转型是全球性的，不光是中国，西方也有文化自觉的问题，他强调文化自觉，不带文化回归的意思，不是要复旧，同时也不主张全盘西化，或全盘他化。按照费孝通先生的观点，文化转型是当前社会面临的人类共同的问题，不管是中国还是西方，都有一个"文化自觉"的问题，都要通过"文化自觉"来重新审视自己的文化和他人的文化，找到本民族文化的安身立命之处。就是说自觉是为了自主，"文化自觉"是为了文化自主，去找到自己文化的自主权，确定自己文化的发展方向，要利用不同的观念处理与不同文化之间的关系，以达到"各美其美，美人之美，美美与共，世界大同"，反正十六字说得确实很好啦。我们大家也知道中国从近代以来对待自己的文化的态度是什么，伴随着民族的兴衰，国运的沉浮，出现了自闭自弃、自大自傲两种倾向。现在世界日益成为一个地球村，不同文化的交流、交融、交锋比以往任何时候更加频繁。在这样的背景下，更加需要我们以理性、科学的态度进行文化反思、比较、展望，正确看待自己的文化，正确对待别人的文化，充分认识中国文化的独特优势和发展前景，进一步坚定我们的文化信念和文化追求。我们知道 10 月 18 日，前天刚结束的六中全会，就是在研究我们的文化体制改革与文化大发展、大繁荣，对文化在当今世界中的重要性的认识，在中国共产党的历史上，这恐怕是第一次，这对我们思考文化的自觉问题，我认为是很有意义的。故宫是中国传统文化的重要载体，从文化的角度看待故宫具有重要的文化意义。我认为首先把故宫看作一个文化体，主要是认识宫廷文化的特点，宫廷外国有，中国也有，但是外国没有中国这么长的宫廷文化中。文化人类学有一个大传统和小传统的问题，我认为故宫文化作为宫廷文化它是大传统的，是上层主流的文化。中国历来讲究器以载道，故宫集齐皇家收藏，凝固了传统的特别是辉煌时期的传统文化，是几千年来中国的清宫典章、国家制度、科学技术等积累的结晶。作为宫廷文化，它不是孤立的，它不是和社会隔绝的，它和民间的文化是有交融的，故宫的宫廷文化和民间的文化及地域的文化也是有交融的，例子我就不细说了。

谈到故宫的收藏，故宫的文物藏品的文化意义我想再多说一点。皇家收藏有两个特点，一个是藏品的政治意义，就是国宝意义，不能简单说是因为值钱，我们大家都知道很有名的一个例子叫问鼎。楚王问周九鼎现在保存得怎么样，大家就明白这人想夺取政权了，鼎就是一个收藏品，它就和政权联系，这就是皇家收藏。后期的王朝推翻前朝，一定要把前朝的物品收藏，他认为这是天命所归的一个体现，表明了他政权的继承性与合法性、延续性。刚才我就说蒋介石 1948 年、1949 年离开大陆的时候带了一批东西去，当然我们也可以说它珍贵，但是西方的学者也在研究，因为大陆写这方面的文章不多，我看了大量海外的包括台湾的研究者，都认为它是有政治意义的。台北第一任院长蒋复璁说过，当时算是 60 万件，按当时的数字算了 20 多万件，因为那档案一包就有好多件，他说这 20 余万件的珍品是数百年来由前人点滴积累起来的，证明我们承继了中国五千年文化的最具体的信物，这就是说政治性是很强的。另外的一个就是藏品的特殊性，任何一个封建王朝都有它特殊的特征。我们到欧洲去，看什么，看教堂，西方是宗教最大，中国向来都是皇权第一，皇权始终是第一位的，所以到西方教堂，我们可以看到很好的艺术品，看到很好的壁画，很好的建筑，在中国就集中在宫殿里边，它就是皇权的一个反映。而且我们知道儒家有个道统的学说，道统就是所谓的尧舜禹汤文武周公孔孟啊，这是韩愈提出来的，韩愈认为他就是继承人，然后到宋代以后就认为二陈朱熹是继承人。台北故宫新的故宫博物院是1965年成立的，开始它叫中山纪念堂，当时正值孙中山100周年诞辰。他们就讲故宫博物院的成立就让中华民国和道统联系起来了，他们强调这个，也可以见到台湾对故宫的重视。

还有一个就是我们知道1966年我们大陆搞"文化大革命"，台湾1966年蒋介石搞了个中华文化复兴运动，应该说那是针对文化大陆的，那个时候，他就让商务印刷出版社，好像王云五那个时候还在吧，他把古籍文言文翻译成白话文，那个时候是20世纪60年代后期，就翻译了二三百种，大陆应该是20世纪80年代才兴起，比它晚了20年。蒋复璁是台湾故宫的第一任院长，1965年上任的，清末民国有个蒋百里很有名，是个军事家，他是蒋百里的侄子。蒋复璁就谈台湾故宫收藏的重要性，说怎么样能证明民族的历史悠久，主要就是靠物证。那个时候他还不知道我们大陆有多少，还比较封闭，我们的东西，旁人不知道有多少，到现在才逐步知道的。

由于时间的关系，我就谈上层文化与民间文化及地域文化的结合问题。你像西藏的铜佛像西域道具啊这些唱戏的道具，故宫藏有唱戏的道具有七八千件，清宫的剧本有一万多册。海外都认为好像共产党并不重视传统文化，但是对故宫特别重视，他们认为特别重视就是因为跟新政权的合法性关系。在很多场合，这个我是不同意的，共产党的合法性不是靠对故宫的重视，是靠人民的拥护的。两岸的藏品有230多万件，它的收藏显示了中华民族五千年的文明是一条绵延不断的历史长河。三希堂有三件法帖，第一件在台湾，后两件在北京故宫，这是宫廷的收藏了。关于衣食住行方面的，包括马鞍子，皇帝的马鞍子上还有一个钟表是装饰性的，另有内务府的腰牌啊，皇帝召见的红绿投签啊，皇帝的宝座啊，以及皇帝的二十五宝印章。中国历史上的任何皇帝用的真正印章都没有留下来，唯一留下来的就是清代的乾隆时期，乾隆经过清理最后确定了二十五方印，这是二十五宝，很有名的。

2009年，两岸的故宫博物院交流应该说迈出了实质性的、重要的步伐，我们两院有个重要的出发点就是真正想办成事，因为的确有很多障碍。我跟大家讲一下，比如说我们要合办一些事，要达成协议，我们不能签协议，为什么？因为他们有一个"国立故宫博物院"的名称，我们很忌讳不同意他们用"国立"两个字。就在2010年3月1日去台湾的前一天，即2月28日的晚上，国台办王毅主任给我打电话，说听说咱们要和一个第三方签订协议，第三方基金会再和台北故宫签订协议，其实就和台北想绕开这个敏感的称谓，他说你能不能直接签订。我说不行。他说为什么不行？我说不是人家不行，是我们不同意，他要坚持用他的"国立故宫博物院"，我们不同意他用"国立"。但是我们想把这件事办成，是怎么办成的呢，那条文我们是一条一条来看，大家坐在两边，前面是大屏幕，电脑上出现一个字一个字，大家改好以后各自发布。比如说北京故宫博物院，我说其实我们也不叫北京故宫博物院，我们就叫故宫博物院，没有"北京"这两个字，只是为了迁就台湾才出现"北京"两个字。我对外宣布说北京故宫博物院与台北故宫博物院达成了什么协议，然后台北又说"国立故宫博物院"与北京故宫博物院达成了什么，各自去宣布。但我们大家认真执行，我觉得这就很好。

另外还有一些具体的事情，我们就从一件事入手，形成一个方案，比如他们出《龙藏》这一套书啊，康熙时期《龙藏》有几函打不开。我们有乾隆时代的，他借去以后我们给他优惠，这样就形成今后两岸故宫在学术研究上用图像的资料互相优惠，你给我优惠多少，我给你优惠多少。下个月我要到台北故宫去参加第三届两岸故宫学术研讨会，好多人说因为康熙大帝与路易十四可以做一个对比，他们借我们20多件，好像是30多件文物，好多人说北京故宫是不是吃亏了，他的来不了，文物可是司法免扣啊，你得不停地去。我说两岸的同胞见证着这件事情，台湾的同胞能看到我们民族的文化，不存在吃亏的问题，我们没有这个想法。

总而言之，进展还是比较顺利，因为台北故宫也抱着很积极的态度，大家还是实实在在。比如说现在台湾对文化产品开发很多，想在我们这里卖他的东西，但是因为一些技术问题，目前还解决不了。应该说这几年的交往，不仅让台湾对北京故宫有了全面的了解，而且对大陆这么多年的文化遗产保护有了一些新的发展。特别是去年搞了个温故知新——重温故宫文化南迁路，这个是我提出来的，我们给他们提了后，台北故宫迟迟没有反应，我们当然也不能说你也来当个发起人，但后来突然他们说要参加，而且"温故知新"这四个字还是台北故宫提出来的，他们认为加个主席，张凌先生——就是张岩先生的儿子，张岩就是参加点查的，以后在贵阳，在安顺，他的子女，包括张凌是在贵阳出生的。两岸故宫有很多这样的家庭，有的一家五代人在故宫。

最后一个是国学研究的立场、方法与故宫学研究。我认为要总结历史经验，适应当前新文化建设的需要与民族文化复兴的潮流，新国学研究必须坚持正确的立场、方法才能健康持续地发展，主要还是实事求是，区分精华和糟粕。因为故宫主要是宫廷文化，所以坚持毛泽东主席经典的一些论述，我认为是相当重要的。其实在故宫博物院成立以来，围绕故宫发生过好多争论。1928 年，南京国民政府的委员经亨颐提出了废除故宫博物院拍卖故宫藏品的议案，理由是故宫是天字第一号逆产。后来，张继以故宫保护委员会的名义，写了一篇驳斥的文章，谈得相当的好，他举了苏俄的以及法国大革命的例子，从世界文化的角度来看故宫和故宫博物院的价值，这在当时很了不起。因为我们现在看，这突出了故宫在学术研究、传承文化以及在明清两代转型中所体现的世界价值，这是当时对故宫价值的最为深刻的论述。20 世纪 60 年代还有说想在故宫的中间开一条马路，说故宫是"封建落后，地广人稀"。中宣部陆定一部长是很反对这种提法的，包括陈毅啊等老一辈都认为应该完整地保护。我们今天对故宫文化，特别是对宫廷文化，既不是全部否定，也不是一味地说好，而应科学对待，认真研究，分清其精华与糟粕。随着全社会对文化遗产观念的进一步提升，人们更加关注故宫，从以故宫为代表的文化遗产所汲取的创造新生活的智慧去建设更加美好的未来。

再一个是强调整体思维，提倡多学科结合。因为故宫学研究书画，书画和一些档案、一些具体的器物结合起来，才能了解得清楚，所以我们也感觉到整体性的思维，多学科的结合是故宫学研究，其实也是新国学所提倡的。为什么纪宝成先生提倡要将国学设置为一级学科，就是因为他认为光文史哲不能代替，把一个整体的学问割开来谈是不行的，其实故宫学研究应该继承传统学问的路径。

再一个就是开放性的视野，我们故宫的东西，不光是北京故宫，也不光是台北的故宫，还有我知道的像台湾"中央研究院"还有 30 多万件清代的档案，就是那 8000 麻袋到他那儿去了。还有沈阳故宫、上海博物馆、南京博物院以及世界上欧美的一些博物馆都有故宫的东西。我认为这是历史造成的，但反过来说，就像当年敦煌文书的散佚一样，客观上也为更多力量和机构来参与故宫学研究提供了便利。所以我有一个观点，对流失在海内外的清宫文物一个学术归宿，就是故宫学。它本身的价值，它的内涵，不是简单地说它珍贵就能涵盖的。我们说拍卖，海外拍卖了一个玉玺啊、什么印章啊，从故宫学的大视野来看它的价值，它就是有生命的，就是有灵性的一个东西，所以故宫学研究要有开放的视野，要有全社会的参与。

在进行故宫学术研究的同时，要重视普及的工作。这几年我们也做了十二集的故宫系列片，包括出版一些知识性的普及读物、举办故宫知识进大学、进社区的活动，我们在全国博物馆系统率先组织中学生免费参观讲解活动。

最后我想用中国社会科学院研究生院老院长方克立先生的一段话作为本次演讲的结束语：在创建新国学的过程中出现认识分歧和百家争鸣的情况也是很正常的，但它作为中国特色社会主义文化重要组成部分的地位不会改变，中国人永远需要到它那里去寻找自己的文化根源和民族身份认同，到它那里去汲取智慧和力量，我们相信经过若干代人的努力，在近现代学术转型中，曾经被边缘化的国学，必将以新的面貌重新进入中国学术文化的主流和中心，它的命运与国家的兴衰是紧密联系在一起的！故宫学也有这样的信心，我相信在大家的共同努力下，特别有社科院研究生院的老师包括我们广大同学的关注支持，我们一定把故宫的文化内涵作深入的、进一步的发掘。

谢谢大家！

主持人（刘迎秋）：刚才郑院长做了一个非常精彩、深刻的讲座，而且给我们讲了很多鲜为人知的历史故事、花絮，这些花絮和故事都充满了思想。当然也充满了智慧，因为说到台北故宫和北京故宫，本来故宫只有一个，由于为了照顾台湾，我们就加上了北京两字，因为我们毕竟都是大中华民族的成员。下面因为时间的缘故，同学就提几个简明的问题！

学生甲：十分感谢刚才郑院长非常精彩的演讲，我的问题就是抗日战争期间，日本占领了北平，为什么没有将这么多稀世珍宝全部转移到日本的本土，在日军占领期间有没有发生过文物丢失的情况？谢谢。

郑欣淼：这个问题很多人都感兴趣，其实我也正在研究这个问题。在沦陷期间，我们目前还没有发现日本人对故宫博物院有直接的破坏。在投降之前，1943年或1944年，日本在北平搞了一个"献铜运动"，主要可能是用来造炮弹用的。把故宫的54个铜缸，以及房屋消防用的那个灯擎，就是铜的上面那个灯擎拉走了。抗战胜利以后，从天津回来一部分。另外，在抗战初期，我们太庙中有一些书籍，是供市民看的，日本人把一些书籍给抄走了，其实就是把关于国民党、孙中山的都抄走了，其他的目前还没有看到。故宫文物相当一部分在南迁之后，大家知道卢沟桥事变之前故宫博物院一直在正常开放，抗战全面爆发以后，当局给北平故宫博物院（当时叫国立北平故宫博物院）一个指示，意思是要千方百计维持下去，维持文物的安全。日本人管理北京是通过华北的伪政权来进行的，它也是通过一些法令和规定来进行的。一直到1942年吧，派去一个代院长，也是民国时期的一个很有影响的知名人士，代院长叫祝书元，日本的意思是院长不在，我给你派个代院长。现在有一种说法是当时只让这个人进来是害怕日本人派人来。

我们对这个的理解是这样，一是日本人认为其占领中国是长远的。在其他地方日本确实掠夺了一些文物，前段时间网络上说日本把多少东西给了台湾，那是他们曾经掠夺的我们中国的文物，但多数都是些价值不大的。杭立武是新中国成立前国民党的伪教育部长，写过《中华文物播迁记》，谈过日本还的文物价值并不高。我们现在理解日本当时没有动的原因，一个可能是占领中国还是主要的，它大的战略格局，兵力还是用来打仗；另外一个可能认为这天下就是他们的。

我们的理解就是这样的，这个问题我也正在研究，是很有意思的一个题目，因为谈到故宫，一批故宫人留在了故宫，过去他们的薪饷是由南京政府发的。到抗战以后，在家的人，像那子良先生以后到台湾了，那子良先生回忆在四川的峨眉，因为南京政府都已迁至重庆，（所以）没有人给他家里钱了，家里就很困难，那子良先生就和马衡请假说要回去，家里困难。马衡说你不能回去，说你要是困难，我家里还有些字画要准备卖掉，那子良先生就想，院长都这样说了，我还能怎么样。所以我想说的中心就是那个时候留在北平故宫的同人是很了不起的，我们现在疏忽了他们。其实故宫每年都要进行维修，故宫的维修八年里面没有停过，而且祝书元，伪政府派的这个代院长，他把故宫一些没有完成清理的文物也进行了清理，整个事情可能总结起来比较复杂。

主持人（刘迎秋）：这个问题提得很好，下一个问题。

学生乙：我对世界遗产比较感兴趣，我就想问一下北京的皇城中轴线申报世界遗产的优势和劣势是什么，胜算有几何，还有就是如果说这条中轴线申报世界遗产成功以后，因为故宫天坛都位于中轴线上，现在重合了，这其中的关系应该如何处理？

郑欣淼：中轴线申报世界遗产，这是北京市的一个大手笔，而且是一个很宏大的事业。中轴线南起永定门，北至鼓楼这一带，不到 8 公里，其中最精华的部分就是在故宫博物院。现在的世界文化遗产，比如天坛，颐和园也是，都是明清时候的皇家建筑，当然故宫也是世界文化遗产。刚才同学问的问题很好，我想专家可能认真地研究其优势，当然还是以明清皇家园林为主的，像天坛、世纪坛、太庙这都是相当重要的。在 20 世纪 50 年代，把太庙划给北京市的总工会，太庙是皇帝祭祀的一个很神圣的地方，它成为我们工人文化宫的一部分，这个地方的建筑各方面都很有特色。我们感觉到申报世界遗产是一回事，不管能否申报，我们首先要把它真正保护起来，像和中轴线特别有关的，像中山公园是比较早的，好像在民国时期就已经被批成公园了，里面还有好多建筑都是有纪念意义的。像太庙，我的意思就是说中轴线的这一批明清的皇家建筑相当重要，我们能不能申报成功是一回事，但无论如何我们用世界遗产的标准整理好，管理好，这是我们目前应该做的。我找过北京市文物局的局长，让他给我提供中轴线申遗的资料，他说正在搞，因为我搞个资料想用他的东西，目前我还缺乏完整的掌握，但是我认为这个如果能引起北京市的高度重视，要把这 8 公里现有的保护好，包括它的环境、包括它的一些胡同，因为我们现在不能理解成中轴线就是那一块中轴线。

世界遗产给我们最大的思路就是，不但文物本体，而且是文物的环境，文物周围的这一批，它整个的文化氛围都应原汁原味地保护下来，这是我的一个观点。

学生丙：感谢郑院长的精彩演讲，我的问题是，现在国学热在海外是一个什么情况？就是现在有一个说法叫做"绑架孔子，周游列国"，请您解释一下这个现象。谢谢！

郑欣淼：你说孔子周游列国是孔子学院是吧，那很有影响的。国际汉学和国学，有的认为应该看作一回事，有的认为不是一回事，其中还有争议。但是国外对中国汉学的真正学术研究应该是从明末清初的传教士引起的，是在法国最先开始的，而且这些都与皇宫有关系。这方面的资料相当多，国外对中国的研究，这么多年来有新的发展。但是我看到他们和我们中国人所研究的还是有区别的。但是不管怎么样，我认为西方的这批汉学家研究中国问题的角度、方法，你像史景迁写的一些类似小说一样，谁写的王室史啊，我认为这对我们目前的国学研究有很多借鉴意义。现在国外办的孔子学院相当多了，这是国家教育部，另外国家文化部的交流，我们对外文化交流还有一个文化中心，也是在一些国家办了一些，数量比较少。你像孔子学院从语言着手的比较多一些，但我认为意义都是很重大的，这也是中国改革开放后经济发展多年以后才出现的事情，包括我们在座的，将来都是可能大有作为的，因为他们很缺教师。

主持人（刘迎秋）：非常感谢郑院长给我们做了一个很系统，深入浅出、非常有教育意义和理论启发意义的报告！他讲了四个问题，一个是国学思潮，一个是国学使命，一个是国学文化解读，再一个是国学研究的立场和方法与博物馆学。我们研究生院和故宫博物院建立了战略合作关系，我们有郑院长，以及在郑院长麾下一大批的所长，以及故宫的约 1400 名在职员工，有约 180 万件的历史遗物，有差半间将近一万间的宫廷房屋，这个战略合作，通过郑院长的解释和阐说，让我们有了深刻的理解。让我们对郑院长的讲座报告再一次表示衷心的感谢！

下面我们给郑院长献上一束鲜花，对郑院长表示感谢，请文学国副院长代表社科院研究生院向郑院长赠送礼品！

（录音整理：李卉；初稿整理：刘大胜）

城市文化建设与文化遗产保护

单霁翔

"笃学大讲堂" 开堂典礼暨 "社科大师大讲堂" 第十四讲

2012 年 5 月 15 日

主持人（中国社会科学院研究生院党委书记）：

各位来宾、老师们、同学们：

大家上午好！在这清风拂面、天高气爽的时节，我们聚集在图书馆新落成的笃学讲堂前，举行开堂典礼。讲堂之所以以 "笃学" 命名，其意远则取之于《论语》中 "笃信好学，守死善道"，近则取之于我院的校训 "笃学　慎思　明辨　尚行"，意在鼓励研究生院的广大学子专心好学，立志成才。需要着重指出的是，陈设在讲堂中匾额上的 "笃学讲堂" 四个字，是在我院的战略合作伙伴单位——故宫博物院的鼎力相助下，由素有 "南饶北季" 之称的一代国学大师——饶宗颐先生所题写。今天，我们为了表达对饶先生的深切景仰和对故宫博物院的诚挚谢意，以及对于我院广大学子的殷殷期望，特意举行一个开堂典礼，来隆重庆祝讲堂的正式启用。

我们非常荣幸地请到了故宫博物院单霁翔院长参加今天的活动。让我们以热烈的掌声欢迎单院长一行的到来！下面，请故宫博物院单霁翔院长和我院刘迎秋院长为讲堂剪彩。

（单霁翔院长和刘迎秋院长为讲堂剪彩，内容略。）

主持人　（黄晓勇）

中国社会科学院研究生院名誉教授授予仪式暨 "社科大师大讲堂" 第十

四期讲座现在开始！

在举行完笃学讲堂开堂仪式之后，现在我们举行名誉教授授予仪式。今天我们非常高兴地邀请到了中国故宫博物院院长单霁翔先生和故宫博物院副院长李文儒先生等故宫博物院的各位专家和领导。作为我们研究生院搬到良乡来的一个重要的学术活动，我们举行"社科大师大讲堂"的活动，今天我们非常高兴地邀请到了故宫博物院新任院长单霁翔先生来我们学校举行第十四次讲座。

首先我们举行中国社会科学院研究生院名誉接受授予仪式。下面我们有请中国社会科学院研究生院院长刘迎秋教授致欢迎词！

致辞人（刘迎秋）：

尊敬的单霁翔院长、李文儒副院长和故宫博物院的各位专家和学者，各位来宾、各位老师和同学：

大家上午好！非常高兴故宫博物院单霁翔院长一行参加笃学讲堂的开讲典礼。单院长及故宫博物院与我院的联系和友谊源远流长。近年来，两院领导、专家、学者的交流与合作更加频繁深入，而且取得了一系列的合作成果。今天单霁翔院长一行又来到我院出席笃学讲堂开讲典礼，表明两院的关系发展到了一个新的阶段。在此，我代表研究生院向单院长一行的到来表示热烈的欢迎和衷心的感谢！

单院长是我国文博界的著名专家，是双料的专家，既做管理又做研究，不仅精通文博管理工作，而且在管理工作过程中深入地研究了整个文博的产业和事业的发展，取得了一系列卓越的成就。早在20世纪80年代初赴日本留学期间单院长就开始从事关于历史性城市与历史文化街区保护规划的研究工作。后来在北京市文物局又先后主持"故宫筒子河保护整治"、"圆明园遗址保护整治"、"明北京城墙遗址保护整治"等重要项目规划的实施，取得了良好的社会效应。他还主持了"北京旧城25片历史文化保护区保护规划"、"北京皇城保护规划"、"北京历史文化名城保护规划"、"北京奥林匹克公园总体规划"等一系列重大项目的研究与规划。

进入21世纪以来，单院长积极倡导、推动并实施在城市化加速进程中，摸清文物资源家底，建立文物保护法规，加快人才培养和科技支撑，推动大遗址文物保护和工业遗产、乡土建筑、20世纪遗产、文化线路、文化景观等新型文化遗产保护活动，以及遗址博物馆、生态博物馆、社区博物馆等新型博物馆的研究和实践，取得了显著的成绩。2005年3月，单院长荣获美国规划协会授予的"美国规划事业杰出人物奖"。

单院长学术功底扎实，成果卓著，先后出版《城市化发展与文化遗产保护》《从"功能城市"走向"文化城市"》《从"文物保护"走向"文化遗产保护"》《文化遗产保护与城市文化建设》等多部学术专著，发表学术论文200多篇，在我国文博界产生了广泛的影响，对我国文博事业的发展发生了巨大的推动作用。

单院长就任故宫博物院院长后，先后提出建立涵盖服务、管理、安全等11大类的22项规章制度，要求将文物建筑、文物藏品和观众的安全置于首位，坚持把故宫的安全工作和为观众服务的工作抓到底。在担任全国政协委员的9年间，先后向"两会"提出了150多件关于文化遗产保护的提案，落实率超过90%。在2012年的政协提案中，单院长又提出了6项与故宫有关的提案，其中关于故宫将逐步实现预约制度的提案成为舆论热议的焦点，受到了社会各界的高度重视。

在此，让我们要对单院长在文化遗产保护研究方面做出的突出贡献表示崇高的敬意！向单霁翔院长一行以及故宫博物院的各位领导和专家、广大工作人员对我院相关学科建设和文博专业的发展给予的大力支持表示衷心的感谢！

谢谢大家！

主持人（黄晓勇）：

鉴于单霁翔院长为中国文博事业所做出的贡献，鉴于在相关学科领域的深厚造诣，经研究生院决定，诚聘单霁翔院长为我院名誉教授！

刚才刘院长已经在致辞中做了一些简单的介绍，我再把单院长的情况跟大家做一个介绍：单霁翔院长现任文化部党组成员、故宫博物院院长兼党委书记，第十一届全国政协委员。单霁翔院长博士毕业于清华大学城市规划专业，导师为著名建筑学家、两院院士吴良镛先生。单霁翔院长履历丰富，历任北京市文物局党组书记兼局长、中共北京市房山区委书记、北京市规划委员会党组书记兼主任，2002年起任文化部党组成员，国家文物局局长、党组书记；2012年1月初任故宫博物院院长。同时他还兼任中国艺术研究院研究员、博士生导师，西北大学文化遗产学院兼职教授、博士生导师。

单院长就任故宫博物院院长后，在2月14日举行的一次记者见面会上，曾有人问单霁翔院长"新官上任三把火，您的三把火从哪里烧起？"单霁翔院长诙谐而智慧地答道："故宫是世界上规模最大的古建筑群，故宫保护最怕'火'，所以我一把火也没有，好在我的名字里还有'雨'，我倒是准备好水了。"在这看似玩笑的谈话中让我们能感觉到单霁翔院长对故宫博物院事业的敬畏之心和科学之心。

下面，我们有请中国社会科学院研究生院院长刘迎秋教授向单霁翔院长颁发名誉教授证书！

（刘迎秋院长为单霁翔院长颁发名誉教授聘书，内容略）

主持人（黄晓勇）：

下面让我们热烈地欢迎单霁翔院长为我院师生做一场精彩的讲座，这也是我院"社科大师大讲堂"的第十四讲，题目是《城市文化建设与文化遗产保护》。在这次讲座当中，单霁翔院长将把自己多年积累的丰富的工作经验和研究心得，以及全新的研究成果展示给大家，使我们对文物保护、对城市文化建设有更深的了解和认识，并激起我们进一步的思考和探讨中国城市文化建设和城市文化遗产保护的问题。下面我们再以热烈的掌声欢迎单霁翔院长为我们做讲座！

单霁翔：

尊敬的各位校领导、各位老师、各位同学，今天是令我非常激动、感到非常光荣的日子。因为今天中国社会科学院研究生院授予我很高的荣誉，当然我不仅仅把它看作一种荣誉，应该把它看作一种责任。在十五年前，就在这块土地上，我刚刚到房山区工作的时候，这个地方还是一片农田。当时有一个计划，就是要把房山区的行政中心由房山老县城搬到良乡镇，也就是说要把房山区的行政中心从北京城市规划的七环路附近，搬到六环路以内。这是一个很大的动作，那么如何建设一个面向未来的美好城市？当时思考最多的就是，不仅要把新城建设成为一座"功能城市"，而且要建设成为一座"文化城市"。所以为了城市能够可持续地健康发展，需要在城市规划中增加教育和科研机构比例，需要在城市人口中增加受过高等教育人口的比重。在当时刚有"高教园区"这个概念的时候，我们就希望在房山区新的行政中心良乡能有一座教育园区。我们从中国社会科学院研究生院到北京理工大学，走访了很多教育单位，当时李铁映院长非常重视中国社会科学院研究生院的选址建设，他亲自带领我们考察位于望京附近研究生院老校舍的办学状况，然后又来到良乡镇，就是现在我们学校这个地方进行选址。

十年过去了，王伟光院长跟我说研究生院还没有建设起来，因为当地的地价十年间翻了很多倍，房地产开发开始活跃起来，当地对于拿出这么多的土地建设学校有些想法，并且希望参与施工建设。我又参与了研究生院建设的协调工作。作为房山区的老书记，我认为实际上一座城市的可持续发展，不仅在于短期 GDP 增长和房地产开发收入的增加，而在于它在未来的发展中有没有更加坚实的基础。其中具有影响的教育和科研机构必不可少。此次来到研究生院，看到短短几年时间，能够建设成这样美丽的校园，拥有这样良好的教学和研究环境，非常高兴。今天能够得以在这里向大家汇报学习体会，也非常感谢。我汇报的题目是《城市文化建设与文化遗产保护》。

大家知道，当前我国城市化快速发展带来了城市建设以空前的规模展开，这个时期我认为是文化遗产保护和城市文化特色保护最紧迫、最危险，也是最关键的历史时期。为什么这么说，当然是有大量事实可以证明，从很多国家、很多历史性城市走过的发展道路都证明了这一点。但是中国城市化进程来得更加迅猛，时间过程短，投入力度大。我们从城市化率从 30% 到今天城市化率50%，再到 2020 年城市化率将达到 60%，这样一个发展阶段在英国大约用了180 年，在美国大约用了 90 年，在日本即使经历了战后奇迹般的经济崛起，也用了 60 余年，而我们国家这个过程可能仅仅需要 30 年就可以达到，因此我们处于一个特殊的经济社会发展阶段。城市化率，大家都知道就是农业人口进入城市的速度的一个反映。在我国城市化率每增长 1 个百分点，就意味着 1200 万左右的农业人口进入城市。人们来到城市，要就业、要居住、要出行，必然引发城市规模的持续扩大。但是我认为这仅仅是问题的一个方面，另一个方面来自我们每一个家庭对城市发展的影响。城市化率的发展伴随着一个指标，就是人均国内生产总值的变化。当人均国内生产总值在 1000 美元以下的时候，大家可以回忆一下，就像 20 世纪 80 年代初，我们家庭的收入只是 100 元或者几百元的时候，家庭支出主要用于"衣""食"，无非希望吃得有营养一些，穿得体面一些。当人均国内生产总值达到 3000 美元的时候，也就 20 世纪 90年代初，我们家庭的人均收入在 1000 元或者几千元钱的时候，家庭支出结构主要用在生活的现代化方面，特别是购买家用电器，先是老"三大件"，然后又是新"三大件"，后来发展到空调、电脑等高档电器商品，也仅此而已。但是当人均国内生产总值继续增加，达到 8000 美元的时候，我们家庭的人均收入达到 1 万元或者几万元的时候，家庭主要支出改变为"住""行"，这一阶段家庭支出结构对城市发展规模的影响最大，出现实质性的变化。也就是当千万个家庭都希望购买一套拥有产权的单元住宅，当千万个家庭都希望购买一辆可以驾驶出行的私家车的时候，必然引发大规模的城乡建设和基础设施建设。目前，我国东部的城市和西部的一些大城市基本上都进入了这样一个时期，而北京 2011 年人均国内生产总值已经在 1.2 万美元左右。

那么，城市化率的快速提升和家庭支出结构的迅速变化，就使地上地下的文化遗产保护与大规模的城乡建设之间的矛盾异常突出。这个历史阶段并不会很长，可能还会持续 15 年到 20 年的时间。当人均国内生产总值达到 8000 美元以上的时候，就像欧洲国家的一些历史性城市，已经进入了持续的、稳定的发展状态，文化遗产保护与城乡建设之间的矛盾也就不再尖锐。而近年来北京每年的建筑量，比欧洲几十个国家每年建筑量的总和还要多 1 倍，今天的城市文化建设和文化遗产保护就处于这样一个极为特殊的历史阶段。面临种种问题和挑战，每一座城市都必须以文化战略的眼光进行审视，都必须从全局和发展的角度进行思考和分析，才能得出正确的创新理念。

这里有两组图片，可以证明我刚才所说的城市化发展所引发的城市空间结构的变化。这张图是无锡和苏州地区，上面是无锡市，下面是苏州市，蓝颜色的是太湖和长江，黄颜色、绿颜色的是田野和树林，红颜色的是城镇，这是 1986 年的情况。1991 年、1996 年、2002 年、2004 年，可以看出这个地区的空间环境在发生激烈的变化。遗憾的是我没有 2004 年至 2012 年这 8 年的数据，但是我相信过去这 8 年，仍然是城市化快速发展的时期，也就是这组图片上的绿色空间必然还在持续减少，而城市规模还在不断地扩大。再看我们所在的这座城市，1975 年北京的城市建设基本在三环路以内，那么 1988 年跨过四环路，1992 年跨过五环路，1998 年跨过六环路，2002 年以后一块"大饼"就摊开了。那一年我调离了北京市规划委员会的工作岗位，后来的数据没有掌握，但是今天的城市建设用地一定比那时摊得更大。记得 1980 年中央书记处对北京城市建设做出四项重要指示，要求北京在任何情况下人口规模都不得超过 1000 万。但是 2011 年底从报纸上得知，2011 年北京的人口规模已经达到了 2000 万。

近 30 年来，我国的城乡建设在众多领域取得了举世瞩目的辉煌成就，但是我认为一些城市在物质建设不断取得新进展的同时，在城市文化建设方面则重视不够。归纳起来，涉及八个方面的问题，或者说应该避免出现的情况，由此可以看出加强城市文化建设、避免城市文化危机加剧的紧迫性。

一是避免城市记忆的消失。城市记忆是在历史的长河中一点一滴地积累起来的，从文化景观到历史街区，从文物古迹到地方民居，从传统技能到社会习俗，众多的物质的与非物质的文化遗产，都是形成一座城市记忆的有力物证，也是形成一座城市文化价值的重要体现。我们看这些历史街区、文物建筑、地下遗存，他们共同构成一座城市文化记忆的载体。但是在一些城市，进行所谓的"旧城改造""危旧城改造",采取大拆大建的开发方式,致使一片片历史街区被无情地夷为平地,一座座传统民居被无情地拆毁,由于忽视文化遗产的保护,造成这些城市文化空间的破坏,历史文脉的割裂、社区邻里的解体,最终将导致城市记忆的消失。

我非常反对"旧城改造"和"危旧房改造"这两个词,我认为这两个词不科学,没有文化,尽管他们至今仍然在广泛地使用。"旧城改造"的问题在于,把有着千百年文化积淀的历史城区,仅仅定位于改造的对象,而没有强调它还有需要保护的一面。"危旧房改造"的问题在于"危""旧"不分,如果房屋危险需要改造的话,那么房屋仅仅因为年代悠久就要改造掉吗?在推土机下,大片历史街区被推得荡然无存,很多传统街道的墙上被写上大大的"拆"字,还画一个圈。为什么要画一个圈呢?有的报纸归纳了多种说法,其中一种说法是说怕有人在前面写上一个"不"字,变成"不拆"。我认为比较可信的一种解释,是画一个圈更像中国的印,更强调它的刚性、它的强制性。于是很多很好的传统民居建筑被成片拆除。例如这张图片上看到的这些四合院民居,建筑质量很好,本来还可以继续使用很多年,应该作为历史建筑加以保护,但是被无情地拆毁了,非常可惜。15年前,搬迁这片历史街区的居民,一户大约需要20万元。而自从这片历史街区被定为历史文化保护区以后,人们认识到四合院建筑的独特价值,现在要搬迁这片历史街区内的一户居民,可能就需要一两千万元了。那么当时成片历史街区被拆除之后,盖出什么建筑呢,就是这样一些冷冰冰的、缺乏人性的建筑。为什么说缺乏人性?大家看这是一栋六层住宅,没有电梯,对于老人、孩子来说已经十分不方便,但是下面还要增加一层仅有微弱采光的地下室住房,顶上还要举起一个所谓的复式建筑,也就是说一座八层住宅而没有电梯,难以想象他们如何面对未来。

没有电梯的八层建筑

即将拆除的质量尚好的四合院民居

二是避免城市面貌的趋同。城市面貌是城市历史的积淀和文化的凝结，是城市外在形象与精神内质的有机统一，是一个城市的物质生活、传统文化、地理环境等因素综合作用的产物。我认为一个城市的文化发育越成熟、历史积淀越深厚，城市的个性就越强，品位就越高，特色就越鲜明。很多城市都拥有自己的特色，例如平缓开阔的北京历史城区、白墙灰瓦的苏州古城，平遥和丽江在 1997 年双双进入了《世界遗产名录》。欧洲也有一些城市给人们以很深刻的印象，例如罗马、维也纳、布达佩斯。我想提醒大家看这些城市的照片时注意一点，就是在这些历史性城市中，耸立于众多房屋之上，构成城市天际线的那些建筑，一定是文化建筑或是公共建筑，而绝不会因为某个企业有实力，某家族有钱，就能建出占领城市天际线的高大建筑，强迫全体市民被动地看他的建筑。同样有地域特色的城市还有非洲的卡萨布兰卡、南美洲的库斯科古城等，都有属于自己的文化面貌和文化景观。以色列的特拉维夫是一座年轻的城市，106 年前，27 户犹太人在这里定居，他们采集可以获取到的地方建材，按照统一建筑形式进行房屋建设，当 4000 多栋建筑建成以后，独具的城市特色展现了出来，如今人们把这座城市称为"白城"，将其列入《世界遗产名录》。

但是也有一些城市，在规划建设中抄袭、模仿、复制现象十分普遍，城市面貌正在急速走向趋同，导致"南方北方一个样、大城小城一个样、城里城外一个样"的特色危机。各地具有民族传统和地域特色的城市面貌正在消失，代之而来的是几乎千篇一律的高楼大厦，"千城一面"的现象日趋严重。这是清华大学建筑学院师生在外地调研时，拍回来的一些城市照片，但是在整理资料的时候，不是拍摄者本人，难以认出来它们可能是哪座城市。这是

建在北京历史街区中的高层住宅建筑

一组建在北京历史街区中的高层住宅建筑，当这组住宅建筑建成 6 ~ 7 年以后，我曾经去访问过这个社区的居民，人们已经开始有一些抱怨。老人说我们这栋楼房，50% 的窗户享受不到法定的冬至日满窗日照 1 小时的健康卫生标准，因为附近高层建筑遮挡了住宅的阳光。年轻人说我每天早上上班时，都要把压在我的自

行车上面的6~7辆自行车移开，才能把我的自行车取出来，再把别人的自行车放回去，才能骑车上班，因此，根本没有想象将来有可能购买汽车，即使有钱，也没有地方停放。人们说每天早晚乘坐电梯都十分拥挤。而且正是因为有了电梯，物业费就比附近那栋6层的住宅要高出3~4倍。也就是说仅仅才6~7年的时间，人们已经对自己的未来生活开始有所顾虑。这种现代塔林的景象已经成为越来越多城市的共同景观。人们对自己的城市越来越陌生，看到别的城市的照片，却感觉越来越熟悉。金陵饭店是一栋建于六大古都之一南京市中心区的宾馆，30年以后，人们再找这座饭店在什么地方已经不太容易，周围建设了大量的超高层建筑。这是一张3年前照的照片，从图片中可以看到金陵饭店附近又正在建设一些高楼大厦，金陵饭店将更加难以寻觅。还有很多城市也出现了同样的问题，例如这是从日本东京市政厅向西拍摄的一张照片，更是一片杂乱无章。

周围高楼林立的金陵饭店

杂乱无章的东京市政厅西鸟瞰

三是避免城市建设的失调。城市建设是为了创造良好的人居环境，既包括物质环境，也包括文化环境。城市规划则是合理配置公共资源，保护人文与自然环境、维护社会公平、弥补市场失灵的重要手段。我认为城市规划建设的根本目的不仅是要建设一个环境优美的"功能城市"，而更在于建设一个社会和谐的"文化城市"。南京市就把环城的明城墙遗址进行了很好的修缮和合理利用，于是今天南京市民就有条件在明城墙遗址公园里面早晨锻炼、下午散步、晚上娱乐。北京市在进行城市规划建设时，也发现了最后一段明城墙遗址，精心设计了一座带状遗址公园，保护了文物、改善了环境。澳门特区政府非常智慧地将历史城区中二十多组近代建筑群和十几个广场进行很好的组合，形成了充满历史文化气息的一个步行街系统。美国纽约曼哈顿正是因为有了一个 4 平方公里的中央公园，在高楼大厦里工作的人们才有了一片难得的绿荫。

但是一些城市在规划建设中缺少科学态度和人文意识，往往采取单一依赖土地经营来拉动经济增长的方式，导致出现"圈地运动"和"造城运动"。一些城市盲目追求变大、变新、变洋，热衷于建设大广场、大草坪、大水面、景观大道、豪华办公楼，而这些项目往往突出功能主题而忘掉文化责任。这是我在云南用"傻瓜"相机拍的一张照片，但是也足以看出这个广场的规模之大，但是看来看去，总觉得广场上缺少什么，就是缺少人的活动。这是一

一望无际的硕大广场

只有五棵小树的硕大草坪

片大草坪，同样规模很大，但是看来看去大草坪上只有五棵小树，能为城市提供多少绿茵，多少绿量？这是一个大水面，建设在中部一座缺水的城市里，当时市委书记怕我看不清水面的规模，就领我到市委市政府大楼上向下看，确实规模很大，是一个长方形的水池，短边就有 350 米。市委书记还特别告诉我，这是"亚洲第一喷"！我跟市委书记开玩笑说，可以组织一场市民游泳

市政府前宽达 350 米的大水池

大赛，几百个泳道一齐往市委市政府办公楼游，他想了想说不好组织，因为水下有喷头。我问什么时候喷啊，他说周末喷。我下载了很多城市的政府办公楼照片，但是要想从这些照片上分辨出某座办公楼可能在南方，或可能在北方，可能在东部，或可能在西部，则很难判断，那么如果要想确定某座办公楼属于哪座城市，就更加困难，因为

缺乏个性，"千楼一面"。

四是避免城市形象的低俗。城市形象是城市物质水平和市民文化素质的综合体现，既表现出每一座城市过去的丰富历程，也体现了城市未来的追求和发展方向。美好的城市形象不仅可以实现人们对城市特色的追求和丰富形象的体验，而且可以唤起市民的归属感、责任感和荣誉感。很多城市都有市民引以为傲的纪念性建筑，例如值得罗马市民们骄傲的建筑是万神庙，它是古代建筑技术的杰出代表。维也纳的市民喜欢他们的金色大厅，它代表城市的文化形象。锡耶纳的市民喜欢城市中这座下沉式广场，几百年来，围合这座广场一圈的建筑，由不同文化素质、不同经济条件、不同职业背景的房屋

锡耶纳古广场

主人，聘请不同的设计师，建造不同功能的房子，但是人们始终遵循着一定的规则，使广场呈现出和谐统一的景观，成为城市的客厅和市民喜爱的文化场所。因斯布鲁克的不同家庭都有自己的文化追求，也有自己对于色彩的理解，但是他们对于前面的水，对于后面的山，始终保持着一种尊重的态度。

但是一些城市已经很难找到这样层次清晰、结构完整、布局生动、充满人性的城市文化形象。不少中小城市至今还在模仿大城市，把高层、超高层建筑当成现代化的标志，寄希望于在短时间内能拥有更多新、奇、怪、特的建筑，以期改变城市的形象，结果使得城市景观显得生硬、浅薄和单调。奇怪吗？为什么越追求新、奇、怪、特，城市景观反而变得生硬、浅薄和单调？殊不知当我们几百座城市的决策者，几乎在同一时间，热衷于通过国际招投标的方式征集建设方案，而热衷于投标的往往总是那几十家在中国"抢滩"的外国设计公司，而这些设计公司的年轻人，拿着已经在其他城市建造，或正在建造的建筑方案图纸和模型，奔波穿梭于各大城市，在对于所到城市的历史地理、自然环境、文化特色和市民追求几乎毫不知情的情况下，就用那些有利于吸引领导眼球的设计方案，来打动急于使城市景观有所变化的城市领导，结果屡屡中标。于是几年以后，相似造型的建筑在很多城市里拔地而

起，就使"千城一面"的现象更加加剧。

大家如果去过重庆应该记得，在长江和嘉陵江汇流之处，有一个令人印象非常深刻的朝天门码头，高高的台阶、两侧的吊脚楼，形成独特的城市文化景观。当年很多人来到重庆，都是从朝天门码头进入城市。但是就在10多年前，为了建设朝天门广场，而把朝天门码头夷为平地，我觉得对于历史文化名城重庆而言，无疑是一场文化灾难。这样的情况在不少城市都曾发生过。不久前我在山东大学讲座时，曾经呼吁不要让类似济南火车站被拆除的事件再度发生。建筑学专业的师生都会知道济南火车站，它是一座独具特色的近代建筑，由德国建筑师设计。

陕西用来宣传本省的机场广告

这位德国建筑师在临逝世前嘱咐他的儿子，每年都要到济南来维护火车站站房建筑上面的时钟，以保证时钟准时为市民报时，于是他的儿子每年带着工程技师到济南给火车站的时钟维护保养。那一年，他们来到济南，发现火车站建筑被拆除了，他们非常悲痛，表示永远也不会原谅做出拆除火车站

建筑决定的城市领导。一次著名艺术家于洋先生到济南出差，当火车进站的时候，同事告诉他济南到了，他看看窗外说还没到，济南有一个漂亮的火车站还没看到。当他得知火车站建筑已经被拆除的时候，老艺术家坐在座位上很长时间没有起来。为什么要拆除老火车站呢？理由是与新建的火车站建筑景观不协调，奇怪的是究竟谁在先，谁在后，谁应该与谁相协调，都没有搞清楚。"开放的陕西欢迎您"，看了西安机场的这则广告，百思不得其解。陕西是什么地方呢，周秦汉唐历朝历代积淀了多么深厚的文化内涵，有多少文化遗产给人们以文化震撼，而为什么偏偏要用这种曼哈顿式的高楼来欢迎来宾。同样在西安机场还有另外一则广告，"西安—曼谷，泰国欢迎您"，泰国的旅游公司倒知道用文化遗产大王宫的形象，欢迎陕西民众到泰国去看古迹，我觉得很滑稽。

五是避免城市环境的恶化。城市环境是城市社会、经济、自然的复合系统，城市环境与城市的生态发展密切相关，具有高度的敏感性。好的城市环境不仅可以保证人们的身体健康，而且可以激发人们的积极性和创造性。今天，研究城市环境的基点应该是如何使城市既宜人居住，又宜人发展。大家看这张照片，静静流淌的河水、两岸的绿草地、浓郁的树荫，构成一幅和谐的生态景观。这样的美景在我们很多城市越来越难以见到。不少城市不惜花很多钱、下很大工夫，将河道变成水槽，两边还要配上汉白玉或者青白石的栏杆，结果人为地把人与自然隔得很远。但是历史文化名城扬州，一直坚守着自己的文化理想，几十年来没有让一栋不和谐的建筑侵入古典园林瘦西湖的文化景观之中，今天人们对扬州的城市环境投以羡慕的目光。当我们出差到格拉茨，住在这个广场附近，我观察到当我们早饭以后出去开会，中午回来吃饭，下午再出去参观，晚上回来，广场上总是有人在活动，老人、孩子、青年人，不同时段有不同市民群体在这里休闲娱乐。

和谐的园林景观

绿树成荫的格拉茨广场

　　但是一些城市以对自然的无限制掠夺满足发展的欲望，致使环境面临突出问题，空气污染、土质污染、水体污染、视觉污染、听觉污染，热岛效应加剧、交通堵塞加剧、资源短缺加剧，绿色空间减少、安全空间减少，人的活动空间减少。不少文化遗产地也出现了人工化、商业化、城市化的趋势。

　　这座城市沿着黄河布局，每次到这里都感觉楼房又长高了，楼房后面的山显得又矮了。这张照片照得不太清楚，但是沙尘暴来了就更不清晰了。如今光亮派的现代高层建筑，已经侵入到世界文化遗产颐和园的古典园林

兰州城区一角

文化景观之中。遵义会议会址过去耸立于周围传统民居建筑之上，保持着当年的文化记忆，而今遵义会议会址成为这一地段最低矮的一栋建筑，被四周的高层住宅建筑所包围。这张照片是安徽宣城的全国重点文物保护单位广教寺双塔，却被违法建设了钢筋混凝土结构的现代寺庙，破坏了考古遗址，后经国家文物局和国家宗教局的查处，才得以纠正。这张照片是本来应该庄严肃穆、令人凭吊的秦始皇陵，但是一度每天旌旗招展、锣鼓喧天。

沙尘暴后的兰州城区同址

现代化的宣城广教寺

热闹的秦始皇陵

　　六是避免城市精神的衰落。城市精神是城市文化的重要内核，是对城市文化积淀进行提升的结果。城市精神的形成是一个长期的过程，并在历史上和现实中发挥着异常重要的作用。通过对城市精神的概括和提炼，可以使更多的民众理解和接受城市的追求，进而转化成为城市民众的文化自觉。澳门历史城区被联合国教科文组织世界遗产大会通过进入《世界遗产名录》的当天，从澳门民众的手中寄出了 20 万封明信片，上面骄傲地写道：澳门，一座文化城市！这是人们扬眉吐气的文化表达。因为长期以来人们把这座城市称为赌城，是一座博彩业发达的城市。而经过澳门特区的文化坚守和积极保护，使这座城市凸显文化特色。

这个高地是以色列的马萨达遗址，当两千年前，耶路撒冷已经被罗马兵团陷落以后，这里是犹太人固守的最后一个阵地，因为是皇家的夏宫，储存有大量的武器、粮食和水，970名士兵和他们的家属在这里坚守了三年，最后弹尽粮绝，全军覆没。从此，犹太人开始上千年浪迹天涯的生活。以色列复国以后，把马萨达高地作为爱国主义教育基地，每个年轻人都要当兵，当兵都要到马萨达高地宣誓，誓词就是"不让马萨达再次陷落"。费城市精心地保护着这栋老建筑，把它开辟为纪念馆，因为在这座建筑里诞生了一部伟大的宣言，就是《独立宣言》。嘉兴的湖中有一座意义非凡的船，在这座船上诞生了中国共产党，今天成为爱国主义教育基地。在厦门，人们永远怀念为教育事业做出重要贡献的陈嘉庚先生，陈嘉庚墓、陈嘉庚祠，还有陈嘉庚先生捐资建造的"集美学村"，都得到了妥善的保护。

犹太人的马萨达遗址

美国费城《独立宣言》纪念馆

但是一些城市追求物质利益而忽视文化生态，在城市建设中存在盲目攀比、不切实际的倾向，实际上是重经济建设轻人文精神、重建设规模轻整体协调、重攀高比新轻传统特色、重表面文章轻实际效果，表现出对传统文化认知的肤浅，对城市精神理解的错位和对城市发

索菲亚教堂与"巧克力冰棍"

展定位的迷茫。我在各地机场候机的时候，常看看机场广告，观察一座城市的文化氛围。在哈尔滨机场，看到一则广告词上写道"1907－2007，哈尔滨迎来第二座伟大建筑"，不难看出，1907年哈尔滨的第一座伟大建筑是指这栋全国重点文物保护单位索菲亚教堂，那么2007年第二座伟大建筑是什么呢？难道就是这栋像巧克力冰棍一样的现代建筑？我就问市领导知道不知道城市中正在建造的第二座伟大建筑？他说不知道。再问规划局长，也说没有这个规划，应该让机场把这则广告摘下来。

古城领导的"宏伟"目标

这张漫画中的领导说"我们这里也要建成这样"。老师说"同学们，我们看日出的最佳时间是中午十一点到十二点"。前任领导说："我盖过很多标志性建筑"，后任领导说："我把你盖的标志性建筑都炸了"。这里绝不是危言耸听，近年来每年冬季各地炮声隆隆，使用20多年的建筑被炸掉，使用10多年的建筑被炸掉，使用才几年，甚至还未使用的建筑有的也

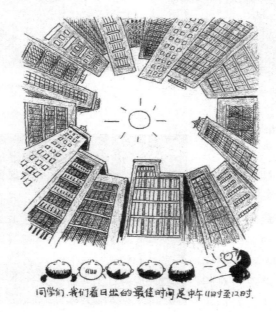

"井底之蛙"观日出

前任领导与现任领导的杰作

被炸掉。住宅被炸、办公楼被炸、宾馆也被炸，建筑爆破技术越来越好，很多能够继续使用的建筑，顷刻之间被变成了建筑垃圾。

七是避免城市管理的错位。城市管理是一项复杂的系统工程，应肩负起对未来城市的责任。我认为通过城市管理，不但要为人们提供工作方便、生活舒适、环境优美、安全稳定的物质环境，而且还要为人们提供安静和谐、活泼快乐、礼让互助、精神高尚的文化环境，这就需要以文化精神指导城市管理的意识。这也就是为什么我们当年期盼像中国社会科学院研究生院这样高品质的教育机构进入房山新城区，因为有利于提升城市的文化环境。

美国旧金山市在 20 世纪 60 年代建设了一座高架桥，就把悠久的历史城区和美丽的海滩分隔开来，当地居民，特别是老人们不再愿意跨过冰冷的高架桥下，去海边晒太阳。后来地震了，这座桥被震坏了，是修复这座桥，还是拆除这座桥，市民们展开了讨论，绝大多数市民建议市政府应该把这座高架桥拆掉，于是城市政府采纳了市民的意见，采取公交优先系统和步行道路系统，既更好地解决了城市交通问题，又使美丽的海岸、渔人码头回到了市民的生活之中。欧洲很多城市至今还在使用着这样的低耗能、大运量、环保、准时、方便、价廉的公共轨道交通，而没有盲目地采取拆除历史街道两侧的传统建筑扩建城市道路的做法，实际上在今天看来，这样的做法更有利于市民生活便利、历史街区延续和城市景观保护。

我曾在美国规划协会做过一次演讲，我谈到美国的城市规划建设曾经对其他国家，特别是发展中国家产生过很大影响，有好的影响，也有不好的影响。总体来说，美国的城市规划形态，可以分为大尺度的城市和小尺度的城市，大尺度的城市代表在东海岸是华盛顿，作为首都，追求壮阔的城市轴线和放射线景观，宽阔的道路系统。大尺度的城市代表在西海岸是洛杉矶，分布全城的高架桥系统。在这两座城市里没有汽车则寸步难行，没办法上班，没办法购物，没办法生活。尤其是洛杉矶的市民，到了周末往往要驾车到郊区的大型超市，购物、餐饮、娱乐，回家之前一定会购买大量的食品，塞进汽车的后备箱，回到家里把冰箱装满，开始新的一周冷冻食品生活，因为在很多住宅附近没有方便的商业店铺。在美国，小尺度的城市代表，在东部是曼哈顿，在西部就是旧金山。这两处城市街道在规划建设时，机械地把城市空间划分为很小的网格状系统，例如第十一街、第五十八街、第八十七街、第一百一十街等，横平竖直，纵横街道围合的街坊往往只有 100 米乘 100 米左右，没有宽阔的交通干道和景观大道，但是人们日常生活却感觉很方便，街坊四周都有就业岗位，不同业态形成各具特色的商业街。后来城市机动车不断增加，人们发现原来那些以高架桥为道路主体的城市往往堵车，而这些有着小尺度网格状道路系统的城市反而不堵车，因为可以组织很多种选择性强的单行路系统。北京经常堵车的一个重要原因就是路网太稀，仅仅靠拓宽道路解决不了交通问题。

但是很多城市在管理内容上重表象轻内涵，在管理途径上重人治轻法治，在管理手段上重经验轻科学，在管理效应上重近期轻长远，不能从更高的水平上寻求管理城市的治本之策，往往是问题已然成堆，才采取应急与补救的措施。我认为城市问题的病根在于城市管理缺乏长远的战略眼光，缺乏应有的文化视野。

"九曲十八弯"的盲道

这张照片是"九曲十八弯"，实际上是一条盲道，盲人要沿着这条道走下去，一定会撞到电线杆或电话亭，但是它不是最危险的盲道，还有比它危险的，例如这个盲道，每走几步就会撞到树上一次，但是它还不是

危险的盲道　　　　　　　　　　更危险的盲道

最危险的盲道,还有比它更危险的,大家看看这条盲道,盲人走过去不是撞得头破血流,就是腿部骨折,这些盲道是典型的重表象轻内涵。这张照片是"城市梅花桩",道路修得很宽,但是忘记将道路中间的几十根电线杆移走,于是市民每天无论是坐车,还是骑车,都要在电线杆中穿行。这张照片是"遮羞墙",领导说路边的民居建筑不好看,不是改善环境,而是建起一座长长的墙,将民居遮挡在里面,结果民众的出行变得更不方便。这张照片是"宽马路",一条穿越历史城区的宽阔道路,因为它的建设拆除了大量历史街道和传统民居,为什么要建这条道路呢?一是说要解决商业,建一条繁华的商业街;二是要解决交通,使机动车穿行更加通畅。先说商业,这么宽的道路,连对面街道上的招幌、字号、牌匾都看不清,能成商业街吗?再说 50 米左右宽的交通干道怎么逛街呀!一位老人在报纸上写了一篇感想,说第二天因为有事要办,需要过这条道路,头天夜里就没有睡好觉,一直在想自己这么大年龄,如何才能穿过这条像大河一样的交通干道,更不要说逛街了。再说交通,道路拓宽就能解决交通吗?解决交通拥堵关键在于完善道路系统,特别是要避免大量的机动车穿过历史街道,更不能人为地将机动车引入历史街区。这张照片就反映出城市道路虽然很宽,但是交通拥挤不堪。

城市 "梅花桩"

农村 "遮羞墙"

太过宽阔的马路

宽阔而拥挤的马路

八是避免城市文化的沉沦。城市文化是城市市民生存状况、精神面貌以及城市景观的综合形态，并与市民的社会心态、行为方式和价值观念密切相关。城市文化不断积淀形成城市的文脉。城市的文化资源、文化氛围和文化发展水平在一定程度上体现出城市的竞争力，决定着城市的未来。很多城市都有人们过目不忘的优秀雕塑，例如兰州的黄河母亲、珠海的"渔女"、厦门的郑成功像。在外国也有一些城市拥有优秀雕塑，例如维也纳的施特劳斯雕像，芬兰的西贝柳斯雕像等，都体现出这座城市的文化特色。

但是一些城市面对席卷而来的强势文化，不是深化自己的人文历史，而是浅薄自己的文化内涵，使那些思想平庸，文化稀薄，格调低下的行为方式弥漫在城市文化生活之中，消解着人们对优秀传统文化的理解和继承。究其深层次原因是文化认同感和文化立场的危机。这张照片中北京四合院门前摆放西洋雕塑，显得非常不协调。这张照片中的年轻人穿着皇帝、太监、特务、伪警察的服装在繁华大街上照相，污染了城市健康的文化氛围。这张照片中的城市雕塑，是很多城市同类雕塑的代表，三根、五根钢柱、钢板上面，顶

四合院中的西式雕塑

古朴小镇的"特色风景"

毫无特色的城市雕塑

刹海历史街区荷花市场入口处的星巴克标志

隆福寺传统商业街入口处的肯德基标志

西安鼓楼下面的麦当劳标志

着三个、五个钢球，表达的是什么主题啊，走过去一看，也有名字，例如叫腾飞、跨越、崛起之类，实际上都是工厂成批加工的工业化产品的组合，反映不出城市的文化特色和市民的文化追求。这组照片分别是什刹海历史街区荷花市场入口处的星巴克标志、隆福寺传统商业街入口处的肯德基标志、西安鼓楼下面的麦当劳标志、华清池前面的柯尼卡标志。我们不得不佩服这些世界著名的商业品牌，一定要把自己鲜亮的商业形象打入某一城市的文化核心地段。但是我们的文化自觉呢？这则使用可口可乐的标识，制作"北京欢迎您"的宣传广告，就使广告的公益性质受到质疑。

华清池前面的柯尼卡标志

使用可口可乐标识制作的"北京欢迎您"宣传广告

1933 年国际社会诞生了一个非常著名的宣言，即被称为"功能城市"的《雅典宪章》，这部宪章产生的背景，是当时面对大工业时代的来临，很多欧洲城市出现了严重的"城市病"。例如环境污染、交通拥堵、犯罪率高，城市中心的居民纷纷逃离城市，向往乡村的自然环境，而来自农村的人口大量地涌入城市，在历史城区周边形成越来越大规模的贫民窟。面对这样的情况，一些规划学者、建筑学家、社会学家、历史学家聚集在一起，研究城市应该如何健康有序发展，当时得出的结论就是城市应该很好地解决居住、工作、游憩、交通等不同功能，方法就是在城市中划定不同的功能分区。

这样的城市规划理念迅速风靡全球，很多国家的历史性城市采取这样的方法编制城市总体规划。包括首都北京在内的众多中国城市，当时在苏联专家的指导下，也采取《雅典宪章》的功能分区理论开展城市规划编制。而且这样的城市规划方法延续了几十年。但是人们在实践中，逐渐认识到仅仅靠功能分区，是无法解决城市发展中诸多的复杂问题，而且带来更多深层次的矛盾和问题。

北京的历次城市规划方案，都有比较明确的功能分区，例如通惠河南规划为焦化、化工工业区，通惠河北规划为纺织、机械制造工业区，酒仙桥地区规划为电子工业区，西部石景山地区规划为钢铁、重金属、能源工业区，科学研究机构集中规划布局在北郊，大规模的仓库群和交通运输设施规划在南郊丰台一带，高等院校集中在西北郊进行建设，从八大学院到后来几十座高等院校集中布局，游憩设施主要在西郊地区。这样的规划建设带来什么结果呢？当时我住在西二环路的月坛附近，在北京东三环外郎家园的北京仪器厂实习，当机修钳工，每天早晨要骑一个多小时的自行车，顶着朝阳去东郊上班，但是并不寂寞，成百上千的人骑车与我同行，黑压压的一大片由西向东骑去，因为很多工作岗位就在东郊地区。下午干了一天的活以后，还要拖着疲惫的身体骑车回家。学生们也很辛苦，乘32路公共汽车去上学，每辆车都挤得很满，往往都要在后面拼命推才能把门关上。

这些现象意味着什么呢？也就是作为一座大城市，机械地采取功能分区的规划原则，大跨度地布局生活、就业区域，致使人为造成城市中数以百万计的普通市民，每天早晚要花两个小时甚至更多的时间在往返的路上。人为地造成交通拥堵、环境污染、人们的休闲时间减少、生活质量下降。由于过于功能化地看待城市生活，而不是以人为本，以人的需求和生活规律来规划和建设城市，造成诸多"城市病"的发生，后果一直持续到今天。为什么交通拥堵难以治理呀？其中一个原因就是没有及时采纳"跳出旧城、建设新城"的建议，不断地在北京旧城的空间上面叠加过多的城市功能，使历史城区不堪重负。历史空间得不到整体保护，新的建设也难以整体布局，使北京这座历史文化名城始终承受着巨大的建设压力。

那么在新的历史时期，应该采取什么样的理念规划建设城市呢？

第一，城市文化构建和谐城市。城市文化是社会文明在城市的缩影，是社会和谐在城市的集中表现。以人为本和科学发展观，既是治国的谋略，更是城市文化的精髓，是实现社会和谐、诚信、责任、尊重、公正和关怀的保证。将这一文化精髓贯彻到各项建设之中，才能实现城市文化和经济发展的良性循环。

今天，很多城市在坚守着自己的文化理想，例如威尼斯这座城市的市民，几百年来没有让一辆机动车驶入自己的城市，保持着自己城市的独特风貌，如今每天迎来来自世界各地游客羡慕的目光。维也纳经常将城市的中心广场，在一段时间里，交给市民举办各类文化活动，甚至在纪念"二战"胜利的日子里，允许市民们在广场上开辟一小块田地来回忆战时那段最艰难的时光。罗马的城市广场永远是艺术家和喜爱艺术的市民们学习的课堂。拉瓦格市的一些老人，将社区内一栋对于他们生活记忆有着特殊意义的老房子抢救下来，把家中保留下来的家具、文具、农具等搬到这里面，在大房子里面盖了一座过去居住过的竹楼，老人们在竹楼里面弹着吉他，唱着儿时的歌曲，其乐融融。当这些老人们在这里享受快乐时光的时候，人们惊喜地发现孩子们放学以后，最喜欢去的地方就是这栋老房子，在这里面看过去各个家庭曾经使用过的东西，听老人们讲故事，看老人们欢乐地唱着儿时的歌曲、跳着儿时的舞蹈，无形中实现了一种文化传承。

适宜居住是和谐城市的重要特征，将和谐城市的目标定位于宜居城市，体现了城市建设发展从"以物为中心"向"以人为中心"的转变。功能城市的最大问题就是"以物为中心"，而没有"以人为中心"。"以人为中心"就是不再片面地追求形象，而是更关心文化的发展、关心人的发展成长，重视和发挥人的作用。这就对城市管理者和决策者提出了更高的要求。一座城市应该有年轻人热情奔放、焕发活力的地方，但是也应该有老年人安度晚年的场所。今天城市中的老年人们，不愁吃、不愁穿，但是他们也有苦恼，就是在孩子离家上学上班以后，那八、九个小时的寂寞时光，如今住在高楼大厦里，认识邻居变成一件很困难的事情。因此，应该在社区中建设更多能使老人们享受快乐聚会的空间。

城市应该保留丰富的文化记忆。不同时代文化遗址在城市空间中的叠加，使城市文化空间更加充满魅力。广州在城市建设中发现了一条宋元时期的古道，人们没有将它填埋，而是进行了保护性展示，使人们今天可以同时在古代的街道上和现代的街道上漫步。维也纳在修建城市中心广场时发现了一片古代遗址，于是就在广场中央原地进行保护展示，每一位来到广场的旅游者，都通过考古遗址的展示说明来了解这座城市的历史。索菲亚在城市中心区的道路建设时，在道路中央发现了一座小教堂遗址，他们没有将其铲平，也没有给它移走，而是智慧地在道路中央建立了一座小博物馆，同时道路经过渠化设计处理，也没有影响城市交通的通畅，使这座道路中央的博物馆，成为世界上独具特色的博物馆建筑之一。

第二，文化竞争力决定城市竞争力。城市竞争力是一个综合概念，既包括经济竞争力，也包括文化竞争力。当前文化竞争力的影响与作用越来越突出，成为推动城市可持续发展的重要力量。我认为在物质增长方式趋同、资源与能源压力增大的今天，城市文化将成为城市发展的驱动力，体现出更强的经济社会价值。

刚才谈到当人均国内生产总值在 8000 美元以下的时候，家庭支出结构主要用于住、行，即买房子、买汽车。但是当人均国内生产总值在 8000 美元以上的时候，家庭支出结构又会出现新的变化。从一些国家、一些城市的发展趋势看，可能会出现五种变化趋势。第一个方面的变化是，人们用于文化消费的投入将持续增加，例如业余时间经常去看话剧、芭蕾舞，听歌剧、交响乐，去博物馆，去美术馆、去图书馆，时间和资金等方面的投入都会增加。第二个方面的变化是，人们用于健身消费的投入将持续增加，更加关注自己的身体健康，会经常到体育场馆锻炼，参加各类运动会、健身运动，踢足球、打网球，甚至打高尔夫球。第三个方面的变化是，人们用于旅游消费的投入将持续增加，越来越多的家庭加入旅游大军，到别的城市去看一看，甚至到别的国家去看一看。第四个方面的变化是，人们用于收藏消费的投入将持续增加，开始购买一些不是家庭生活必须，但是自己喜欢的东西，甚至文物艺术品的收藏。第五个方面的变化可能更高一个层次，就是慈善事业，帮助别人，帮助困难的人们，从事志愿服务，捐资助学等。目前，我国东部很多城市的人均国内生产总值已经超过 8000 美元，北京、上海等城市已经超过 10000 美元，上述家庭支出结构的变化非常明显，也正是在这种趋势下，包括故宫在内的很多世界文化遗产地，都出现人满为患、车满为患的情况。面对经济社会发展的大趋势，需要因势利导，增加城市的文化竞争力，避免城市文化危机发生。

目前，一些城市在努力挖掘自己的文化内涵，例如当我们来到波恩的时候，就发现虽然离贝多芬故居还有好几个街区，但是在地面上、在墙面上就可以看到很多故居的标志，引导你不知不觉地就会走向音乐大师的故居。肯尼亚是一个自然风光和野生动物资源非常丰富的国家，但是近年来他们也在注意挖掘自己的文化资源，例如卡伦故居就被介绍给每一位参观者，使人们更深入地了解非洲文化的魅力。云南腾冲对艾思奇故居进行妥善保护，并且开辟成纪念馆，成为每一位初到腾冲的参观者都要光顾的文化场所。

这种文化软实力能够使人们潜移默化地接受文化价值观。当今经济活动依靠的是文化内核，科研创新依靠的是文化造诣，生产管理依靠的是文化修养，技术掌握依靠的是文化素质，更重要的是依靠民族的文化精神，文化对经济社会的发展起着越来越重要的作用。

这张照片是佛罗伦萨，当我们到这座城市的时候，他们不是急于把我们领过古桥，去看那些教堂、美术馆和城市雕塑，而是反过来把我们领到对面山坡上的观景平台，甚至给我们提供了一杯免费的咖啡。当我们喝一口咖啡，举目一望的时候，才理解了他们的良苦用心，也感受到佛罗伦萨城市管理者的智慧安排，原来在这个地方可以看到佛罗伦萨最美丽、最壮观的城市风貌，最能感受到他们城市的文化特色。近年来，很多城市将文化设施建设纳入城市文化景观综合设计，例如去年我参观了芝加哥艺术博物馆，在这座新建博物馆的一些展厅中，背光一面设计了落地窗户，将室外风景大胆地引入博物馆室内，形成一种文化互动，这个展厅面向著名的"千禧年广场"，人们在观赏展厅内毕加索的名画时，窗外背景就是市民们引以为骄傲的城市文化空间。

吴良镛教授针对我国历史性城市进行长期研究，总结国际城市发展的经验教训，结合旧城保护的实际而提出"有机更新"理论，这张照片反映的就是"有机更新"理论在北京菊儿胡同住宅工程中的实践，在设计中充分尊重北京地区的自然环境、街巷肌理、居民意愿，采用适当规模、合适尺度、依据改造的内容与要求，妥善处理目前与将来的关系，取得了很好的实施效果，也受到了国内外广泛关注和高度评价。在格拉茨的这座小山坡上，可以俯瞰到山坡下面的居民社区，于是人们将这个社区的系列历史照片制作在座椅的背板上，展示给市民，使人们在坐下来休息之前，就可以首先看到城市历史变迁的图片。

坐在佛罗伦萨山顶远眺城市

北京菊儿胡同住宅区

第三，城市文化创新引领城市文化方向。我认为当前城市不仅面临城市文化遗产保护不力的问题，同时也面临着文化创造乏力的问题。如果丧失保留至今的文化遗产，将失去城市文化记忆，但是没有新的文化创造，城市将迷失方向。城市文化必须承载历史，反映城市文化积淀，城市文化也要反映城市现实，展现城市文化内核，城市文化还要昭示未来，才能反映城市文化创造。

正因为如此，欧洲的很多城市才精心地保护着古罗马时期的剧场，并将保护成果融入人们的现代生活，使这些古罗马剧场至今仍然是最高雅的艺术殿堂。北京天安门广场附近有一座老火车站，是城市记忆的重要载体。但是，这座历史建筑一度用于销售家用电器、服装、食品，旅游工艺品也充斥其中，如今定位为中国铁道博物馆，使这座历史建筑发挥出应有的功能。维也纳将一组已经废弃的天然气罐进行保护性

宁波的旧面粉厂改造成了图书中心

再利用，使其成为一座社区文化中心，工业遗产的创新利用，吸引着来自世界各地的参观者。宁波也将这座面粉厂改造性再利用为图书中心，包括昔日面粉厂的仓储罐、烟囱等设施也都派上了新的用途。

城市文化不是化石，化石可以凭借其古老而价值不衰，城市文化是活的生命，只有发展才有生命力，只有传播才有影响力，只有具备影响力，城市发展才有持续的力量。所以城市文化不仅需要积淀，还需要创新。只有文化内涵丰富、发展潜力强大的城市才是魅力无穷、活力无限的城市。

在众多历史性城市中都有很多历史积淀深厚的古代遗址，但是长期以来，这些重要的考古遗址，在城市生活中被逐渐淡忘，甚至沦为对城市生活造成负面影响的地区。在 2008 年奥运会之前，北京市社会科学院曾组织过一次"城区角落"调查，出版了《北京城区角落调查》一书。看了这本书，心情很不好，因为报告中将北京城区存在一些脏、乱、差地区的情况，归结为七种原因。其中第一种原因叫"文物保护型"，就是因为保护文物建筑和考古遗址的原因，这些地方就仿佛被冻结，不能有尊严地融入城市生活，逐渐沦落为城市中脏乱差的地方，不断遭到自然与人为的破坏，实际上在很多历史性城市都出现和发生同样的情况。

为了改变这种状况，我们开始调整保护思路，努力使这些文化遗产成为城市中有尊严的地方、最有文化气息的地方，使这些考古遗址所揭示的文化信息能够融入人们现实的文化生活。于是在进入 21 世纪之初，北京市陆续实施了皇城根遗址公园、明城墙遗址公园、菖蒲河遗址公园、元大都城墙遗址公园、莲花池遗址公园等保护和治理措施，并开始实施保护和整治任务更为艰巨的圆明园遗址公园。圆明园遗址内曾经居住着 1000 户左右的居民，当年

福海地区整治，安置了 400 多户居民，此次又安置了居住在西部区域的 600
户居民，特别是搬迁了 13 个单位，逐步恢复圆明园的历史风貌。

2003 年开始启动了位于东北地区的高句丽遗址公园的建设。那年春节期
间，我们来到辽宁桓仁和吉林集安的高句丽遗址时，看到这些考古遗址掩埋
在杂乱无章的乡镇企业厂房、库房和民居建筑中，整治的难度确实很大。但
是经过一年多时间的保护整治，两座大型的高句丽考古遗址公园得以建成，
并且得到了联合国教科文组织的赞许，成功列入《世界遗产名录》。今天人们
来到桓仁和集安的高句丽遗址，就会感受到一种非同凡响的文化气魄。2004
年又开始了殷墟考古遗址公园的建设，这座考古遗址公园建设的难度在于，
3000 年前殷商文化遗存早已掩埋在村庄和农田之下，而不像高句丽遗址那样
地面还有城址、居住址和墓葬址等文化遗存。如何才能够揭示出这些考古遗
址的历史文化信息，使人们能够流连忘返地在考古遗址公园里感受历史，享
受文化？为此做了大量细致的保护研究工作，采取了 30 多种保护展示方法，
实现在不伤害考古遗址的情况下，揭示出甲骨文、青铜器出土地点的大量文
化信息，给予人们在现场就可以感受到的文化震撼。同时，在遗址边缘的河
岸地下建设了殷墟博物馆，将 80 年来考古出土的文物集中进行展示。这些努
力也成功了！殷墟也于 2005 年成功列入《世界遗产名录》。在上述实践的基
础上，开始在更多的历史性城市进行大遗址保护和考古遗址公园建设。例如
在鸿山考古遗址、金沙考古遗址、隋唐洛阳城遗址等地开展了进一步的实践，
使考古遗址不仅是考古研究独享的地方，而且同时将它们融入到现代生活之
中，给人们带来知识和文化享受。

大明宫是盛唐时期中国的政治中心和文化中心，但是在唐朝末年被烧毁
以后，逐渐成为一片荒凉的土地。20 世纪 30 年代末、40 年代初，河南黄泛
区的老百姓生活不下去，大量逃荒的人群来到西安城下，没有本钱进城。在
看到了城墙以北这片荒凉的土地后，就在上面搭棚建屋，打井造田，开始生
活下来。实际上这里就是大明宫遗址。1961 年，大明宫遗址成为第一批全国
重点文物保护单位，但是由于缺少整体保护考古遗址的措施，只能严防死守。
然而遗址上面的居民越聚越多。由于遗址保护的要求，居住在遗址上的人们
生活十分困难，十几户居民共用一个洗手间，几户居民共用一个水龙头。大
明宫遗址位于陇海线以北，因此被称为"道北"地区，西安三分之一的"城
中村"曾经集中于此，成为西安亟待整治区域的代表，环境污染、交通拥堵、
犯罪高发等问题，长期困扰着居民，人们的生活没有尊严，他们脚下的遗址

更没有尊严，破坏遗址的现象时有发生。近年来，西安的其他地区相继发展了起来，西安的南部本来就有大雁塔、小雁塔等名胜古迹，有高等院校，后来又建设了一些旅游设施。西安的西部、东部因为住宅区、高新科技园区等的建设都出现了新的气象。而唯有北部地区因为有大明宫遗址、汉长城遗址等考古遗址的存在，一直是城市环境中最脏、乱、差的地方。在这种情况下，2005年大明宫遗址的第一座大殿含元殿遗址保护展示工程竣工、我们去验收时，西安市领导被含元殿遗址所展示出来的宏阔气势所感动，希望每一位来到西安的游客，都能够看到什么是盛唐时期的伟大建筑。但是当时含元殿遗址周围挤满杂乱无章的房屋，不具备开放的基本条件。于是，西安市希望国家文物局同意并支持对含元殿遗址前广场进行保护整治，揭示大明宫的正门丹凤门遗址和御道遗址，形成含元殿遗址广场。在含元殿遗址广场的建设过程中，得到了当地民众的热情支持。特别是在拆迁的过程中，当地民众送来茶水、水果、点心，令人十分感动。这是因为几十年来当地民众深受考古遗址保护之苦，由于保护需要对于生产生活的限制，使当地民众的人均收入与遗址区外民众的人均收入差距越来越大，生活越来越不方便。现在因为遗址保护的需要，他们搬离了大明宫遗址，就在遗址公园附近得到安置，当然十分高兴和感动。实际上，如果将考古遗址视为城市发展的包袱、负担、绊脚石，它就会蓬头垢面地爬在那里，影响人们的生活和城市的环境；但是如果将考古遗址视为城市发展的财富、资源、原动力，它就会光彩照人地站立起来，为城市带来文化骄傲，为地区带来文化震撼，为民众带来文化享受。

2008年，西安市下决心将整个大明宫遗址建成考古遗址公园。大明宫遗址规模很大，占地规模是北京故宫的数倍，达3.2平方公里，上面居住着10万人，遗址上面占压着350万平方米的各类建筑，考古遗址公园建设的难度可想而知。首先编制了大明宫遗址公园规划，在规划中将大明宫遗址公园和周边19.6平方公里的土地整体规划，并进行了重点宣传。一是西安北部地区将出现一个最有文化气息的大型遗址公园。二是遗址公园附近的城市用地将是升值潜力最大的用地。在遗址公园中考古遗址永远是主角，在考古遗址公园内不应复建，也不能进行新的建设。但是考古遗址公园对于城市环境的带动作用十分明显。不足一年时间，大明宫遗址公园周围城市建设用地全面升值。一年间就从每亩50万元，提升至每亩250万元，后来又升值到每亩400多万元。城市获得大量收益，也获得了银行的贷款。于是一次性投入80亿元，使10万民众在一年间迁出大明宫遗址，拆除了350万平方米的不合理占压考古遗址建筑，其中 150 万平方米的城中村、100 万平方米的棚户、60 万平方米西北地区最大的建材市场，还有 87 个企事业单位的 40 万平方米建筑。这是一次大规模的文化遗产抢救行动，这是人类文化遗产保护史上的奇迹。特别令人感动的是，五个拆迁办公室都被锦旗铺满，表达出人们发自内心的感谢之情。由于当地民众搬迁安置地点距大明宫考古遗址公园仅一步之遥，因此搬迁政策深受当地民众的拥护。

2010 年 9 月底，一个气势磅礴的大明宫遗址公园正式开园。我认为大明宫遗址公园的建设获得五个方面的成果。一是考古遗址公园的建设使大明宫遗址得到长治久安的保护；二是考古遗址公园的建设带来当地民众生活的改善；三是考古遗址公园的建设为城市增加了一处大型文化设施；四是考古遗址公园的建设促进了经济社会的发展；五是考古遗址公园的建设使西安古都风貌进一步得以彰显。

为了更多拥有大型考古遗址的城市能够了解考古遗址公园建设的意义和方法，我们在西安召开了"大遗址保护高峰论坛"，12 个城市决策者参加了会议，听了情况介绍、看了考古遗址公园现场后，他们在下午的论坛上纷纷表态，也要让自己城市中的考古遗址变成拥有尊严而且美丽的地方。此后一批大遗址保护项目在全国各地展开，国家文物局公布了 12 座国家考古遗址公园，同时数以百计的大遗址保护和考古遗址公园建设项目同时在全国各地实施。伴随考古遗址公园的实施，建设了越来越多的遗址博物馆，例如汉阳陵遗址博物馆、良渚遗址博物馆等。

通过大遗址保护和考古遗址公园建设实践，我们得出三点体会：一是新时期文化遗产应该拥有尊严，今天许多书画、铜器、玉器、瓷器等可移动文物，已经被人们认识到其对于现实生活的文化意义，精心加以保护；而古代建筑、考古遗址、历史街区、历史村镇等不可移动文物，也应该使广大民众认识到其对于现实生活的文化意义，使它们成为城市中最美丽、令人最向往的地方，给人们带来精神愉悦和文化灵感的地方。只有这样，文化遗产才能拥有尊严。二是文化遗产事业应该融入经济社会的发展，不能仅仅把文化遗产保护看作是专业部门、行业系统的工作，而应该为更多部门和社会民众所理解，通过一件件保护实践成果，使文化遗产保护成为促进经济社会发展的积极力量。三是文化遗产保护成果应该惠及广大民众，只有当地民众从文化遗产保护的实践中获得实实在在的切身利益，他们才会倾心地拥护、支持、监督、参与文化遗产保护，文化遗产保护成果才能更大限度地惠及民众。也就是说，通过保护行动使文化遗产拥有尊严，有尊严的文化遗产才能融入经济社会发展，融入经济社会发展文化遗产保护成果才能更好地惠及民众。这是文化遗产保护的良性循环。否则一些文化遗产的突出价值长期得不到社会所知，缺乏应有的文化尊严，沦为城市中脏、乱、差的地方，当地政府也把这些文化遗产看作经济社会发展的绊脚石，当地民众也因为保护不力而深受其扰，如此就不是良性循环，而是恶性循环。因此，文化遗产保护必须积极争取良性循环，避免出现恶性循环。

一系列文物保护工程的成功实施，大大提高了文化遗产资源的利用效率，提升了文化遗产对于国家经济社会发展的贡献率。《文化遗产蓝皮书》显示："十五"期间，占 GDP 仅 0.018% 的全国文物系统财政拨款对国民经济的贡献却达到了 GDP 的 0.143%，即国家对于文化遗产每投入 1，产出是 8.1。

正是因为文化遗产保护实践的深入，特别是保护理念的变化，在国家文化遗产保护投入方面也出现了积极变化。2008 年国务院发展研究中心在给各个行业系统编制蓝皮书的同时，第一次编制了《文化遗产蓝皮书》。蓝皮书从经济社会角度对文化遗产的发展状况进行分析。以往我们仅从文化建设、社会效益等角度评价文化遗产事业发展，而很少从经济角度进行分析和评价，更避免谈经济效益。此次《文化遗产蓝皮书》也从经济角度对文化遗产事业发展给予分析，读了这本蓝皮书以后感到出乎意料。《文化遗产蓝皮书》显示："经计算，'十五'期间全国文物系统财政拨款仅占同期 GDP 的 0.018%，而同期全国文物系统对国民经济贡献占 GDP 的 0.143%，文物系统对国民经济贡献是同期财政投入的 8.1 倍，即文物系统财政投入 1 元给国民经济所带来的产出为 8.1 元。"《文化遗产蓝皮书》特别说明，上述对国民经济的贡献不包括餐饮、宾馆、交通等方面的效益，仅文化遗产保护自身对国民经济的贡献就是每投入 1，产出 8.1。如此看来，今天还有什么既环保，又低碳的事业，能够产生出像文化遗产保护这样的经济社会效益？这个结论出来以后，国家对于文化遗产保护的投入情况也发生了很大变化。2002 年我担任国家文物局局长当年，国家对于全国文物保护投入的专项经费是 2.5 亿元。那时北京每修建 1 公里地铁，需要投资 6 亿元，也就是说当时用于全国文物保护的专项经费还不够修建半公里地铁。随后 2006 年专项经费为 7.65 亿元，2007 年为 11.44 亿元，2008 年为 25.2 亿元。此后 2008 年《文化遗产蓝皮书》面世，于是 2009 年全国文物保护的专项经费达到 48.6 亿元，2010 年达到 97.7 亿元。接着是编制文化遗产保护"十二五"规划，在申报财政预算时，我们还有一些计划经济时期的惯性思维，就是考虑多申报一些，即使被压缩一些，还可以多保留一些。于是向财政部申报了 600 亿元的项目，向发展改革委申报了 400 亿元的项目，加上向其他部门申报的项目，总申报经费数额达到 1000 多亿元。但是万万没有想到，申报财政部的 600 亿元项目经费，一分钱都没有被压缩。于是我们奔波于各省、自治区、直辖市和各个城市，拜访主要领导和主管领导，述说该地区文化遗产资源的丰富性和独特性，以及在该地区经济社会发展中不可替代的作用，希望能够提升文物保护部门层级，健全文物保护部门机构，增加文物保护部门编制，同时表示国家文物部门将全力支持该地区、该城市文化遗产事业的发展与进步。使各地领导既看到文物保护的重要意义，也感受到文物系统不断增长的工作实力，在这种情况下，不少地方为文物部门解决了工作级别、机构和编制，使各地文物部门保护经费和工作队伍都得到基本保障。

2005 年，《国务院关于加强文化遗产保护的通知》发布，这是我国第一次以"文化遗产"为主题词的政府文件。我们知道，从 20 世纪 50 年代到 90 年代，国务院曾经多次发布关于加强文物保护的通知，例如 1956 年的《国务院关于在农业生产建设中保护文物的通知》、1974 年的《国务院关于加强文物保护工作的通知》、1980 年的《国务院关于加强历史文物保护工作的通知》、1987 年的《国务院关于进一步加强文物工作的通知》、1997 年的《国务院关于加强和改善文物工作的通知》等，也就是说每当全国文物保护事业发展的关键阶段，国务院都通过发布通知的形式，推动全国文物事业的健康发展。但是，此次国务院的通知中，通篇使用的是"文化遗产"一词，我们意识到开始了从"文物保护"走向"文化遗产保护"的历史性转型。也许有人说，文化遗产并不是新的词汇，过去也曾使用过，因此"文物保护"与"文化遗产保护"并没有什么不同。真是如此吗？通过实践我们认识到，"文物保护"与"文化遗产保护"，无论在内涵方面，还是外延方面，都有很大不同。在文化遗产保护的内涵方面，更加注重世代传承性和公众参与性，在文化遗产保护的外延方面，保护范围不断扩大，呈现出若干新的发展趋势。

世代传承性，就是强调文化遗产的创造、发展和传承是一个历史过程。我们祖先的文化创造，经过历代传承，到达我们手中，我们还要将其完整地传给未来世代，每一代人都既有分享文化遗产的权利，又有承担保护文化遗产的责任。因为，我们每一个人在历史的长河中都是瞬间存在，作为当代人，并不能因为现时的优势而有权独享文化财富，更不能利用我们手中掌握的工作机会，随意处置祖先留下的文化遗产。未来世代今天还没有出生，他们还没有机会接触这些文化遗产，但是他们日后同样有权利与历史和祖先进行情感和理智的交流，从文化遗产中吸取智慧和力量。正因为如此，我们应该利用一切机会，不遗余力地将文化遗产知识努力传播给下一代青少年，使他们从小就热爱文化遗产，与之产生影响终生的情感联系，并争取更多的年轻人加入到文化遗产保护的行列。

公众参与性，就是强调文化遗产保护不是各级政府、文物部门和文物工作者的专利，而是每一个人都有的权利和责任，是广大民众的共同事业。必须尊重和维护民众与文化遗产之间的关联和情感，保障广大民众的知情权、监督权、参与权和受益权。只有当地居民倾心地持久地自觉守护，才能实现文化遗产应有的尊严，有尊严的文化遗产才具有强盛的生命力。

这张照片是在文物考古工作中司空见惯的场景：当在某地发现地下文化遗存，考古工作者及时进入考古遗址现场；当发现出土文物，就及时用彩条布将考古工地围合起来；当有珍贵文物出土，开始申请武警站岗。在考古工地里考古工作者默默无闻地辛勤工作，风餐露宿，披星戴月，一丝不苟地用小刷子、小铲子进行科学严谨的考古作业，对揭示出来的文化信息，进行提取、绘图、摄影；当珍贵文物出土，小心翼翼地进行现场保护，悉心加以包装，送到考古研究单位或博物馆。三年五载的漫长岁月之后，考古工作结束，又负责任地恢复地平，拆除围栏，撤掉岗哨，一切归于平静。但是在这么长的考古工作时间里，有谁想到过这个地点揭示出来的灿烂文化现象，这个地点出土的珍贵文物，与附近的村庄，与当地的民众，有什么地缘、血缘、亲缘、法缘、情缘方面的联系？有谁想到过应该将考古工作的成果向当地民众进行说明？有谁想到过此次考古工作将给当地民众带来怎样的文化骄傲，给他们的子孙后代带来怎样的对家乡故土的眷念情感？很少有人想到。人们往往将这些考古研究工作视为部门的、行业的、系统的、专业的工作，与现实生活无关，与当地民众无关。事实上，当地民众对家乡这块土地的历史和文化非常重视。例如我们在山西的一处考古

武警战士持枪守卫考古工地

现场看到，考古工地周围聚集着很多当地民众，人们关心家乡的土地上发生的一切，于是考古研究部门制作了展板，将考古发掘成果的价值，考古研究的工作计划，以及此次考古工作对当地村庄的意义告诉民众。面对祖先的文化创造村民们非常骄傲，奔走相告，表示要自觉保护考古现场，配合考古工作，因为这里不仅是国家的骄傲，也是村庄的骄傲、自己的骄傲。

实际上，广大民众对自己家乡的悠久历史和祖先的文化创造有着深厚的感情。我讲两个当地民众保护家乡文化遗产的故事。

第一个是宝鸡农民保护出土文物的故事。2003 年 1 月 19 日，一个阳光灿烂的冬日，下午 4 点半，在陕西宝鸡眉县杨家村，五个农民在村北的坡地上生产劳动取土，一位农民一镢头下去挖出一个洞口，往里面观望，发现是几件大铜鼎。他激动地说："是宝物！""是大货！"原来他们发现的是一个装满青铜器的窖藏。他们商议"这事不能传出去，如果让看到的人多了，会发生哄抢"，"文物是国家的，这次在咱 5 个人手上不能丢"！"听候上面来人处理最好"，于是他们用土块把洞口封堵严实，保护了窖藏的原状。4 个人在现场守候，1 个人回家打电话报告市里文物部门。一个多小时后文物工作者赶到现场。经过考古工作者清理现场，从里面取出 27 件西周时代的青铜重器，件件都有铭文，其中一件青铜器逨盘上共有铭文 372 字，记录了 12 代周王的相关历史，经过考古学家、历史学家、古文字学家等对其所作全方位的研究，成为对于当时的夏商周断代工程非常重要的学术支撑，被誉为"21 世纪重大考古发现之一"。

一个多月以后，我们将 5 位农民和他们保护下来的 27 件青铜器请到北京，在中华世纪坛举办了"中国宝鸡——21 世纪重大考古发现首展"。消息传来，两会代表争先恐后前来参观。开幕式上来了很多领导和两会代表，就请 5 位农民为展览剪彩。为了表示感谢，晚上我们请 5 位农民吃饭，大哥王宁贤说要代表几位兄弟感谢国家文物局，我说正是因为感谢你们发现文物主动上缴国家，才请你们吃饭。王宁贤说，我们兄弟几个过去去过的最大城市就是眉县，连宝鸡都没有去过，这次我们来到北京，还让我们剪彩，感到非常光荣。我说你们还可以到罗马、到巴黎去看看，那里也保护展示着大量出土文物。后来 5 位农民去了欧洲，报纸也进行了报道，在欧洲人们把他们当作保护文化遗产的英雄，就连坐出租车都不收钱，他们自己也感到非常骄傲。

这样 5 位农民保护文物的事迹得到广泛宣传，奇迹就发生了。同样在宝鸡地区，在 5 位农民保护文物之后的 4 年间，又涌现出 11 批农民在生产劳动中发现珍贵文物，主动上缴国家的事迹。共捐献出以青铜器为主的出土文物 400多件，琳琅满目，可以充满一座博物馆。于是我们又在首都博物馆举办了《陕西宝鸡农民保护文化遗产成果展》，请12批保护出土文物的农民代表带着绶带为展览剪彩。农民代表们非常兴奋，一位农民代表说，展柜里一字排开的5件青铜器鼎，都是在他家的院子里发现的，那天在院子里取土时发现了一件青铜器，取出来以后下面还有一件，再下面还有，于是一共发现了5件青铜器鼎，结果房子的墙角就被挖坏了，政府部门来了，感谢保护文物上缴国家，并说给修缮房屋，现在已经等了一年多了，也没有人来修房子。我赶快告诉市领导应该言而有信，及时帮助农民兄弟修房。他们多可爱呀！出土青铜器多么值钱，那是国家的，应该上缴，而房子是自己的，政府说来修，我就耐心等着。后来市里很快派人修缮了房屋。在人民大会堂举办的表彰大会上，文物专家和各地文物工作者代表向农民兄弟报以热烈的掌声。的确，一次次令人兴奋不已的，不仅是那些出土面世的稀世珍宝，更是这些朴实无华的护宝农民群体，是他们的高尚行为铸就了震撼人心的"宝鸡农民护宝精神"。

去年我再次到宝鸡眉县杨家村，参加"十一五"期间"陕西省群众保护文物先进个人表彰大会暨杨家村群众保护文物碑揭碑仪式"，省文物部门告诉我，2007年以来，陕西全省出现了更多当地民众发现文物主动上缴文物部门的事迹，上缴文物数量已经达到上千件。陕西是中国传统文化的发源地。在这块神奇的土地上，从古至今出土的大量精美至极的珍贵文物，所体现的是厚德载物、自强不息的民族精神。今天，这些可敬可赞的农民护宝行动，反映的正是当民众感受到家乡悠久灿烂的文化传统，了解到国家保护文化遗产的法律之后，所形成的自觉自愿的保护意识和无私奉献的高尚情操。

第二个是黎平农民保护地坪风雨桥的故事。黎平县地坪乡是一个非常贫穷的侗族山乡，2004年的农民人均纯收入只有700元。但是村庄里有一座非常美丽的风雨桥，被列为全国重点文物保护单位。2004年7月20日那天下午天降暴雨，一场百年未遇的洪水从上游咆哮席卷而来，地坪风雨桥在风雨中摇摇欲坠，村民们就从家里取来绳子、铁丝，试图捆绑风雨桥，不让它被洪水冲垮，但是根本无济于事，一个巨浪打来地坪风雨桥轰然倒塌了。就在风雨桥倒塌的瞬间，在场的124名侗族的小伙子们齐刷刷地跃入洪水，顶着暴雨、冒着巨浪，拼死地打捞家乡风雨桥的构件。三天三夜，从贵州一直打捞到广西，沿途告诉两岸村庄的村民，上面漂下来的木材是我们家乡的风雨桥，我们不能没有风雨桥，我们要把这些材料运回去，要把地坪风雨桥重新修复

起来。之后在政府的帮助下，用了十多天时间，把他们抢救下来的这些风雨桥构件运回了地坪乡。经过清点，28 根风雨桥上的大木构一根都没有少，73% 的地坪风雨桥构件回到了原地，国家文物部门给予 200 余万元的补助，使地坪风雨桥得以重建。

2006 年 2 月，我去黎平县地坪乡参加地坪风雨桥修复工程开工仪式时，看到全乡民众载歌载舞，场景十分感人。我问村里的老人们，村民和风雨桥为什么有如此深厚的感情，当风雨桥被洪水冲垮的瞬间，没有人组织、也没有人呼唤，村里的这些年轻人就能够奋不顾身地跃入洪水，抢救风雨桥的构件，很多人为此而受伤，上演了一幕我国文物保护史上的壮举。老人们告诉我，地坪风雨桥连接着上寨村和下寨村，这里一共生活着 1500 余位侗族民众。风雨桥既是交通要道，也是他们休闲、节庆的场所。当地人以此为自豪，把它当作村寨的精神财富，祖祖辈辈都将守护风雨桥当成自己的义务。老人们还说，这些孩子们从小就在风雨桥上长大，听着老人们讲故事，行歌作乐，唱侗族大歌，侗族大歌里就有一句歌词唱道"地坪花桥传万代"，爱护花桥、保护花桥的意识已经溶入进他们的血液，成为他们生命中的一部分，因此他们为花桥做任何事情都如同呼吸般自然，无论花桥遇到任何危险，他们都会挺身而出的。我想，文物保护的民众意识在地坪风雨桥的抢救行动中得到了最强烈的表达，只有当地民众与文化遗产建立起这样的情感联系，文化遗产才是最安全的。

上述两件农民群体保护文物的动人心弦的故事充分表明，我国广大民众是有觉悟和讲感情的。文化遗产保护作为一项利在当代，功在千秋的社会公益事业，需要动员广大民众的积极参与。许多珍贵文物的第一发现者和第一时间保护者就是普通民众。如果民众缺乏文物保护意识，没有采取基本的保护措施，这些珍贵文物就有可能无声无息地被破坏甚至毁灭。在当前受经济利益驱使，盗掘古墓葬、非法走私文物十分猖獗的情况下，陕西农民兄弟重义轻利，使珍贵文物得到保护；在一些地方对历史文化街区、村镇大拆大建，使大量传统建筑惨遭损毁的情况下，贵州的农民兄弟拼死保护他们的"生命之桥"，使风雨桥得到重建。这些农民兄弟的行为应该受到全社会的尊重，国家应该对他们的行为给予表彰和奖励。于是，在杨家村和地坪风雨桥畔，分别为两地保护文物的农民群体立了一块朴素的碑，把他们的事迹记录下来。立碑之前我想应该看一下碑文，结果一看大吃一惊，大部分篇幅都是表扬各级领导，从省领导到市领导，从国家文物局领导到省文物局领导，最后一段才是表扬农民群体。我要求把表扬领导的部分全都去掉，只表彰农民的事迹，因为这些事迹本来就是农民们自发的壮举，就是农民们创造的奇迹，在碑的正面刻上农民群体的真实事迹，在碑的背面刻上每一位农民兄弟的名字，就是要告诉村庄的未来子孙，他们的前辈做出了值得骄傲，应该世代传诵的事迹。

在文化遗产保护的外延方面，我归纳了六个趋势。

第一个趋势是在保护要素方面，以往文物保护重视的是单一文化要素的保护，但是今天文化遗产保护，还要同时重视由文化要素与自然要素相互作用而形成的"混合遗产""文化景观"保护的方向发展。文化遗产的产生和发展与所处自然环境密不可分。我国自古以来就崇尚人与自然和谐共处，崇尚天人合一，尊重人与自然的共同创造，因此我国的文化景观资源特别丰富，形成文化与自然遗产相互交融的重要特色。例如近年来相继申报世界文化遗产成功的五台山、西湖，还有即将申报成功的元上都，都是文化景观。

文化景观保护和影响的范围一般比较大，因此保护和申报世界文化遗产的过程也必然十分艰苦。例如五台山申报世界文化遗产时，对五台山寺庙建筑群周边地区进行整治，清理了历年积累下来的脏、乱、差环境，拆迁安置了1000多个小门脸儿，包括小商店、小旅馆、小饭馆、小网吧、小歌舞厅，经过艰苦卓绝的努力，恢复了深山藏古刹的意境，使五台山申报世界文化遗产得以成功。

西湖申报世界文化遗产的过程更加动人。十年申遗路，保护了美丽的西湖。杭州市中心的地价、房价一度超过北京、上海、深圳，很多开发企业都希望在西湖附近获得一个开发项目，一定是天价销售，一本万利，但是，由于申报世界文化遗产成为全体市民的共同意志，所以在过去的10年间，西湖附近和"三面云山"的视线范围内均得到了严格控制。今天，无论是荡舟西湖之内，还是漫步苏堤、白堤，举目一望，都看不见任何一栋影响西湖文化景观和"三面云山"的新建筑。简直就是奇迹！那么由于西湖申报世界文化遗产，城市发展受到影响了吗？没有！而是使城市更加坚决地从"西湖时代"走向"钱塘江时代"，"跳出老城、建设新城"，在钱塘江两岸规划建设了新的城市。

这张照片是明年将申报世界文化遗产的云南哈尼梯田，如果按照以往文物保护的观点，哈尼梯田不会被列入保护对象，而按照文化遗产的保护理念，哈尼梯田是人类与自然共同创造的文化景观。上千年以来哈尼族为了满足自

云南哈尼梯田

身对粮食等生产的需要，充分利用亚热带山地优越的自然条件，辟梯田种稻谷，掘坡地植茶林，对具有一定坡度的山地综合利用，形成壮美的农业文化景观。这一生态环境体系包括由山顶的森林、山坡上的梯田和村落、山下的江河水系所构成的完整而独特的生态链，即由山顶的森林涵养水源，这一水源条件使山坡上形成规模巨大的人工湿地，造就遍布山坡的梯田，高达数百级，从河谷到山巅，宛如天梯，宏伟壮观。此外，厦门的鼓浪屿、四川的藏羌碉楼、宁夏的西夏王陵等，都是人与自然共同创造的杰出的文化景观代表。

第二个趋势是在保护类型方面，以往文物保护重视"静态遗产"的保护，而文化遗产保护还要同时重视"动态遗产"和"活态遗产"的保护。文化遗产并不意味着死气沉沉或者静止不变，它完全可能是动态的、发展变化的和充满生活气息的。许多文化遗产仍然在人们的生产生活中发挥着重要作用，充满着生机与活力。例如一些历史街区、江南水乡、传统村寨，民族村落，今天都变成了文化遗产的组成部分。但是与"静态遗产"保护不同的是，在这些历史街区和历史村镇中，人们仍然生活其中，人们和遗产在一起。除此之外，还有浙江杭州的龙井茶园，海南杨浦的千年盐田，河北聚馆的古贡枣园等，都已经作为"活态遗产"而列入全国重点文物保护单位。袁隆平院士听说植物也能成为文物保护单位，就写信给国务院领导，希望将他们团队做了37年试验的杂交水稻田也申报为全国重点文物保护单位。我们去了位于湖南洪江的安江农校杂交水稻试验现场进行调研，建于当年的办公楼、教学楼、杂交水稻温室，鱼塘、早期杂交水稻试验田、捞禾深井、高温抗病鉴定圃等历历在目，见证了袁隆平及其科研团队的奋斗足迹，我们向国务院写了报告，安江农校杂交水稻纪念园成为目前最后一项全国重点文物保护单位。

第三个趋势是在保护空间尺度方面，以往文物保护重视"点""面"的保护，从保护一个桥、一座塔，扩大到古建筑群，再扩大到历史街区、历史村镇，扩大到历史文化名城，保护规模已经很大。但是文化遗产保护的视野更加宏阔，向同时重视"大型文化遗产"和"线性文化遗产"保护的方向发展。文化遗产保护的视野已经从单个文物点，或古建筑群、历史文化街区、村镇，扩大到空间范围更加广阔的"大遗址群""文化线路""系列遗产"等。

我国有几条重要的文化线路，一个是大运河，国务院将一条正在流淌的、正在行洪的、正在航运的京杭大运河，列为全国重点文物保护单位，使文化遗产保护的视野开阔起来。此后隋唐大运河也加入了申报世界文化遗产行列，共涉及8个省、直辖市的35座城市。比大运河规模更大的是丝绸之路，包括佛教丝绸之路、沙漠绿洲丝绸之路、草原丝绸之路，还有海上丝绸之路，是连接着全世界97个国家，大半个地球的系列文化线路，目前正在联合中亚国家共同申报世界文化遗产。前年我们启动了茶马古道文化线路的保护，包括云南、四川、西藏、青海、甘肃等广大地区。2011年又启动了蜀道文化线路的保护，就是从陕西到四川的秦蜀古道。

这张照片是西藏芒康盐井盐田。2009年夏天，我收到北京大学宿白教授的来信，信中写道"近闻云南古水电站将上马修建，并将全部淹没西藏芒康盐井盐田，为此我深感痛心！"带着宿白先生所提出的问题，我们考察了西藏芒康盐井盐田的保护状况，芒康盐井海拔2300米左右，盐田沿澜沧江岸边顺山势走向而建，制盐设施根据功能分为盐井、公共卤水池及晒盐作业区，其中晒盐田数以百计，均为土木结构，竖立联排并列木柱。站在澜沧江岸陡崖之上，遥望芒康盐田盐井，壮美的文化景观令人感到无比震撼，对千百年来各族民众在"世界屋脊"的辉煌文化创造充满敬意。芒康盐井盐田具有上千年的悠久历史，至今仍为当地藏族、纳西族民众传承沿用，是典型的活态文化遗产，而拟建中的古水水电站水库，将使芒康盐井盐田处于水库淹没区内。因此，我们建议水库建设方案应另行考虑，不能因水库建设使珍贵的文化景观遗产遭到彻底破坏，同时将芒康盐井盐田申报全国重点文物保护单位。

近年来开始重视系列遗产的保护，例如在山西晋城、运城、长治、临汾一带，至今保存有相当数量的中国早期木结构建筑群，占全国保留至今的早期木结构建筑的75%左右，但是过去未能够引起足

西藏芒康盐井盐田

够的重视。2006 年以来，国家文物部门开始实施"山西南部早期古建筑群保护工程"，对 105 组宋、金、元时期的木结构建筑群进行保护修缮。涉台文物是我国"系列遗产"保护中的重要项目，是指能够直接反映台湾与祖国大陆地理、经济、民族、文化等关系，印证台湾自古以来就是我国领土不可分割的一部分的文化遗产。不同于通常按照年代、地域、类型、形制等的文化遗产分类，而是以文化遗产与台湾地域文化之间固有内在联系的认定为标尺，建立的一种新的文化遗产类型。据初步统计，全国共有涉台文物 1354 处，主要分布在东南地区的福建、广东、浙江、江苏等省，同时在北京、南京、重庆等历史文化名城中也有不少遗存。2008 年 12 月福建省涉台文物保护工程正式启动。

第四个趋势是在保护时间尺度方面，以往文物保护重视保护"古代文物"，后来开始重视保护"近代史迹"，但是文化遗产保护还要同时重视保护"20 世纪遗产""当代遗产"。过去一百年来，直至当前，我国社会生活的各个方面都在发生急剧变化，如不及时对现代文化创造加以发掘和保护，我们很可能将在极短的时间内忘却昨天的这段历史。

这张照片是克拉玛依油田的井架。对我们这一代人来说，当年为了新中国的经济建设，石油工人来到戈壁荒原建设大油田，使我国甩掉了贫油国的帽子，曾经有多少诗歌、多少歌曲，歌颂过高高井架耸入云天的文化景观。但是近年来这些井架很快就被"磕头机"所取代，因为人们并不把刚刚过去的历史见证物视为文物，于是井架几乎一夜之间就消失了，大都被切割以后回收钢铁，所幸在博物馆中保留了一座。例如现在我国各地博物馆中，收藏的 20 世纪 20 年代农民协会的牌子大约有 70 块，而"文化大革命"时期的牌子一直以来没有作为保护的对象，后来认识到从 1958 年第一个人民公社建立，

克拉玛依的旧采油井架

兰州市的百年铁桥

当年就遍布全国各地，存在了 20 余年，因此人民公社的牌子也应该作为历史记忆的组成部分加以保留，于是全国上下寻找，只找到了 2 块。近年来开始重视"20 世纪遗产"的保护，例如兰州市为列入全国重点文物保护单位的这座铁桥庆祝了一百岁的生日。大庆第一口油井、大寨的梯田和村庄、核武器研制基地、酒泉卫星发射中心等也都进入了保护之列。

2007 年 3 月，我陪同国务院领导到福建漳州女排训练基地，看望正在训练的中国女排队员，希望他们在 2008 年奥运会上取得好成绩。座谈时人们抱怨训练馆规模太小，已经使用了很多年，应该翻建一个更大规模的训练馆。出于专业本能，我里里外外仔细考察了这座"中国女排腾飞馆"，向工作人员了解情况，原来这是一座非常了不起的体育建筑，在这里培养出几代女排健将，铸就了光荣的"女排精神"。当年女排姑娘就是从这里出发，奔赴各地，夺得了震惊世界的"五连冠"，我们应该保留住这段光荣的历史，可以在另一地点建设新的训练馆，这一建议得到采纳。

第五个趋势是在保护性质方面，以往文物保护重视宫殿、寺庙、纪念性建筑等重要史迹及代表性建筑的保护，但是文化遗产保护还要同时重视反映普通民众生产生活方式的"民间文化遗产"保护。例如对"乡土建筑""工业遗产""老字号遗产"的保护。这些过去被认为是普通的、大众的而不被重视，但是它们是文化多样性的重要表现形式。

这组照片是江南造船厂。江南造船厂始建于 1865 年，其前身是江南机器制造总局，是我国民族工业的发祥地和摇篮。为了造船工业的发展，江南造船厂将整体乔迁至新厂址。同时上海成功获得了 2010 年世博会的举办权，由于江南造船厂的工业、仓库设施位于世博会的核心区域，因此江南造船厂工业遗产的去留引人注目。为此我于 2008 年全国政协会议上提出《关于江南造船厂作为重要工业遗产加强整体保护的提案》。上海市重视政协提案，组织专家进行论证，但是论证结果认为只有13 栋江南造船厂的早期建筑应该保护，而其他建筑不值得保护。显然论证是以"文物保护"的理念，而没有以"文化遗产保护"

江南造船厂厂房一瞥

的理念看待工业遗产的保护。对此我表示了不同意见，我认为应该整体保护江南造船厂的生命历程，例如这栋29米高、投资数亿元建造的大型厂房，虽然刚刚建成几年，但是它是江南造船厂140年历史的最后辉煌，不应该让它们变成建筑垃圾。同时，保护工业遗产建筑并不会影响世博会的成功举办，这些高大厂房都会在世博会期间派上用场。后来上海市重新研究了政协提案的答复意见，决定保护江南造船厂75%的建筑。在世博会举办期间，江南造船厂旧址成为一个博物馆群，其中那栋29米高的大型厂房成为船舶馆，还有世博会博物馆、城市足迹馆等都利用了江南造船厂的厂房。前年年底国际博物馆协会大会在上海召开，俞正声书记和韩正市长说江南造船厂工业遗产将成为一个博物馆群。

首钢旧厂区一角

这是始建于1919年的首钢，距今已有90年的历史。首钢90年的发展历程，实际上就是我国近现代工业发展的缩影。国务院批准首钢实施搬迁方案，为首钢工业遗产保护提供了难得机遇，但同时也带来了重大挑战。在这一搬迁、调整、整治过程中，首钢工业遗产将面临重要抉择。成为既紧迫又不可回避的现实问题。2009年，全国政协会议上我又提交了《关于将首钢老工业区作为工业遗产整体保护的提案》，呼吁整体保护首钢工业遗产，保留住北京20世纪"工业记忆"，实现工业遗产保护与经济社会发展的和谐互动与共存。全国政协贾庆林主席对提案做出重要批示，得到北京市政府的积极落实。

第六个趋势是在保护形态方面，以往文物保护主要重视"物质要素"的保护，而今天还要同时重视由"物质要素"与"非物质要素"结合而形成的文化遗产保护的方向发展。物质与非物质文化遗产的区分只是其文化的载体不同，二者所反映的文化元素是统一和不可分割的。因此，必然是相互融合，互为表里。例如羌笛、黎锦、哈尼族稻田耕作技术、傣族泼水节，以及汉族的过年习俗等，都作为文化遗产加以保护。

今天，文化遗产保护的视野不断扩展，从可移动遗产到不可移动遗产，从文化遗产到自然遗产，从静态遗产到活态遗产，从大型遗产到线形遗产，从历史遗产到当代遗产，从物质遗产到非物质遗产，使博物馆工作视野也更加开阔，使更多的文化遗产纳入了博物馆的抢救保护之列。

近年来，博物馆建设与发展出现了新的面貌，各地省级博物馆几乎全部进行了新建、扩建，藏品保管、科学研究和陈列展示水平不断提升，各地市也纷纷建设现代化的博物馆，出现了一批优秀的博物馆建筑。从2009年起，我国进入了3天建成一座博物馆的时代，甚至有的资料统计，去年建成开放了395座博物馆，也就是平均一天就建成一座博物馆。

面对全国博物馆快速发展的形势，应该进行冷静地分析，寻求博物馆事业可持续发展之策。今天博物馆不仅是知识的殿堂、城市的客厅，而且还应该是精神的家园、文化的绿洲。因此博物馆文化应该更多地融入社会生活，应该鼓励博物馆的多样化发展。在博物馆的类型方面，应该积极推进以下十类博物馆的建设。一是专业类博物馆，就是鼓励各行各业建设自己系统的博物馆，例如交通博物馆、化工博物馆、水利博物馆等，保存不同专业领域的文化信息。二是民俗类博物馆，就是结合非物质文化遗产保护，保护和展示地域文化资源和特色，例如戏曲博物馆、会馆博物馆、皮影博物馆等，活态保护民间文化遗产。三是民族类博物馆，我曾在全国政协提案中呼吁每一个少数民族都应该至少有一座博物馆，以保存本民族的文化记忆。四是高等院校博物馆，为保护藏品资料和教学需要，越来越多的高等院校建设了博物馆，至今已有160多座，这些博物馆应争取向社会开放。五是民办博物馆，就是由政府部门以外的社会力量利用民间收藏的文物、标本、资料等依法设立的博物馆，弥补了国有博物馆所忽视的藏品结构空白，丰富了博物馆的门类和体系。但是由于起步晚，我国民办博物馆无论数量还是品质均存在较大差距，因此应加大扶植和推动的力度。六是旧址博物馆，即利用历史建筑、工业厂房、名人故居建设的博物馆，不但使文物建筑得到保护和合理利用，而且形成自身的博物馆文化特色。七是遗址博物馆，事实上从半坡遗址博物馆，到秦始皇兵马俑博物馆，再到汉阳陵遗址博物馆，我国在考古遗址博物馆建设方面始终走在世界前列，近年来大遗址保护和考古遗址公园建设的开展，为遗址博物馆的发展提供了机遇，涌现出了一批优秀的遗址博物馆，这一趋势还将继续。八是生态博物馆，过去主要在我国西部少数民族地区进行实践，近年来面对东部农村地区生态环境的迅速变化，也开始在东部农村地区开展生态博物馆的建设，例如在浙江安吉就取得了一些实践经验。九是社区博物馆，经过一系列急风暴雨式"旧城改造"之后，面对已经解体的社区邻里结构，通过社区民众的共同努力，重新整合社区文化资源，其中福州三坊七巷的社区博物馆成为先行实践的成功范例。十是数字博物馆，今天青少年习惯于数字生活，为了使博物馆文化得到更广泛的传播，数字博物馆的建设方兴未艾。以上所列举的博物馆类型中，后5种类型实际上都是离开传统意义的博物馆馆舍，在"大千世界"中建设的博物馆类型。当然，还有一些特殊的博物馆类型，例如整体打捞"南海一号"沉船建设的博物馆，为保护白鹤梁遗址建设的世界上第一座深水博物馆，都显示出我国保护文化遗产的决心和智慧。

今天我国博物馆事业快速发展，功能在延伸，价值在提升，能量在汇集，实力在壮大，博物馆事业应该踏上新的台阶，加速科学化发展的进程。因此，我认为当前应该及时调整发展思路，实现发展模式从"数量增长"走向"质量提升"，实现社会职能从"馆舍天地"走向"大千世界"。

最后，我想用一点时间谈谈故宫，故宫博物院院长宣传故宫，这是应尽的职责。

今天，昔日的紫禁城有两个名字，一个叫故宫，一个叫故宫博物院。故宫古建筑群再过8年，将迎来建成600周年，而故宫博物院再过3年将迎来90岁生日。我们今天有很多文化身份，例如国务院公布的第一批全国重点文物保护单位，联合国公布的中国第一批世界文化遗产，旅游部门公布的五A景区，文物部门公布的一级博物馆。

故宫古建筑群有自己独特的美，例如壮美的建筑、严谨的形制、绚丽的彩绘、生动的空间、精美的装饰、独特的色彩、和谐的环境、典雅的园林，这些构成故宫整体的美。同时故宫古建筑群对北京历史城区的空间形态影响也很大，一些欧洲城市的历史城区中心曾经高耸着城堡，四周蔓延开来低矮的居住建筑。而工业化以来的新兴城市，中心地带往往是高耸的商务建筑，四周是居住区。而古都北京中间地带平缓开阔，就是因为有故宫的存在。故宫还是北京旧城从永定门到鼓楼7.8公里中轴线的重要组成部分。我刚才曾经说罗马、维也纳、布达佩斯等欧洲历史文化名城耸立于城市天际线之上的一定是公共建筑。北京历史城区也因为有故宫的存在，在皇城的核心地段构成美丽的天际线、街道对景、通视走廊。故宫古建筑群自身也构成壮美的文化景观。

今天我们面临巨大的压力，首先来自于不断增长的观众。1949年故宫博物院的观众是 100 万，2002 年故宫博物院的观众是 700 万，当年卢浮宫的观众是 800 万，比故宫博物院观众多，10 年以后的 2011 年，故宫博物院的观众增长为 1400 万，十年间整整增长了一倍，成为世界上唯一一座观众超过 1000 万的博物馆。而当年卢浮宫的观众为 890 万，它们比我们的日子好过。同时故宫博物院的观众不是每天 4 万人的平均分布，而是有明显的淡季和旺季。冬季观众数量较少，夏天则呈现爆发性地增长。特别是每年旺季有"两针一峰"。一峰是指暑期从 7 月中旬到 8 月下旬，40 天左右的高峰时段，每天观众达 8 万多人，而"两针"分别是"五一"和"十一"，每年的 10 月 2 日都是那根"针头"。去年 10 月 2 日观众超过了 14 万人。

这张照片反映的是去年 10 月 1 日，故宫博物院售票处前观众购票时拥挤不堪，排队需要 1 个小时左右，观众还没有进故宫博物院就已经筋疲力尽了。人们进入故宫以后，大多数观众都沿着中轴线往前走，先看皇帝曾经坐在什么地方，再看皇帝曾经睡在什么地方，最后看御花园，一直走到故宫博物院的出口，才发

观众购买故宫门票时的拥挤情景

现还有很多展览没有看。故宫博物院每年要承担很多接待任务，例如 2011 年共接待 800 批次，50000 多人次，其中包括一些国家元首、政府首脑、外交使节、社会名流等。刚到故宫博物院工作时我很担心每天应付接待任务会影响正常工作，实际上，没有特别要求就不用陪同。

故宫作为旅游目的地非常有名，但是故宫博物院在世界上没有故宫那么有名。不少人去过台北故宫博物院后感到那里的文物藏品丰富，陈列展览多样。实际上，北京故宫博物院的文物藏品更加丰富，陈列展览更加多样，每年展出 40 余个展览，既有重要宫殿的原状陈列，也有珍宝、钟表、瓷器、书画等常设展览，还有根据故宫研究人员的研究成果推出的主题鲜明、思想性强的专题展览，例如《明永乐宣德文物特展》《故宫文物南迁史料展》等，这些展览共展示近万件文物藏品。但是观众进入台北故宫博物院首先看到的就是引人注目的陈列展览和文物展品，而人们进入北京故宫博物院后往往首先被壮美的古建筑群所吸引，被古建筑内的原状陈列所吸引，因此对于分散

在东路和西路的众多陈列展览则不大注意，错过参观的机会，或者因为参观宫殿建筑群就已经十分疲劳，因此没有精力再看展览。这些需要加强宣传和引导，使观众有更加清晰和自主的选择。

今天校领导提到了故宫博物院的郑欣淼院长，我认为郑欣淼院长主持故宫博物院工作的十年，是故宫博物院各项事业发展最好的十年。首先制定了科学的发展规划和五年的发展计划，在文物建筑修缮、文物藏品清理、驻院外单位清退、促进国际文化交流等方面均取得了重要进展。应该说，我们今天开展的每一件工作，仍然是在故宫博物院发展规划和五年发展计划的指导下进行的。

自 2004 年开始，持续 7 年的大规模藏品清理工作到 2010 年底完成，这是故宫博物院自建院以来，在文物藏品数量上第一个全面而科学的数字。故宫博物院在文物藏品清理前，对外公布的文物藏品总数是近 100 万件，经过全面系统的普查整理以后文物藏品实物、帐和卡一一对应，准确到个位，即故宫博物院的文物藏品总数是 1807558 件，有整有零。其中珍贵文物 1684490 件、一般文物 115491 件、标本 7577 件。

故宫博物院的文物藏品不但数量多，更重要的是价值高。这里有两个概念，第一个概念是，国家收藏的文物藏品分为"珍贵文物""一般文物"和"资料"，几乎所有博物馆的文物藏品结构都是"金字塔型"，也就是顶尖上是少量的"珍贵文物"，塔身是大量的"一般文物"，塔的底部是一定数量待进一步研究的"资料"。但是，故宫博物院的文物藏品结构是"倒金字塔型"，其中"珍贵文物"占 93.2%，"一般文物"占 6.4%，"资料"占 0.4%。第二个概念是，全国博物馆和文物收藏单位共有国家定级的珍贵文物 401 余万件，其中由故宫博物院收藏保管 168 余万件，占全国珍贵文物的 41.98%，可见，故宫博物院承担着保护国家珍贵文物的重要职责。

目前，故宫博物院的文物藏品分为 25 大类。一类统称为纸质文物，包括绘画 5.4 万件、法书 7.5 万件、碑帖 2.9 万件，以上三项总计 15.8 万件。一般一座博物馆希望举办一期有影响力的古代书画展览，往往需要几座博物馆联合举办，而故宫博物院过去三年，在武英殿书画馆连续举办了九期书画展览，做到了展品没有重复，而且每一期都可以独立构成一部简明的中国古代书画史。二是故宫博物院有铜器 16 万件、金银器 1.2 万件、漆器 1.9 万件、珐琅器 0.7 万件、玉石器 3.2 万件、陶瓷 36.7 万、文具 6.8 万件、珍宝 0.1 万件，这些文物绝大部分是宫廷旧藏，具有很高的历史艺术价值。三是故宫博物院有织绣 18.1 万件、生活用具 4 万件、武备仪仗 3.3 万件、帝后玺册 0.5 万件、古籍文献 60.3 万件、古建藏品 0.5 万件，这些文物藏品是故宫特有的藏品类别，体现出故宫博物院的藏品特色。四是故宫博物院有其他工艺 1.4 万件、钟表仪器 0.3 万件、外国文物 0.2 万件，这些文物很多来自于外国，由于我国没有侵略、掠夺别国的历史，因此在我国的博物馆藏品中，外国文物的数量很少，相比之下，故宫博物院的外国文物收藏十分珍贵。例如故宫博物院共收藏有来自外国的钟表 2200 余件，不少来自于英国、法国、德国等欧洲国家，但是今天这些国家博物馆收藏的西洋钟，都没有故宫博物院收藏的数量多。五是故宫博物院有雕塑 1 万件、雕刻工艺 1.1 万件、宗教文物 4.2 万件、铭刻 3.3 万件，其他文物 0.4 万件，这些文物具有重要学术研究价值。

这一轮故宫古建筑群的修缮从 2003 年开始，当时武英殿为国家文物局的文物交流中心使用，修缮以后作为故宫博物院的书画馆，从此开始了故宫古建筑群整体修缮。故宫古建筑群的整体修缮是在坚持每天都开放的情况下开展的，因此十分不容易。故宫博物院在这一轮古建筑群修缮之前，开放面积 30% 左右，经过近 10 年的整体修缮，目前开放的面积达到 45% 左右，再过 9 年此轮古建筑群整体修缮之后，故宫博物院的开放面积将达到 76%。目前故宫古建筑群修缮工作已经进入常态化阶段，坚持"先救命后治病的原则"，优先设计修缮存在严重危险隐患的、能够更好发挥社会功能的文物建筑。对于古建筑群不但要注重大修，更要注重文物建筑的岁修，注重日常的保养和维护，使其既有沧桑感，又保持良好的健康状态。

近年来故宫博物院的管理范围有了扩展，一是午门前面的端门，午门与端门之间的广场。二是紫禁城北侧，北海和景山之间的道教古建筑群大高玄殿，在军队部门使用了 60 多年之后交还给了故宫博物院，目前正在进行修缮。三是大高玄殿北侧的御史衙门，已经完成了修缮。由于这些空间在紫禁城之外，因此可以丰富和完善故宫博物院的文化功能，例如今后当每天下午 5 点半故宫博物院闭馆之后，这些地点仍然可以作为数字博物馆、故宫讲坛等功能对社会开放。

从 2005 年开始，故宫博物院开始以更加开放的姿态走向世界，先后与大英博物馆、卢浮宫博物馆、大都会博物馆等国际著名的博物馆建立起战略合作关系。目前在欧美语境下，经常说世界上有四大博物馆，分别是英国的大英博物馆、法国的卢浮宫博物馆、美国的大都会博物馆、俄国的艾尔米塔什

博物馆。我认为应该说世界上有五大博物馆。联合国有五大常任理事国，除了英、法、美、俄，还有中国。相比起来故宫博物院毫不逊色。目前，故宫博物院的展览越来越多地走向世界各地，引起一次次文化轰动，有力地配合了文化外交大局。2009 年，故宫博物院和台北故宫博物院实现了两岸院长互访，制定了八点共识。今天在故宫博物院的会议室就可以和台北故宫博物院召开电视电话会议，共同研究在文物展览、学术交流和文化活动等方面的合作。

故宫博物院正在组织编制《故宫保护总体规划》，在大纲的基础上，争取用两年的时间，在明年年底完成，目的是要使故宫博物院的每一寸土地、每一间房屋都能得到科学的功能定位，更好地保护文化遗产，最大限度地为社会公众服务。规划中将明确把故宫红墙内的所有行政办公和科研单位都搬出去，一方面有效扩大对观众的开放范围，另一方面使红墙内的空间更加安全。为了实现这一目标，计划在故宫红墙以外、紫禁城城墙以里的西河沿，恢复一组历史建筑，建设文物保护科学技术用房，这一项目已经得到国家文物局审批，并报联合国教科文组织备案，待完善施工手续后即可开工。

2011 年底，两位 90 岁左右的文物专家为故宫世界文化遗产监测中心揭牌，昨天夜里其中一位老人罗哲文先生永远离开了我们。目前故宫博物院已经建立了"故宫世界文化遗产监测信息化平台"，开始对故宫世界文化遗产实现有效全面的监测。故宫世界文化遗产监测内容包括文物建筑、室外陈设、植物动物、环境质量、游客动态、安全防范、基础设施、馆藏文物、非古建筑、监测保障等 10 个方面，涵盖故宫世界文化遗产保护的方方面面。

故宫博物院拥有世界博物馆领域观众数量最庞大、结构最复杂的观众群体。通过调整展览布局，合理扩大开放空间；通过提高服务水平，改善服务设施，有序疏导人流；通过增大接待观众能力，降低单位面积人流，减少拥堵风险。同时，通过与有关部门通力合作，改善故宫周边环境，优化参观路线，提高参观质量。过去故宫博物院售票窗口设在午门前广场，每当高峰时段，售票窗口前拥挤不堪。如今端门广场已经交由故宫博物院进行管理，过去端门广场上都是小商小贩售卖食品、旅游纪念品的摊位，广场西侧的房屋当时举办了一些品质不高的展览，现在都进行了清理，整个广场用于服务观众。新设立 30 个售票窗口，一字排开，观众就不用再排长队购票。今后的目标是希望观众在 15 分钟之内能够购买上门票。同时，设立观众服务中心，为观众提供咨询，为老人和残疾人提供免费的轮椅，同时观众提供饮水、手机充电、免费参观地图等服务内容。待端门广场实现服务观众的功能之后，午门广场就可以更好地实现存包、安检、验票等项服务功能。

故宫博物院的环境将进一步得到清理和整治。例如故宫博物院的东部目前有七栋花房，这些花房既影响故宫古建筑群的景观环境，又由于城市热岛效应加剧，影响花卉植物的生长。因此准备将七栋花房全部搬迁到故宫博物院的西玉河基地。西玉河基地曾是紫禁城的琉璃窑厂，目前建成 8000 平方米的仓库和管理用房，还有 5 万平方米左右的绿色空间。可以将堆积在故宫博物院内的大量木材、砖瓦、石材等搬到西玉河基地，并争取经过持续的努力，将故宫博物院内历年陆续加建的现代建筑、"彩钢房"等进行清理，以净化故宫博物院的环境。

同时，希望在故宫博物院的午门区域建设"金三角"展览区，努力使博物馆的功能更加强大。目前午门城楼内部是 800 平方米的现代化展厅，经过2004 年以来的使用，取得很好的效果。午门两侧的雁翅楼共 2000 平方米，过去存放"文留文物"藏品，现在这些文物藏品已经移交给国家博物馆，使雁翅楼也可以得到更加合理的保护利用。加上午门城楼，就可以形成 2800 平方米的大型展厅。在午门的城台之上，在文物建筑外观不做任何改动的前提下，形成世界上独一无二的具有中国文化特色的高空展厅，在展厅内可以举办来自世界各地的高水平展览。同时，午门展厅加上东侧的文华殿、西侧的武英殿，构成一个被称作"金三角"的展览区域，当人们进入午门，还没有跨过内金水河、进入太和门，参观故宫古建筑群之前，就可以首先感受到一个博物馆群的存在。

同时，我们正在推动故宫博物院数字博物馆的建设，故宫博物院的"数字故宫"建设已经有多年实践，包括制作了一系列令人震撼的虚拟现实数字作品。但遗憾的是，由于缺少开放场地，目前这些优秀数字作品尚没有与广大参观见面，只能内部观摩。另一方面，虽然故宫古建筑群整体修缮正在有序推进，越来越多的文物建筑可以迎接观众参观。但是有很多古建筑和院落即使完成修缮，也不能正常对外开放，因为大量观众的涌入会造成对文物建筑，特别是室内原状密集陈列的文物展品造成损坏。例如三希堂非常有名，昔日乾隆皇帝曾经在这里御览了无数的著名书画藏品，但是实际上三希堂室内只有 4.8 平方米，还没有我们家里的书房大。可想而知，如果进去几位观众就会十分拥挤，难免会对文物建筑和文物展品造成灾难性的伤害，因此不可能像其他一些古建筑一样对外开放。但是目前越来越多的文物建筑制作了数字展示作品，人们通过虚拟现实剧院，可以点击进入任何一座古建筑，观赏任何一件珍贵文物。

故宫博物院的文物展览很受社会各界的欢迎。例如今年故宫博物院的文物展览到了新疆、安徽等省和自治区，到了香港、澳门地区，到了日本、德国等国家。这些展览更加突出学术性与艺术性的结合，展现出故宫博物院的应有气派和特色。例如正在日本的《地上的天宫》展览非常受欢迎，观众已经将近 100 万人次，并且一定会突破 100 万人次的中国展览在日本的观众最高纪录。

故宫博物院有一个功能十分强大的网站，平均日点击数在 100 万次以上。故宫博物院的展览经常送到军营、社区、厂矿为基层民众展出，"永远的故宫"系列讲座在高等院校持续地举办，深受师生们的欢迎。故宫博物院与中央电视台等媒体进行很好的合作，十二集大型纪录片《故宫》是国外电视台购买最多的一部中国影视作品，现在正在热播的《故宫100》也获得高收视率。故宫博物院与首都国际机场合作，在出境候机大厅建设了"文化国门——故宫印象"，由于安全检查等方面的原因，首都国际机场一般不引入其他单位进入机场，但是首都国际机场要建设"文化国门"，故宫博物院要给人们更多的"故宫印象"，所以此次一拍即合，于是故宫博物院成为首家进入首都国际机场的文化单位。故宫出版社是全国博物馆唯一拥有的出版社，因此注重发挥这方面的优势，同时通过《故宫博物院院刊》，《紫禁城》期刊，还有《故宫博物院年鉴》等来传播故宫文化。故宫博物院努力加强文化产品的研发，目前已有 3800 多种自己研发的文化产品。我们希望能够做到故宫商店里售卖的每一件文化产品，都含有从故宫的文物藏品中挖掘出来的文化信息，都带有故宫文化特色，而不应售卖地方生产，与故宫文化毫无关系的商品。这样才能使更多的观众喜欢故宫的文化产品，乐于把故宫文化带回家，并把它们融入到现实生活中去。

总之，故宫既是北京的，也是中国的，还是世界的。故宫既是过去的，也是今天的，还是未来的。它从历史中走来，还要健康地走向未来。保护好故宫，建设好故宫博物院，责任重大而艰巨。

主持人（黄晓勇）： 我们刚才聆听了单霁翔院长非常精彩的报告，按照我们的安排，下面是同学们提问的时间。但是由于时间比较紧张，所以今天就请两位同学提问题，一位同学提一个问题，提完之后请单霁翔院长一起回答，下面有谁要提问？

同学甲：单院长您好，去年的《富春山居图》的合璧是两岸的文化盛事，那以后两岸的故宫还能怎么合作？尤其是很多年纪大的人啊，可能他们确实对台湾的文物很有感情，可是他们很多人都没有机会真正去台湾去看，而且尤其是您刚才讲的它们可能每天也就展出几千件，你去一次也只能看很少一部分，那请问在这方面有什么进一步的合作规划，谢谢？

同学乙：单院长您好，现在参观故宫的人非常多，可能很多参观的人都很有钱，但是很多学生也想去看，但是可能钱就会很少，请问在优惠学生这个问题上，比如票价是否会有进一步的优惠？谢谢！

单霁翔：我先回答第一位同学提到的关于与台北故宫博物院合作的问题。刚才在报告中曾经说，2009年两岸故宫博物院院长实现60年来的首次互访，达成了交流合作的"八点共识"，此后两岸故宫博物院的交流不断扩大，合作活动愈发频繁与紧密。例如成功合作了"雍正——清世宗文物大展""康熙大帝与太阳王路易十四特展"，这些展览都备受两岸民众关注，深受台湾民众欢迎。现在两岸故宫博物院的合作不仅限于陈列展览方面，而且在藏品保管、人才培养、学术研究、文物影像利用、出版物互赠、文化产品研发等方面展开更为深入的合作交流。

两岸故宫博物院的文物藏品同根同源，都是以明清皇家收藏的历代文物精华为基础，有着不可分割的联系性和互补性，这些文物藏品有一个共同的故乡。两岸故宫的珍贵文物在合作展览中珠联璧合，唯有这样的展览才能实现展览线索、展品层次等方面的完整性与真实性，构成一次次人们的文化记忆和文化震撼。《富春山居图》所起到的作用就是这样，这样的故事还很多很多，例如三希堂，这种非同寻常的完整性与真实性，才是两岸故宫合作展览深受民众关注、欢迎、期盼的最重要原因。目前，两岸故宫博物院同仁正在规划与制定未来合作项目，并对这些项目的可行性进行分析与研究，以期进一步展开两院合作交流。

回答第二位同学的问题，确实故宫博物院的观众很多，故宫应该实现无差别服务，因此故宫博物院一直实行较低的门票价位，而且十多年来没有提高票价。尤其是最近国家发改委控制门票价格的3年禁令一解除，各地旅游景点纷纷涨价，但是故宫博物院的门票价格始终是夏季60元、冬季40元，同时故宫博物院有对学生减免门票的制度，加上对老人、孩子免费的因素，故宫博物院的平均票价只有50元。于是网上有人说："现在去得起的著名旅游目的地只有故宫了。"目前越来越多生活逐渐富裕起来的民众加入旅游大军，向往北京，第一次来到北京的都要参观故宫，我们不能阻挡人们进入故宫博物院的步伐，必须为每一位观众提供更加良好的服务。相信数年后故宫古建筑群完成这轮修缮以后，开放面积将达到76%。再加上提高售票效率，扩大陈列展览面积，合理组织开放路线等措施，将有效缓解观众过多的压力。

主持人（黄晓勇）：非常感谢单院长，今天在我们笃学讲堂开堂之日，非常荣幸地请到了故宫博物院单霁翔院长为我们作关于《城市文化建设与文化遗产保护》的学术报告，今天的报告非常精彩！在单院长的报告当中，他不仅给我们提供了非常丰富的关于城市文化建设和城市文化遗产保护的中国现实情况，给我们讲了思想非常深邃，非常新颖的关于城市文化建设、关于城市文化保护方面的观点，同时还给我们讲了非常生动的、感人的、发生在我们周围的关于保护文化遗产的故事。当然在单院长的娓娓道来之中，我们也感受到单院长对于中国的文化、对中国城市文化建设与文化遗产保护的执著之心、科学之心和求实之心，下面我们再一次以热烈的掌声向单院长表示衷心的感谢！

请学生代表向单院长献花！我们学校还为单院长准备了一份礼物，这虽只是一个笔筒，但是里面的文化也很重，有当年江总书记的题词，有陈奎元院长的校训，社会科学颂，有社会科学赋，还有我们学校的校歌，全在上面了，这是我们学校为您准备的一份纪念品！谢谢单院长！

治学与人生

发现·理论·眼界

李学勤

主持人　黄晓勇（中国社会科学院研究生院党委书记）：咱们的讲座现在开始了。尊敬的李学勤先生，各位来宾，亲爱的同学们，大家上午好！4月25日，我们中国社会科学院研究生院新校园落成典礼之"社科大师大讲堂"正式开讲。首期讲座邀请到了著名作家、中华人民共和国文化部原部长王蒙先生，他讲了中国传统文化的几个问题。今天是我们"社科大师大讲堂"第二讲，我们非常荣幸地邀请到了著名历史学家、现任清华大学历史系教授李学勤先生。衷心感谢李学勤先生拔冗前来开讲！

李学勤先生是著名的历史学家、古文字学家。他长期致力于汉前的历史与文化的研究，注重将文献与考古学、古文字学的研究成果相结合，在甲骨学、青铜器、铭文、战国文字、简帛学以及与其相关的历史文化研究等领域硕果累累，并对这些学科的发展、建设均有重要建树。李学勤先生在同辈学者中，以视野开阔、学识渊博、善于利用新发现以及海外的考古成果材料、国内外汉学研究的成果进行多学科的综合治学而著称。他是第一个综合研究战国文字的人。

李学勤先生曾经担任中国社会科学院历史研究所所长，中国社会科学院学术委员会委员，是国务院学位委员会委员和历史学科评议组组长、国家文物鉴定委员会委员、中国史学会副会长，现在是清华大学国际汉学研究所所长，出土文献研究与保护中心主任。李学勤先生曾经领衔担任我们国家的重大项目，夏商周断代工程首席科学家，同时还是国际欧亚科学院院士等。学勤先生著作等身，在国内外学界具有崇高的威望，据不完全统计，完成有著作40余部，学术论文500余篇。

　　李学勤先生出生于一个医生家庭，1948 年初中毕业就考上了当时著名的北京国内高等工业学校，也就是今天的北京工业大学，成绩为机电系第一名，但是由于一些阴差阳错的客观原因，后来没有学成工科，却考上了清华大学哲学系，师从著名哲学家金岳霖先生学逻辑学。由于优秀的学业与卓越的才干，李先生还没等到大学毕业，就进入中国科学院考古研究所（当时的社会科学院还没有分出来），开始研究甲骨文，开始了自己正式的学术生涯。学勤先生有丰富的专业背景，著作等身。但是据介绍，职业履历倒并不复杂，广大的青年学生不仅对学勤先生渊博的学识非常敬仰，而且对先生作为当代著名的学术大家的成长历程与治学经验具有浓厚的兴趣。在今天的讲座当中，李学勤先生将跳出历史研究的圈子，以"发现·理论·眼界"为题，向从事各学科研究的青年学者们讲述自己的治学理念和心得。下面我们就以热烈的掌声欢迎李先生为大家做讲座。

　　李学勤（著名历史学家、古文字学家）：先是非常感谢，不过刚才所讲的有一些话，我是不敢当的，这点要特别说明一下。请允许我坐在这边位置。今天非常高兴有这样一个机会回到社科院的新研究生院。刚才我一走进新的研究生院大门，觉得真是面貌一新。这是我第一次过来（新校区），过去没有想过研究生院会有今天这样的规模，这样的建设，我觉得这是我们中国社会科学院发展的一个明显标志，所以呢，我非常高兴。

　　我必须在讲之前作一点说明，可能在座的老师们都了解，最近我工作特别忙，忙得实在是有点承担不起。可是无论如何，社科院和社科院研究生院要我来，我是不敢不来的。（因为匆促）所以今天可能准备得不够好，如果说的过程中有什么错误或者不恰当的地方，各位老师和同学可以批评指教。我自己就擅自做主，大约会讲 1 小时 45 分钟，然后留下 15 分钟左右的时间，如果大家有什么问题要问我或者质问我，我都会尽可能地回应与答复。

　　在为讲座选题的时候，我也是非常紧迫，当时还不知道到这样一个场合到底讲什么好。后来，我忽然想起来，我在 20 世纪 80 年代初的时候写过一篇小小文章，叫《理论·材料·眼界》。这篇文章，发表在 1984 年的一个刊物《书林》上，当时写过这么一篇文章，后来又有几位老先生特别关注我这篇文章，使我（对该文）印象特别深刻，所以我今天就想讲它，并把它修改一下，就叫《发现·理论·眼界》。为什么要修改呢？等一下讲的时候，给大家一个说明。

第一点要说的是"发现"。

发现，这是很重要的解释。在座的老师和同学们所从事的学科不同，所研习的（专业）也不太一样，不过我想从整体上来说，人文社会科学主要是一个发现的、创造性的学科，不是一个发明的学科。大家知道，发明和发现是不一样的，发明是客观的自然界所不存在的东西，我们把它创造出来，用英文说是"invention"，而我们所做的研究，特别是我们学历史、学考古所研究的（现象和规律）是原来存在的，我们把它们找出来，这就是发现，英文是"discover"。

近些年，特别是在历史考古学界，对于前辈学者有很多的追思和怀念。在我所涉及的一些学科里，有一件事在这些年特别受到大家引用并且讨论，那就是我们的前辈学者王国维先生在1925年的一篇演讲。最近这段时间，我在各处演讲的时候经常会引用到这个材料，王国维先生的这个演讲，社会上引用得也很普遍。为此，我想先就这篇演讲的始末为大家简单介绍一下。

王国维先生特别谈到"发现"在学术发展上的作用，这个与我所从事的历史学、考古学、古文字学特别有关系，所以在这个领域被大家多次引用。这篇文章可以说是王国维先生最后的演讲之一，大家知道王国维先生虽然是一代大师，他做的演讲却很少，作演讲的机会也较少，因为他从来没有长时期地在一个正规的大学里工作过。在王国维早年时期，他曾在上海的哈同花园的仓圣明智大学教过书，不过那不是一个正式的大学，他真正到一个大学任教是在1925年。在1925年的夏天，他作了一个演讲《最近二三十年中中国新发现之学问》，题目中有两个"中"字，有些人在引用这篇材料的时候有过遗漏。这篇文章就像刚才我所说的，有许许多多人加以引用和讨论，而且以此作为治学方法中的一个很重要的方面。那么这么一个重要的演讲，一个到今天仍然十分有意义的一个演讲，它的出现有什么样的一个背景呢？请容许我给大家介绍一下。

王国维先生到当时的清华学校（那时还不叫清华大学）来教书，这是1925年上半年的事情。在1925年初，当时清华学校的领导作了一个决定，要把清华学校从一个留美预备学校变成一个，用现在的话说，就是一个与国际接轨的正规大学。大家可能还不知道清华的经历，现在我们说清华的百年校庆是从1911年算起的，实际上在此之前已经有一个前身叫赴美留学班，大家所熟知的胡适就是赴美留学班的。即使在1911年正式成立清华学校之后，该校早期还主要是学生作为到美国留学的一个预备学校。为了改变这个状况，当时清华的领导才作了以上的决定。作了这个决定之后，该校领导就想成立一个正式的大学部，也就是一个正式的研究院部，从时间上看，这在中国研究院成立史上还是相当早的。

于是，在就有关研究院该怎么成立等一些原则问题展开讨论之后，在1925 年 2 月的时候，清华的校领导就开始着手展开工作。4 月份的时候，该校正式请一个著名学者任筹备主任，可能大家都知道这个人就是吴宓，陕西人，也叫吴雨僧。这个人也是我国著名的学者之一，清华的早期毕业生，他毕业后到美国留学，在哈佛大学跟着白璧德学习，继承了美国当时流行的传统的人文主义思想。他回国之后，成为我国比较文学的学科创始人，是比较文学界的鼻祖人物。他先是在东南大学教书，接着到了东北一段时间，也是在 20 世纪 20 年代回到北京的清华学校教书，所以任命他作为主任开始研究院的筹备工作。

吴宓接受这个任命之后，第二天就进城见王国维。王国维那时住的地方大家不太熟悉，可能就是现在的北大红楼附近，吴宓求见王国维主要是想把聘书给他，邀请他到清华任职。大家也许听说过这个故事，要知道王国维先生在当时已经是中外闻名的学者，非常有身份。在清华之前北大也请过他，但他没有去，而只是以北大校外人员的身份给北大作一些指导工作，并没有正式接受。那吴宓是怎么请到王国维先生的呢？王国维先生后来回忆这个事的时候，曾经有这么一个表态。他听说清华成立研究院要请他任职，他也知道有吴宓这么一个人要来见他，可他没见过吴宓，他只知道吴宓是一个留美学生。见面之前，在王国维先生的想象中，这个学生一定会西装革履前来，见面之后就伸手握手。可一见面才知道不是这样，吴宓进院子之后，站在院子中间首先是三鞠躬，非常诚心地表达学校及他个人的邀请之心，并把聘书呈上。王国维看到这个态度后，认为清华是诚心诚意的，是真心想请他做一些事情的，所以他欣然接受。王国维先生 1927 年去世，最后的几年他是在清华研究院度过的。这个研究院以研究国学为主，所以大家现在都管它叫国学研究院，其实清华以前没有一个正式的国学研究院，（我们现在所说的清华国学研究院）是后来才成立的。

王国维先生就任了这个研究院的导师，并在 （1925 年）4 月底 5 月初的时候搬进清华，住在现在依然还在的清华西苑的住所，之后他就非常认真地参与了研究院的各项筹备工作，即便是学生的考试，他也会到场。王国维先生到清华后有一段不短的时间，可研究院一直没正式成立，正式成立须要等到秋天招生工作结束后才可以。这下，学生们有点等不及了，所以在 7 月底，由清华的学生会出面邀请王国维先生为大家作一个演讲。王国维先生答应了，讲的就是《最近二三十年中国新发现之学问》，这是他极为少见的演讲之一。上面介绍的就是这篇演讲的大致背景。

大家注意一下，这篇演讲是在 1925 年讲的，从题目上推算，《最近二三十年的新发现》应该指的是 19 世纪末 20 世纪初的新发现。在演讲开头，王国维先生就讲了一句比较著名的话，他说："古来新学问兴起大多由于新发现。"意思是说，自古以来，一种新学问的创立大多基于新发现。这句话非常重要，是王国维先生总结中国学术发展历史上的一个极为重要的规律。因为王国维先生精通中西两种文化，是世界性的著名学者，他的这个学术发展规律的总结是具有世界意义的。

王国维先生讲到中国历史上有三次重大发现。第一次是孔壁中经，第二次是汲冢竹书，第三次则是赵宋古器。这三个重大发现都在历史上起着非常重大的作用，而且引起了学术史上新学问的发展，每一次发现都意味着一个新的阶段。

什么是孔壁中经呢？我想在座的同学们可能都知道。在西汉景帝末年，也有人说是武帝初年，那时采取的分封制，其中封到山东曲阜的是鲁恭王。鲁恭王这人有一个特点，他喜欢盖房子。有一次他为盖新宅子拆了孔子的旧宅。这种情况，今天仍然还有，在座的同学有山东人吗？有去过曲阜的吗？如果你们去了，你就能看到，今天曲阜县城的中心旁边就是孔府。进去孔府，还能看到一面纪念性的墙壁名为"孔壁"，这当然不是（被拆掉的那个）墙，否则就不会出现（孔壁中经）这个事件。

在古时候，孔家旧宅都是夯土而成（就像现在的山西和陕西的夯土墙）。这种墙很容易就挖一个洞，为了避免秦始皇焚书坑儒的损毁，（孔家人或者是其他人）就把当时的一些竹简书经藏在了墙壁洞内。然后再用黄土泥把洞口封住，（这些藏简）就不容易被人发现了。这就是所谓的"孔壁藏经"。

可惜的是，在经过秦代和汉代的种种战乱后，大家把藏书这事给忘了，被封在墙内的书也没人知道。后来，一直到景帝时期的鲁恭王建新房拆孔家旧宅的时候才给拆出来，这批竹简才得以重见天日。这批竹简中最重要的是《古文尚书》，同时还有《礼记》《孝经》等。

这个发现是先秦文献的一次重大发现，由此形成了古文字学形式的发端。藏书内容和汉朝初年时流传下来的一些经典经文有所出入，所以在汉代就引起了经、古文方面的学术纷争，这一纷争的影响至今还没有结束。今天还有人写文章讨论这个发现，而且有专书出版，据我所知，最近就出版了好几本。这就是中国学术史上的一次重大变革，关键问题在于导致这次变革的基础就是发现。所以王国维先生说，自古以来新学问的兴起往往是由于新的发现，这是很合理的。

第二个汲冢竹书的情况类似，不过这个发现的时间较之孔壁中经要准确得多。那是在西晋武帝时期，有人说是太康元年，有人说是太康一年或者二年，不管怎样，这几年是挨着的，总之是太康初期。在当时的河南汲郡，也就是现在的汲县，有一个农民，这个农民的名字颇为奇怪，叫不準。这个农民到外面去打柴，那时刚好下雨过后，地面比较湿软，他经过一个地方时不小心把脚陷下去了。顺着陷进去的洞，他发现了一个古墓，只是他不知道这个古墓是战国中期偏晚时期的一个墓。这之后，当地百姓就进入了古墓，并且也发现了很多竹简。据说钻进古墓的百姓看到这个竹简很干燥，居然用竹简点火照明，这实在很可惜。当然，在这个古墓中还有一些其他重要的发现，比如玉玺、宝剑之类的，这里我们就暂且不论。

汲冢竹书的发现过程大致如此。经书中最重要的内容是一部叫《纪年》的历史书，后来我们称之为《竹书纪年》。这个发现也有十分重要的影响，当时有一些著名学者比如说，杜预和郭璞。杜预注解《左传》和郭璞注解《山海经》都引用了这本书。难得的是，这些竹简被发现后，朝廷还派了荀勖、和峤等一批学者来整理这些竹简。这个发现所带来的影响也一直到现在，汲冢竹书特别是里边的内容对六国年表的整理和修正起着十分重大的作用，这个工作到今天也没有结束。

再就是宋代时期，青铜器有大量的发现，由这些古物推动的古文化的研究也随之有重大进展。王国维先生就说孔壁中经、汲冢竹书对古文字学、年代字学以及赵宋古器引起的对古器物、古文字的研究都带来了新的局面。这些新的发现所打开的新局面就体现了"发现"的重要性。

1925 年，王国维先生为什么特别把这些拿出来说？他提出这些发现，不是为了单纯地讲述历史，他是想讲清楚当时所处的现实。他说在他生活的那个时期的最近二三十年中，有四个大的发现。他认为这四大发现中的任何一种都可以与孔壁中经或汲冢竹书等发现相媲美。这四种发现分别是哪些呢？

第一种是殷墟甲骨文，第二种是西域木简，第三种是敦煌卷子，第四种是内阁大库档案。它们都是在王国维先生 1925 年演讲以前二三十年中的新发现。

殷墟甲骨发现于 1899 年，是当时在北京的著名金石学家王懿荣鉴定后识别的。西域木简中的"西域"指的是新疆、甘肃和现在内蒙古的部分地区。这些木简最早期的发现应该是在 1900 年和 1901 年之间。敦煌卷子的发现差不多也是在这个时候，也是在 20 世纪初期。大家可能都知道，那个王道士打开了藏经洞，然后就发现了这个敦煌卷子。内阁大库档案则指的是明清时期（官方的）大库的书籍和档案。晚晴时期，清政府腐败至极，觉得大库中堆的东西太多，就想索性把这些书籍当纸卖掉，据说被他们处理的书有几千麻袋。当时在朝廷做一个小官的罗振玉知道后，就自己出钱，买回 3000 麻袋的档案资料。这批材料极为重要，名义上是明清内阁大库档案，实际上档案中有很多东西是宋代时期留传下来的，当然主要的还是明清时期的一些珍贵史料。留传过程大概是元朝时将一些资料运回大都，明代时又加以签收保管，一直延续到清朝直至现在。

关于这四者，王国维先生说了，任何一种都能比得上前面所说的三种发现。于是他便说："我们已经进入了一个发现之时代。""发现之时代"是一个非常重要的说法，王国维先生演讲的重要性就在这里。他提到的这四个发现发展到今天，每一种都成为一个国际性的学科。有殷墟甲骨的发现，就有我们今天说的"甲骨学"，甲骨学是国际学科，不仅中国人研究，外国人也在研究。有西域木简的发现，我们就有一个学科叫"简牍学"或者"简帛学"，也是国际性的学科，而且今天不只是西域有这个简牍，内地也有，不仅内地有，连日本和韩国都有。第三个敦煌学，重要性更不用说，不仅在中国，而且在日本、法国等世界各地都有人研究。至于内阁大库档案，是中国档案文书学的基础，档案的大部分是在北京，一部分在南京，还有一部分在台湾，由此衍生出来的学科也成为一个重要的学科。

王国维先生的演讲看似简单，可他能在 1925 年就挖掘出四大发现对于整个学术界的重要性影响并作如此精辟的一个前瞻，这是非常了不起的。单就这点讲，王国维先生是值得尊敬、值得纪念的。

以上就是我今天讲的发现，发现排在《发现·理论·眼界》这个题目中第一个位置，足可见其重要性。现在我们有更好的优势，我们现在所拥有的机遇也是王国维先生想象不到的，后来居上，我们今天的发现比王国维先生那个时代知道的，内容上要多得多，形式上也要丰富得多。王国维先生所处的那个时代还没有完整的现代考古学。大家可能不知道，现代考古学传入中国是 1900 年左右，主要是梁启超介绍的考古学的一些观念。真正意义上的中国现代考古学的开始要从 1926 年甚至是 1928 算起，以殷墟的发掘为发端标志。1926 年，有一个叫李济的中国人主持第一次发掘，地点在山西省西阴村。1928 年时，殷墟发掘由中国学术机构独立主持，这是中国现代考古学的起点。这以后，中国考古学的发现成果震惊了全世界。现在我们每年都要评选几个重大发现，其中有些确实非常重要。如果王国维先生可以说自己的时代是"一个发现的时代"，那我们可以说今天是"一个大发现的时代"。

为什么今天我要给大家介绍这些呢？我想这里面包含一个很重要的规律——发现就是机遇。发现对于我们每一个治学的学者来说，都是一次很重要的机遇。陈寅恪先生给陈垣先生的书《敦煌劫余录》作了一个序，序中，他指出：一时代之学术，必有其新材料与新问题，取用此材料研究新问题，则为此时代之新学术。治学之士得预于此潮流者，谓之预流；其末得预者，谓之未入流。此古今学术之通义，非彼闭门造车之徒所能同喻者。这句话与王国维先生的演讲有一定的关系，我个人认为，陈寅恪先生的这个（入流与非入流）的观点受了王国维先生的影响。他们都是清华的老师，彼此间的关系也特别好，王国维先生去世后，他的工作是由陈寅恪、吴宓几位先生来接任的，所以他们的观点是比较一致的。

无论是学习还是治学，把握"发现"的机遇都是很重要的。把握了这个机遇，你则可以入流，这个流不单是参加者的潮流，还是引导者的潮流。不过，需要我们注意的是，机遇不可强求。结合我自身的经历和大家谈谈。

1952 年，我从清华出来进入当时科学院的考古研究所，1952～1953 年，我在考古研究所，1953 年下半年历史研究所筹建，1953 年底我就调到了历史研究所。来到科学院之后，我有很多机会拜见考古领域的一些前辈，比如夏鼐先生。夏先生就多次讲过，古墓发掘不是挖宝的，而且也不能够看你挖出东西来（评价你工作成效的好坏），因为你挖完后到底出了多少东西不便统计。对于考古工作最好的衡量标准，是看你这个工作过程及格不及格。这个要看你的挖掘过程是不是合乎要求，是不是科学合理，如果你的挖掘合乎技术要求，即使在最后你挖的是一个空墓，你这个工作也做得很好。夏先生的原话已记不太清楚，但大意如此，我觉得这话非常对，从考古的角度来说就是这样。对于我们中一些不是从事考古而是依靠发现（为研究基础）的学科来说，也同样如此。怎么能够要求我们一定有重大发现呢？我们无法预计什么时候什么地点一定会有发现。所以，我们每位同学可以做到的一点是，在知识上，在能力上，要为新的发现做好准备。

现在的发现非常之多，甚至有些发现出来后得不到科学合理的解释，这些发现的作用也没有得到很好的发挥。就拿我自己这些年做的一些工作来说，从2008年以后的最近几年，我主要做的是关于"清华简"的工作。其实这也是一个机遇，"清华简"这批战国竹简在2006年底的时候就已经流传到香港，可是香港那边秘而不宣，只是拿着几个标本偷偷找了一些人（帮忙研究）。2006年底，我们这边有人到香港去开一个学术会议，结果就碰巧看到这个东西（"清华简"），我没能参加这个学术会议，虽然主办方也邀请了我，但是我有事给耽搁了，所以我那时不知道"清华简"这个东西。但是，"清华简"的假简已经充斥了整个市场，随处可见，因而没有几个人注意。我是在2008年的春天看到了他们所说的几只标本简的母本，这时才认识到这些简很有价值。从这可以看出，我们发现"清华简"也是一个碰巧的过程。如果没有这个碰巧，我们就会错失这个研究"清华简"的机会，也就没有现在的研究工作。所以说，机遇是不可以强求的，我们不清楚什么时候一定会有新的发现。即使我们有计划地去发掘，结果怎样我们也未必知道。为了能够及时把握可能到来的机遇，我们需要在知识上和能力上做好充分的准备，这不仅是做考古发掘的人的基本要求，也是对做整理研究的人的基本要求。只有这样，我们才能够很快地把握住新发现的这个机遇，来推动学术的发展。

发现的重要性还体现在，发现所带来的实践是一种创新。大家知道，没有创新就没有科学，不管是什么类别的科学，如果没有创新，这个科学就没有存在的必要。假如我们写一篇文章，文章中阐述的内容都是正确的，可是这篇文章的所有内容在初中阶段就已经有过，那还要这篇文章干什么，它一点用都没有嘛。发现带来的就是创新，因为发现本身不会在学术上起什么作用，孔壁中的经书被挖出来，简摆在这儿它也不会怎么样。这些简需要在学者进行整理研究之后才能有用。所以一个发现，我们要用现代的、今天所能拥有的知识水平加以解释和说明。如果我们不能够加以解释，不管哪个学科，即使有充分的材料和机遇也是枉然。因此，要达到发现带来的创新目的，我们必须有充分的能力和准备。除此之外，还需要一定的胆识，不言而喻，凡是创新的东西，一定会和传统的成见产生冲突。新事物与旧事物一定有不同之处，这不是我的观点，这是爱因斯坦的观点。爱因斯坦说过，科学总是和成见相对立的。越是创新的真理，与成见对立的程度越深。在所有人的常识中，大地是平的，有目共睹。很简单，我们站在广阔的大地上眺望地平线或者海平面，那肯定是平的。这个时候，"大地是平的"就慢慢形成了一种顽固的传统成见。后来，有人说地球是圆的，这个在今天已被证明是真理的观点在刚开始的时候，违反了人类自有认识以来就已沿袭下来的"地球是平的"的传统成见。这两个观点是尖锐对立的，新观点的证明过程一定是一个斗争的过程。事实上，也是如此，有很多人在这个为真理斗争的过程中付出了很多，这些故事大家知道的很多，就不需要我再讲了。问题是，斗争的困难之处在于，你没有更好的工具可以证明这个观点是正确的（即便它确实是正确的），这无疑加剧了你突破常规的阻碍。在加加林上天以前，没有任何人用眼睛看到地球是圆的，不脱离地球这个空间，不到太空中去，任何人也无法用眼睛看到地球是圆的。正因为如此，一直到20世纪的时候，伦敦还有一个维持地平说的协会，不过我猜想在卫星上天以后，这个协会已经悄悄地解散了。

我想，任何一个创新，多会碰到很多的阻力，而即使最后在它变成一个普遍认可的真理的时候，也依然还有一些嘈杂的论调。有一个外国人讲过这么一个笑话，当一个新真理刚问世的时候，大家群起反对，一致认为这是胡说八道，不足为信。然后随着真理的发展，正确性不断显现之后，然后就有人说，可能也有点道理。最后是折中一下，我们说的有道理，新观点也有一定道理。等到最后新真理占据绝对优势的时候，这些人就不得不接受，但还是要强词夺理一番：我们早就想到了，其实自古就有这个说法。这样的例子是非常多的。所以，提出一种新的观点，在相当大程度上需要一个胆识。这个观点也不是我想出来的，而是在明末时有一个大思想家李卓吾，也就是李贽提出来的。李贽说做学问写文章要"有识、有才、有胆"，识就是知识，才就是才能，胆就是胆量。李贽说自己有"十分识、十分才、二十分胆"，不过最后李卓吾还是死在这个"胆"上面了。大家可能不知道李卓吾怎么死的，就是在现在的北京通县，他被人抹黑陷害，就被官府给抓了。他临死的时候，在地上写下"七十老翁何所求"的话，十分地有风骨。他的墓碑就在去通州区的路边上，大家如果愿意的话，可以去凭吊一下。李贽的"二十分胆"是多了点，不过说实话，从我个人的经历来说，提出一个新的学说，特别是与已有成见冲突较为激烈的学说，真是需要一定的胆识，我想我们刚开始学习和宣传马克思主义的时候也是这样，非常地不容易。

以上就是我要讲的"发现"这一点。今天讲的第一点介绍一下王国维先生的论点，并有所展开，我想这个可能对大家的学习有一些帮助。

第二个我要说的是"理论"。

理论也是特别重要的一点。尤其是像我所学的这个学科，古史、考古和古文字学这些专业，更加需要加强理论修养，提高理论水平，需要理论作为指导加以推广。为什么这么说，在来这里之前，我仔细想过这个问题，其实道理很简单。我们研究古代的东西（引申到其他的专业也一样），你哪里知道那么多古代的事情。古书就这么几本，加在一起也没有多少字，你怎么解释，怎么认识，材料就那么多。在有限的时间内，把原本的材料读完是可以的，但要把相关著书读完是不可能的。同样，新的发现也总是有限的，特别是我们中国的现代考古学（从无到有）至今可能还不到一百年的历史，这么短的时间内我们发现的就更加有限。在这种发现有限的情况下，从事我们这一行的人研究古代就像是玩拼图游戏。拼图游戏大家应该不陌生，我相信手中有Ipad 的同学可能玩过，因为 Ipad 上面的拼图游戏可以免费下载（不过免费下载的拼图是有限制的，最多只能下载 55 块小图以下的，超过 55 块就非得花钱了）。我不清楚拼图的世界纪录是多少，但我自己见过的最大的拼图有 5000片小图。

完成一个拼图要费很大的力气，这就好像我们恢复古代某些方面的原貌一样，也要费很多工夫。不同的是，拼图游戏会先给你一个 Promise，保证这个图可以拼出来，另外还给你一个帮助，你买拼图时会附上一个总图，看着总图，你心里会有个大致的轮廓和思路。我们恢复古代样貌时没有这两个提示，没有保证，也没有总图，甚至连用来拼图的小片也找不全，这给我们恢复古代样貌时增添了很多的困难。即使我们可以借助科学的力量，使得考古拼图逐渐趋近客观的面貌，可它永远也只是趋近，而不可能完全恢复原貌。二十多年以前，上海给我出版过一个集子，当时的责任编辑是张晓敏（现在是上海文艺集团的老总），他建议我把集子的名字命为《缀古集》，我一听，觉得这个名字挺好，让我想到了拼图这个比喻，我把考古工作比作拼图就是这么来的。其实，不仅我们古代研究类似拼图，我们其他的很多研究工作也是如此，你研究英国文学史，不可能把英国所有的文学材料都看完，所以拼凑是在所难免的。关键是看你如何使每一个部分尽量恢复到原始总图中应有的位置，你找到这些位置，就说明你的工作已经很成功了。不过这一点很难做到，一定要反复调整，不断地修正，尽量使我们的工作在一定的步骤和一定的环节内做到最好，而不妄图毕其功于一役。

另外，值得注意的是，当你在做拼图的时候，你脑子里也必须要有一个想象中的总图。如果你没有总图，至少你没有一个根据材料想象的总图（作为指引），你就不知道下一步该怎么拼。也就是说，当你面对已有材料，面对前人的研究成果，如果没有一个更高的综合性的视角的话，你就不可能发现其中的规律，在进行下一个步骤时可能会犯错误。这些更高的综合性的视角的把握是需要具有扎实的理论水平才能做到的，这就是我强调理论的原因。我们有必要随时提高理论水平，虽然我说的这种理论并不是要达到哲学理论的这种高度，每一个学科有每一个学科的理论，在跨学科之上，还有总的指导我们思想的理论。这些理论不是该有不该有的问题，而是你非有不可。若是没有这些理论支撑，你就什么事也做不了。比方说，我们讲一个简单具体的问题，就说唐代的御史制度，好多人做过这方面的论文。可是这个论文，需要在整个唐代政治史的一个理论框架的指导之下才能做好。如果没有这个理论水平，单纯只做御史制度，你忙活了半天，也就停留在描述史料的层次上。做这个论文，绝对离不开理论这个关键的指导，问题是你的理论水平有多高，足不足以让你完成一篇出色的论文。在这个例子中的理论其实处于一种比较简单的层次，还不算太复杂和太难掌握。

我们每个人活在世上，总是要问一些终极的问题，譬如：我们怎么看待自己的人生？我们从何处来，到何处去？我们的宇宙前途如何？诸如此类的问题。霍金大家都熟悉，他到中国讲他的模拟论，但是据说听他讲课的人没有一个真正听懂了他讲的内容，问谁都是一头雾水。可是为什么还是有这么多人要听，就是因为霍金的演讲涉及了一个非常高级的理论，就算是他的演讲标题，恐怕很多人都不大了解。我说这个例子是为了告诉大家，我们都需要一些这样的理论来指导我们的研究，指导我们的发展，可是我们在做每一个具体的环节的时候，一定要考虑到一个有一定理论高度的目标和指导思想。我自己在20世纪五六十年代的历史研究所工作的时候，整天听到一个词叫"指导思想"，不过，这里的"指导思想"不是我们常说的马克思主义指导思想，不是这个意思，这个人人都知道，也不是这样来讲。比如我们以前承担过一个任务，编一本书《中国史稿》，在工作开展之前，我们就会开会讨论一下这个工作的指导思想是什么，并且在此基础上形成一个文件——指导思想，我认为这是必要的。做一个大的课题也是如此，以前我做过一个山东的工程，在项目开始时，专家组就被召集起来，首先形成一个类似于指导思想的理论性的总纲领，这个纲领对过去有所总结，对未来有所展望，并且树立了一个行动目标以及规划了如何达到这个目标的步骤。所以对于一些反对理论的观点，我觉得是不可以这样的。

我们中国社会科学院有很多在理论方面堪称大师级的前辈，我刚刚还听说，我们要成立一个社会科学博物馆。还有一个老师和我说，博物馆里应该把过去的那些老前辈、大学者的生平事迹和相关著作陈列在馆中，以示纪念。我觉得这个说法很重要。最近，胡锦涛总书记在清华大学一百周年校庆大会上讲到这个高等教育的任务，关于这点，他提出了四点，其中最后一点，是文化的传承与创新。这点非常重要，后来我们在教育部开了一个会专门就这点来讨论学习。几个大学的与会人员，包括一些大学校长在内，大家都认为这个提法很有新意，是一个新的要求。过去我们没有在这方面认真考虑过，现在我们须重视这个问题，文化既要传承也要创新。传承是为了创新，创新是为了更好地传承，不管是对中国的传统文化，还是对外来的西方文化，我们都要做到这两点。

文化的传承与创新，就是一个很高的理论观点，这样的理论观点应该被很好地贯彻在我们工作的整个过程当中。我们社会科学院的老前辈都是在传承创新方面起着重大作用的人物，而且他们的成就突出表现在具有相当深厚的理论水平上。我们历史研究所的第一任所长是郭沫若先生，他不仅在文学方面贡献很大（这个我不敢乱说），而且在历史学方面也有极大的贡献。郭沫若先生有一部重要的著作，写于1929年，正式发表于1930年，书名叫《中国古代社会研究》，该书被收录在《郭沫若全集》的"历史编"第一卷。我希望在座的同学们，特别是历史系和考古系的同学们读读这本书。当然，从今天的材料来看，这个早就过时了，那是1929年写的，那时殷墟发掘不过才进行了一年左右的时间。可是他已经把握了当时最新的发现，他写的这本书对于当时历史学界所起的作用，恐怕是今天大家很多人都想象不到的。为什么说这本书的作用如此之大呢？我在这里为大家简单介绍一下。

1927年在北伐的过程中，国共分裂，蒋介石制造了"四·一二"政变，大革命以失败告终。为了避难，郭老逃到了日本，到日本后，他用很短的时间掌握了甲骨经文的知识，这非常难得，要知道他以前并没有学过这些知识，那时他还只是一个诗人，一个文学家，还是一个政治活动家。可是到了日本后，他不能从事政治活动，有了很多可以安排的时间，于是他就研究甲骨经文，研究古代社会。他是怎么选择这个方向的呢？我们来看看那时的背景。

在 1925 年的时候，国际共产主义运动机构——第三国际曾经派过一个人到广州调查，这人叫马札亚尔（这个马札亚尔一定是个假名，因为这个名字的意思是叙利亚人）。他在广州调查后写了一本书《中国农村经济研究》，这本书提出了这样一个理论：中国自古以来，是一个亚细亚生产方式的社会。这个论点大家可能都熟悉，它意在指明中国社会不是我们后来理解中的不断发展的社会，而是一个自古以来就不变的亚细亚生产社会。这个论点在当时很流行，这本书也是一个非常正式的报告，这部书出来后在苏联和第三国际里引起了大规模的讨论，一直到 1931 年在苏联召开了一个亚细亚生产方式讨论会，关于这个论点的讨论才告结束。1931 年的讨论会最后形成决议，中国的这个亚细亚的生产方式实质上是一种封建主义。虽然这个讨论在苏联已经结束，可是这个余波已经涉及了中国和日本，这个讨论情况一经到达中国和日本，就引起了大规模的讨论，这个讨论就是"中国社会史性质论战"。这个论战是继"中国社会性质论战"而来的，"中国社会性质论战"关系到一个最根本的问题——中国向何处去。这个问题既是一个政治问题，也是一个理论问题，最后演化成一个学术问题。这个学术问题就是"中国社会史性质论战"，在这个论战过程中，郭沫若先生写的《中国古代社会研究》阐述了这样的观点：中国社会应该按照从奴隶社会到封建社会这样由低级到高级发展的普遍规律来看待。在该书的序言中，郭老说他要补恩格斯的私有制论和国家起源论中所没有讲到的空白。看到这个序言时，我觉得郭老的这种气魄很大，现在也许没有多少人敢这样说话了。他用了最新发现的甲骨文材料和其他的一些资料来研究中国古代社会，他的研究对中国后来的古代史和考古学科各方面的发展方向起着极其深远的影响。

我们所第二任的所长也是一个著名的史学家，侯外庐先生。我曾多年任他的助手，对他比较了解。到了 20 世纪 40 年代的时候，刚才谈到的，关于中国亚细亚社会生产方式和社会性质的论战到了抗战爆发第二次国共合作后暂时平静下来。与此同时，有另外一件事引起了注意，在苏联发表了马克思的一个手稿，我们译之为《前资本主义诸形态》，这是马克思《资本论》第二卷的手稿中的一部分。侯外庐先生当时在重庆负责中苏文化协会的工作，有机会较早接触到这个手稿。看到这个手稿之后，侯老根据其中的观点写了一本书《苏联历史学界诸论争解答》，后来经过修改叫《中国古代社会史论》，这也是侯老最具代表性的著作之一。侯外庐先生说他的社会史理论继承了亚细亚生产方式论的基础。更重要的是，他还把他的社会史理论应用到中国思想史理论中去。他所主编的《中国思想通史》，不仅在中国，而且在世界上都是一部被广泛引用的重要著作。侯老在文化的传承与创新方面达到了很高的理论水平。

以上就是我要谈的关于理论的重要性。

下面我们接着谈第三点：眼界。

我们谈到了"发现"的重要作用，谈到了"理论"的重大意义，另外大家还需要的重要一点就是"眼界"。这点如果我说的有不当之处，由我负责，因为这主要是我个人的看法。

眼界，就是你站在学术的大海洋面前，所拥有的视野，所能把握的范围。当前，无论是自然科学，还是人文社会科学，从19世纪晚期以来，总的学术发展趋势是细化、专业化。细化的过程在给我们带来学术的新发展的同时，也造成了学习和研究上的一定的障碍。最近国务院学位委员会发表的学科目录表大家可能都看过，可见现在学术方向分得很细了。原来我们历史学作为一个学科门类——史学。其中一级学科是历史学，然后是八个二级学科。发展到现在，有三个一级学科，这就是细化的表现。现在所有学科的各方面都在不断地细化，我记得世界史和考古学的学科地位是我在担任学位委员会委员的时候，从教育部和学位委员会那里争取过来的。我说你看看你们口腔医学是怎么分的，口腔医学下面的口腔修复和口腔治疗都分成两个二级学科，连补牙、拔牙都分家了，我们世界史和考古学还不得都分成一级学科啊。他们听到我这么说，也无话可讲，这是一个很明显的道理。也许在学科分类方面还有可以改进的地方，那是以后的事情了，不过毕竟（世界史和考古学）一级学科的地位还是争取过来了。

但是分了是不是一定就好。这个要辩证地看待，问题总是有的。我们学历史的和学考古的，过去就存在一个问题：互相之间有点不相往来。学历史的看不懂考古报告，一看考古报告就头疼，报告中的图纸也看不明白，满眼的一堆陶罐在那排队。反之，学考古的没工夫念古书，挖了半天也没明白怎么回事。所以，双方都需要补课，我希望这二者都变成一级学科之后，无论是在高教上，还是在我们的科研工作上都不要陷入更多这样（彼此理解有障碍）的局面。

刚才我讲到了王国维先生，他应该说是古文字学和考古学方面的先行者、老前辈。虽然他那个时候还不能叫现代的考古学，他是古文字学的鼻祖。大家都知道的"罗王之学"指的就是王国维、罗振玉所研究的甲骨文文字之学，他们俩都是现代古文字学的鼻祖，实际上，罗的学问偏旧，王的学问比较新一些。不过，有一点要注意，如果今天王国维先生在座，我介绍说王国维先生是著名的古文字学家，那王先生肯定会拂袖而去，他不高兴了。因为，王国维先生想自己何止是古文字学家，我的学问就剩古文字学了，忘了他的《人间词话》了，忘了他的《宋元戏曲》了。王国维先生的学问博大得多了，单单称他为古文字学家是不可以的。罗王两位先生有门下四大弟子，四个人：一个是容庚先生，他是中山大学的，商承祚先生、唐兰先生、柯昌世先生。柯昌世先生故世早一些。他们的主要贡献是研究古文字学，虽然也有其他的贡献，但主要还是古文字学，用古文字学家的身份介绍他们是没有问题的。到了我们这代不肖弟子则更晚了一代，叫古文字学家还凑合。而到了我们这一代的学古文字的后来人恐怕连古文字学家都不能称呼了。因为，今天已经没有一个人可以在古文字学领域的四个到五个分支中全面地占有和了解，现在做不到，以后也做不到。自然科学领域亦是如此，比如说，物理学有力学分支，分支又可以分为固体力学和流体力学，然后还可以分得更细，所以将来所谓的物理学家其实只是某个领域甚至某个专业的物理学家，而难以出现通才类的物理学家。

细化的程度可见一斑。然而，细化也会带来两个比较现实的问题。

第一，越是分得细，越有综合的必要。现在每做一个大的科学项目，一定是多学科联合工作的，过去的"两弹一星"，现在的飞机制造，都是多学科共同作用的结果。刚才我讲的《夏商周断代工程》，是"九五"时期综合自然科学和人文科学的一个最大的研究项目，是我们国家以前没有组织过的，这种大规模的工程只有在社会主义制度下的我国才能实施，在其他国家则难以组织起来。学科越是细化，一个工程的综合程度就越高，要达到一个目标不能只从一个学科入手，而是要多管齐下，才能做好。

另外一方面，学科越多，不同学科之间越有发展的余地。举几个常见的例子大家就明白了。物理学和化学虽然相互独立，相互区别，却有物理化学，现在还有化学物理。再比如物理学和生物学综合，有生物物理学。化学与生物学综合，有生物化学。在不同学科的夹缝之间，可以产生新的学科。这是多学科综合的另外一方面的表现。我们在做研究的时候，不见得可以跨学科，可是跨课题还是可以的，所以我们一定要尽可能做到在综合层面上取得新的研究成果，这个是很重要的。

最近这些年，我一直在外面介绍一个学科，这个学科其实和我关系不大，可是我很注意这个问题。为什么我注意这个问题呢？因为 1998 年的时候，我在美国教书，供职于马萨诸塞州的达特茅斯学院，这个是美国常青藤学校，这个学校历史悠久，在美国建国以前就有了。我刚去那个学校的时候，校方对我不错，他们的基金会给我提供了一所房子，这所房子的特点是专门为一些学者入住准备的。这个房子有一间书房，书房有一个规定，凡是请来入住的学者必须把自己的著作至少留一本在那里。他们请来的一些人确实很有名，不过我不能和他们相比。我每天就在那个房间里工作学习，也经常会翻阅书架上的书，我想看看到底谁的书是最前沿的学科所在。偶然中，我发现，有一个学科过去我们关注的不够，而在这个学院却特别受重视。后来，我又到 Handvor 的大书店里去看，以及后来我到美国的其他地方或者是欧洲，都感觉这个学科很突出，很先进，很受关注。这个学科就是认知科学，该学科比我们常见的什么信息科学还要先进。回到北京后，我就给清华提了一个建议（那时我还没进清华），建议他们发展认知科学，现在清华已经有这个领域的研究了。认知科学特别重要，跟我目前的研究其实没有多大关系，只是跟我之前学的哲学有一点点联系而已。

关于认知科学的重要性，我很有体会。几年前我曾发现一本书，这本书是 2000 年的时候在美国召开的一个官方性质的会议后的讨论成果。这个会议由美国国家基金会（相当于我们的自然科学基金会）和美国商务部联合组织，与会成员包括美国的各大学、美国政府的有关部门、美国国防部以及各个重要企业等重量级机构，可谓非常的专业，非常的权威。该会的主题是展望 21 世纪科学发展方向，会毕，他们出了一个报告集，这本报告集是 2001 年在美国一个小地方出版的。我知道之后，从网上把这本书买下了，读完之后，觉得意义非凡。书中对 20 世纪的科学有这么一个观点：20 世纪科学的一个总趋势是恢复文艺复兴时期的科学观念。文艺复兴时期的科学观念是一个综合性的观念，科学是一个整体，人类知识是一个整体，不是分隔的。现在分割太细造成了很多的问题，所以必须把它们聚合起来，才能达到新的阶段。书中还特别提出四大技术——四个大的自然科学，加上社会科学。这四个大的科学英文简称 NBIC，N 是指纳米技术，B 是指生物技术，I 是信息技术，C 就是认知科学。然后加一个 S，社会科学。报告中认为 NBIC＋S 这样的结构作用非凡，从国防安全一直到人类能力的发展都受其影响。我看见之后，觉得挺有意思，虽然这本书是美国人的东西，未必见得符合我们国家的国情，但是一定有很好的参考价值。

鉴于此，我就想找人帮忙翻译这本书，却发现难度很大，因为这本书出版的时候版权是归个人所有，但是这本书的作者有几十个人。不过经过三四年的努力，终于还是解决了这个问题。最近这本书作为清华大学认知科学译丛里面的一本出版了，书名是《聚合四大技术，改善人类文明》。如果大家有兴趣，不妨看一看，虽然里面技术的专业化程度很高，看了还是很有用的。

我之所以讲上面的这个例子，是想告诉大家，学科越是细化，就越是需要宽阔的眼界，我们需要看得多、看得远。当然，我也不是要求大家什么都要读。我小时候就有这样狂妄自大的经历，觉得什么书都要读，看到什么书就得读什么书，最好我一辈子把所有的书都读完。到了后来，我发现外国书不好读，中国书好读一些，但中国书也多得读不完，我就选择读中国商务印书馆出的书，见到商务印书馆的书我就买，只要我买得起，买了后我每一本都读，那我的知识也就可以了。实际上，我们哪里能读那么多书，我年轻那时不像现在工作这么多。那时候，下午三点以后，什么事都没有，我就进电影院学英语去了。即便时间如此充裕，我那时还是读不了多少书。现在更不用说了，有时一个月都读不了一本书。所以，我这里说的"眼界"，就是让你不要什么书都读，而是要精读一些书，特别是跟你专业最相关的、你最常用的书。这样，才会充分利用你有限的时间。

最后，总的来说，我们要把握发现的机遇，提高理论的水平，我们还应该有一个广阔的眼界，做到这些，我们才能学得更好。特别阐明一点，我说的这些都不是乱说的，都是有根据的。至于我说的对或不对，我个人愿意负责。今天就讲到这里为止，我还留一点时间，看是不是给大家用来提问，然后我们共同讨论。谢谢大家。

主持人（黄晓勇）：大家有什么问题，现在可以提。

学生甲：尊敬的李教授，您好！我是社科院近代史系的博士研究生。听完您的讲座，我感到很有收获。我想提一个问题，正如您刚才说到理论修养的必要性，而理论正是我所欠缺的东西。不知道您能否就如何提高理论水平提一些建议？谢谢。

李学勤：我听到你是近代史所的，近代史我完全外行，我研究的内容离你起码有 2000 年左右的时间。所以，我没有办法给你提什么具体的建议。不过，我个人觉得，我们要加强理论，在读理论大师的名著时要读原著，原著特别重要。刚才我提到历史研究所的第二任所长侯外庐先生，他最早在我们国家全文翻译《资本论》。他不是第一个翻译的，因为在他之前有人翻译过第一章的第一节，但是他把第一卷和第二卷都翻译了，第二卷的翻译稿还被收录进国家图书馆。从这个意义上讲，侯老还不只是一个历史学家，他对《资本论》的翻译非常重要，值得大家纪念。侯老就曾强调一点，我们不能什么书都读。我刚才也说过，我们应该选读，选择那些最常见的、最基本的也是最好的书。对于这些书，我们要精读，关于理论方面的书我们不仅要精读，还要尽可能读原文。前两天，我在一个会议上说过，翻译永远不可能十全十美。

有一个趣事，我们中国的作品翻译成外文最多的，《红楼梦》起码是其中之一。翻译《红楼梦》的译者都是文学家，所以文笔应该很好。可是《红楼梦》中有很多东西根本没法翻译成外文，翻译最好的是英国的一个大卫·霍克思的版本（译名《石头的故事》），这个本子进了"企鹅古典丛书"，这个很难得。"企鹅古典丛书"在外国什么地方都能买着。哪怕是这么重要的翻译本，在翻译过程中还是遇到理解上的难题。比如说，书中把贾宝玉的丫鬟袭人翻译成 Aroma，Aroma 是香气的意思，可是袭人那两个字的精神一点也没有体现出来，袭人就是一个香味。"花气袭人知昼暖"，这句话的意境一点也表现不出来。为了避免类似语言障碍的困扰，我建议大家多用心学习外语。外语学好了，不仅可以读懂我们自己国家的理论名著，还能读懂国外的理论巨作，这样提高起来就快了。我说的这些话也许过于空泛，不一定适合你这个近代史的具体要求，希望它对你能有所帮助。

学生乙：谢谢李教授，我的问题是关于一个晚辈向长者人生经验的请教。我想问一下，如果有人想要选择以学术作为他一生的追求，那么应该具备什么样的一些条件，请您具体给我们谈一谈。

李学勤：好的，这个问题，我觉得挺重要。我在其他有些大学里（教书或作演讲的时候），也有同学提过类似的问题。把学术作为一生的方向，我想这是一个非常值得尊敬的选择。特别是在今天的社会里（要做到这点）不太容易，我觉得这里面最主要的品质是要有耐力。作出从事学术的选择之后，一定会碰到一些挫折和压力，这是必然的。《周易》说过："不事王侯，高尚其志。"现在虽然不用"事王侯"，可是"高尚其志"还是很难做到的，需要一种特别的耐性和耐力。这个耐力呢，我觉得是你本身的修养问题，谢谢。

主持人（黄晓勇）：有没有女同学要提问的。

李学勤：我没有性别歧视的。

同学丙：感谢李老师给我们讲了一些如何把握发现的机遇、如何提高理论水平以及如何拓宽自己眼界方面的经验，我觉得您的讲座使我们在治学方面获得很大的帮助。冯友兰先生曾经说过史学界有三种趋势：信古、疑古和释古。有人说这三点是一个阶段说，其实从更大的意义上讲，这是一个趋势说。我想到这三点跟您今天讲的主题"发现·理论·眼界"暗含着一种思想上的契合度。在我们这样一个浮躁的消费文化的主导下，我们年轻人可能有一种很浮躁的心态。您觉得在这种情况下应该怎样才能在治学当中做到您关于"发现·理论·眼界"的一些要求呢？烦请您简单谈一谈。

李学勤：谢谢这位同学，这个问题也是一个大题目，要把它讲完，需要重新安排一个讲座才可以。刚才你提到冯友兰先生，我在清华的时候，冯先生是该校的老师。冯先生的著作我读过不少，在他一生中，他经常引用一段话，北宋张载的四句话："为天地立心，为生民立命，为往圣继绝学，为万世开太平。"冯先生认为，这点是中国传统学者的一个基本精神，也是他一生奉行的一个标准。这句话念起来很容易，实际上做起来非常之难。一个人怎么才能有这么宽阔的胸襟呢？怎么样才能为天地立心呢？过去我自己也常常想这句话，有一次，我在清华大学一个企业班上专门为这个讲了好久。我自己的体会是，其实这句话很有科学根据。我们可以想一想，这是个物质的宇宙，物质的宇宙本身没有什么精神的，哪里有什么"心"呢？天地是没有什么"心"的，只有人类有"心"。人，是整个物质世界发展的最高成就，人类作为天地之心，这句话没错，是科学的。所以"为天地立心，为生民立命"，是一种"以天下为己任"的担当。冯先生常常提的这点，其实是一个境界问题，有了这种境界，我们才有勇气"为往圣继绝学，为万世开太平"。这一点值得大家好好思考一下。希望我说的这些能给你提供一些参考，谢谢。

主持人（黄晓勇）：再来一位女同学。

学生丁：李老师您好！你说我们需要一种更高的综合的观点作为指导思想，如果我没有理解错的话，指导思想是对于规律的揭示，那我们在做研究的时候，会不会出现结论的预设？

李学勤：呵呵，不是这个意思。谢谢你提出这个问题，你的这个担心是有道理的。我刚才说的理论，还不是那种最高境界的理论，而是指一般的理论。从一定意义上讲，理论是一种预设。因为，事先你就有了一个问题的大致看法，但是这个看法是可以不断修改、不断发展的，就连马克思主义也是不断发展的。马克思主义作为一种最高境界的理论，也从来不是一成不变的东西，这是最高的理论。一般的我们学科的理论也是要不断修改、不断发展的。而且这种修改和发展只要从实际出发结合实际，就不会产生什么矛盾和问题。谢谢。

主持人（黄晓勇）：还有最后一个问题。

同学戊：李先生您好！现在理论界有些学者在做文学人类学相关研究的时候，就是把地上、地下的以及考古的一些材料结合起来。所以，我想请问一下，您有过体会和这方面的研究吗？您对他们的研究有什么看法？文学人类学，比如叶舒宪等。

李学勤：这个问题，我觉得也是很有意思。刚才你提到的学科在国外实际上叫文化人类学。文化人类学有两个大的倾向，一种是以英国学者为代表的欧洲文化人类学，一种是以美国学者为代表的文化人类学。不管是哪种，都是通过民族或者人类学的一些调查所得到的一些知识。这些知识，对于研究古代和识别一些考古发掘的材料一定是有某种程度的参考价值，这点不单在中国，在国际上也已经得到证明。这方面也是我们应该学习的理论。可是我们在做这个的时候，我个人认为，应该充分注意到中国的一些特殊情况，不能生搬硬套。我们应该认识到，外国的一些人类学或者社会学的理论是从外国的实践中总结出来的，这种总结对不对我们也需要另外加以考虑。但是无论如何，我们得了解这些个理论和理论的实践基础，我们有必要知道怎么回事。比如说，费孝通先生的老师马林诺斯基在中国颇有影响，还有《金枝》一派的弗雷泽的一些东西在中国也很有影响。可是我们中国人对这些东西从来没有深入研究过。《金枝》那个书你们看过吗？你们不知道，我们看到那个是缩写本，只有上下两册，还是些文学家翻译的，所以翻译得不准确。而该书的原著有十二大本，每本都很厚实，我不相信大家谁看过它。再比如说，现在很多人喜欢谈图腾，外国研究图腾方面的一些主要理论，比方说法国的列维－斯特劳斯的《图腾论》，这在外国，所有的大学生都必须要读的。我们中国人可能根本没有读过这本书，你拿什么来讲图腾。还有就是，现在流行的酋邦理论，研究比较好的也是国外的学者，国内也是有些人没有读原著就贸然开讲。这些，我觉得都不足为法。我们研究外国的一些理论，应该认真读其原著，体会其中的精髓，并结合实际给予适当的评价，谢谢。

主持人（黄晓勇）：非常感谢李学勤老师。他以"发现·理论·眼界"为题给我们做了一场非常精彩的报告。告诉我们要抓住发现的机遇，提高自己的理论水平，扩大自己的视野。后面在提问环节中又谈到要认真地读原著，而且是读原文的原著，这样就为自己的发现奠定了坚实的基础。同时，李老师还在报告中一再强调，要提高自己的理论水平，不提高自己的理论水平，理论终究也是要困扰着你的，是摆脱不掉的，理论水平的提高是我们从事科学研究工作重要的基础。重要的一个方面，还有眼界。让我们再一次以最热烈的掌声对李学勤先生表示衷心的感谢。下面，请我们的学生代表向先生献花。

（录音整理：黎越亚；初稿整理：苟军）

活下去

——走来的农庄

高　宏

主持人　吴十洲（中国社会科学院研究生院教授、文物与博物馆硕士教育中心主任）：他故事的前半段，充斥着矛盾冲突、打打闹闹，这之间的转折点，就是画画。

他的笔法粗犷，大块的颜色涂抹，大方的线条勾勒；北方农村的气息非常浓郁，小麦、黄牛、黄土地；人物夸张，大头、大手、大眼睛，可神情麻木冷漠，感觉在奔忙，却没有方向，单纯是为了活着而活着。

他叫高宏，他说他的画想表达的是"最本质的生命状态"。

沙沟村全貌

他的画与有些讲别人故事的人相比，是在讲自己的故事。

高宏，1970 年 3 月 4 日，出生于陕西省横山县高镇乡怀远村。

小时候他为吃一碗粉条，走十里路，爬一座有鹰有狼的黄土崖，小小年纪就练就了"大无畏"的精神。他的童年伴随着贫困、痛苦、放任、野性，还有与现代文明的疏离。

人生的轨迹运行到这里，终于发生了转折：伯乐出现了。他的名字叫马宇，是西安美术学院毕业的一位老师，与当时在煤田打工的高宏一见如故。一番交往后，发现高宏很有感觉，遂建议他学画，而且随即就教了他很多美术知识。

1999 年 8 月，高宏的儿子出生，小家庭幸福美满。可就在这一年年底，高宏突然打算开始画油画，妻子李洁也表示支持。可要提高自己的水平，还得继续学习。就这样，结婚不到三年的小夫妻分隔两地：李洁留陕西，上大学，带孩子；高宏去北京，考学校、练油画。走之前，他发下誓愿，"如果在北京住不下去，那宁可死"。

2003 年，清华大学美术学院的石冲老师看了他的画后，说："画得很好，非常好。"这是第一次有人这么近距离地赞美他。杜大恺老师一看，则说："你不要学了，你比我们画得好，你有一种东西是学院的人基本都画不出来的。"

有人给出这样的评价："高宏是一株生于黄土地，长在北京城的麦子，很难活，更难死。"

这就是高宏，一个狂野不羁的半路画家，凭着一身憨劲，不断地突破边界，超越局限。他忍受着困苦，却把痛苦化作画布上的生命，源源不断地支撑着他走自己的路。

高宏（著名农民画家）：我今天演讲的主题是活下去，农民得活下去，我们每一个人的活下去。活下去是我们中国人永恒的主题，是一种传宗接代、生命繁衍；活下去代表着一个民族的希望，代表我们的未来。首先我将展开的是一个村庄，这是村子的一个全貌，我家住在窑洞里，我就是在这里出生的。

我曾经这样描述自己，高宏的性格既不像石头一样坚硬，也不像钢铁那样有韧性，我是陕北高原上的黄土，但是我能在北京生存、生活，而且生活得很好。所以我的讲座就从生我养我的村庄开始，首先为大家介绍我们村子的文化背景。虽然我的家在陕西省横山县怀远村，但整个陕北都是我的家，那里有信天游、石狮子、剪纸，有人们向往的精神圣地，有黄河，黄河就像中国人一样平静地流淌，它是那样的沉静，那样的富有诗意，这样一条平静的大河，在这样的荆山峡谷里，它也会竖立起来，站起来咆哮。它是一条母亲河，具有一股非常强劲的力量，只有身临其境，才能感受到它磅礴的气势和所蕴涵的民族精神。所以我为自己生在这块土地上感到庆幸，我曾经抱怨自己是农民，批判过农民，讽刺过农民，但今天我要为他们唱赞歌。我为什么要画他们呢？画农民的什么呢？我告诉大家，我一定要画农民的承受力，我曾经说过，农民具有坚强的承受力，他们就像大树，它的根深深地扎入大地。所以说我们每一个人就像树一样，只有把自己的根不断地、深深地扎在艰苦的土地上，向下，向下，再向下，我们的爱，我们的善意，才会伸向爱的天空，这种爱是有激情的，有理想的，有责任的。我在北京接触过很多知识分子，接触过很多当代的艺术家，接触过很多归国的学子，我发现他们比较沉默，比较怯弱，甚至失去了理想，我说是因为你们活得太幸福，你们只有到陕北，到陕北的黄土地上看看农民背上背着如此沉重的庄稼是怎样一步一步走上山冈，就会明白他们的承受力，明白活下去的力量。他们一双承受的眼睛挣得绿绿的，那种光具有神性，那种承受力让人感动。我告诉人们，我的父亲，我的母亲，我的爷爷，我的祖先，就在这块土地上活下来了。他们一代代地传下来告诉了我，不管走到哪里，都不要丢失了自己，迷失了自己，你只要本着自己的心做事就行了，你就会得到爱，得到善，所以我们每一个人从这个意义上说都是平凡的人，但同时也是伟大的人。今天我在这里讲农民，赞美农民的承受力和精神的时候，我感到这个国家是有希望的，但我同时也要批评自己身上具有的农民性，我们要去掉农民身上的脏东西，让农民的精神和承受力发光发亮。

首先介绍一下生我养我的这个村子，我出生的这个村子就坐落在山坡上，它和中国千千万万的农村一样。窑洞有着简约的结构，继承了我们最原始的一种美学的造型风格。窑洞里面有冬暖夏凉的炕头，温暖的人心，那里充满着善良，充满着饥饿后的光芒，所以说这块土地是有神性的。在冬天，这个村子呈现一种萧条肃穆的感觉，就像陕北人一样，远远地望着大家，木讷、呆滞，但这种木讷和呆滞里充满了对外界的渴望。我为什么要来北京呢？我觉得待在那样的环境里的鱼长大后是不能活的，北京就像一片大海，给我们每一个人遨游的机会，无论你从事哪个行业，在这个大海里你都有遨游的机会。有人说我是生在陕北的一株麦子，长在北京的一株麦子，活着难，死更难。因为我们的生活今天可以鱿鱼海参，明天也可以依赖小米粥，所以大家在体会和理解生活的时候，一定要感受小米的味道。我曾经和北京的朋友聊天，你知道饥饿吗？今天我觉得大家已经忘记了饥饿。我觉得忘记了饥饿就等于忘记了过去，就像石狮子一样守望着我们的历史。它的沧桑证明着这块土地的存在，它不需要言说，不需要文字，它就是一种文化，它告诉我们，历史就是这样。尽管陕北人佝偻着背，面貌极丑，但它的心灵是高贵的，就像石狮子永远傲视着远方。我觉得这种图腾是中国人特有的图腾，它不像西方那些英雄式的雕塑，它是平和的，是和大自然融为一体的，陕北人就像这个石狮子，不会凸显自己，但它真真实实地镇守着这一方土地。

当我们看到这张画的时候，我们就应该回忆起饥饿，想到饭香。饥饿是留在人们心里的一个永恒的记忆。我曾经问过别人饥饿是什么，别人回答饥饿就是想吃饭，我要告诉大家的是，人真正饥饿到极致的时候吃一顿饱饭是能撑死的，不是饿死，是撑死。这样的饥饿会留在心灵深处。如果单纯只是想吃饭，只是身体的需要，不会留下记忆。所以中国人几千年来的饥饿是有记忆的，而这种记忆在我们的血液里根深蒂固，这就是饥饿的意义。我家姐弟四人，当二妹看到我爷爷的九个孙子都外出求学，只有自己留在这个村子的时候她疯了，最后死在母亲的怀抱。我母亲抱着她七天七夜没有吃饭（最

哀隐的饥饿

后活了）。从此之后我母亲再不烧香上庙，她说人活着最重要，家里其他人还得继续生存和生活，我父亲掉了几滴眼泪就下地干活去了。在我的家庭里发生这样的死亡之后，我对死亡的认识更加深刻了，当你对死亡有认识的时候，才会冷静，才会帮助需要帮助的人，帮助等待你帮助的人，我觉得这个是最重要的。这也就是饥饿的意义，我们忘记饥饿，就会迷茫，就会觉得这个世界到处都是问题、什么都没有价值和意义。当你饥饿的时候，你就会觉得什么都不重要，吃饱才是最重要的。今天，在物欲发达的年代，人要懂得知足。拿艺术家来说，钱对于我们真的没有什么，钱放在那儿，只应该让画家平静，更专心于艺术，不要急躁，不要紧张。

晌午饭

在我的画里，有许多有关于饥饿的画，让大家记住饥饿。画中有许多乌鸦，乌鸦是有神性的，历来中国人唾弃乌鸦，但乌鸦知道人心，它能闻到你要生，你要死，当饥饿时大片乌鸦黑压压地笼罩头顶，乌云密布的时候，你就会充满理想，充满对生存的渴望。中国人有多年的饥饿记忆，你觉得这个苦难的民族没有希望吗？中国人还需要宗教吗？还需要信仰吗？受过苦难和饥饿的他们生命力是多么强大，他们就像陕北黄土高坡上的那棵狼牙刺，虽然长相丑陋，但依然坚定地活着，无论狂风暴雨、无论冰雪覆盖，都依然活着，依然镇守着这个村庄。从小生活在这样的环境，你就会充满理想，充满对生存的希望，充满走向外界的渴望。当你看到这样的景象，你才能真正明白什么是生存的艰难，才能明白什么是坚持，对生活的坚持。在陕北有一种东西叫扛着，有一种东西叫背着，即背负着、负重的行走。记得小时候有一次我背着重重的一筐土豆，不小心掉下山崖，母亲幽幽地说，孩子，这是我们今年的粮食啊，父亲一声不吭用一根绳子绑在我的腰上将我放下山沟，捡起只剩下半筐的土豆。这是一种怎样的坚持啊。我想今天即使山崖下掉的是金子，也无人会冒着生命危险去捡。这就是陕北人活下去的艰难，也是陕北人对活下去的坚持。这就是在饥饿年代人们对食物的珍惜和渴望。

饥饿图

在我生命的记忆中，陕北是没有绿色的。冬天贫瘠、干枯的黄土高坡像是一幅素描画，夏天是中午太阳照耀下的白色，这两种颜色具有宗教性，非常具有力量，这两种颜色也多次出现在我的画里。这两种颜色具有震撼人心的力量，只有生活在那里的人才能体会这种力量。

在陕北有一句话，女人忧愁哭鼻子，男人忧愁唱曲子。当他累的时候他就会唱，当生活无法坚持时也会唱。在陕北有一首歌叫《走西口》，其实走西口就是出走讨饭，但讨饭回来后这些人不会说自己去讨饭，会说自己外出打工发财了。这就是饥饿的觉醒，即使自己外出讨饭，也要活得有尊严。所以即使处于饥饿状态的老百姓也活得有尊严。老百姓比富人更看重尊严。陕北家中有客人来，父母会将家中最好的东西拿出来招待客人，但每次都会将自己的孩子支开，孩子都会从门缝中偷偷地看着，心里无比羡慕，甚至会怀恨。

负重的行走

黑棉袄

　　大家看我的这幅画——《黑棉袄》，这是中国特定的一个时代，即黑棉袄时代。大家都穿着黑棉袄，穿着黑棉袄在前行，在忍受饥饿，穿着黑棉袄像鬼一样走向劳动，穿着黑棉袄在集会，穿着黑棉袄在做一切的事情。黑棉袄在人们心里留下了很多很多的记忆，大家也许只能经常在电影里才能看到这样的服饰，可这是当时冬天陕北人主要的一种服饰。大家看，这是怎样无助的一种情形，在没有秩序的同时，大家依然竭力走向工地，尽管很饥饿，尽管要忍受寒风，但依然会不断地前行。讲到这里，我想讲一个小故事，在饥

要承认这种差距，虽然人生活的状态有差距，但人的心灵是没有差距的，对知识的渴望、对生活的追求没有差距。农村人对上学的追求特别艰难，最难的是家中同时有两个孩子考上大学，必须有一个要放弃。今天我依然能在70岁的农民身上找到最原始的农民性，他们的生活完完全全是为了后代。如果这一代人离开，那么陕北最原始的农耕文化就会消失，这是我自己的主观感受。

这幅画是《挖煤》，我们不妨看看当时的那些挖煤工人，他们随时都会有生命危险，但是为了活命，所以并不卑贱。当你看到这情形的时候，难道这个国家没有希望吗？这个民族没有希望吗？在这个国家复兴的时候，需要我们每一个人去承受，去背负而不是抱怨，其实在这里我要告诉大家，知识越多的人抱怨越大，越不满足，越认为社会不公平，越认为自己是人才，越会心里愤愤不平，因为他们确实付出了十年的努力，十年寒窗，但是他们却无以回报，不是回报社会，而是回报父母，因为父母的眼睛在审视着自己。就像我为了自己的理想，三年没有回过家，就像我媳妇说："下辈子我就是嫁给驴，也不会嫁给艺术家。"这就是选择，不管你选择什么，都是要付出代价的。我为了自己的理想放弃了对家人的照顾和责任。

刨

这幅画是《刨》，这块地里并没有金子，但刨就有希望，只要你敢去挖就一定会有希望。还有对粮食的渴望，他们的眼神里充满渴望，充满苍凉感。打猎在陕北是一种禁忌，在中国的农村有山神庙，但没有造像，山神就是狼。

陕北人不会打自己的图腾，那是他们的神，传说打狼会遭到报应。

悲怆、憋屈的普通老百姓

这幅画是《憋屈的老百姓》，表现农民的日常生活，他们生活得很窝囊、憋屈，很悲哀，既没有话语权，也没有生活的平等权，他们唯一的希望是老天爷，他们没日没夜地付出却不知道是否有收成，因为陕北没有水，如果老天能下雨，就是一种恩赐，才会有收获的希望。

母亲

这幅画是《母亲》，母亲已经 60 多岁，但依然艰难地劳动，像动物一样地付出和劳动，每天从山里回来做完饭后木讷地坐着，她们的眼神像动物。在陕北，人和自然融合在一起，像牛一样地付出，很朴素、很善良。

希望

这幅画表现的是农民的希望，他们的希望很渺小，例如一只羊羔，其实即使羊羔长大之后又能卖多少钱呢，但这就是农民的希望。

1992 年之后，生活开始变化，人性开始向下，农民开始绝望，吃饱饭是一种陷阱，农民的孩子即使上了大学也无法找到工作，农民开始绝望。这是一个艺术家的敏感体验。

《不孝的大顺和二顺》：一个家庭的两兄弟都不照顾自己年迈残疾的父亲，父亲无法生存、无法生活，一步步爬到山崖边摔死。死后两个兄弟摆了酒席招待了全村人。这也是人性，一种很矛盾的东西，但确实存在。

《霜降》：这幅画画的是秋收时农民的一种状态，在漆黑的夜里，人们都生机勃勃，充满希望，每个人的想法都是不一样的，每个人看似没有关系，但他们有关系。在这幅画里我重点突出了一棵树，我们每个人的生命就是一棵树，是这棵树上的一片枝叶，一条根，只有这棵树长大，我们才能长大。所以我们不要绝望，不管多么艰难，只要看到我们的国家在上升，在强盛。

不孝的大顺和二顺

己丑霜降

虽然我们的人性在迷失，需要几十年的努力去完成，但当我们看到画中的老头在切土豆，在为明年的耕种做准备时，我们就应该明白，活着的承受，生活是有信心的，有希望的。何况在座的都是博士、硕士，从画中我们可以看到生命的延续，能觉得没有希望吗？多么温情，多么善良，多么宽容，多么美啊！

　　活着的承受，只要活下去，就是希望。

　　　　　　　　　　　　（录音整理：延缘；初稿整理：薛显超）

中国与世界

人类历史的未来发展趋势

——成立区域性国际组织

〔日〕 西原春夫

主持人 刘迎秋（中国社会科学院研究生院院长）：我们今天非常高兴地请来了原早稻田大学校长、国际知名学者西原春夫先生。刚才西原春夫先生在我们的贵宾室给研究生院题词：满眼闻声，满耳见色。这个题词非常有意思，满眼闻声，满耳见色，意思是说咱们这个校园的美丽是可以用耳朵来看、用眼睛来听的。

尊敬的西原春夫先生，各位来宾、同学们，大家下午好！在新校园落成以后，我们开展了"社科大师大讲堂"的学术活动。今天，我们迎来了国际知名学者西原春夫先生来我校做学术报告，他将要给大家讲一个国际性的前沿问题，即关于国际化和区域的组织问题，这也是中国作为一个大国所要面对的新课题。在大国发展的格局下，随着苏联的解体，以美苏对峙为主要特征的冷战阶段宣告结束，美国独占世界霸权，而中国经过三十多年的改革开放已经成为世界第二大经济体。置身于这样的时代背景下，中国如何发展已经成为每一位有识之士和国际问题相关专家、学者非常关注的问题。西原春夫先生能来我校作学术报告，对我们来说具有积极的现实意义。

下面我把西原春夫先生的基本情况向大家作一个简要的介绍。

西原春夫先生是日本杰出的刑法学家、教育家和社会活动家，现任早稻田大学的名誉教授（原早稻田大学校长）。江泽民总书记在日本访问时，曾在这所学校作过演讲。

西原春夫先生于 1928 年生于日本京都。1949 年进入早稻田大学第一法学部学习，1953 年师从齐藤金作研究刑法，1962 年获得法学博士学位，1967 年在早稻田大学任教授，1982～1990 年任该校第十二任校长。西原春夫先生长期从事刑法学研究，著述颇丰，如 1962 年出版了《间接正犯的理论》，1968 年出版了《刑法总论》，1969 年出版了《交通事故和信赖原则》，1976 年出版了《刑事法研究》等，可以称得上著作等身。

西原春夫先生在刑法理论研究和实践方面都贡献甚巨，他被韩国高丽大学、菲律宾拉萨尔大学、美国阿拉姆大学、澳大利亚悉尼大学、俄罗斯国莫斯科大学、德国奥格斯堡大学等著名高校授予名誉博士学位。在促进中日学术交流和发展方面，西原春夫先生也做出了贡献，他曾担任中日有组织犯罪共同研究会会长、日本日中关系协会顾问、日本日中协会理事、日本中国友好协会顾问等职务，先后被中国人民大学、华东政法大学、武汉大学、黑龙江大学、山东大学、中国政法大学等高校授予名誉教授，被司法部犯罪预防研究所授予荣誉研究员的称号。

中国社科院有很多学者曾在早稻田大学学习、访问或做研究工作，刚才美国所的所长黄平同志就参加了（西原春夫先生的）会见，他曾先后四次去早稻田大学做访问学者，刚才在会见过程中，他也邀请西原春夫先生方便的时候访问美国研究所。

西原春夫先生今天要从历史分析的角度，给我们作一个报告，这个报告的题目是《人类历史的未来发展趋势——成立区域性国际组织》。这个演讲将探讨 19 世纪欧洲帝国主义兴起的原因以及对日本和亚洲的影响。西原春夫先生演讲的中文稿已发给大家，他会有选择地突出重点来讲解。昨晚我认真看了这篇演讲稿，觉得可供我们借鉴的东西很多，值得大家的思考和探讨，欢迎大家在演讲结束向西元春夫先生提问。接下来，让我们以热烈的掌声欢迎西原春夫先生为大家演讲！

西原春夫（日本早稻同大学原校长，著名学者）：感谢刘院长精彩的介绍，我感到非常荣幸。今天，我能够在中国最具有学术权威的中国社会科学院研究生院面对这么多学子进行演讲，倍感荣幸。此次中国之行，我在中国社会科学院作过三次系列演讲。刚才刘院长提到过，昨天上午我在近代史研究所就欧洲帝国主义的兴盛与终结做了相关演讲，下午在法学研究所就国境问题的和平解决方案进行了演讲，今天下午我在研究生院就《人类历史的未来发展趋势——成立区域性国际组织》为题做演讲。非常感谢大家的到来！

第一部分：前言

在昨天的演讲中，我主要向大家介绍了 1945 年这个年份的伟大历史意义。无论是东方还是西方，对其他独立国家进行殖民的行为都是由来已久，但资本主义经济发展所引发的狭义的殖民地抢夺应从 16 世纪葡萄牙、西班牙等海上强国抢占南美殖民地开始算起。到了十八九世纪，欧洲各国也加入到瓜分世界殖民地的狂潮中来，亚洲为此付出了巨大的牺牲。后来，日本向自己的邻国发动战争，拿自己的亚洲兄弟开刀，也是受到了当时如日中天的"欧洲帝国主义"思想的影响。

但是，1945 年以后，殖民地国家纷纷宣布独立。殖民地独立的原因当然有很多，其中最主要的原因就是作为宗主国的欧洲诸国在"一战"结束后开始意识到帝国主义已是穷途末路，"二战"后帝国主义正式垮台。在昨天的讲演中详细介绍了帝国主义垮台的原因及其经过。在这里，我想简单补充一下。昨天上午在近代史所演讲时，有一位听众向我提了这么一个问题：帝国主义真正已经垮台、终结了吗？对此我的回答是，我所指涉的"帝国主义"是一个狭义的概念，是指对其他国家进行殖民侵略的帝国主义。同时，我认同提问者的观点。当下，帝国主义以某种别的形式，比如说金融的形式，有可能还继续存在着。但在我的演讲中，采用的是狭义的定义。

1945 年的意义还不仅限于此，1945 年以后发达国家之间再也没有爆发过世界规模的战争，更不要说是以前那种帝国主义性质的战争了。现在地区性的战乱时有发生，干扰了人们的视线，使人们容易忽略这一点，但这毕竟是客观存在的事实。当然，仅凭此还不足以断言人类已经进入了和平时代，因为不知道未来几十年里还会不会爆发世界规模的战争。但毕竟"二战"过后的 60 年是在和平中度过的，这提示我们人类有可能进入了历史发展的新阶段。

如果人类历史真的进入了和平时代，那么"军队"的性质也有可能随之发生巨大的变化，以前它是军事侵略的工具；现在它转变为一种防御的手段；未来还有可能出现新的变化。历史不断变迁，时代潮流也随之转换，因此理清历史的脉络、作出正确的决策十分关键。就这一点，我想在今年的 6 月份找一个机会和大家分享我的看法。在此之前，我需要先带大家把握历史的走向。1945 年之后出现了新的历史潮流，这就是今天我想要作演讲的题目，即区域性国际组织的成立，其中最具代表性的就是欧盟的成立。

请大家关注一下自己手上资料的第一页的第二部分。

第二部分：德意志统一及后来欧洲共同体的形成

（1）有很多人以为欧洲一体化始于 1945 年，即"二战"结束以后。事实上，早在 19 世纪，欧洲就已经出现了统一的征兆，即 19 世纪完成的德意志统一。找到欧洲一体化真正的源头，可以帮助我们更好地理解成立地区性国际组织是今后历史发展的趋势。

（2）让我们回忆一下欧洲发展的历史，395 年罗马帝国灭亡以后，481 年法兰克王国成立，它国力强盛，控制了整个欧洲中部地区。但到了 843 年，查理大帝驾崩之后，国家一分为三，各自的领土范围大致相当于今天的法国、德国和意大利北部地区。

位于法兰克帝国东部的德国，后来改名为"神圣罗马帝国"并一度走向繁荣，但因为国家经济以农业为主，因此地主武装力量强大，国家陷入长期割据局面。到了 14 世纪，欧洲诸国工商业飞速发展、逐渐转型为中央集权的现代化国家时，德国的发展明显滞后，分立主义势力仍然十分强大。

具体来说，当时的欧洲国家如法国和奥地利的国王采取的都是世袭制，但在德国却是选举制，即由地方诸侯和国家主要宗教派别的大主教共同选举国王（1356 年），因此和其他的欧洲国家相比，德国皇帝的实力较弱，但国家的封建体制却根深蒂固。

后来发生的一系列事件又助长了德国的分立主义势力。1517 年马丁·路德发起新教宗教改革，天主教和新教两大派别之间展开了激烈的争斗，后来瑞典武力介入，大规模战争爆发，这就是所谓的"三十年战争"。该战争波及整个欧洲，给欧洲造成了巨大的损失。1648 年哈布斯堡王朝战败并签订停战和约，即《威斯特伐利亚和约》，和约签订后德国的地方割据更为严重。

威斯特伐利亚会议及和约的特点也就是它的历史意义在于，它是第一个几乎有全部欧洲国家参加的国际会议，而且该会议所通过的决议完全承认了与会各国的主权。

我想在座的各位对 1648 年签订的《威斯特伐利亚和约》应该是比较了解的，该和约对今天欧洲的意义也是非常之大。近代诸多国家都是受到了欧洲的影响，纷纷形成了民族国家，国家主权这个概念其实就是来自《威斯特伐利亚和约》。各位也一定知道，在历史进入 20 世纪后半期以后，包括亚洲在内，全球都有建立区域性的国际组织这样一个现象，这个现象与 1648 年签订的《威斯特伐利亚和约》紧密相连，可以说是《威斯特伐利亚和约》精神的变革、变迁或者说是一种修正。这也意味着国家主权这个概念在进入到 20 世纪以后，已经朝一个瓦解的方向走去。

我还想补充一下，在 20 世纪，我们身边发生了不少大的事件，一个是 1945 年中日战争（中国称之为抗日战争）刚刚结束，亚洲一些国家纷纷摆脱殖民体系，成为独立国家。其次，20 世纪后半期还有两个大事件，一个是以苏美为首的东西冷战阵营的瓦解，还有就是欧盟的成立。这两大事件都对人类历史起到了重大的影响。在这两大事件当中，我认为欧盟形成的意义更大，以美苏为主的东西冷战阵营的瓦解虽然也有意义，但是我们仔细回想，这仅仅是发生在最多 100～150 年之间的历史事件。相对而言，欧盟的形成起源于 17 世纪中叶，至今已有 300 年的历史，故而，其意义是重大而深远的。

现在，我们回到演讲的内容。现在是讲稿第二页的第三部分。

《威斯特伐利亚和约》签订之后，德国境内的 300 多个诸侯国获得了完全的独立，在此，诸侯是大地主的意思。他们可以自由地与其他诸侯国或外国签订条约，无须征得皇帝的许可。但皇帝在处理国家大事的时候却必须获得诸侯国的一致同意。各个诸侯国内顽固地保留了过去的封建体制，因此虽然当时在欧洲其他国家已经出现了资本主义的萌芽，在德国却未能获得发展，德国经济发展明显落后于欧洲其他国家。

大家可能会认为我花了太多的时间来仔细介绍这一段历史，因为我认为这一段历史跟之后发生的第一次世界大战乃至第二次世界大战以及纳粹有重要关系，所以我就多花了点时间。

（3）德意志的特点及其发展经过给后来世界史的发展造成了重大的影响，所以我特意在这方面多花了一点时间来交代清楚。

18～19 世纪德意志联邦中势力最强的国家是普鲁士，特别是有"腓特烈大王"之称的腓特烈二世（1740～1786）在位期间，致力于发展国家经济和扩充军备，国力十分强盛，腓特烈二世也因为其思想开明受到人民的敬仰。普鲁士在 1833 年有一项重大举措，即在它的积极推动下成立了著名的德意志关税同盟。

这个关税同盟的主张是取消德意志联邦各国的通行税征收权，用现在的话来讲就是建立了统一的市场。在这里要补充介绍一下当时德意志的联邦构成，拿破仑帝国覆灭后，欧洲各国在维也纳召开国际会议，决定由 300 多个诸侯国共同成立德意志联邦，包括 35 个联邦君主国和 4 个自由市。维也纳会议之后，普鲁士一跃成为四大诸侯国之一，这为它日后统一德意志铺平了道路。

我想在这补充一下，在座的老师和同学或许去过德国，或许通过照片等其他途径见过德国风景。德国有名的风景有莱茵河和多瑙河。在河的沿岸，大家会发现在山坡上有高高的城堡。这些城堡当时有两个作用，一个是为了看护种在山腰上的葡萄园，还有一个就是为了向通过莱茵河、多瑙河的船只征通行税。请大家再回想一下，当时有 300 多个独立国家，因此商船要经过这整条河的时候，必须多次支付关税。直到 1833 年，在普鲁士的推动下，废除了各自为政的关税政策，建立了德意志关税同盟，这些烦琐的程序，才宣告结束。

普鲁士之所以积极促成关税同盟有其自身的原因。普鲁士国土狭长、东西分隔，而且边界线曲折复杂，邻国有 27 个之多，这样一来在运输货物时就非常不便，因为要通过重重关卡，且每次都要缴纳通行税。

也许有人会认为这只是促成关税同盟成立的一个偶然因素，但我却认为它才是促成关税同盟成立的根本原因所在。虽然当时在欧洲范围内，德意志联邦的整体经济发展水平相对落后，但其货物流通的规模非常大。我在第一讲中就曾强调过，历史发展的规律就是跨国行为的发展规模越大，国家边境存在的意义就越弱，德国历史上关税同盟的成立就是其中一例，这一点请诸位务必留意。关税同盟成立之后，德意志建立了统一的市场，在此基础上，1871 年普鲁士通过普法战争战胜法国，进而实现了政治上的统一，成立德意志帝国。

如此看来，20 世纪后半叶的欧洲一体化和 19 世纪的德意志统一性质上其实没什么两样。为什么这么说呢？19 世纪，产业结构开始发生变化，德国如果仍然四分五裂、不在经济上联手的话，将无法与英国、法国等大国抗衡。20 世纪的欧洲也是同样的道理，德国、法国、荷兰等欧洲国家如果不结成联盟、实现欧洲一体化、发展地区经济，将无法对抗经济强国美国和迅速崛起的亚洲力量，即它们具有共同的发展动因。

对于我的这种阐释，大家可能感到有点陌生，大家一般会认为欧洲的统一起源于 1946 年。但是我认为其实从 300 年前就已经有了开始的征兆，我坚信自己的观点，希望大家能够对此表示理解。如果我的这种观点能够得到认可，我将非常高兴。接着，我们进入第三部分。

第三部分：欧洲共同体的进程及其对世界的影响

（1）不过，欧洲一体化不仅仅出于统一市场的需要。欧洲一体化正式启动的标志是 1952 年"欧洲煤钢共同体"的成立，之所以成立这一区域性国际组织是因为钢铁和煤炭是战争的必需物资，实现对该类物资的共同管理，可以有效避免第三次世界大战。1958 年"欧洲原子能共同体"的成立也是基于同样的需要，即远离战争、保卫世界和平。

但此后欧洲一体化的进程更体现为经济方面的联合。"欧洲煤钢共同体"及"欧洲原子能共同体"的 6 个成员国，即 3 个经济同盟国（荷兰、比利时、卢森堡）再加上法国、联邦德国、意大利于 1957 年签订了《罗马条约》并于第二年成立了欧洲经济共同体（EEC）。1968 年《成立单一组织条约》生效，"欧洲煤钢共同体"、"欧洲经济共同体"和"欧洲原子能共同体"合并，成立欧洲共同体（EC）。1985 年签订《申根协定》（1995 年正式生效），协定签字国之间不再对公民进行边境检查，1987 年签订《单一欧洲议定书》，其目标是不仅人员可以在欧洲共同体成员国范围内实现自由进出，货物也可以进行自由流转。1992 年签订《马斯特里赫特条约》，该条约 1993 年正式生效后，欧共体演化为欧洲联盟，至此终于实现了欧洲市场的完全统一，2002 年进而实现了欧洲货币的一体化，欧元投入使用。

之后欧盟的范围不断扩大，发展到今天，它共有 28 个成员国，总人口达到 5 亿。在它壮大的同时，一些问题也开始浮出水面，比如难以统一制定适用于各成员国的政策；内部发展不均衡，有必要对经济水平较低的国家，如爱尔兰、希腊、葡萄牙等国家进行经济援助等。欧盟今后的发展绝非坦途，但欧洲各国的确通过联合，构成了一大经济板块，其整体实力不容其他国家或地区小视，综合考量的结果始终是利大于弊，基于这些因素，可以断言欧洲国家不会走回头路，欧盟将继续存续下去。

（2）如大家所知，地区性超国家组织最初产生于欧洲，随后，美洲大陆也成立了自己的区域性国际组织。1988 年美国和加拿大签订了《美加自由贸易协定》，该协定于 1989 年正式生效，后来墨西哥也加入进来，1992 年三国签订了《北美自由贸易协定（NAFTA）》，该协定于 1994 年正式生效。根据该协定，成员国之间的货物可以相互流通并减免关税，但它对货物及商品制定有严格的原产地规则，在协定的框架下形成了一个经济共同体。

除了经济共同体以外，"二战"后还出现了许多国际性的合作组织。其中日本加入的有成立于 1967 年的"东南亚国家联盟"（ASEAN）和 1989 年成立的"亚太经济合作组织"（APEC）。而日本比较关注的国际合作组织有 2001 年成立由中国、俄罗斯及中亚 4 国组成的"上海合作组织"（SCO）、2008 年由欧盟 27 国及地中海沿岸其他 15 国组成的"地中海联盟"。请大家注意，这些组织只是"合作组织"，对其成员国的经济活动并没有强制性的规定，它们与经济共同体有着本质的不同。

可能大家有些疲劳，以下，我将会讲核心部分，请大家给予关注。

第四部分：欧洲共同体的成因

（1）由上面的介绍可以看出，20 世纪后半叶以后，人类历史出现了新的发展潮流，即区域性国际组织的成立。在这样的时代背景下，亚洲未来的走向如何？这是日本学者及中国学者都应该进行思考的课题。

关于这一点，最常听到的看法是：合作组织倒也罢了，但建立共同体意味着要部分放弃国家主权，因此需具备一定的基础和条件，而亚洲目前条件尚不成熟，因此亚洲地区不适宜成立共同体这样的区域性国际组织。尤其是，目前亚洲的几个国家在经济迅速崛起之后，政治上也在积极争取发言权，民族主义情绪日趋高涨，要说服这些国家放弃部分国家主权，必须有强有力的理论体系作为支撑。

（2）那我们看一下认为亚洲尚不具备成立共同体条件的人的具体论据：①亚洲国家经济发展严重不平衡；②亚洲国家政体不统一，有自由主义国家，也有社会主义国家；③欧洲具有统一的价值观，如基督教信仰和罗马法，但亚洲没有统一的价值观。这些全部都是事实。

正是因为有这些客观因素的存在，我也不认为亚洲可以走欧洲的老路，直接成立一个区域性的国际共同体组织。那么亚洲应采用何种做法呢，这一点我后面再与大家分享我的观点。

在这里我想说的是，从历史的角度来看，欧洲分裂的局面持续了好几百年，期间一直战争不断。即便如此，欧洲仍然克服重重困难，建立了区域性国际组织，难道我们不应该分析一下其根源所在吗？20 世纪后半叶出现的欧洲一体化究竟是发生在欧洲的个体现象，还是人类历史发展的共同趋势？我认为在这一问题上，只知道分析欧洲与亚洲的史实有何不同，却不能挖出其背后的历史发展规律的话，不能算是正确地认识了历史。

刚才刘院长在介绍我的时候提到过，1982～1990 年，我担任早稻田大学校长一职。在此期间，我就意识到这个问题很有研究的必要，因此退休之后，我也一直积极推动相关领域的研究和相关研究机构的设立。"功夫不负有心人"，1993年早稻田大学在过去联邦德国的首都波恩成立了"早稻田大学欧洲中心"，负责组织各个领域的专家对该课题展开研究。1995～1998年，我在该中心当了3年的馆长。在任期间，我每天都在思考欧洲问题，查阅相关文献，与专家进行讨论，出席相关学术会议，同时也出去旅行，通过对欧洲的实地考察，了解欧洲的发展动向。那些日子的积累对我今天观点的形成有极大的帮助。

（3）表面上看来，欧洲共同体的形成有其外在原因和内在原因。外因主要有两个，第一个就是我前面所讲的，为了对抗强大的美国。历史上长达2000多年的时间里，欧洲都是世界文明的中心，但是随着时代的变迁，欧洲逐渐走向没落，一战之后，美国取而代之，在政治、经济、外交、军事、学术、文化等各个领域都开始领先，这让欧洲对美国始终持有敌对情绪。

第二个外因是亚洲经济实力的发展壮大让欧洲日益警惕。20世纪60年代之后，物美价廉的日本产品大量涌入欧洲市场，极大冲击了这些发达国家企业的发展，这完全出乎欧洲国家的意料，也使它们陷入经济困境。

20世纪70年代之后，中国香港、中国台湾、韩国等的产品质量极大提高，它们和日本产品一起对欧洲市场形成巨大的冲击。虽说亚洲新兴国家的发展是其本国经济发展的基本需求，但在欧洲人看来，亚洲的发展对其构成了巨大的心理压力。欧洲各国再不联合起来，将无法与这两大势力抗衡。因此虽然政治上国家的界限无法逾越，但欧洲各国必须加强经济上的联合，统一货币、统一市场。这就是促进欧洲一体化的两个外因。

（4）但是欧洲共同体之所以形成，除了外因以外，还有内因的作用，而且内因才是最根本的原因。刚才谈到19世纪的德意志关税同盟时我就曾指出，随着经济的发展，货物的跨国运输越来越频繁，人们就会越来越受不了穿越边境的手续（通关手续）的繁杂，其结果是相关国家都会想办法通过统一规格、推进市场统一来简化相关手续。

只不过，在帝国主义发展的鼎盛时期，国与国之间的关系以对抗为主，国家边境便成为难以突破的壁垒。但等到1945年，帝国主义垮台之后，经济飞速发展，汽车的普及和飞机载重量的提高使人员及货物的大量运输成为可能，欧洲各国都能通过国际贸易从中获取益处时，人员及货物跨国流动的规模也便随之日益增大。这样一来，就急需简化通关手续，实现手续与标准的统一。

以上便是欧洲共同体形成的内因。为满足这种需求，欧洲主要国家多次展开协商，其成果就反映在欧洲一体化的具体进程中。1958 年成立"欧洲经济共同体"（EEC），1967 年成立"欧洲共同体"（EC），1991 年通过《欧洲联盟（EU）条约》，并于 1993 年正式生效。

第五部分：亚洲地区成立区域性国际组织的可能性与必要性

（1）相对外因来说，亚洲与欧洲在内因方面更为相似。

通过我在德国 3 年的实地考察与研究，我认为欧洲实现一体化的根本原因是"科技的进步"。科技进步促使跨国经济活动的规模不断扩大，在这样的背景下，边境的存在意义只能越来越弱，而边境意义弱化的结果是需要成立一个国际组织来处理相关的国际事务。

形成共同体是一个非常复杂的过程。大家有可能会经常听到为什么我们需要构建共同体，一般有两种说法，一种是为了适应全球化，还有一种是全球的经济活动日益复杂，竞争日趋激烈。但我不这么认为，我认为这是人类历史上的一种必然现象，我所得出的结论：科技进步是其根本原因。

那么科技进步是如何促使跨国经济活动的规模不断扩大的呢？很简单。比如，大型载重飞机发明之后就可以大量运输人员及货物，电脑的发明也为人员及货物的跨国流转提供了便利。当人员及物资的跨国流转越来越频繁，货流量大的国家会率先感受到通关手续的繁杂，这样它就只能积极采取相关措施、弱化边境的意义，以为自己争取更多的便利。

而当人员及货物在不同国家之间实现了自由流转后，随之产生的纠纷也需要有相应的解决渠道。当然也可以像以前一样通过两国协商来解决，但如果问题具有一定的普遍性，那么更合理的做法就是让有可能面对此类问题的周边国家一起协商，找出共同解决的方法并付诸实施。如此一来，就有必要成立一些国际协商组织甚至是共同体来协调各国的利害关系，这就是我为什么说边境意义弱化的结果是需要成立区域性国际组织的原因。

如此看来，成立区域性国际组织并非发生在欧洲的个体现象，而具有普遍性的意义，是历史发展的产物。况且，科技的发展从深层意义上来说关系到人类生存的本能，只要人类存在就会一直向前发展。目前科技进步已经促成了欧洲共同体的建立，30 年、50 年之后，在座的各位成为中国这个国家的领导阶层、精英阶层的栋梁之后，在科技进步的影响下，边境存在的意义必将进一步弱化。区域性国际组织的形成绝不是发生在欧洲的个体现象，而是人类历史发展的共同趋势。这就是我在德国考察3年后得出的最主要的结论。

（2）成立区域性国际组织是人类历史发展的趋势，任何一个地区都有可能成立区域性国际组织。因此我们应该共同认清这一历史规律，在时机成熟的时候作出顺应历史发展潮流的正确决定。为此，我今天才在这里与大家分享我的研究成果。在未来的亚洲同样有可能成立区域性国际组织，我所揭示的历史规律即是其理论根据。

在亚洲成立区域性国际组织，不但有可能而且也非常有必要。从历史的角度来看，亚洲经济崛起是在欧洲之后，因此出现了一些新的元素，这些元素在欧洲一体化的酝酿期尚未出现。

欧洲实现一体化之前，商品生产方面尚未形成国际分工，一件商品通常由某一个国家独立完成。每个国家都拥有许多独立完成商品生产的企业，国家要保证它们公平竞争，因此欧洲各国在加入共同体的时候，前提条件自然是必须保证各个成员国地位平等。但这一前提条件之所以成立也是因为那是在欧洲，各个国家的发展水平相对均衡。

与欧洲相比，亚洲各国经济发展不平衡，政治体制也不同，因此有人认为在亚洲不可能成立像欧洲那样的共同体组织。

但从20世纪七八十年代开始，在商品生产方面，亚洲各国形成了紧密的国际分工及合作关系，一个产品的零部件要由几个国家分别负责生产，而且每个国家的技术水平决定了它能负责生产什么样的零部件、能生产多少和负责哪个生产阶段。科技发达的国家负责生产尖端产品，科技落后的国家则利用它人工成本低的优势生产劳动密集型产品。

我想各位通过中国的媒体报道，也知道了这样一个信息，就是在3月15日，日本的东北部发生了大地震。在这次灾难当中，日本有不少能够生产高科技零部件的中小企业也被迫停工，蒙受了不小的损失。而这样一个现象最终导致，包括中国在内的亚洲各个国家一些需要日本来为之生产零部件的产品不能按时地送达客户手中。

国际分工的范围越来越广，逐渐涵盖了包括设计、金融、销售及消费在内的各个环节。通过国际分工，亚洲的发达国家到发展中国家投资办厂，提供技术，为发展中国家创造出更多的就业岗位，同时也带动这些国家科技水平不断提高，为其实现经济增长奠定了基础，其结果也带动了亚洲地区整体水平的提高。当然，人们从不同的角度会得出不同的结论，认为这是发达国家利用发展中国家廉价劳动力榨取利益的体系的完善，但不管怎么说，通过国际分工，亚洲国家各取所需，都从中获得了利益。

（3）也正是因为亚洲内部发展的不均衡性及多样性才使得这样的国际分工成为可能。亚洲国家有效利用了自身的特点，探索出一条共同繁荣的道路，亚洲的发展模式与欧洲有着本质的不同。

亚洲的发展之路也经历过一些风波和曲折，在政府没有介入的情况下，民间力量自发协作，最终实现了共同发展。但随着经济发展水平的不断提高，亚洲各国之间的关系越来越复杂，各个环节紧密相连，牵一发而动全身，到了该由国家出面成立专门的国际协商组织的时候了。同时，要了解目前亚洲发展模式的问题所在、克服缺陷、避免国家冲突也需要建立一个常设机构。当然，如果现有的东盟 10 + 3 可以解决相关问题的话也好，但如果有必要就专门议题只召集相关国家进行协商的话，那么我认为有必要建立一个国际协商机构。

接着，是此次演讲内容的最后一部分。

第六部分：现阶段的任务

（1）前面我就提到过，亚洲不能照搬欧洲的经验，直接酝酿成立一个超国家性的国际组织。之所以说欧盟是一个超国家性的国际组织，是因为它由多个国家组成，并设有专门的行政、立法及司法机构，分别是欧洲委员会、欧洲议会和欧洲法院。

我认为在亚洲有可能形成区域性国际组织，也认为在亚洲有建立区域性国际组织的必要，但我同样认为不应该现在就开始讨论应建立一个什么样的区域性组织、应有哪些国家加入、什么时候成立最好等。这些问题等到时机成熟了，自然而然就会明了。目前亚洲的现状还不适宜讨论这些具体问题。

（2）我们现阶段的目标十分清晰。

第一，亚洲各国应该共同意识到在亚洲同样有可能也有必要建立区域性国际组织，这一观点有其历史依据，亚洲国家应就这一议题共同开展研究。我今天的演讲如果能在这方面起到一点推动作用，将是我最大的欣慰。

第二，就亚洲各国共同面对的课题，特别是亟待解决的问题成立专门的协商组织。这类课题应该有很多，比如环保、确保食品安全、打击毒品走私、保护知识产权、预防及治疗传染病、协助其他国家打击犯罪等。还有最近，因为日本发生了地震，我们还可以把课题范围扩大到地震、海啸等自然灾害应急预案、灾后复兴援建方案以及安全地核能发电等。应尽量先联合能够联合的国家就每个课题成立一个专门的协商机构，慢慢吸收更多的国家加入。解决国际分工方面的纠纷也应采用相同的做法。

如果通过国际协商能够制定出统一的规范，那么该规范就具有国际立法的性质。如果各国能够共同努力遵守该规范，那么就意味着该规范具有超国家性的行政约束力。现阶段还不太可能成立区域性法院对违反规范的国家进行制裁，但国家之间有可能就此开展司法合作。我理想中的发展模式是先广泛成立小规模的国际协商组织，然后慢慢过渡到一个区域性国际组织。

第三，《自由贸易协定》（FTA）和《经济合作协定》（EPA）现在还都属于双边协定，今后应逐渐将其发展为多边协定。另外，《环太平洋经济合作协定》（TPP）要求100%废除关税，但鉴于亚洲内部发展不平衡的现实情况，有必要通过关税对本国的弱势产业进行保护，因此这样的规定未免显得有些专横，我认为应该考虑各国的实际情况，允许逐渐分段开放市场。《环太平洋经济合作协定》类的区域性组织如能取消蛮横的关税规定，将吸引更多的国家加入，这也是最终过渡到区域性国际组织的途径之一。

第四，推动亚洲地区的货币金融合作，争取制定统一的亚洲金融政策并将之付诸实施。1997年亚洲金融危机爆发时，日本受到的冲击较小，当时日本曾试图推动亚洲货币基金构想的实现，但因遭到美国的反对而流产。未来世界性的金融危机仍有可能爆发，雷曼兄弟投资公司破产也不过就是这几年的事。在现有的金融体系下，几大对冲基金联起手来就能摧毁一个国家的财政。东盟10＋3正积极推动各种国际协调机制的建立，以预防全球性重大金融危机发生，发展并壮大债权市场。金融不是我的专业，没有办法就其进行详细的评论，不过我认为在亚洲统一货币政策、实现区域经济的一体化，不但十分必要，而且也迫在眉睫。区域经济的一体化最终将促进区域性国际组织的成立。

亚洲已经成立了一些地区性的经济合作组织，如亚太经济合作组织、东盟10＋3等，今后在亚洲成立区域性国际组织时，没有必要也不应该排斥这些现有的区域性经济合作组织，区域性国际组织可以是多层次的。

最后总结一下我今天演讲的主要观点：未来亚洲发展的一大课题是加强地区性合作，并逐渐向区域性国际组织过渡。谢谢大家！

主持人（刘迎秋）：谢谢西原春夫先生，他的分析非常有趣而且独特。西原春夫先生本来是从事刑法研究的，但他在研究欧盟出现的原因时也有独到的见解。他回顾了德国的落后与国家分立主义的关系，梳理了欧洲各国之间的交往互动关系，发现了美国的发展和亚洲的崛起对欧洲国家的挑战，这些因素不约而同地促成了以统一货币和统一市场为基础的欧盟的形成。紧接着，西原春夫先生关注了亚洲的区域化问题，就亚洲能否形成区域性的国际组织以协调亚洲各国的发展问题，展开分析和探讨，同样让我觉得很受启发。作为刑法研究教授，西原春夫先生在研究亚洲成立国际性组织的可能性时，从技术进步的角度分析亚洲区域内部发展不平衡的交往需求，正是推动亚洲成立国际区域化组织的动力，这个观点很有意思。

西原春夫先生作为一个法学家，从技术的角度、经济的角度和政治的角度来探讨区域性的国际组织问题，这个方法，我认为值得大家借鉴。在关于亚洲问题上，西原春夫先生从步骤上给了一个大致的划分，首先是双边的协定，然后从双边扩展到多边，最后再从多边扩展到包括更多国家的区域性组织。这种划分也符合世界组织发展的历史经验，具有很强的现实意义。

非常感谢西原春夫先生给大家作了这么一个深刻的分析，这个主题很大，里面有很多地方值得大家探讨。下面就请大家结合自己的理解，把存在疑惑的问题提出来，以供讨论。

学生甲：西原春夫老师，您好！非常感谢您的演讲。我个人也是极力主张东亚能够更好地实现内部合作，这个趋势体现了中国文化乃至东亚文化中和谐共生的内涵。但是我目前从网上看到一则消息，日本自民党曾大力向美国建议，联合俄罗斯成立美日俄联盟，以围堵中国。很抱歉，这个问题有点尖锐，失礼之处还请您见谅。但是我希望您能从一个学者的角度，谈谈对此事的看法。

西原春夫：首先，非常感谢您的提问。其实，我对您刚才说的情况也有一些了解。不仅仅是在自民党当中，在日本的普通老百姓当中，也有部分人对中国这个大国的发展抱有一种恐惧的心理。因此，当我们在建立国际组织的时候，有可能会挑选一些在意识形态上相似的国家作为盟友，其结果，就是有可能对中国造成一种包围的现象。但是，我希望大家能够清楚地看到，虽然这种心理是一种事实、一种现象，但是这种现象只是在极少一部分人心中存在。

我想在此阐述一下，尽管日本的一些政治家和日本的一些普通国民在情绪上对中国有一点疏远，但那是因为，大家对中国的第一印象是，中国是社会主义国家，是一个大国，并且正不断强大，这点让部分日本国民稍微感到有点压力。但是这种情绪并非主流，主流的观念是，大家一致认为，今后日中要和平友好地相处下去，只有日中友好和平，才能共同维持世界秩序的稳定，同时也才能够促进日中两国的共同发展。

我现在要说的想法，不仅是我个人的观点，也代表了大部分的日本国民的观点。数千年以前，欧洲曾是这个世界的中心，掌握着世界霸权。之后，这个霸权地位转移到了美国。在未来的 21 世纪，我们大家都相信，亚洲将成为这个世界的领导，其中核心国家就是中国。

首先，日本在这次东北大地震中受到了非常大的打击，损失极其严重。以此为契机，日本人民开始质疑物质文明，也开始更加理性地考虑人与人之间、人与自然之间应该处于什么关系。因为，我认为亚洲国家有一个共同的文化，重视和谐。我们和基督教国家的价值观所不同之处在于，人不应该简单地去支配自然。和谐，是我们共同的价值观，同时日本也希望中国不要成为昔日的英国和美国。因此，包括日中两国在内的亚洲国家，我们应该在一个新的共识之下，携手去创建一个和平的世界。

以上是我的回答，可能跟您的提问有着不小的差异，我认为我们不应该去包围中国，而是应该和中国携手，共同前进。可以吗？

主持人：谢谢西原春夫先生就此作了一个深入的回答。这个同学提的问题也很好。下面还有什么问题？提问的时候请尽量简单一些。

学生乙：首先感谢西原春夫先生给我们做了一堂精彩的演讲，其次，祝愿日本人民从本次地震所受到的伤害中早日恢复。我要提问的是关于亚洲区域合作的可能性和现实性问题。关于这个问题，有三个非常重要的方面是亚洲合作不容回避的问题。一是国际分工，二是生存空间的争夺，三是文明的冲突。请允许我为这个问题作一些必要的说明。

从国际分工的角度讲，您刚才谈到亚洲内部发展的不平衡，正是这种不平衡导致在亚洲内部分工不是很明确。随着经济发展，中国现在劳动力成本不断上升，越来越受到比中国劳动力成本更为低廉的国家，如印度、巴基斯坦等国家的挑战。与此同时，中国的高新技术产业方面也取得了重大进步。中国高新技术产业的兴起无疑会冲击日本在该领域的优势地位，我怀疑十年之后日本能否依然保持其在科技方面的领先优势，届时，中国和日本在科技方面的竞争不可避免。所以说，亚洲内部的分工既不合理，也不理性，现阶段还无法以此为基础展开合作。

从生存空间的争夺来看，欧洲合作的一个重要原因是它们的国家太小了，无法独自应对来自欧洲以外其他地方和国家的竞争，合作的收益高于它们合作的成本，所以合作才成为可能。不同的是，亚洲有三个主体部分，中国、日本以及以印度为代表的南亚，这三个主体实力都比较强，在国际上有单独竞争的能力，合作不一定是其最佳的选择。不容忽视的是，亚洲有30多亿人口，这么庞大的人口对资源的需求量是非常惊人的，从长远来看，通过正常的协商机制来提供让大家满意的供应的可能性非常小，竞争同样不可避免。

文明的冲突也值得关注。日本和中国本来算是儒家文化圈，但是事实上也存在很大的不同。中日差异、加之南亚的印度文化、西亚的伊斯兰文化等不同的文化体系以及伊斯兰国家内部的派别之争，这些由信仰、历史、文字、语言所催生的不同文明之间的隔阂也必定成为阻碍合作的最难克服的心理障碍。

以上三点，再加上亚洲目前还存在的领土竞争，都对合作造成了巨大的挑战。如果亚洲要建立一个区域性的合作组织的话，就必须要面对这些挑战，妥善处理其中的复杂关系。

请问西原春夫先生是如何看待这些挑战的？

西原春夫：首先，我非常认可您提出的这三点，亚洲存在领土竞争、争夺生存空间以及文化冲突的障碍。这三点确实是亚洲的特色，与欧洲是完全不一样的。但是我还想强调，我并不是说亚洲要照搬照抄欧洲的模式去建成一个共同体。我认为共同体这个模式是可以自然生成的，所以我在演讲当中也提到，亚洲形成共同体的时机还未成熟。在这种不成熟的时机条件下，我具体提出了我的设想，就是分阶段、分步骤地逐渐形成共同体。首先是两国之间合作，然后由两国扩展到多国之间的协商与合作，最终我们将形成有亚洲特色的国际组织。

我还想作些补充。我认为，我们目前的要务是，让更多的国家参与到构建合作组织的过程当中来。我在演讲中已经提到合作组织和共同体是两个不同的模式，共同体是和国家主权相关的概念，其形成有一定的难度。在此之前，我们应该把目光放在我们共同的需要和共同的责任上面，并以此为基础去建立更多的合作组织。

确实，如您刚才所说，亚洲与欧洲的不同之处在于，亚洲有明显的大国与小国之间的区别。但是一个独立的民族国家——也就是这个国家的利益代表这样一个模式，现在虽然存在，但是今后是否还能继续维持，我是持否定看法的。倘若我们能够很好地建立合作组织，在这个组织当中，无论是大国还是小国，我们的地位和发言权都是平等的，采用这个方式也可以解决大小国之间的差异所产生的问题。因此，我认为我们宗教上的差异不会对合作组织的构建产生决定性的不利影响。尤其是合作组织与共同体不同，它虽然有规则，但是不要求成员国有履行的义务，所以主权问题也不应该成为合作组织形成的阻碍因素。

以中日钓鱼岛纠纷为例，不能因为中日之间存在这个纠纷，就认为钓鱼岛主权问题不利于中日的进一步合作，否则，就跟我想表达的主题相去甚远。又比如说，东盟10＋3这个组织，即便成员国之间存在主权问题的干扰，但是我们可以搁置纠纷，共同合作。

从某种意义上来说，我认为中日钓鱼岛纠纷无法妥善解决，只能一直僵持下去，这就是一种比较原始的协商方式，令我想起19世纪时期发生的一些相似的现象。对于现在来说，到了21世纪，在一些还未解决的问题上，我们不能执著于眼前的计较，而要跨越这些问题，以一种新的思维方式和观察角度，在有所扬弃的前提下处理复杂的国际关系。

主持人（刘迎秋）：刚才这个同学提出的问题，虽然他论述的时间比较长，但我觉得还不错。有一个观点，我比较赞成。探讨国与国之间的合作，从经济角度，他提到了一个概念，收益与成本的问题。合作的收益高于合作的成本问题，合作才有基础。通常情况下，经济决定政治，但是辩证法告诉我们，有时候，政治也决定经济。所以说，有了这个基础，合作的可能性就会极大提高。

西原春夫先生已经83岁高龄，演讲时间已经超过两小时，我们需要体谅一下老先生。今天的讨论到此为止，下次有机会再进一步讨论。总的来说，今天演讲的主题中所包含的问题没有解决，区域合作组织建立的路程困难重重。讨论区域组织的问题，实际上就是讨论中国的问题，讨论中国的问题实际上就是讨论世界的问题，也就是讨论中国和世界的关系问题。

非常感谢西原春夫先生为大家做了一次精彩的演讲，请学生代表为西原春夫先生献花。

（录音整理：黎越亚；初稿整理：张立进）

中美经济前景分析

〔美〕 罗伯特·卜若柏

主持人 邱伟立（中国社会科学院研究生院外事处处长）：尊敬的卜若柏先生，各位来宾，同学们：大家下午好！4 月 25 日，我院新校园落成典礼之"社科大师大讲堂"正式开讲。今天，我们迎来了"社科大师大讲堂"第七讲，十分荣幸地请到了北美投资银行家、经济学者、统计学家，中国中央财经大学教授卜若柏先生前来主讲。

卜若柏先生 1948 年出生于美国新泽西州，1970 年获得麦吉尔大学哲学数学学士学位，1981 年成为麦吉尔大学国际金融 MBA，1997 年获得哥伦比亚大学经济学硕士学位。

20 世纪 80 年代末 20 世纪 90 年代初在数家日本和加拿大的投资银行供职期间，卜若柏先生推动了日本资本市场的扩大，并成功地运用日本的盈余资本对加拿大政府、公司、公共设施、银行以及一些国际机构（例如非洲发展银行）进行了投资。1996 年，卜若柏先生在《华尔街日报》社论专页上创造性地使用了"网络经济"一词，并公开预测了其市场规模。在过去十多年中，卜若柏先生一直在美国、加拿大、日本以及中国的电力企业和天然气企业中担任市场结构、市场运营、能源输送以及管道系统规划方面的顾问。卜若柏先生也在北美能源标准委员会和北美电力保障公司标准委员会中担任重要职务，开发实时传输系统频率/平衡的控制和定价标准。卜若柏先生还曾与田中伸男先生合作，安排了日本经济贸易工业部（METI）和美国联邦能源管治委员会的（FERC）第一次人事交换，田中伸男先生将在今年出任国际能源署（IEA）总干事。因为卜若柏先生在经济学理论和企业经营领域所做出的重要贡献，他的名字被收入了《美国名人录》《世界名人录》《金融商务名人录》

以及《美国科学和工程名人录》。

卜若柏先生来到中国已经 5 年，他最初执教于华北电力大学，是中国大陆教授电力传输系统经济学的第一人。目前卜若柏先生担任国家电网公司美国分公司的高级顾问、中国《国际石油经济》月刊的外国顾问，并执教于中央财经大学中国经济管理中心。卜若柏先生理论功底深厚，文笔深入浅出，他所写的文章经常被《中国证券报》《中国经济日报》《中国石油报》《电力新闻》、新华社、中国天然气公司，中国商务部、国家经济贸易委员会、国务院信息办公室、中国电气工程协会，中国能源工程协会、中国社会科学院以及中国人民大学民法中心刊载。CCTV 9 的《对话》栏目曾经对卜若柏先生进行专访。在正式来中国工作之前，卜若柏先生在 1995 年安排他的导师诺贝尔经济学奖获得者罗伯特·蒙代尔先生第一次访问中国。

卜若柏先生学识渊博，履历丰富，广大青年学生对于先生十分仰慕。今天卜若柏先生将以其从事经济活动的丰富经验以及深厚的经济理论功底，为我们解读中美经济前景。下面，让我们以热烈的掌声欢迎卜若柏先生为大家演讲！

卜若柏（北美经济学家、中央财经大学教授）：我要陈述四个要点。首先，我想通过介绍一些历史上中国和美国的关系，来表明这两个国家发展的相似之处。也许你觉得我疯了，为什么在过去的 30 年中国的发展和美国的发展有相似之处？我认为中国邓小平的改革开放和美国里根的经济改革非常相似，都是为了解决类似的问题。这是中美关系的关键所在，我们来看两国怎样通过改革来解决自身的问题。两国互相学习，我们确实面对共同的经济问题。

我介绍了邓小平的改革开放和美国里根经济改革。直到金融危机前，一切看起来都很好，但此后一段时间一切都停滞不前，甚至可能是倒退。如你所知，所有危机都是契机，这些变化最终都会发生，而且到最后都带来了好的结果。危机发生后，今天的美国和中国各面临着什么问题呢？我们找到了一些使这些问题迎刃而解的办法。比之于其他东西方国家，中国与美国在东西差异方面相对融洽。两国的相似不在于人口数量，而体现于国土面积、自然资源与历史深交方面。美国有内战，中国也有内战。

直到美国南北对立，这个国家爆发了内战。那么如何统一？什么对于美国来说是关键？美国西部作为内战的一部分使南北双方为之担忧，双方都企

图说服西部，因为西部多山脉。最后，北方赢了。但是大家仍然担忧：如何才能统一？如何建设铁路？铁路是如此的重要，我们怎样才能找到工人，最终找到了中国工人。所以说，中国人帮助了美国的统一。此举至关重要。谁是总统，谁赢得了内战？格兰特，他是统一后第一任总统，也是一位将军；像毛泽东，是一个军事英雄，也是统一国家第一任领导者。格兰特是第一位访问中国的总统。任总统之后，他写了一本书，并在全世界宣传推销此书，当然，他也来到了中国，他住在天津。他不是第一位在中国居住的总统，第一位是胡佛总统。他还打开了被称作太平洋的美国西部海域，在他之前（1900年），全美国只知道欧洲。当然，我们了解中国和中国工人。最后，他开创并确保了一个太平洋世纪。

邓小平对中国的发展很关键。中国经历了1958年的"大跃进"时期，一个重要的决策时期和著名的解决方案会议。我认为彭德怀是中国的英雄之一，他作了一些尖锐的评论以至于被林彪取代而不得不更换工作。很不幸，这可不是一个明智的决定。但是，彭德怀在其他领域成就显著，他建立了四川的所有工业。遵循这一经验，中国的公共管理能力已经得到了发展。刘少奇，作为拥有公共管理能力的人才之一，曾在苏联接受教育。1958年中国与苏联的关系已经出现了问题。北京大学著名哲学家在1958年写的一篇文章，揭示了马克思主义在苏联和中国是不同的。他还引用毛主席的"矛盾论"和"实践论"这些纯粹的理论来阐述根本分歧。这是两个国家分裂的第一个迹象。但直到20世纪60年代后期，美国才意识到。接着，中国爆发了极具破坏性的"文化大革命"。有人认为"文革"的原因之一是传统的中国文化缺乏批判性，但"文革"又太过激烈了。"文革"期间疯狂地批判每一个人，但即便是疯狂的事总是有原因的。试图克服恐惧，却创造了一种新的恐惧。这是一个非常困难的时期。

20世纪60年代末，在西方，我们面对同样的问题。在美国发生了"学生革命"。在巴黎，学生几乎占领了整个城市。这些问题不仅仅在中国存在。1972年尼克松访华时，他也有一些问题，在经历了政治问题后，美国又出现了经济问题。选举后，尼克松有一些法律问题需要得到一些帮助，需要和中国合作。中国非常担心苏联的强大。美国和中国联合到了一起。中国也很聪明，作为接受尼克松访华的条件，中方使美方作出了关于中情局停止支持达赖喇嘛的承诺，这是非常重要的妥协。尼克松访华是刷新两国关系的开端。在经历了一些非常困难的经济事件后，中国和美国都面临一些亟待解决的问题。中国最重要的事件是四年后的唐山大地震。在同年，三位领导人逝世。

邓小平开始进行改革开放的第一阶段，这个阶段的关键因素是什么呢？为开创一个全新的领域，邓小平停止运用固有模式，重新规划。邓小平采用了先侧重沿海地区，为中国经济寻求一个新的出口策略。这个领域必须以经济原则为基础，照顾到整个经济形势，然后促进经济的发展。所以依靠这样一种方式，邓小平取得了伟大的成就。当时中国无须对已有经济改变太多，只要开创经济的新领域，就可以惠及每人，该政策顺利运行了三年。同时邓小平也关注了农村事业，通常中国革命发起于农村，这场经济改革同样也发起于农村。在政策后面，进行了有效的土地改革，实行了承包责任制，允许农民租赁土地。在改革发展的进程中，于20世纪80年代中国出现了很大的问题——与美国20世纪70年代的境况非常相似——即滞胀。当时，中国的通货膨胀相当严重，经济增长相当缓慢。这两个方面通常是相对立的，通货膨胀总是意味着经济增长和价格上涨，但人们拥有工作。而最糟糕的事情是价格居高不下而你却没有工作。通货膨胀过去常常会刺激经济以创造更多的就业机会，尽管这不是必然的。所以这是一个很大的问题，最终导致邓小平改革的下一阶段的焦点在南方。

第二阶段，取消国有企业，意味着开始对一部分的已有经济进行改革。然后到了1994年，人民币贬值了，虽然现今大家都在谈论通货膨胀，但几乎没人记得1994年之前，人民币对美元还是6∶1到7∶1，但1994年就贬值到8∶1了，而美元却在升值。事实上，自那以后的通货膨胀也只是把中国再带回到人民币贬值前的状态。为什么中国要让人民币贬值呢？因为这可以解决一些经济问题从而发展经济，例如出口等。1997年亚洲爆发经济危机，幸而中国请来了我的老师蒙代尔，老师告诉中国不要对汇率作任何调整和改变。中国听取了他的意见，这个政策拯救了中国，使中国经济有了不可思议的发展。中国不必效仿日本升值本国货币，在我看来，稳定的人民币汇率是保持快速发展唯一而且重要的决策。最后，在这之后的2001～2002年，油价上涨了，这段时期经济很不景气，中国的改革开始放缓，价格市场化一度停滞，因为如果我们采用市场化的价格的话，物价将会过高。所以很多规划师认为应该等到价格降下来，再恢复市场经济改革，但是却没能实现。不幸的是，低价格刺激了中国的需求，中国成为石油价格的调节者，中国成为净买家，承担着整个新增石油需求量近半的份额，自20世纪70年代爆发了石油危机以来，工业国开始越来越少地购进石油，中国占了买进新石油总量的一半，

也就能影响石油价格，而其他国家也要为此埋单，这造成了很大影响。

美国当时经历了什么？我们可以看到，邓小平的改革解决了很多问题，这政策跟里根政府的改革有很多相似之处，都是提倡市场自由化和开放化。但并不是说这些发展是因为政府进行了一些具体的有积极意义的规划，而是强调政府使得经济能够自行发展。蒙代尔同样为美国做出了贡献，1962年，肯尼迪总统听取了他的建议，降低了美国的税率，使越南战争之前的那些年经济飞速发展。接着美国经历了大暴乱——越南战争和学生暴动，有点像中国的"文化大革命"，欧洲和美国都得要面对此难关。越南战争给美国经济造成了重创，之后政府投入巨资，但也未见好转，没人相信美元了。肯尼迪在任期间花费巨大，这就迫使尼克松让美元和黄金脱钩（当时美元和黄金之间可自由兑换），因为人们去中央银行只要黄金不要美元。于是美国抛售了所有黄金，一时之间没有黄金，人们也只好作罢，但他们并没有改变心意，他们还是担心，因为政府减少了开销，经济放缓了。这样就导致了石油危机。因为一旦美元与黄金脱钩，不再固定，商品价格就会开始波动，1972年，1973年之前利率都非常低并且稳定，但是之后蒙代尔所坚信的固定利率政策导致了很多问题。19世纪70年代第一次石油危机期间，当油价飙升的时候，许多人都以为美国完了，资本主义完了。

但正如当中国遭遇暴动和"文化大革命"，邓小平拯救了中国一样，里根拯救了美国。在石油危机期间，尼克松做了一个愚蠢的决定，推动薪资及价格控制，于是石油价格开始飙升。事实上，油价高也是件好事，因为可以减少石油消费，也就是说到最后油价还是会降，但是如果你一直压制价格的上涨，人们的需求会自然而然地升高，这样就会助推世界油价的高位发展，所以事实上美国争取到了他们对石油需求量的占有权。

后来，由于美国从未想过开始节省石油，第二波石油危机又爆发了。这段时期，中国也采用薪资及价格控制政策，从而出现了很多新的问题。因为价格控制使得油价再次上涨，而美国人仍有巨大的石油需求，这就导致了连锁反应，也叫滞涨现象。中国在20世纪80年代发生了此现象，美国是在20世纪70年代。那时也没开始采取什么措施，到了卡特总统执政时期，他开始采取了一些措施，后来里根政府也采用了，开始他解除了对公共事务的管制，使航空公司更有竞争力。他必须想出办法让经济运行更高效、物价更便宜。实质上，因为价格在上涨，如果市场竞争大的话，价格就会降下来。他还任命保罗·沃克为美联储主席，此人开始了一项紧缩的货币政策这可大错特错了，蒙代尔的理论认为实施紧缩货币政策，就要实施紧缩财政政策，前者意味着高利率。但是美联储则认为应实施宽松的财政政策来刺激经济增长，但是要稳定利率，要发展经济同时又要阻止通货膨胀，这又该怎么办？所有经济学家都说如果财政政策宽松的话，货币政策也要宽松，这两个政策必须同步，但蒙代尔说他们也可以相反。

卡特没有照蒙代尔的说法做，他任命了沃克，但是里根总统听从了，减少了税率，解除了对石油、天然气等能源的经济管制。尤其是，减少税率和收紧货币政策，使利率保持在高位水平，这也称为"供给面经济"，通过降低成本和增加收益让投资变得容易，减少规则和不必要的条例等，使交易更加容易。

克林顿继续采取该项措施，他不像奥巴马那样认为政府应该领导大众，克林顿认为大众应该取其所需，也正因为如此他当选了总统。克林顿做得很成功，但1994年他犯了一个错误。那一年对中国来说至关重要，人民币贬值，中国成为石油净进口国。克林顿在选举中失利了，因为美国经济非常低迷，他启动了低汇率政策来刺激出口。如今奥巴马也是这么做的，他也在11月的选举中失利了，因为实施低美元政策。这是典型的民主党人的作风，总让公众认为他们的行事风格跟中国很像，这种经济政策总让公众认为是亚洲的价值观，让他们相信民主党人在勤奋努力，让他们对强势货币保持信心等。罗伯特·鲁宾（前财政部长）是这一政策的创始人。

然后到2001年和2002年，中国遇到了问题，因为石油价格一路看涨，中国只能将改革暂时搁置。美国当时的问题也很大，互联网泡沫破裂，因为太多人在从事互联网事业，太多事需要依赖于互联网，问题是并没那么多人有那么多时间使用互联网，所以许多公司破产了。"9·11"事件后，安然公司宣布破产，油价上涨，但是，互联网泡沫并没有产生多大的影响，因为房地产泡沫紧随其后并取而代之。所以2008年的经济危机是可预见的，可以说是2001年和2002年危机的延续，推迟到那时候发生了。这个就是关于在美中两国发生事件的概述以及对两国相似模式的研究。

现在我们来说一说经济危机，经济危机使美国和中国的经济都倒退了，在我看来，了解放缓的经济速度很重要，为什么中国并未在金融危机中受到很大的冲击呢？我想这不是因为中国做了些什么，而是因为中国有些事没做。很多时候没有决策比有决策要好得多。中国在这场危机中幸免于难是因为中国的改革譬如说经济的改革特别缓慢。中国的银行系统并没有同世界其他国家紧密联系，所以其他国家因联系紧密而深受金融危机之害。世界经济在形成一个良好的体系，中国没有融入其中，所以也没有享受到各种福利。在经济学中有一个规则就是要联合。如果联合起来，你会收获福利但是同时也会遭受不测，但如果不联合，好的得不到，坏的也遇不来。那到底联合还是不联合呢？是自我治愈还是紧密团结？

有这么一个问题，所有人都认为是美国的财政体系不完善引起了这场金融危机，其实这是由于不完善的管理体系所致。所有人都知道美国的商业学校教学质量很高，但是美国的管理者几乎都不会什么技术，他们一点都不喜欢技术方面的东西。在华尔街这确实是个问题，尤其是 20 世纪 80 年代时，计算机业务飞速发展，你可以建立一个模型来编程。这些是管理者必须要知道的东西，不然事情可能一发不可收拾。一些年轻人说他们懂也知道如何处理，但那是 CEO 的工作啊，技术人才理应得到提升。美国很多制度都透露出希望技术简单点，别太复杂了。

另一个问题是美中日在对待教授的看法上存有分歧。美国人不像中国人那样尊重教授，他们认为教授的实践性不够，他们比较尊重具有行动力的人，有能力的人，如银行家、CEO 等。这就意味着美国和少数欧洲人有一点不重视技术。这倒是很奇怪，因为美国有一个开放的系统，但是决策者自身却有问题，技术与管理者的能力没有明显的联系，以致管理者不能理解和调控技术，这就是华尔街要崩溃的原因，因为决策者总是想着怎么更好地行使权力而不是想着怎么去理解电脑的模型。

但中国不是因为这个，中国的商品需求和高油价是个大问题。梅尔斯教授是诺贝尔奖得主，现任教于香港一所大学和剑桥大学，他认为经济危机是由商品市场和高物价所致。我将它解释为边际价格，但引起美国通胀恐慌的是美联储，当油价涨了 15%，所有人就跟最近一样担心通胀，其实这跟人们在金融危机之前谈论的一些问题是一样的。金融危机席卷中国时，一切都停止了，现在大家都在担心通胀和高物价，跟三年前的话题是一样的，就像是我们放了一个假期，现在又回过头去处理同样的问题。美联储抬高了利率，中断了抵押信贷市场的供给。穷人在利率不高的时候会贷款买房，但现在信贷翻倍了，他们不得不放弃。这使得美元飙升，所以雷曼兄弟破产了，资金量越大导致的创伤越大。如果中国的石油需求量能更加影响石油的价格，如果油价能再低点，没人知道金融危机会不会发生。

有一件事值得注意，那就是金融危机的发生是很自然的事。因为人类都会犯错，并且太过自信，他们我行我素然后再改正。这种经济危机有其重要的特点，叫资产与负债的不匹配性，在每种危机中都存在。每个银行和金融机构都有自己的负债和资产，这些资产平均五年到期，你希望负债也五年到期，这会让你差不多拿到资产的时候就可以还债。但有些人希望赚得更多，打个比方，如果我的是短期资产，十年来利率一直都很低，然后我借了长期债务，借债之后如果利率上涨了，就是说我的短期资产收入增加了，所以我有短期资产和长期负债，这就是不匹配，这得预测利率是会上升还是会下降，而这个决策很难，造就了信贷市场和利率市场。中国没准备让利率市场自由发展。但金融机构每天都会对利率进行预测，且预测结果也是各不相同，结果太多，预测时间又过长，就会产生很多问题。利率突然变化，那些资产债严重不匹配的公司，瞬间要用更多资产去还更高额的债务，还不起的话就破产了。

中国恢复到了国有企业模式和投资拉动模式，为了这些亟待解决的问题，中国设法使国民相信最快速的解决办法就是通过银行放贷来扩大投资。有一个问题，那就是中国是世界上唯一的投资大于消费的主要经济体，这是不太正常的。因为即使日本和印度都不怎么关注消费，他们的消费也大于投资。正常来说的话，就是要稳定或者平衡经济结构，不过得花点时间。

美国也对金融危机作出了反应，布什和奥巴马上台都开始了政府借债。中国可以扩大投资是因为中国政府有钱，而美国政府只能借钱，那肯定会产生问题的。但中国面对的挑战比美国要大得多。

中国现在要面对的是什么呢？其一是由于金融改革缓慢所导致的资产/房地产泡沫。目前楼市是用来投资了，因为中国没有一个良好的货币市场，银行利率又低，所以，如果群众有现金的话就会购买房产。房子本是用来居住的，而非哄抬价格的商品。当楼价上升，租金也上升，这对人们来讲并非一件好事。在我看来非常重要的一个是工资黏性，我在中国已经待五年了，我结识的一些经理告诉我说，近十年来他们的薪水一直没有上涨。政策制定者认为，工资会随着通货膨胀而上涨，但事实并非如此。邓小平实施改革之前，人们的工资很低，人们使用购物票，价格具有黏性。当中国开始实施市场经济的时候，价格和工资都缓慢上升，这是通货膨胀吗？不，通货膨胀是一个比这更复杂的概念。在中国，对工资和价格结构的错误认识是和通胀连在一起。其结果是导致货币政策的不适当使用。在中国，货币政策是政府的两个选择之一，可以通过刺激投资来增加实力，减少泡沫。而最后，当实力提升后，人们应该思考如何使用他，这才是中国的一大挑战。如何发展服务业（信息行业），以使其为人们从事商业活动提供便利？这可以代替财政政策，因为财政政策和产业政策是中国的两个工具。我之所以谈论这个是因为我所讲的是蒙代尔的"不可能的三位一体"理论。眼下的难题是我们没有一个稳定的汇率以及不可兑换的货币。在中国，人民币是可兑换的。第三个难题是，没有独立的货币政策。总之，中国需要稳定货币，而且可兑换，那么会使货币政策无效。如果，比方说，中国想控制通货膨胀，它必须使用 LM 曲线理论，而这是货币政策，IS 曲线是财政政策。利率提高了，热钱就会突然涌入中国。因此，中国就必须采取相反的措施，美元涌入中国购买人民币，推动人民币货币供应量上升。因此，中国央行就会立即采取相反的政策，出售人民币。调高利率后，美元推动人民币升值。因此，中国央行就会再印人民币，并投放市场，以此来购买这些美元。这就是蒙代尔的理论。著名的蒙代尔－弗莱明模型。在这种情况下，不能使用货币政策，而必须使用财政政策。在浮动汇率的情况下，它正好相反。因此，中国需要考虑使用类似的财政政策，比如降低税率。现在政府采取累进税，我认为这是一个错误。俄罗斯和美国采取平稳税收政策，如单一税。许多欧洲国家建议中国效仿欧洲的模式，但是现在欧洲却正处于危机之中。美国人没有像欧洲那样反应剧烈是因为他们对政府的依赖性没有欧洲那么强。所以我建议，中国应该走美国的方式。我们现在所面临的问题之一是国内经济缺乏竞争力，例如在钢铁、煤炭行业，许多小企业希望公平竞争。通常是那些受管制的行业缺乏竞争力，诸如具有巨大生产潜能的能源行业，又如信息行业。中国很擅长改变法律，对于中国，刺激经济也绝非难事。生产力是解决通货膨胀的关键，生产得越多，你可以得到的好处就越多。

过去三年是经济的鼎盛时期。中国面临着人口问题，在未来的 9～10 年或 20 年中国人口将停止增长。人口是经济增长的主要驱动力。日本人口下降，但美国有一个措施，叫做移民制度，因此，美国、澳大利亚和加拿大可以像一台机器一样很容易地算出他们需要多少人口，从而引入多少人口。因此，有朝一日中国可能也需要通过引进移民来增加人口。在中国，农村向城市移民是促使经济飞速增长的关键。一旦这种劳动力输出停滞，那么经济只能获得正常增长。这样的劳动力输出会从现在起到 15～16 年后停止。在中国有 20% 的人在农村，而美国则只有 2%。发展大工业和大产业是需要时间的，由于金融危机我们失去了过去三年的时间，并且在此三年中没有进行结构性改革。因此，解决的办法是通过结构性改革来促使经济的可持续增长。中国有以下目标：结构性改革和经济增长。可持续增长并非意味着寅吃卯粮。中国应该制定一些长久的政策，而不是制定一些牺牲长远利益的自我矛盾的政策。增长包括消费能力的增长，但是如果你只是针对消费，利用很多方式以促进消费，政府就可以代替消费，但它不能促进经济增长。因此，消费是促进经济增长和保持增长的关键点。仅依靠增加投资是不可持续的，因为创造出的巨大产能可能最终剩余，这将为以后的危机埋下种子。当买者买不起，卖者也就无法有收入，而人们又必须还银行贷款等。中国政府有很多钱，但总有一天钱会用完。在 20 世纪 90 年代，而不是今天，日本有大量的资金，日本那时花的是今天的钱，所幸的是，他们的钱来自本国国民，他们不担心外国，但现在是有极限的。中国应该认真思考，想想政府是否可以帮助国民度过这个坎儿。中国应该也必须通过改革来促使经济增长。

奥巴马错误地实施财政政策给美国带来了挑战。美国应当运用财政政策，但它会减缓经济的增长。政府所采取的措施中，有相当一半对经济没有起作用。他们只是给民众发放福利以及其他一些东西，这导致长期的高失业率，这是美国必须面对的一个大问题。政府误用了财政政策。政府应开源节流，让私营经济自己去做这些事情。与其到处使用美元，政府应该发挥其标准的职能，做一些确实有利于消费者的事情。政府不要直接插手经济，只需在生产者和消费者之间直接调节。里根曾说过，政府每花 1 美元，只有 10% 实际上回到实体经济，剩下的只是作为政府财政的泡沫。政府只应该确保其政策实施的准确性。所以，支持经济的关键点之一是如何让政府发挥最小的作用并且能获得最大的利益。尽量使钱直接有效地在经济实体之间流动。根据对政治的观察，我们发现一件有趣的事情：政府对经济的干预越少，就越少有人关心经济。为什么你要关注政府？因为针对同一件事政府可以这样做，也可以那样做。例如在美国经济发展得很好的时候，人们不会责怪政府。不到一半的人会担心民主或者经济问题。对，是的，现在你会看到很多人在担心。人们不在乎政府是否会保持稳定的经济，以及政府如何做到，甚至什么样的政治制度也不重要。因此，在我看来，在任何阶段，一个政党，如果他们成功地管理经济，人们很满意，这样就是很成功的。因为人们很满意了，他们对政府就不会过于挑剔。给政府足够的空间，但如果管理不善，问题就会出现。正如克林顿所说的，经济形势能蒙蔽政治选举。这就是奥巴马和特纳能留得住选票的原因。尽管政府本不应该成为经济的管理者，但事实上它确实如此。因为选民在乎的是钱、是经济，除此之外他们关心甚少。现在的问题是，美国极可能面临政府性违约。虽然我们没有中国那样的违约，但是政府无法支付巨额的福利，无法决定是否该在别的事情上花钱，它确实面临着这个问题。美国现在和日本 20 世纪 90 年代所面临的问题一样：双赤字。它有外部赤字，即贸易逆差和财政赤字。问题的关键因素是财政赤字。日本最终走出了阴影，我们也可以做到这一点，前提是得实施正确的政策。方法之一是减少财政赤字，以严格而非过度合并来刺激经济。合并没有成本，它可以消除监管及控制等，它不用任何费用。美国不会面临过度消费的问题，它所要面对的是政府过度支出的问题，政府消费一直是美国的一大推动力，也正是这产生了双赤字。人们过度关注中国消费不强，而美国消费很强，但这不是一个根本的问题，根本的问题是经济增长。什么能推动经济的增长？政府支出和政府对经济的过度干预往往不会导致经济的可持续增长。邓小平的改革是成功的，当你尝试管理经济，就需要有"猫"。总之，这是美国政府过度开支的问题。中国的房地产泡沫，是金融改革减缓所致的。中国需要做什么？美国又需要做什么？美国需要想方设法刺激民众，而不是增加税收，尤其是对富人的税收。要知道在美国最富有的人，他们不是整天无所事事的。他们是独立的，必须经营自己的小企业。他们每天不止工作 8 小时，在自己的家工作，一直在工作，赚的钱需要缴纳更多的税。他们得给雇员开工资。突然他们却被提高税率，而这份税对经济不利。不像中国，在美国，小企业是经济的驱动力，而中国是大公司和跨国公司。所以，你想要知道的是下面的解决方案：中国需要第二次的邓小平时代。中国需要尽可能地开放经济，放开对经济的管制以此来替代人口经济，因为人口红利正在逐渐消失，中国需要思考的是在改革和开放经济的道路上需要做些什么。

这是卡尔·马克思称为的"国家的消失"。因为一旦达到共产主义，社会便不再需要国家了。而背后的真相是什么时候才会实现共产主义。我认为在对马克思主义的理解上还有很大的空间。中国应该抵制采用欧洲福利国家模式，他们正身处危机。很多外国人不明白中国的婚姻家庭法。中国的这种方式是独一无二的。中国的家庭法是这样的：如果我娶你，我要对她的家人负责，而且在法律上我有责任照顾他们。不是所有外国人都知道这一点。在美国情况并非如此，欧洲也不是这样，所以很多人对此抱怨。很多人批评福利国家，说它打破了家庭，因为它消除了家人之间相互依存的关系。在中国，父母照顾自己的孩子，因为当他们都老了的时候需要孩子来照顾。他们的孩子越成功他们就生活得越好。在美国并非如此。在美国，孩子恨自己的父母。在大多数情况下，家长不支付孩子的大学花费，而是政府出这一部分钱。当他们退休后，他们会得到政府的抚恤金。所以并不需要孩子来照顾他们，也就没有相互的需要。中国有这样的非常睿智而又古老的基于家庭的体制。而当中国进行社会福利改革时，需要保留这样的体制。当前，文化处于自我管理的状态，甚至有人将它形容为私有化的系统。这是一种鼓励投资的方式，获益者最终是他自己。我认为这是中国有的一个积极的元素。有种观点认为中国需要建立福利国家，所以中国人可以有更多钱花，这种想法是错误的，它会使政府阻碍经济的增长。因此，美国需要另一个里根时代，中国需要另一个邓小平时代。这在美国通过选举制度的茶党可以实现。茶党不是一个政党，而是一个运动。由于对大不列颠国王对美国施加的税收不满，当英国船只抵达波士顿时，茶党就往海里扔茶叶。在美国，总统大选能够真正使美国经济发生一些很显著的变化和改善。在我看来，共和党的经济政策对亚洲更温和一些。奥巴马政府的经济政策是受工会和就业保护所影响的。工会认为，如果有贸易，中国的工人会将他们的工作机会抢走。我认为这无可厚非，这是竞争。如果中国工人做这个更便宜的话，让他们做。最终中国的工资将上升。人民币不应该升值，工资和价格会上升，如果人民币升值，中国的工资又如何能上去。出口商会说我承受不起这么高的工资。再说腐败问题，低工资助长了腐败。如果工资高的话，公司将没有多少钱可用于其他目的。另一个是政府官员的工资低，政府官员的工资应该高一些，因为他们的工资高时，他们就会感到非常自豪，也就不需要其他"外快"。市场运作的方式是，如果你不以这样的方式做，它就会以另一种方式进行。中国的腐败就是体制或市场以自己的方式找到的它所应得到的实际工资。这又讲到了马克斯·韦伯，他主张新教工作伦理主义，反对天主教教会。天主教教会被视为与中国的帝制类似。新教是独立的，他们有独立的企业、客商等。韦伯将宗教革命和新教工作伦理主义的出现归因于资本主义的兴起。这经常被比作儒学、亚洲价值观和亚洲工作伦理。另一点在我看来，中国需要实施一个庞大的成人教育计划，以此使成年人具有新的经济竞争力。在美国，中年人经常会重返大学，并获得学位。如果中国因为工资高而有太多的政府官员，那么多余的人可以去法学院等。每个美国人，在他的一生中平均有7个职位。工作变动不代表着否决，而是作为一个新的机会。一生只在一个行业工作的工作心态，在一个充满活力的经济体中是不可能的。一个充满活力的经济体必须接受变化和更新。随着互联网的出现，出现了一个"狗年"的概念。狗的寿命是 10 年，人的寿命是 80 年。互联网将做事情所需的正常时间压缩了，一件事情本来应该用一生去做，而现在只需十年。对于工作也是如此，人们会慢慢地适应，现在可能无法预测退休时的工作。但是，成人教育是非常重要的。相反，中国高校每年都会扩招，这样的结果是很多学生找不到工作。我们需要考虑如何重新调整成人教育，使成年人接受再教育，以便他们能够参与新的工作，而不是害怕新的变化和结构重整。而这些变化及结构重整是使中国经济更加高效所必需的。要使他们不将变化视为威胁，而是作为一个赚更多钱的机会。中国必须将重心从增加产能转移到消费能力方面来。从资本增加的经济体，转化为一个消费经济体。

接下来是好的一面。我觉得使美国受益的是冷战的结束，和平带来了红利。美国放松很多的管制，并进行了大量的改革，因为很多国防工业公司不再那么重要了，他们开始裁员，这产生了大量的利益。这从中东和北非的改革就可以看出。它确实产生了一个更有活力的长期稳定的地区，以及依靠年轻人的睿智所主导的经济。这种和平红利我们可以从石油的价格看出来，石油不再是战争的专属，也不再用来维护和平。摆在中国和美国面前的是大量的改革机会，并且每个改革和机会都需要仔细斟酌。在对比中美的时候我们需要谨记一点：中国在全球经济中所占的越来越大的份额并非是以牺牲美国的利益为代价的，而是日本和欧洲。日本和欧洲在全球经济中所占的份额有所下降，中国的市场份额上升。美国的市场份额保持不变——25%，这说明美国有能力生存，并有能力渡过难关，并保持在一个可持续发展的道路上。中国需要搞清楚当人口和其他东西对经济的动力下降时应当怎么做。日本和欧洲就是不改革经济的例子。中国并不需要效仿日本，美国并不需要遵循欧洲。一些共和党人批评奥巴马将美国欧洲化。在我看来恰恰相反，欧洲需要向美国学习，日本需要向中国学习。没有哪两个国家比中国和美国有更深、更长久的移民史。150 多年以来，美国的人口中中国人占有一定的比例。中国人在美国修建铁路。世界各地都有中国人的影子。这是独一无二的现象。你可以在墨西哥小镇或者在中东沙漠中找到一个中国餐馆；这些海外华人为中国文化和中国做了一项伟大的工作。中国人在美国有一个美好的形象，他们优秀、安静、富有、充满自信。他们不狂妄自大，而是友好。中国人知道，如果你想获得成功，你必须对别人以友好的态度。中国必须意识到，这些印象是外国人对中国的，而不是让他们感到不舒服或显示愤怒甚至霸权主义。

我要谈论李娜。李娜让美国人非常吃惊，不是她的网球，而是她的能力。你知道她的 T 恤上写着"超越自己"，做我自己，做得更好。当她赢得了奖，她没有说非常兴奋或者非常荣耀。她说今天是我朋友的生日。每个人都喜欢李娜。她是中国完美形象的代言人。这正是大家都喜欢看到的中国形象。另一个共同点是，美国是一个移民国家，中国是一个古老民族国家。所以我谈到中国的人口引擎以及潜力。在这里我想提的另一点是，中国需要发挥自己的实力：发挥中小企业而不是大型企业的作用。我的看法是，中国不是世界上最大的组织体，更多的是自然的、独立的依赖于"家庭"的企业家。道教比儒家的影响更深。有人说中国文化是集体的、全民的、一个帝制的文化。不，中国文化也非常独立。在国外的中国人大多是小商店的店主，你很少会看到中国大型企业的老总，因为这不是中国人的本性。冯友兰在中国哲学史上是很著名的，而且他还写了西方的哲学史。他是连接现代东方和西方哲学的桥梁。他将西方模式描写为城市状态。地中海周围有很多小社区，人们依靠船出行，这就产生了很多贸易和活动。中国是家庭国，内地国，人们不必出海，关系是非常重要的，因为没有人在改变。人们的内心核心是"家庭"概念。即使在大机构中，中国人也会首先想到他的家人。当中国正试图到国外拓展业务时我想到了这一点。中国不能奢求轻轻松松地就创建跨国公司，因为这需要大量时间和精力来管理和经营这样的机构，其中存在文化障碍。在语言方面以及雇用外国人方面，你必须委任别人去做这事情。日本就有这样的一个负面例子。日本只在汽车行业和电子行业很成功。而在银行和服务行业中却不行。他们不让外国人掌管其在海外的机构，以及用当地的方式经营这些机构。你可以将经营一家跨国公司简单地视为一个适销对路的服务。有些人很擅长这个。美国人很擅长这个，因为在美国有很多不同国籍的人。这不应该被看作民族主义。相反，中国应该成为世界上最好的证券投资者。在美国，如果你拥有一个公司不足 5% 的股份，你有完全的自由去投资。中国并非一定要做管理者，因为中国有这么多的事情需要同时去做。中国如何才能成为世界上最好的经理？它没有这样的经验。所以最终中国应当随着美国经济的真正复苏，将其外汇储备从美国国债转移到美国股市。中国最终拥有所有在美国证券交易所上市公司的 5% 股份，所以中国没有控制权，不会涉及任何管理。中国不能以目前的速度继续买美国国债。因为在这个十年结束时，中国将持有美国国债的一半。这是很疯狂的。今天，中国拥有 1/4 美国的国债。首先政治上是不可接受的。在中国购买的美国国债中，有近 1 万亿美元用来维持反恐战争的费用。这是在伊拉克和阿富汗战争的费用，所以这更像中国正在为反恐战争支付。外交事务的管理就不会同意这一点。对美国也是一样。同样的事情发生于日本是在 20 世纪 80 年代末。那时日本开始对美国的政策发出质疑的声音。他们说，因为他们在给美国投资，但是他们不喜欢美国的福利制度。许多美国人说，我们不需要日本告诉我们应当做什么，尽管他们购买我们的国债。那我们减少贸易吧，尽管我们不希望这样。问题之一是，一旦这种不平衡达到一定程度，两个国家会觉得如果没有主权的话，很难再相处下去。这两种方式都会付出代价。美国人可能会觉得，中国要求他们如何管理自己的国家；而对于中国，中国会认为美国在拿着中国央行的钱做中国政府不同意的事情。这将给结构化改革带来压力。我也想谈谈德国哲学对中日的影响。德国哲学对西方国家的影响力不是很大。德国人非常有能力，但他们分裂已久。他们没有一个完整的国家，所以他们产生不满。他们有一个非常值得自豪的文化，他们被拒绝并且因此很愤怒。日本和中国都可能有这样的思维。中国曾被外国控制并且分割。许多中国知识分子可以感受到德国的那种经历。但我认为，所谓的民族主义并非很好。民族主义的问题是，你永远无法改变你的种族。假设我同意大家说中国人是最好的，但我不是中国人，而且永远不会被列入。种族主义创造的一道天然屏障阻止你加入。在我看来，我们可能会看到一个更加统一的体制世界，让更多个有竞争力的机构加入进来。商业被视为是进行外交的另一种方式，个人之间的经商跨越国籍。这正是商业覆盖地缘政治和意识形态的地方。冷战的问题之一是，冷战结束后突然不再需要这些地缘政治专家，商业就接管了这个职责。这些人想回到旧世界。这是另一回事。它促进和平，而不是一种自然状态。令人担心的是，这个世界是由具有独立意识的机构的国家组成，并且没有管理国民和它们之间关系的法律。这些机构的出现，湮没了地缘政治的必要性。他们将事情打散，小到只需要一个甚至不需要国际小公司。也有一个关于集中和分散的问题。20 世界 20 年代有个经济学家/数学家拉姆齐构建了一个完美的演算证明：最优分散或最优命令均给出相同的经济解决方案。它已证明分散所带来的最佳利益，是由于不同的决策者的错误倾向而相互抵消。而一个单一的中央决策者的错误是巨大的。在能源方面，中国和美国面临着同样美好的未来：丰富的天然气。由于历史原因，中国天然气的供应一直很少，天然气并没有受到人们的青睐，而电力公司更受到重视。中国在许多领域拥有世界一流的基础设施，但不具备天然气管道系统，没有连接城市的天然气管道。

中国的天然气储量比美国更多。中国和美国是全球性货币的改革的与生俱来的领导者。我认为美国和中国是"歪打正着"得来的权力，而并非精心设计或者打拼而来的。美国人不喜欢干涉别国的事情，他们喜欢待在国内。中国也是一样。因此，我认为两国军队可以在"维和"中成为全球合作伙伴。我曾被加拿大国务院事务处邀请去作讲座。有人告诉我，在维护世界和平时将会有越来越多的军事活动。这里我的结论是：未来可能是一个重现弗朗西斯·福山的"历史的终结"的时代，意思是"政治的结束""意识形态的终结""管理"的曙光。这个概念最初是 150 年前由微观经济学竞争理论的创始人之一安托万·奥古斯丁古诺和法国的巴黎高等国家行政官 Publique 提出的。政治转变为良好的、有效的"管理"，再没有更多的政治"事件"。这是我对胡锦涛的"科学发展"的概念的解释。我们需要更多管理上的专业系统、规则和科学。

Mr. Qiu: It's very talkative and very informative. He just took us from the last century to today, from America to Europe, from Japan to China, so we just travelled within the two hours. Thank you for your very informative talk. Our students very appreciate your hard working. You can see that Professor Blohm's throat is suffering. I will give him one minute to a cup of tea. Be aggressive. English or Chinese? Which do you prefer?

主持人（邱伟立）：这场讲座内容非常丰富翔实。卜先生刚刚通过演讲，在短短的两个小时内带我们从 20 世纪走到今天，从美国到欧洲，从日本到中国。谢谢您内容广博的演讲。同学们很感谢您的辛勤劳动。现在有问题吗？大家要提问一些啊。大家可能发现卜教授嗓子有点不舒服，我给他一点时间休息一下，喝杯茶。有问题要大胆一点啊。下面有没有麦克风？您希望大家提问用英文还是中文？

Professor Blohm: English. English will be easier.

卜若柏：英语。英语会容易一点。

Student A: I am happy to enjoy your lecture. I am from CASS, studying about financial policy in China. We know the financial development in American is advanced in the world. Now I'd like to ask you some advices about China's financial reform policies. Thank you.

学生 A：很高兴聆听您的演讲。我是中国社会科学院研究生院学习中国金融政策的一名学生。我们都知道美国的金融发展处于世界领先地位，我想请您给中国的金融改革政策提供一些建议。谢谢。

Professor Blohm: You know, I can say this thing is ··· go ahead. Oh, you mean···

卜若拍：你的意思是？

Student A: Financial reforming policy in China.

学生 A：中国金融改革政策。

Professor Blohm: Oh, you want me to answer that. You know, it's···China··· Yes, US has the system. But one thing you have to understand is underneath the U. S system is a whole education system supporting this financial analysis and managers that have experience. And one thing I want to emphasize is financial analysis and accounting. You know it's been integrated in the system. Every CEO of a bank in the United States has gone through thousands of thousands of annual reports and financial statements and its financial analysis. You know, James Wolfensohn who became president of the World Bank, you know, I once talked on the phone. But he told me that, want to be an investment banker, one thing you get in years as the system going through all these financial statements is being able to analyze the company when you can see it. Chinese bankers do not teach that. They still do not have training programs, um, significant training programs in financial analysis. One of the reasons the U. S. financial crash occurred is that American banks used to lend money on the basis (that) is the company good or not, it's good to make money or not. You have to interpret the financial statement. You have to understand the business, the current business of the company. You have to make a judgment, ok? And that's how the banks give the loan. They will lose a little, but they will choose what the best company is. It's not based on mortgage or collateral. The rule when I studied, I went through this training. They told us 3Cs of credits. It's called character, character, character; not collateral, collateral and collateral y, meaning, no, you are a customer. You can say, ok, just in case, give me assurance. I want mortgage. I want some collateral. If you ever have to go use that collateral, that means you have failed, you are wrong, you should be fired. Banks' job is not to hold collateral, and go collect, collect collateral. The U. S. financial system collapsed because they gave up that rule. You know, with the subprime mortgage, they did a thing called securitization. And what banks did is that they would give a loan and that after they gave so many of these loans, they would put them in a package called a bond and they would sell it to an investor. So the banks didn't need to care about credit analysis. They put these companies together, gave it a loan, then put it together and called the bond agency "you go and look at the company; you go and decide. " And it's the investors who did this. The banks were out of it and the banks gave up their principle of lending on the basis of knowing the company. The investors could know this company. There were so many companies whatsoever. Why bother. Nobody was in touch of the reality. That's what causes of the financial system to fail and banks were not better for that. China still does the very thing that caused the U. S financial system to collapse, which is to lend straightly on the basis of guarantee and collaterals without knowing and understanding how these companies were. Every bank employee who gives a loan should be required to attend···you know, now you need an MBA to work in a U. S bank. Now China (is) to give loans. So how many loan offices have these MBAs in all these banks? Should all over business school in China? (Bank) hiring every MBA comes out of here to be lending offices and using the knowledge of the financial system that making decision on loans. You know, in a bank, when I have to make a loan proposal, I would say, oh, he is giving me this loan mortgage, me (I) is guaranteed. I have to see why these companies are good, what the prospects are, what is and what make the risks and so on and justify on that basis that China desperately needs. One of the reasons that foreign banks began investing in Chinese banks was they could teach the Chinese banks because they have their own in - house training program, how caught Shanghai banks had this and so on, Citibank, investment bank for that specific purpose. Financial crisis caused western banks take their money out of Chinese banks within a year because they needed it. You know, so now, so this is why I really concern financial reform. That's why I talk about this whole meaning for education. There are a lot of smart Chinese. The universities are training these people with MBAs with the knowledge of financial system. Why aren't they working in the banks? Why aren't the banks just eating up these people, hiring and using this knowledge, you know, that means you also have to promote them because the managers who operate Chinese banks haven't started this yet. You know, they don't really have to understand this. But somehow, you know, to make reforms happen, you know, like everything else, is the people's business. You will have to train people. Chinese needs to have an almost revolutionary education system across the board throughout all the financial institutions to train people in credit analysis and give loans on the basis of understanding how these companies operate and understanding accounting. That is really a big challenge. There is no way around it, you know.

卜若柏：你希望我回答那个问题。的确，美国具备一个成熟的金融体系。但是你必须了解一件事，那就是在美国金融体系下面有一整套教育体系的支持，并且经理人具备丰富的经验。另一点我想要强调的是，财务分析和会计已经成为金融体系的一部分。在美国每个银行的总裁每年都会仔细研究很多关于财务分析和财务报表的年报。有一次世界银行行长詹姆斯·沃尔芬森在跟我通电话时说，他想成为一个投资银行家，这样多年获得的经验是，研究分析公司的财务报表。中国银行家不会那些，他们依然没有经过这方面的训练，没有经过财务分析方面的深入训练。美国金融危机爆发的一个原因是，美国银行过去总是基于这个公司好不好、赚不赚钱来决定是否借钱。而你必须阐释财务报表，必须了解公司当前的经营状况。你需要作出判断，对吗？这是银行的生存之道。他们可能会亏一点，但可以选出最好的公司。它不基于抵押和担保。当我学习这些规则的时候，我经过了金融分析这项训练。他们告诉我 3C 法则：品质（Character），而不是抵押担保（Collateral），你是一个客户。你可以说，好吧，以防万一，给我一个担保。我需要抵押，我想要一些担保。如果你一旦必须要使用那个抵押，那就意味着你失败了，你错了，你应该被解雇。银行的工作不是去收集担保。美国金融系统崩溃的原因就是他们放弃了这一点。你们知道，在次贷危机中他们做了一件事叫"证券化"。银行做的事情是借出贷款，在借出这些贷款后，给它们做一个打包处理，把它们叫做"债券"，然后把他们统一卖给投资者。这样，银行从此就不需要考虑信用的问题了。他们给这些公司一起发放贷款，然后告诉债券代理："你们去留意公司的业绩下滑吧。"于是投资者可以得到贷款，而银行放弃了它们贷款的基本原则——了解他们本应该了解的公司。反正有那么多投资人，他们会去了解的。这就是美国金融危机的原因，而银行在金融危机中也损失惨重。中国仍然在做那些导致美国金融危机的类似事情，那就是只基于担保发放贷款而忽略了公司的运营状况。每个放出贷款的银行职员都需要参加 MBA。现在在美国银行工作的员工必须具备工商管理硕士的学历。现在中国也在放贷，那么一共有多少贷款机构有工商管理硕士员工？银行雇佣每一个来自商学院的工商管理硕士成为负责贷款的工作人员，他们运用金融系统的知识来决定是否发放贷款。当你到银行提交贷款申请，我会说，如果给我贷款，我提交担保。我必须了解这些公司为什么是好的，前景如何，风险和导致风险的因素是什么等，并且基于中国目前的迫切需要来判断。外国银行开始向中国银行投资，其中一个原因便是，他们可以教中国银行如何做，他们有自己的内部培训项目。上海很多公司都是这样，花旗银行、投资银行为他们做培训。那是特定的目的。金融危机导致西方银行在一年内将钱撤离中国银行，因为他们缺钱。这就是我为什么关注金融改革，为什么我强调教育的整体意义。中国人都很聪明，大学也在给他们教授包含金融系统知识的工商管理硕士课程。他们为什么不在银行工作？银行为什么不雇用这些人，使用他们的知识？因此，这就意味着你必须去促进这些，因为运营中国银行的这些人还没有开始学习这些内容，他们还没有真正理解。但是从某种意义上说，任何变革总是关乎人。你必须去培训员工。中国需要全盘革命性的教育系统，金融机构要培训员工关于信用分析的内容，还要告诉他们一些如何基于公司运营情况和审计来赚钱的范例。这的确是一个很大的挑战，但没有其他的办法。谢谢你。

Mr. Qiu：Thank you. Actually, it occurs to me that Graduate School needs to set up approval for financial analysis. So maybe we can talk with the President to have such kind of training programs. Thank you. Next one, please.

主持人（邱伟立）：事实上，我忽然想到，社科院需要建立财政分析核准制度，所以我们可以向领导建议建立这样的项目。谢谢。请下一位提问。

Mr. Qiu：Wow, three. Microphone, please. Lady first, please. Because he offers the microphone to her.

主持人（邱伟立）：哇，三个人啊。女生优先。

Student B：I want to ask some questions. In your speech, you introduced solution to Chinese problems, the economic policy. You mentioned German philosophy. Is it all right?

学生 B：我想问一些问题。在您的演讲中介绍了解决中国问题的方法和经济政策。其中您提到了德国哲学，对吗？

Professor Blohm：Yes.

卜若柏：是的。

Student B：I think it's a cultural factor or economic rules. It may be for all institution construction. Is it all right? But I don't understand it exactly. Can you explain it in some details, please?

同学 B：我认为这是一个文化因素或是经济制度的问题，这可能适用于所有的制度建设。是这样吗？但是我并不是非常清楚其中的含义，你能详细地解释一下吗？

Professor Blohm：Yes. I think German philosopher Hegel, you know, was important. Hegel, of course, was a more scientific German philosopher and of course, a lot of his basis were used by Marx. Marx materialized Hegel. Hegel was an idealist philosopher, but at least Hegel proposed the technique process of dialectics and so on and so forth mechanism, ok? He was like a technical for us. But there is a school, German Romanticism, Friedrich Heinrich Karl de la Motte, the will, the people. There is a philosopher named Fichte (referring to Johann Gottlieb Fitchte), and there is struggle in German philosophy between will, xihuan (referring to the Chinese characters), and zhidao (referring to the Chinese characters), understanding reason, ok? And this is a tension between action and reason or logic. Reason or logic rules, you know, analysis preventing. So there has been bias among these German philosophers to think of a raw will, domination, you know, um, the successful seek success. philosophers like Nietzsche. Some of the philosophers glorify war. As a test, they waved a nation to consolidate itself and regarded… actually, this is social science. There is a long dispute called individualism and holism, you know, whether a nation or a group can even be interpreted in the same term as individuals. Does a group have a mind? Does a group have a will? These are all questions of whether to treat the collective as a person, as a will with passion. But anyway, Nietzsche, you know, had a lot of these elements which I think appeal…I think your question is how all this is related to economic management. It doesn't directly relate to economic management. But it does relate to policy. You know. Yes. Go ahead.

卜若柏：是的，我认为德国哲学家黑格尔很重要。黑格尔是德国科学哲学家，马克思借鉴了很多他的基本观点，他将黑格尔物质化了。当然了，黑格尔是唯心主义哲学家，但他提出了辩证法。他像是我们的技师。但是，还有一个学派，德国浪漫主义，如弗里德里希·海因里希·卡尔·拉莫特，注重意志、人民。还有哲学家费希特。在意志（喜好）和理性（知道）之间，德国哲学有一些争论。在行动、原因或者逻辑之间存在紧张关系，逻辑分析可以做到分析预防。这一派（德国浪漫主义哲学家）倾向于思考纯粹意志、权力，比如说尼采。尼采的基本哲学观点是强者要更强。因此，一些哲学家美化战争。他们甚至鼓励整个国家通过战争使自己更强。事实上，这是社会科学。个人主义和整体论的争论历史悠久，即一个民族或者一个团体是否可以当作个体来解释。团体是否具有意识理性？意志？能否将集体看作一个个体，富有激情的意志？这些都是需要思考的问题。但无论如何，尼采的思想中包含很多这些元素，这些元素对……很有吸引力。我想你的问题是这些与经济管理有什么关系。它不直接涉及经济管理的问题，但它涉及政策。

Student B：I think the Germanphilosophy is cultural factor or economic increase. It maybe relate to institution. Is it all right?

学生 B：我认为德国哲学是文化或者经济因素滋生的，这可能与体制有关，对吗？

Professor Blohm：It'san institution. It's part of the culture. I think it needs to be reviewed critically. What do I mean by critically? It needs to be analyzed or understood for its dangers and for its good points, understand? It needs to be seen as, you know, in some way, too much Romanticism really was very bad for Germany. You know, one of the things is that Romantic philosophers always glorified war. You know, they really…a war, you know, Nietsche, a war is kind of something to be glorified. You know, it sounds out of place today. There's the whole philosophical tradition.

卜若柏：它是体制，也跟文化有一定的关系。我认为我们应当对这种文化进行批判性的反思。我所说的"批判性"是什么意思？即至少要对其进行分析，并且了解它的危险性和好处。需要看到的是，某种意义上，太多浪漫主义对德国有害无益。浪漫主义哲学家一直给战争赋予荣耀的意义，比如尼采认为战争是值得赞美的。这些思想在今天看来是非常不合时宜的，但是有整个德国哲学传统在那里。

Student C：Professor Robert. I think it's our great honor to havesuch an inspiring speech. And my question is not very professional. It's about methodology. After listening to your lecture, I noticed (in) your lecture, you introduced about Chinese history and economy about American, Chinese and European (shall be "A-

merica, China and Europe"). And I am so surprised and impressed by your knowledge. I noticed that all the great minds have something in common, that is, they know something not just limited to their professional area, but also know other knowledge like history, like policy. So my question is, if we want to be someone like you in the future, in our 40s or 50s, what should we do in our 20s and 30s? Because we will not be students for all our lives. We need to go to work and in country like China, once we go to the society we work, we don't have much time to study, to learn because we have to work, like 10 hours, 11 hours per day. There are too many difficult things for us to do. And we have to acquire knowledge during this process. And I think it is very hard for us. So what is your suggestion to us if we want to work and at the same time keep learning?

学生 C：我们非常荣幸可以听到这么激动人心的演讲。我的问题并不是非常专业，是关于学习方法的问题。听完您的讲座，我发现在您的演讲中您介绍了中国的历史和美国、中国与欧洲的经济，我非常惊叹于您渊博的知识。我发现所有这些伟大思想家都有一个相同点，那就是他们不仅精通自己的专业领域，并且了解很多其他的知识，比如历史、政治等。我的问题就是，如果未来，当我们四五十岁的时候想成为像您这样的人，那么在我们二三十岁的时候应该做些什么？我们不可能一辈子永远做学生，我们需要在中国这样的国家工作，一旦我们步入工作岗位便不会有很多时间来学习，因为我们可能一天需要工作十个或十一个小时。我们有很多事情要做，并且我们必须在这个过程中获取知识。我觉得这对我们来说非常困难。希望你给我们一点建议，如何一边工作一边学习？

Professor Blohm: You know, one of the things Wen Jiabao said is open your mind. So I want to explain that with my understandings. It means always be curious. Always be curious. One of the problems, I think, Asians have all this. They are often practical. For example, if you are in a university, so if you take a course in economics, what do you do? What do you think first? I am gonna pass the exam. (Laugh) I have this friend in Columbia (university). (He) was my classmate from China. So he passed the exam. But one of the problems is, if you study for passing the exam, you may not really understand why. Some people say why. I have to pass the exam, but you don't look into trying to understand why... and sometimes, understanding why can actually help you in an exam. You know, I gave a course on the history of mathematics in western philosophy. What I have to do? China has Google. Chinese mathematics tends out to be what is called algorithmic mathematics, in other words, there are too many ways you can (to) solve the problem. You can do it by algorithm, which is steps. Oh, take this factor, divided by this, move this over here, and do this and then you turn out to memorize these steps. Computers use that methodology. That is mathematician. Chinese actually develops a theory of how to prove theories, you know, compute programs can prove things. But one of the problems is, sometimes, these problems are much easier to solve. You might take ten problems and you memorize the procedure for ten, but there might be one formula that actually does form. But you may have to spend some efforts to figure maybe I should solve it like this, maybe I should think about that more. Then you might feel you are wasting your time. Oh no! I just need to memorize it and pass the exam. But if you spend more time, it may turn out to be much more economic and in the long run, you might become more powerful because you discover the real underlying structure. How do you do this? You find the formula. If you notice the formula, you can generate all kinds of examples and solve problems like that so that you don't have to go through all the different iterations. So there's been a tendency in Chinese history of mathematics and in pure exams to treat problems like measuring distances rather than come up with the geometric theory with formulas that actually have techniques to help measure the tracks which can be summarized in a single formula. So I think one of the things is, don't think, you know, you are wasting your time because you are curious. That is what science does. That is what great scientific discoveries are. There're (There's) something missing here. I don't really understand, you know, I am not satisfied. I need to think more. When you think about it, one of the issues here is, actually, when you discover this, sometimes, you get great feeling. It's almost like drunk. In fact, in Greek history, most mathematicians typically were great lovers of wine because mathematicians in Greece especially love this experience, ecstasy. When they after all can finally find this solution and discover it, they would reproduce this kind of feeling by having parties, orgies, (and) drinking. This is part of Dionysus. I will analyze things like history. All the sudden knowledge comes from being curious and using your free mental time. You know, I will give you another thing. I have this issue in Japan. I worked for Japanese companies, Japanese investment banks. I worked with them. What Chinese is going through now, Japan went through in the 1980s. I helped Japan recycle capital, clean Government Issue, bond issue to investors. I had a manager that once said that there's a tendency that only thinks one thing at one time and really concentrate on this one think instead of thinking several things simultaneously and working on a number of jobs. One of the issues is sometimes, when you are working on a problem, like a math problem, you work at it, you get tired, (and) you don't get anywhere. If you put it aside, maybe when you are half asleep in bed suddenly you find a solution, you know, or when you in a bathroom, you are just tried, you stop trying, somehow, your mind becomes free and makes the connection. So this has to do with dividing your time. Sometimes, it is good if you are not concentrating too much on one thing or maybe do a few things at one time because when time is up you can actually be more effective. So this person said, this is Japanese, is very nationalistic, one of Japan's problems in the 1980s was trying to expand abroad is, you have people that experienced World War II, and they feel now Japan is triumphant, now we are gonna take over the United States, we're gonna sell the treasury bonds and so on. And this guy told me. He said, the reason Japan lost WWII is because we could not concentrate on more than one battle or one place at a time. But to win the war, you have to have multi - strategy of attacking. We Japanese couldn't handle it. We Japanese couldn't handle managing multiple things. We want to concentrate on one thing now (and) one thing the other. So sometimes this kind of mental flexibility helps. It's all matter of managing mental time and so on. And I think just try to enjoy the enjoyment of discovering more knowledge. Things, you know, the great things of my colleges, you know, this kinds of conceivable. You just buy something, you play videos game and sometimes do things like that and then find similarities and say "hey, this is just like this over there. I wasn't that interested." You know, that is curiosity. It's like Dapei (referring to the Chinese characters "搭配"). Even in fashion a girl, they like matching something. It's nice. So even in thinking, you know, somebody (who has) complete difference works on a problem and actually has the same strategy, same solution. This is psychology. That's how science works.

卜若柏：温家宝曾经说过，敞开你的心灵。我想用我的理解来诠释它。

它的意思是，保持好奇心。亚洲人普遍具有一个特点，他们都很实际。比如，当你在大学里学了经济学课程，你首先会做的事——通过课程考试。我有一个在哥伦比亚大学的朋友，他通过了考试，因为他来自中国。但是，其中的问题在于，如果你学习仅仅是为了通过考试，那么你可能仅仅"知其然"，而"不知其所以然"。很多人只是为了通过考试，而没有努力去理解。但很多时候，理解"为什么"才能真正对你有帮助。而且理解为什么也会帮助你通过考试。我过去教一门有关西方哲学的数学史的课程。中国数学倾向于"算术数学"，即步骤。其思路基本上就是先考虑这个因素，然后把那个移到这边，最后你记住这些步骤就万事大吉了。但这是计算机的方法。计算机发展了如何去证明某个理论的方法。但问题是很多时候这些问题非常容易就能解决。你可能遇到十个问题，然后你记住解决这十个问题的十个程序，其实很可能只用一个公式就能解决，但你可能需要付出努力去设计公式，你可能觉得这是浪费时间，你会说"我只需要记住步骤然后通过考试就可以了嘛"！然而，一旦你花更多的时间去思考，长期来看你反而会节省很多时间，而且你会变得更强大，因为你发现了内在的隐含结构。如何做到这一点？因为你发现了公式。有了公式，你可以推导出很多例子并且解决很多类似的问题，这样一来就不用一遍一遍地重复（同样的步骤）。中国数学的一个倾向就是要求测量距离而不是去发明某种地质学的理论。所以，我觉得你不应该因为自己的好奇心而认为是在浪费时间。这就是科学，这就是伟大的科学发现。如果你觉得有一些遗漏的东西，就需要思考更多。然后当你真的有所发现的时候，感觉会很棒。就像喝醉了一样。你会发现，古希腊历史上很多著名的数学家都很喜欢饮酒，因为他们非常喜欢狂喜的感觉。当他们终于找到了某一解决方案，他们会通过聚会、狂欢、饮酒来重现这种感觉。这就是狄俄尼索斯的酒神精神。我喜欢分析历史。我觉得所有意外获得的知识都是因为好奇心，你应该运用自由的思考时间。日本人也有这样的问题。我为一个日本公司和日本投资银行工作。现在中国正在经历的问题，日本人在20世纪80年代也都经历过。我帮助日本回收资本，清理政府发放给投资者的债券。我曾经的经理告诉我，日本人倾向于每次只考虑一件事，而不是一次考虑很多事情，同时做很多份工作。但问题是，当你想要解决一个难题，比如说一个数学问题时，你花费的精力越多，你就会越累，但你还是无法解决它。如果此时你将它搁置，去睡个觉，可能你会无意间突然找到解决的方法。或者去洗个澡，你之前苦苦思索不得其解，但洗澡时你的思维更加自由，你开始重新找到各

个部分的联系。这跟分割时间有关。有时候当你把事情分割开来，每次做一点，最后可能更有效率。有个人民族主义色彩很强，20 世纪 80 年代日本正尝试海外扩张。有过第二次世界大战经验的人，会觉得日本现在（20 世纪 80 年代）很成功："我们现在要接管美国了，我们准备发放国债。"这个人还告诉我，日本输掉"二战"的原因是他们无法同时把注意力放在多个地方。而要赢得战争，必须有攻击的复合策略。日本人不擅长多线作战，他们喜欢一件事一件事的处理。所以有时候思维的一些灵活性可以帮助我们解决难题，这是如何管理思维时间的问题。我认为应该尝试去享受新发现和新知识的乐趣。我大学中最棒的事情就是这些令人充满想象的东西。你买东西、玩电脑游戏，发现一些画技的事情并且说："这个跟那个很像，我并不是很感兴趣。"这便是好奇心。这就像是搭配。时尚的女生们都喜欢搭配服装。所以我认为，思维也是这样的。完全不同的人会致力攻克同一问题，找到同样的解决方案。这都跟心理有关。

Mr. Qiu: Ok, thank you. I think this lecture is like a talk show, you know. He has so much information to share with us. So our students are very lucky today. The last question? Take the last chance. We can ask you to give us another one (chance to raise a question) over there. The boy, the gentleman.

主持人（邱伟立）：好的，谢谢您。我认为这场演讲很像一场脱口秀，我们的学生很幸运，因为卜教授与我们分享了很多内容。请下一位同学提问。

Student D: Good afternoon, Professor Blohm. From your lecture, it seems to me you favored fiscal policy rather than manage policy to stimulate the economy. And according to your statistics, QE2 did not really help the United States to recover from the 2008 financial crisis. Do you think the FED (U. S. Federal Reverse System) will immediately to carry out the QE3 at the end of QE2? Thank you.

学生 D：下午好，卜教授。从您的演讲中我发现，与管理政策相比，您更看重财政政策对经济的刺激作用。根据您的数据，"第二次量化宽松"并没有真正使美国经济从 2008 年的金融危机中复苏。您认为美国联邦储备系统会在"第二次量化宽松"之后实施"第三次量化宽松"吗？

Professor Blohm: No. And you know why? Bernanke, I personally know Bernanke because when I finished Columbia, you know, my home in New Jersey is very near Princeton University, ok? My mother is dead now but she worked at Princeton University. So I had a right to go there. I studied for one semester in Princeton Economy Department. And Bernanke was the Chairman. He personally gave me the permission to go to his office and I asked him why. And he asked me study there for one semester. So I know him. He said in the press conference, his first conference that he was really worried about the oil price. He was really worried about that and he knew if doesn't make QE2, it's gonna depress the currency. The U. S. Dollar is low, low price, a lot cheaper. You know how that happens? I actually have an article. I did that for, wait a minute, 《国际石油经济》 magazine, you know that when the dollar goes down, oil suddenly (is) cheaper, cheaper for Europeans and Japanese. So they buy one and so price goes up. That's why. One of the problems with oil is that its price was not priced to the currency, the USD. If oil were priced with a neutral currency, then it wouldn't have any effect. Because the dollar, you know, if the dollar went down anyway, the currency would have no effects. Oil price is not priced in currency. But the worst perverse effect because as the dollar declines, the oil price goes up, so Bernanke is very worried about that. So that's why he said he just would not consider a QE3 because what affects the price is contradictory effect on U. S. economy. The purpose of QE3 was, among other things. yes, it's not a substitute for Obama policy, or something about Obama policy, but it's to manage the financial system. One of the problems, in the United States is still going through a subprime, something like subprime mortgage problem. But it's the second half of the subprime problem. The subprime problem was individual home – owners in mortgages, ok? But there are also business companies, real estate developers who also took construction mortgage to build shopping malls, to build things. And the loans were still out there. And they are all to be refinanced during the last couple of years. So everyone was extremely worried that all these developers wouldn't be able to finance these mortgages. So this recess or refinancing recession has all been occurring all these years. And I think that's why one of rezones that Bernanke is very worried and concerned to keep interest rates very very low to facilitate this refinancing because if the interest increases so much it will just kill this ability of any those developers to hold on to these properties. So those developer mortgages won't be out of woods until 2012. So there's a real concern about that. Bernanke was a student of Japanese economy in the 1980s and he was really worried about it, you know. The Unit-

ed States don't really have the inflation problem. I arranged Bernanke an interview with《中国证券报》last week. I guess we would see it on Monday. He said he did not really worry about inflation. Inflation isn't a problem in the United States actually. Bernanke is more and more worried about deflation. So that's why. But now he is worried about inflation in the sense that he is worried about the impact of this high commodity process and why he was very reluctant to do QE3. It's nothing to do with Obama. Let me mention you another thing as a factor. One final point. （It）is that the U. S. Federal Reserve is very careful whenever there is an election. We know there is the Presidential Election coming up, you know. Unless there are some extremely dire circumstances on, the Federal Reserve does not like to be perceived as influencing the outcome of the election. So usually the very worry of taking some positive measures as the election is coming near. So that remains to be seen as the election time comes. I think Bernanke will step in trying to proceed to save Obama, for example facing problems. But of course, it is not the Federal Reserve. That is （to implement）monetary policy, substitute to fiscal policy, which really needs to stimulate the economy.

卜若柏： 我认为不会。你知道是为什么吗？我私下里认识伯南克。因为我从哥伦比亚大学毕业后，在新泽西州的家离普林斯顿大学很近，我妈妈去世前在普林斯顿大学工作，所以我可以去那里学习。我去普林斯顿大学经济系学习了一年，那时候伯南克是那里的系主任。他允许我去他的办公室，并且邀请我在那里学习一个学期。所以那时候我就认识他了。他在一次会议中说，他很担心国际原油价格，因为如果不实施"第二次量化宽松"就会压低货币。美元已经很低了，比以前廉价很多。这是怎么发生的呢？我写过一篇文章，内容是当美元走低，对欧盟和日本来说油价会突然降低。他们买了之后，油价又会提升。这是为什么？其中一个问题是，国际原油的价格是按照美元定价的，如果它以中立货币定价就不会发生任何影响。如果美元走低，也不会对中立货币产生影响。最坏的影响是美元浮动导致油价上涨，伯南克很担心这一点。因为价格影响是个悖论，它会伤害美国经济，所以伯南克至今还没有考虑实施"第三次量化宽松"。"第三次量化宽松"的目的是调整金融系统，但它并不是取代奥巴马政府主张的政策。美国现在存在的一个问题是，他们依然发放次贷，但是这是第二代次贷问题。次贷问题是抵押贷款中的个人业主。但也有业务公司以及实业开发者，他们希望获得建筑融资抵押，以此来建购物中心等。贷款依旧被这样发放在外，它们在过去的几年中都曾经被再融资。并且大家都十分担心这些开发商没有能力偿还贷款。这种经济衰退或者叫做再融资性的经济衰退已经持续了好多年。这就是我认为伯南克会保持非常低的利率以便促进这些再融资的原因，因为如果通胀加剧，那么这些开发商将会失信。这样的话，2012 年结束前，开发商都难以脱离险境。伯南克从日本 20 世纪 80 年代的经济中学习到了很多，所以他很关注这个问题。美国并没有真正意义上的通胀问题。我上个礼拜安排了《中国证券报》对伯南克的采访，我们可能将在下周一看到报道。伯南克说，他并不担心通胀问题，通胀确实不是美国的问题。但是，他开始担忧通胀是从不愿意作出"第三次量化宽松"的角度出发。这与奥巴马政府无关。让我给你举出另一些因素。只要有选举发生，美联储就会非常谨慎。我们知道总统选举已经临近，除非出现一些极端情况，否则美联储不愿意被认为它对总统选举产生影响。所以在选举临近时采取一些积极措施看起来是非常奇怪的。所以，这种时候，我认为伯南克会开始想办法救奥巴马政府，帮他们面对问题。当然，这不取决于美联储，由它来实施货币政策，用以替代财政政策来刺激国家经济。

Mr. Qiu：ok. Would you mind asking the last question？Please. Actually, Professor Blohm gave you the last chance，you know. I am just the coordinator.

主持人（邱伟立）：您是否介意我们再问最后一个问题？卜教授给了你最后一次提问机会，我只是主持人。

Student E：Thank you，Professor RobertBlohm. In your lecture，you mentioned China needs a second Deng Xiaoping. I really agree with you. But I think you must notice we need another 朱镕基总理。

学生 E：谢谢。卜教授，您好。您在演讲中提到，中国需要第二个邓小平。我非常同意你的观点。但是我认为你应该说，我们需要第二个朱镕基总理。

Professor Blohm：Actually，that's ok. I actually agree with you.

卜若柏：对，我确实认同。

Student E：My first question is，how do you comment and compare Premier Zhu Rongji with Deng Xiaoping（in terms of）the reform policy. My second question is，some scholars，such asSingapore Professor Deng Yongli，said this term of government almost has no reform policy. How do you comment on this idea？

学生 E：我的第一个问题是，你如何评价或者比较朱镕基和邓小平的开放政策？第二个问题是：有些学者，比如说新加坡的邓勇立认为本届中国政府几乎没有改革政策。你对此如何评价？

Professor Blohm：So you have two（questions）? Not one，uh? Last one（laughter）. So you are about Zhu Rongji. I knew his son. I want to tell you something about his son . his son is very very smart. He is probably the person I met inChina impressed me the most. He has a PhD. There's plenty PhD here but not that in Europe. But he studied meteorology，the weather. It's very complicated and it's all based on very complex statistics and math. So he has a PhD in meteorology. I have an uncle who was a math genius. He graduated from Princeton when he was 17 years old. He entered at 14. He became chairman of the actuarial association who calculated all the death probabilities and things for insurance business，ok? He had a choice after WWII. He had a choice to be a meteorologist or to go into the insurance business. He is a math genius so he went to insurance business but meteorology is very complicated. I met Zhu Rongji and saw some friends，but later…I didn't meet Zhu Rongji. I mean，I met his son at his office and we were talking about Chinese. Actually，I have to show you my dictionary. This is the most used Chinese – English dictionary. It's broken and also dirty. But I have a page here. That is the most important page in Chinese dictionary，you know，the radical page，you know 木字旁，三点水。This page is the most important page in a Chinese dictionary，you know. I did the statistical study when I started studying Chinese. It's like military campaign. I am gonna figure out what have I do，what should l learn first. So I did probability distribution of how many Chinese characters use the one – stroke 字旁，how many Chinese characters use two – stroke 字旁，three – stroke 字旁，so it's distribution. It's not a normal distribution. It's a distribution that rises very fast and in a minute tails off，you know. Yep，it's like this（demonstrating on the blackboard）. It's not a normal distribution（demonstrating on the blackboard）. So when you get Chinese characters that have more than 6 strokes，you don't have to waste your time. And don't try to learn them，不太用的. I want to know theoretically which 字旁 I have to know best. So it's the one that like 三点水 that has most Chinese characters. I showed him. I was talking to him about Chinese. So I showed him the dictionary. I showed him this page，you know. He looked at the page and said right way "that's quasi – distribution". Quasi – distribution, that means it's a normal distribution multiplied by itself. Only statistician knows that. He is CEO of a major Bank. Nowhere in the west, under capable expect but nobody would ever remember that's quasi – distribution. So that impressed me very much that he knew that. So I think I came across people that very smart. These are the future. These are the people that going to run this country. He is intuitive as time goes on. I was very impressed. So he told me a final thing. He said this is an engineering approach to learn Chinese. So I have a burden. You see, he must test me over time to say, oh, this method is good or not, it's my Chinese good or not as a result. (This is) Engineering approach to learn Chinese. So you ask me about Zhu Rongji. That's right. He, you know, has to deal with … how I would say. It's style of decision – making. Zhu Rongji is confident, you know. When a decision – maker understands his area or has a intuitive feel for it, he can make decision more easily. If a decision – maker doesn't, he depends on consultancy. He might spend a lot of time and decide which consultancy he gets. Zhu Rongji did not need many consultancies. He can understand things by himself and so he can had kind of coherence of policy, that is, more focused or more systematic. I would say, (that) competence is very important. Deng Xiaoping, maybe Deng Xiaoping had a natural, you know, sense, political sense. Zhu Rongji certainly has the technical. I want to say today, I think China, you know, the Chinese government, (I) talk about training. There is one branch of this ministry in the Chinese government that in my opinion, certainly is would class, that is 人民银行。You know, they send people to Hong Kong. Every year, they send personnel to study at top universities in the United States. I have to say the Japanese government and the Chinese government, I have to say, do all this. But 50 years ago, the Japanese government and all large Japanese companies had been sending two or three employees or members at the department to top U. S. universities, I mean, Princeton, Harvard, Stanford to get master degrees and came back. You know, Japanese don't like living abroad. They are not comfortable overseas as Chinese. So they came back. They worked for that company. So all these Chinese (shall be "Japanese") ministries and all these companies, they all have clubs inside. It's called like American club. They all get members to study to get degrees from the United States and they were all over place. They were unbelievable. I mean, you met these people. He is from Orchestra, he is from this, from that. Japanese government favors that. I think as time goes on, we'll see more of that. The 人民银行 goes that systematically, you know. I assumed with time, the other ministries will all catch up that (because) that helps internationalize the capability of officials to handle technical challenging areas like that. So I support you for Zhu Rongji's capability. One thing to keep in mind is there's a drawback to leaders who are too decisive. Sometimes, you know, it's (like) difference between Jimmy Carter and Ron Reagon. Ron Reagon also tended to make decisions fast. He delegated. Jimmy Carter wanted to study every last detail, every single thing. He read all the newspaper. He was bound to details. Sometimes, that's also not very good. Or, decision–makers just decide, oh, I understand, I choose this consultancy in this way, don't listen to anybody else. That's also a very arrogant idea. So one good virtue of being able to make decisions is to have a feel for it and also be open to errors or criticism. You know, there's always something you overlooked. You know, so, um…

卜若柏: 你提到了朱镕基,我认识他的儿子。我想谈谈他儿子的一些事情。他儿子是一个非常聪明的人,拥有气象学博士学位,他应该是令我印象最为深刻的中国人。他学的是气象学,这门学科建立在非常复杂的数据和数学的基础上,所以非常有难度。我有一个叔叔,他是数学天才,他14岁进入普林斯顿大学,17岁便毕业了。他后来成为一个保险精算机构的主席,专门研究保险业死亡率。因为他是数学天才,在"二战"后他有机会选择成为一个气象学家还是进入保险业,他选择了后者,因为气象学太过复杂。我在朱镕基儿子的办公室里见过他,并一起谈论中文。我可以给你们看看我的中英文字典。它现在看起来又旧又脏,这里还缺失了中文字典中最重要的一页,这页是部首"木字旁"和"三点水"。我在学习中文时做了统计研究。这就像是军事行动一样。我必须计划好什么是我必须做的,哪些是我首先应该做的。我必须了解哪些汉字有一画的部首,哪些有两画、三画的部首。这不是正态分布。你遇见有六画以上部首的汉字,你不用浪费时间去记它,因为它并不常见。我事先了解了什么部首的字最常见,我最应该掌握。在我跟朱镕基儿子交谈的时候,我给他看了我的字典,他说这是"拟稳定分布函数",它是正态分布多元化的一种形式,只有统计学家才懂。他是一家银行的总裁,在欧洲没有人期待一个银行总裁懂得"拟稳定分布函数",所以他令我印象深刻，我觉得他非常聪明。这就是中国的未来，有这种才能的人在掌握这个国家，随着时间的增长，他会更加能干。他告诉我这是学习中文的工程学方法，现在我很有压力。你会发现，要通过时间的检验才知道一个方法是好是坏，我的中文最终是好是坏。你问了我关于朱镕基的问题以及他的决策风格。我觉得他非常自信，如果一个决策者很了解他的领域或者具有很强的专业直觉，那么他作出决定就容易得多。如果他本身不具备这样的能力，他就要靠大量的咨询信息，那样他需要花费大量的时间去研究他获得的信息。朱镕基并不需要做很多咨询。他可以自己了解事情，所以他的决策具有一定的集中性和系统性。我认为能力非常重要。邓小平可能具备一种天生的政治敏感和能力，而朱镕基具备技能。我觉得人民银行算中国政府部门中的一个。它会把人们送到香港，每年都有工作人员被送到美国最好的大学学习。日本政府和中国政府都这么做。在 50 年前，日本政府和日本公司每年只会派出两三个工作人员去美国最优秀的大学学习，比如普林斯顿大学、哈佛大学、斯坦福大学等，他们去攻读硕士学位，学成之后再回国。日本人不喜欢在海外生活，这点与能舒服地在国外生活的中国人不同，所以他们会再回国为公司效劳。这些人非常令人难以置信，他们来自不同的背景。日本政府热衷于此。我相信随着时间的推移，中国也会有越来越多这样的事情发生，比如人民银行正在系统地做这些事情，我相信中国其他领域也会迎头赶上，因为这样使官员国际化有助于他们处理各自领域的技术挑战。我认同你对朱镕基能力的赞赏。然而必须记住的是，领导人过于果断也会有害处。就像卡特总统和里根总统。里根善于快速作出决策，而卡特总统倾向于对每件事都作出精确的研究，他精于细节。但有些时候这样并不好。我认为，决策者如果只是作出决策，选择这个顾问团的意见就不要再听信任何其他人，这样也不好，过于傲慢。我认为好的决策方法是不但自己要对此有感觉，还要对错误与批评保持开放意见，因为总有你自己忽略的事情存在。

Mr. Qiu：actually, I want to quote Reagon's speech in Fudan University. So you are fascinating. We are fascinated. Thank you. This takes about two and a half hours in speech, in English. And about 50 students participate this speech and nobody leaves the room. So they just focused on your lecture. So maybe sometimes we can invite you back to give us another lecture. Ok. Thank you. (it's) five o' clock. Maybe (it's time) for your dinner or for you to relax a little bit. Thank you. Wait a minute. Flower time. Music！

主持人（邱伟立）：我想引用里根总统在复旦大学的评价来结束这次演讲：您的演讲很精彩，我们被深深地吸引了。谢谢。这次英文演讲持续了两个半小时，有 50 多位学生到场聆听，并且没有一人提前离场，大家都专注于您的精彩演说。希望我们能有机会再次邀请您。

原文：

Dear the Robert Blohm, ladies, gentlemen and fellow students:

Good afternoon. The opening ceremony for new campus officially begins on the 25th in April. Today we are very honored to invite Mr Robert Blohm who is North American investment bankers, economists, statisticians, a professor of China Central University of Finance giving us a speech .

Mr. Robert Blohm was born in 1948 in New Jersey, USA, obtaining a bachelor's degree in philosophy of mathematics from the McGill University McGill University in 1970, the international financial MBA in 1981, a master's degree in economics at Columbia University in 1997.

During the late 1980s, served in a number of investment banks in Japan and Canada in the early 1990s, Mr Robert Blohm promoted the expansion of Japanese capital markets, and successfully used Japan's surplus capital to invest in the Canadian government, companies, public facilities, banks and some international institutions (such as the African Development Bank) . Mr Robert Blohm used the the term "network economy" creatively on Wall Street Journal editorial page and openly predicted the size of the market. In the past 10 years, Mr Robert Blohm worked in the electricity companies and gas companies in the United States, Canada, Japan and China as a market structure, market operations, energy transmission and piping systems planning consultant. Mr. Robert Blohm also held important positions in the standards committee of the North American Energy Standards Board and the North American power to protect the development of real – time transmission system frequency / balance control and pricing standards. Mr. Robert Blohm worked with Tanaka and arranged personnel exchange for the Japan Economic and Trade Ministry of Industry (METI) and the U. S. Federal Energy Governance Commission (FERC) for the first time. Tanaka will serve as the International Energy Agency (IEA) Director – General. Because of the tremendous contribution made by the the Bu Ruobo in the field of economic theory and business, his name was recorded by "Who's Who", "Who in the World", "Financial Business Who's Who" and "Who's Who of the U. S. science and engineering."

Mr Robert Blohm has been in China for five years, he initially taught at North China Electric Power University and he was the first professor who taught economics of electric power transmission system in mainland China. Mr Robert Blohm served as senior adviser of the State Grid Corporation of the U. S. branch and a foreign consultant of the China International Petroleum Economics Monthly, and taught at the Central University of Finance and Economic Management Center. Because of Mr Robert Blohm's profound theoretical knowledge, writing simple terms, his often articles were published by the China Securities News, China Economic Daily News, "China Petroleum", "Power News", the Xinhua News Agency, China Natural Gas Corporation, the Chinese Ministry of Commerce, the NationalEconomic and Trade Commission, the State Council Information Office, the Chinese Electrical Engineering Association, China Association of Energy Engineering, Chinese Academy of Social Sciences and the Civil Code of the People's University Center. Mr. Robert Blohm was interviewed by CCTV9 the dialogue. Before coming to China, Mr Robert Blohm arranged his mentor, Nobel laureate Robert Mundell's visiting to China in 1995 for the first time.

Mr Robert Blohm is knowledgeable and the majority of young students admire him. Today Mr Robert Blohm will give us an interpretation of the Sino – US economic prospects based on his extensive experience in economic activities as well as strong economic theoretical foundation. Now let's welcome Mr Robert Blohm.

Robert Blohm:

I have four points. At first, I want to cover some history, China and US relation. I want to show the similar development. Maybe you think I am crazy, why Chinese development and US development have some similarity in the last thirty years? I think China of Deng Xiaoping's revolution and America of the Reagan Economic Revolution are very similar, and solve similar problems. That's the key in the US – China relation. We can watch how we can solve the problems or do not solve the problems. We learn from each other as we really have the common economic problems.

So I covered the Deng Xiaoping economic reform andAmerica of the Reagan E-conomic Revolution and everything is fine until financial crisis. Everything is stop for a while, even maybe the backward. But as you know, all crisis are opportunities, so these changes must finally occur, in the end, they are not bad. After the crisis, what's the problem today the China face and the US face? We find out some solution, some way to make these problems solved. I think more than any other western countries and eastern countries, China and US have more in common than any other such crossing eastern – western divide, not in population, but in size (the country in the similar size), the natural resources, many deep past involvement in each other's history. As I mentioned, China helped unifying America. America has civil war, China has civil war. America has civil war till America apart. So what unify, what do very important to united states, they worry about the west, the part of civil war, both the south and north want to convince the west, because the west has mountains. So finally the north won, but everyone still afraid, because how we can unify, build the railroad, the railroad is important, how we can find the workers, the Chinese worker. So the Chinese help unifying the United States. Big cast, very important. And who is the president, who won the civil war? Grant, He is also the first president, he is a general, like general mao, is a military hero, also the first president unify the country, he is the first president to visit China. After as a president, he wrote a book, and promotes the book in the world, and travel to China. He is not the first president live in China, that is Hoover, he also opened the west called the Pacific Ocean, everybody before him (1900), all America only know the European. Of course, we know about China and Chinese worker. Finally, he assures a pacific century. He lived in TianJing.

Deng Xiaoping was very important, and we had 1958 the "greatly forward", the very important decision time, and famous solution conference. In my opinion, one of my hero in China is Peng Dehuai, he makes some observation, so he had to change job and replaced by Linbiao. Unfortunately, not a good decision. But Peng Dehuai went on to achieve the third front, build Sichuan all the industries over there. Followed this experiment, China already developed some public management ability, one of those keepers are Liu Shaoqi, he is educated in Soviet Union, 1958 the relation with Soviet union become problematic. Famous philosopher in Peking University wrote an article in 1958, illustrated that the Marxism is different in Soviet Union and China. He also publish Chairman Mao's work on contradiction and on practice, these are the most pure work to demonstrate how the fundamental differences. It is the first sign of split in the two. But it is not visible to American until 1960s, much later. Then we are coming to the "cultural revolution", very destructive. "Cultural revolution" has one element, it was people say because of confusion and tradition, Chinese culture lack of criticize and critique, but "cultural revolution" is too much. This is criticizing everyone, kind of crazy, even crazy thing always has some reasons. Attempt to overcome a fear, but create a new kind of fear. It is a very difficult time.

This is the late 60s, in the west, we have the same thing, we have "student revolution" in the United States, cannot state university students revolved. In Paris, fence, the students almost take over the city. It is not China uniquely has the problem.

Nixon visit China in 1972, when he has some problem, Nixon come after political problem, US have the economic problem. Nixon has some legal problem after election, he need some help some very smart arrange with China. China worried about Russia very much. America and China get to together. China was also very smart, China get US to promise the CIA stop to support Dali lama in order to allow Nixon to come. This is the very important compromise. Nixon's come is the beginning of direct, renew the contact. But after some very difficult economic event, both China and US have problems, try to solve together. The most important event is four years later, Tangshan earthquake. The deaths of three leaders were in the same year.

Deng Xiaoping took over the first stage reform and opening up, what was the key part of this stage? Create a brand new sector, Deng Xiaoping freeze the form and rebuilt the present, we can go to the coast and recreate a new export sector of China's economy. This sector was based on market principle, will take care of the whole economy, and contribute truly to economic growth. So one way, Deng Xiaoping could achieve a great. We do not have to reform too much old existing economy, but we can create a new part of economy, it can take care of everybody and it work for three years. Also it was the time to rural enterprise, came to the countryside, typically Chinese revolution came from the countryside, this economy also came from countryside. The responsibility system, land reform also give the effectively, allow the farmer to lease on land. And in the reform development, China has big problems in 1980s, very similar with us in 1970s, this is stagflation. China has big inflation and low economic growth. It usually opposite, inflation always mean economic growing, also price is high, but you have your job. The worst thing is the price is high, no job. Not suppose to happen, inflation used to stimulate to create more jobs. So this is a big problem, eventually lead to next stage Deng Xiaoping reform, Deng Xiaoping goes south. The second stage, which mean now begin to reform the existing part of economy dismantle SOEs. Then 1994, RMB devaluation, everybody talk about appreciate today, but nobody remember that, before actually before that time, it is between 6 and 7, and it was devalued to 8, in the opposite direction to US dollar. So actually since then the appreciation just brought the RMB back to where it was before China made the devaluation. Why China devalue to help the economic problem to stimulate the economy, such as export and so on. Another import event China becomes a net oil importer, net basis. 1997 Asian economic crisis, but China invite Mundell, my teacher to China, tell China do not play with the exchange rate, and leave the exchange rate alone. And China listen to that, and that policy help China's amazing development since then. China do not have to do like Japan, and appreciate their RMB, so the fixed RMB, in my opinion, is the single important policy responsible for the super growth. Maybe in my opinion, Mundell is western of economics, contribute most to the development. Finally, at the end of this period, oil price rise in 2001/2, a very bad time, it begin to slow the reform of China, and price marketization suspend for a while, because prices are too high, if we adopt the market price. So many planner believe, we can wait when the price go down, we can resume the marketization, but never happen. Unfortunately, the low price stimulated Chinese commodity, the China become the oil setter for the oil price, China is marginal buyer, China is responsible for one half of all new oil demand. Industrial countries since the oil shocks in 1970s, every buying less and less oil. And people buy the new oil, China is half that, that is sets the oil price, and everybody pays, this has important impact.

What happened in America, we see Deng Xiaoping revolution solve problems, it has many similarities to the Reagan Revolution, it means free market and open up. It does not mean government took some specific positive planning, it is the government let the economy develop by itself. And America had quite peaceful development after world war two, unlike China go through many turmoil and changes in 1950s and 1960s. And Mundell made contribution to American, in 1962 president Kennedy listen to Mundell, reduce the tax of united states, it create great economic prosperity during these years before the Vietnam war. Then we have a big turmoil in United States, Vietnam War and student turmoil, it is similar to Cultural Revolution, European and US have to go through this. Vietnam War creates a big economy problem to US, afterwards government spends too much money, and too much pressure, no body trust the dollar. Kennedy spends so much, which forced Nixon to separate US dollar to gold, because anybody come to central bank, they don't want US dollar but gold. So US send all the gold, no gold for a while, they had to give up. But they don't change the economic policy, they worry because the government reduces the spending, the economy is slow. This contribute to the oil shock, because once the dollar was separated, was not fixed, the commodity price become fluctuate, before 1972 – 3 the oil price, interest rate was very flat, then the stabilizing the currency Mundell very believed that create a lot of problems since then. The oil price soared after the first oil shock in US in 1970s, many people in America think this is the end, capitalism is finished. When China was suffered from turmoil and Cultural Revolution, Deng Xiaoping saved China, Reagan saved America. During this period of oil shock, Nixon government make a stupid decision, impulse wage and price control, so oil price should be very high. In fact, high oil price is good, because it reduce the consumption, and that means in the end the price will go down, but if you keep the price low, artificially people demand too much, keeps the world price very high. So actually American captures their demand for oil, and later on, second oil shock came because American never learn to begin to save oil. During this time, wage and price control makes big problems go to China. China has the emerging problems, try to help each other. Oil price soared again due to the price controls, American still want to consume too much, we have a running evolution. This is the phenomenon of stagflation. China has this in 1980s, American has it in 1970s. Did not began everything, actually president carter, he begin some movement that the Reagan follow, first he started the deregulation of public utility, make the airline competitive, and open this up. He has to find a way to make the economy more efficient, to make things cheaper for people. In real terms, because the price is going up, more competition, the price will go down. And he also appointed Paul Volker as Fed Chairman, who became a very tight monetary policy. This is a big mistake. This is Mundell's innovation, he said tight monetary policy, tight fiscal policy. Tight monetary policy means high interest rate, but the conference said by making the fiscal policy very loose to stimulate economy, but keep the interest rate. Stimulate the economy but stop the inflation, how you can do that, and every economist told them if the fiscal policy is loose, the monetary policy should be loose, they must be same. But Mundell 1 say they should be opposite. Carter did not do that, he appointed Volker, but president Reagan did the other part, and followed Mundell's policy, and reduced the tax rate, deregulate the oil and natural gas energy economy, and so on. Especially, reduce the tax rate, stimulate the economy focus on the tight monetary policy, kept the interest rate very high, so it is called supply side economic which meant make the investment easy, make the return on investment very good by lowering the cost and economy, lowering the regulation, unnecessary rules and so on, make the transaction easier. Clinton continue this, he does not like Obama who thought the government should lead the public, he thought the public should take what they want to do. That's the reason why he was elected. Clinton was very successful, but he made one mistake in 1994. That year is very crucial for China, the RMB devalued and China became a net oil importer. Clinton lost his election, because the US economy was very slow, he implements low exchange rate policy to stimulate the export. That is same thing Obama do today, Obama suffer last November, same election defeat like Clinton in 1994, because of low dollar policy. This is typical democratic party approach usually make public think more like China, the economic policy usually let the public think the same Asian value, believe in their hard work, believe in strong currency and so on. The economic issues are much more similar to the Asian values. Robert Rubin was just the author of the policy.

Then in 2001 – 02, China has a problem, because of the oil price goes up, China has to stop reform, and put on hold for a while. US has a big problem at that time, it is internet bubble exploded, because too many people propose, too many things to do with internet. The problem is not enough people, not enough time to use, many companies bankrupted. And 9/11, Enron bankruptcy, and oil price rise. However, the internet bubble did not take much effect, because the real – estate bubble takes over right way. So 2008 crisis is willing to happen, which is 2001/2 crisis continuation postpone to that. So this is the survey of what is happening in China and US, and their similar pattern.

Now we are talking about financial crisis, which cause American and China to go back. The slow pace is very important to understand, in my opinion, the reason why China not suffer much from financial crisis is not something China did, but something China did not do. Many times, no decision is better than a decision. In this case, because the reform is very slow in China, such as financial reform. China banking system did not really integrate in the world, when the rest world suffers badly. The world economy is growing into a good shape. China did not integrate into it closely, so China did not receive all the benefit. One of the rules in the economics is to be connected. If connected, you can benefit from good things, but suffer from the bad things. If you never connected, you will never benefit or suffer from anything. Which is better, everybody reparative or together? One of the problems is, all the people think American financial system caused the financial crisis. The problem is poor management. Everybody take about the American business school, but the managers in US tend to be technique forbid, they do not like technique thing very much. It is one of the problems in Wall Street, especially when personal computing emerges in 1980s, you can create very complicated models to do the program. The manager must understand these things, or the things should be not in control. Some young guy, said he understand and take care of that, but it is the job of the CEO, the technique people should be promoted. Many ways of US systems do not favor the technique complicated. The other problem in US, and one of the differences between US China and Japan is the professor. People in America do not respect professor like people in China. They think professor not practical, the American respect action man, power man, like banker, lower, CEO. It also means America less European have a little bit technique forbid. It is very strange, because American have a open system, but the decision maker have a problem, there is a disconnect between the technology the firm and ability of the manager to really understand and control it. That's why the Wall Street collapses. Because the people in charge dedicated too much to taking responsibility than understand computer models. But China was not blamed for this, it is commodity demand, the high oil price is a big factor. Professor Milles, who is a Nobel Prize winner, teaches in Hong Kong and Cambridge, believe the financial crisis was caused by commodity market and high commodity prices. Because I explain this as marginal price setting, but what happened to inflation fear in US is caused by Fed Reserve, when the oil price raised 15%, everyone started to worry about the inflation like everything we heard this year. Actually, it is the same problems people were talking about before financial crisis. When financial crisis came to China, everything is stopped, and now after this year the problem worrying about inflation and the high commodity price. It is the same topic discussed three years ago. It is like we had a vocation, and now we are back to deal with the same problems. Federal Reserve Board increases the interest rate, which destroyed the supply of mortgage market. Although poor people have mortgage when low interest rate, but interest rate doubled. The problem is the poor people want big house, but the mortgage doubled, so they have to give up. And it caused dollar to suddenly go up, that's why Lehman Brothers bankrupt. Huge currency possession caused huge destruction. If the Chinese oil demand has been more price driver, if the oil price is lower, no one knows whether the financial crisis happens. One thing to keep in mind is crisis is natural. Because human beings made mistake, and human beings become too confident, they move on the direction and correction. So this type of financial crisis also had the important element, which is called asset – liability mismatching, this is happened in every crisis. Every bank, financial institutions had portfolio liabilities and portfolio assets, and these assets mature in every five years on average. You would want the liability matures in five years. This cause you to pay the liability almost you received assets. But some people try to make more money, if the interest rate going up, that means if I keep my assets short term, and borrow long term loan today, if the interest rate are low for ten years, after I borrowed it, the interest rate goes up, that means the income of assets in short term is increasing. So I have short term assets and long term liability, it is mismatching. It depends on the forecast of interest rate, going up or down. This decision has to be allowed, that is what makes the credit market and interest rate market. China does not ready to have a free interest rate market to determine the interest rate. But every financial institution makes the decision every day to forecast the interest rate, and every institution makes different judgment. The problem is all of them move one way, too many and too long to create big problems. In this case, because the interest rate changes suddenly, those who have wrong mismatch, have some term liability suddenly have to pay more for the loan than the receiving on the assets, so they bankrupted.

China reverts to state owned enterprise model and investment driven model. The immediate way to solve the problem, China has persuaded people believe the fast thing to do was increasing the investment comprised with banks lending money. One of the issues arise in China is China is the only major economy in history with investment greater than consumption. Even Japan and Indian do not concern consumption; the consumption is greater than investment. That is something unusual. The usual issue is stability that is kind of economic structure survives, that forms long term you have to balance.

American reacted. They hired Bush and Obama, socialism, Sense of government borrowing. China can do this because Chinese government has money. American government only can borrow money, which should create problems. China face more challenges than US.

What problems China have to face now? One is asset/property bubble, which is due to slow financial reform. Because the property market is used to manage money, China does not have a monetary market, and banks pay low interest rate, so if somebody has cash should buy a property. Property market was built for use, but not to have with a high price. When the property price goes up, the rental rate increase, that was also bad for people. One of very important area in my opinion is low sticky wages, I have been in China for five years, and some manager I know said his salary has not increased for ten years. Policy marker think wage going up as inflation, but it is not. Before Deng Xiaoping stated reform, there is no wages, people receive coupons, and the price was sticky. When China marketized, the price the wage slowly goes up, is it inflation? NO, Inflation is a more complicated concept. In China, misidentification of structural wage & price increases with inflation. The result is inappropriate use of monetary policy. In China, the monetary policy is two of the choices by government, which prompting investment in capacity that can run out of steam. Eventually, after build some capacity, people should think about how to use it, this is the big challenge for China. How to develop the service sector (the information) to make it easy for people to open a business. This is used as a substitute for fiscal policy in China, when fiscal policy and industry policy are two works in China. The reason I say this is that I talk about is Mundell's "Impossible Trinity". The important thing is we cannot have a fixed exchange rate and convertible currency. In China, RMB is effectively convertible. The third thing is you cannot have an independent monetary policy. Altogether, it means China want stable currency, and convertible, so the monetary policy cannot be effective. If China want to fight inflation for example, it decide to use LM curve, it is monetary policy, the IS curve is fiscal policy. If it raises interest rate, suddenly hot money comes into China. So China has to take opposite stands, US dollars are coming to China want to buy RMB, and push the RMB money supply rise. So the Chinese central bank immediately takes the opposite policy to sell RMB. To make the interest rate high, the dollars pushing RMB up. So Chinese central bank has to create RMB and put it back in the market to buy those dollars. That is Mundell's theory. The famous Mundell – Flemin model. In this situation, you do not try to use monetary policy and have to use fiscal policy. In the case of floating exchange rate, it is just opposite. So China needs to think the ways using fiscal policy, like lower tax. Now the government talks about progressive taxation, I think it is a mistake, Russia and US talk about flat taxation, how about single tax. Many European suggest China to use European way, but Europe now is in the crisis. The people in US does not get a big shock like European, because they do not get as much benefit from government as European. So I suggest China should follow the US way. One of the problems we are facing is decreasingly internally competitive economy, for example steal making, and coal mining, so many little companies in this sector became so competitive, so they want the company to feel competitors. The lack of competition is usually in regulated sectors, like energy, with huge potential for productivity gains, like the information sector. China is god at changing law, so it is easy way for China to stimulate economy. The productivity is the key to solve the inflation, if you make more, you can get more benefit.

The past three years, the supergrowth was lost to finance. China has the demographic problems. China's population will stop growing in 9 – 10 or 20 years from now, it's the key driver in the economic growth. Japan has the population decline, but American has a formula, called immigration system, so the American system, Australian system and Canadian system can easily bring people and adjust like a machine, to decide how many population they need. So someday even China can continue the population by promote immigration. In China, the rural to urban immigration is the key to supergrowth. Once the immigration stopped, only normal growth left. The immigration should stop in 15 – 16 years from now. In China there are 20% of people on farm, compared with 2% in US. It takes time to develop the huge factory, industry. So it seems we lost the last three years because of the financial crisis. And there is no structure reform during these three years. So the solution is sustainable growth by structural reform. China has these targets: structural reform and growth. Sustainable growth means not growing today by borrowing from tomorrow. You should make some policy possibly work all the time, but not create some policies stop the economic in long run, called self contradiction. The growth contain consumption growth, if you just target on consumption, there are a lot of ways to promote consumptions. The government can just substitute consumption, but it cannot promote economic growth. So the consumption is the key point to promote growth and sustain growth. Just promoting investment is not sustainable, because you just create so much capacity you cannot use, eventually you do not know it go anywhere, and this causes crisis tomorrow. When he cannot pay for it, you do not have income from it; you have to pay the bank and so on. And then Chinese government has a lot of money, but someday will run out of money. Japanese has a lot of money in 1990s, not today, Japanese is a borrower today, and fortunately they borrow money from Japanese citizens, they do not worry about the foreign countries, but now there is a limit. Seriously thinking, China should think about whether can help them to finance this part. China should also be required to make the reforms to generate growth of economy.

American challenges, you know did the opposite mistake, Obama misapplied fiscal policy. American should use fiscal policy, but it would slow growth. Half of the government measures did not go to stimulate the economic activity. They just pay people welfare and the other things, and this caused high long turn unemployment, this is a big problem for US. The government misapplied the fiscal policy. The government should borrow and spend less, and allow the private economy to do it by itself. Instead of having the dollar, gone first the government, play the government be accuracy they do something that can benefit the consumer. Just keep the dollar outside the government, and go directly between the producer and consumer. Reagan used to say that for every dollar spent through the government, and only ten percent actually get back to the real economy, the rest just used as bubble government. Play all the steps and be accuracy and so on. So one of the key points to supply the economy is how you can get the maximum benefit with minimizing the role of government. Trying to have the money directly transfer between economic agents and efficient way. According to the political observation, the interesting thing is the less role the government has in economy, the less important these people, less people really care about it. Why you need to care about them, the government may do things this way or that way, for example in American economic is doing well, people do not fault. Less in fifty percent population worrying about the democracy, no body care about the worry, oh economic problems, oh yes, you gonna watch now, lots of people worrying something. People do not care. So what government is successful, maintain the economy, how does government does that, what the political system does not matter very much. So in my opinion, in any stair of government, a political party, they guarantee the state, they successful manage economy, because people are happy enough, they are different about the government. Give the government a lot of room to be a government, but if they mismanage, that is why create problems itself. Like Clinton said, the economy stupid the election and so on. That's why Obama and Tenna held the voters voting. It should not be, but it supposed to be economic manager, the voters care about the money, care about the economy, they do not care about the other issues. Now the problem is the US faces possible default. Although we does not have the default that bounced in China, it just can not pay welfare checks, done not have to decide government spend money on some other things, but it facing this issue. The American has the same problem the Japan had in 1990s, it was twin deficits, and it has two deficits. It had external deficit, trade and balance. And it had government fiscal deficit. The key driver for the problem is fiscal deficit. Just what happened with Japan, they eventually without the problem, we could do that again, with the right policy. One of the ways is reducing the fiscal deficit, but strictly not exclusively by taking merger's steps to stimulate economy. Merger do not cost money, it remove regulation, remove control and so on, and it do not cost anything. American does not face overconsumption problem, it is government spending problem, that the government consumption have been a big driver in US, which cooperated twin deficit. People focus too much on the issue, American consumes too much, Chinese do not consume too much, and that is not a fundamental issue. The fundamental issue is economic growth. What press the economic growth, what drives, a lot government spending and bigger government role of economy tend not to cause economy sustainable growth. Deng Xiaoping revolution is successful, you try to manage the economy, you need to have the "cat". In English, we has a term, when something is hard to organize, it is like trying to hurt cats. So anyway, this is government overspending problems in US. China has property bubble, is due to slow financial reform. What China need to do, what American need to do. American need to find ways to stimulate the man, not increasing tax, especially tax on rich people. You know most of the rich people in US are not just sitting around and playing all day. They are independent and owners of small business. They do not just worked eight hours one day, they worked at their home, they worked all the time, and they get the money they earn which subject to more tax. They pay the people they employed. Suddenly they get taxed, the tax for the business is not good for the economy. Not like China, the small business is the driver in the economy in US, not the large companies, not the multi – national companies. So that is the key factor you want to favor. Here is the solutions, China need a second Deng Xiaoping era. Opening and decontrolling as much economy as possible to substitute the demography, because the demographic bonus is slowing down, you should think what we can do in the way of reform and liberate the economy.

This is what Carl Marx called the withering away of the state. Because once the state reaches the state of communism there wont be any need for the state. This is actually truth behind that, the issue is when this period will actually come. I think there is a lot of room in the interpretation of Marxism. China should resist adopting the European welfare state model. They are in deep crisis. A lot of foreigners don't understand China family law. China is unique in this way. China's family law is this: if I marry you Chinese, I marry her family, and I am legally responsible to take care of all of them. Almost no foreigners know this. That's not the case in US, that's not the case in Europe, many people complained about this. Many people criticizes

that the welfare state breaks down the family because it removes the mutual depend-
ence. Parents take care of their kids because they need the children to take care of
them when they are old. The more successful their kids are the better off they
are. This is not the case in the US. In the US kinds hate their parents. In most cases
parents don't pay for the kid's university, the government will take care of that. The
parents will get a check from the government when they retire, they don't need the
kids to take care of them. So there is no mutual need. China has this old system
which is very wise and very decentralized, based on the family. This needs to be re-
membered when China's thinking about the social welfare system. The current culture
is self managed and someone even describe it as a privatized system. This is a way to
create incentives to invest in order to provide for yourself, I think this is one of the
positive things China has. This idea that China has to create a welfare state so Chi-
nese can spend more is wrong, it will create a government drag on economic
growth. So the Us needs another Ronald Reagan era, China needs another Dengxai-
oping era. This is achievable in the US through the electoral system by the tea par-
ty. The tea party is not a political party but a movement. The King of Great Britain
imposed taxes on the US. The US didn't like this so when ships from England arrived
in Boston they threw the tea into the sea. In the US, the presidential election can re-
ally make some dramatic changes and improvements to the US economy. In my opin-
ion, the republican party's economic policy is more Asian friendly. The Obama ad-
ministration economic policy is driven by labour union and job protection inter-
ests. The labour unions think if there's trade the Chinese workers will take their
jobs. I think its fine, its competition, if the Chinese workers can do it cheaper, let
them do it. Eventually wages in China will rise. RMB shouldn't rise, wages and
prices should rise. If RMB goes up then how can wages in Chine go up. The exporters
will say I cant afford to rise wages. Going back to the corruption issue, low wages fa-
cilitate corruption. If wages are higher companies will have less money for other pur-
poses. Another reason is the low wages for government officials. Government officials
should be paid much more, because when they make more money they are proud
and wont need to receive money from other sources. The way the market works is if
you don't do it one way its going to be done another way. Corruption in China is just
the system or the market finding the real wage in its own way. This goes back to Marx

Weber, the protestant and work ethic. Its against the Catholic church. The Catholic church is viewed as similar to the imperial system in China. Protestant were independent, they have independent business, merchants and so on. This is Weber attributing the rise of capitalism to the religious revolution and the emergence of protestant and work ethic. This is often compared to Confucianism, Asian value and Asian work ethic. Another point in my opinion is that China needs a massive adult education program to retool adults to the new competitive economy. In the US, people at middle age often go back to the university and get a degree. If China has too many government officials because the wages are high, the extra people can go to law school etc. The average American has 7 jobs in his lifetime. Job change is not looked at as a rejection but as a new opportunity. The mindset of a job for life is impossible in a dynamic economy. A dynamic economy has to recognize changes and upgrades. With the emergence of the internet, there is s concept called the dog years. A dog lives for 10 years. A human lives for 80 years. The internet has compressed the normal time frame for things. From what would have been a lifetime to only ten years. The same for jobs. You may not been able to guess what career you may have at the end. This something people will get accustomed to. But adult education is very important. Instead of Chinese Universities overloaded with young people who can't find jobs we need to consider how to reorient that to adult education, recycling adults so they can participate and not fear the change and restructure that need to be done to make the Chinese economy more efficient. Make them see change not as an threat but as an opportunity to get more money. China has to shift from building capacity to using capacity. From a capital gains economy to a income (user) economy. An asset is not money, assets are supposed to be used. Here's the bright side. I think what benefited the Us was the end of the cold war. The peace dividend. A lot of the deregulation and reform in the US happened because a lot of the companies in the defense industry were not needed anymore so they started laying off people. There was a lot of benefit coming from that. We could see that ultimately come from the Middle – East and North Africa reform. If it does lead to a more dynamic region, ultimately long term stabilities, smart economies run by young people. We could see ultimately this peace dividend in the form of oil prices, less need for military, less need for peace keeping. Both China and America have high reform processes and opportunities ahead of them and each has to understand and facilitate. One is thing to keep in mind when comparing China and America. China's increasingly large share of the global economy has occurred not at the expense of America, but at the expense of Japan and Europe. Japan and Europe's share of the global economy have declined, China's share have risen. America's share has stayed the same. 25%. It says something about America's ability to survive, and get through difficult times, and keep itself on a sustainable path, which China needs to know how to do when the engine for population growth and other things slow down. Japan and Europe are lessons of where not to take the economy. China does not need to follow Japan, the US does not need to follow Europe. Some republicans have criticized Obama for Europeanizing the US. In my opinion the reverse is needed. Japan needs to learn from China, Europe needs to learn from the US. No two countries have a longer or deeper history of immigration than China and the US. The US has had a significant Chinese population for longer than 150 years. Chine built the railway that united the America. Chinese are all over the world. There is no other phenomenon like it. You can find a Chinese restaurant in a Mexican town in the middle of the dessert. These overseas Chinese have done a great job for Chinese culture and for China. Chinese in the US have a wonderful image, they are nice, kind and quiet, rich, confident. They are not arrogant, they are friendly. Chinese learned that if you want to get ahead you have to be friendly to people. China has to recognize that these images are what foreigners have on China, not to make them uncomfortable or to display anger or triumphalism. I have to speak about LINA. LINA has an amazing effect not from her tennis but on her ability. You know about this on her T shirt. Be yourself, do better. When she won the award she didn't say this is great this is the glory she said its my friend's birthday today. Every one likes LINA. This is the perfect image for China. This is exactly the kind of Chinese that everybody loves to see. Another commonality is that the US is a country of immigrants. China is a nation of ancient nationalities. So I talked about this demographic engine and China has that potential. Another point I want to mention here is that China needs to play to its strength, which is small and medium enterprises not large organizations. My view is that Chinese is not the world's best organization men. Chinese are more naturally independent entrepreneurs hinged on the "family". It less of Confucianism but more of Taoism. Some people say Chinese culture is collective, its everybody, its an imperial culture. No, Chinese culture is also very independent. Chinese abroad are mostly small shoppers, you see very few Chinese that are CEOs of large corporations, that is not as much in their nature. Fung Youlan's has his famous history of Chinese philosophy but he also wrote history of Western philosophy for Chinese. He is a bridge btw modern Eastern and Western Philosophy. He characterized the western model is the city state. The Mediterranean sea surrounded by little communities, and everyone commutes by boats, a lot of trade and movements. China is the family state, China is land. The sea you don't want to go there. Relationship is very important because nobody changes. At the heart of it is the "family". Even in big organizations Chinese thinks first about his family. And I think of that when China is trying to expand businesses abroad. China cant aspire easily to create multinational companies. Its take enormous amount of time and ability to manage these kinds of organizations. There is the culture hurdles. Language and hiring foreigners and you have to delegate. The Japanese had a terrible time doing this, they were successful only in the auto industry and in some electronics industry, not in banking and services, they could not to give foreigners control over they overseas operations and let them mange with the methods of that locality. You can look at operating a multinational company simply as a marketable service, some people are good at that. America is good at it because there are so many nationalities in the country to begin with. It should not be viewed as an element of nationalism. Instead China should become the world's best portfolio investor. In the case of the US, if you own less than 5 percent of a company, you have complete freedom to invest. China does not have to be the manager. China has so many things to do at the same time. How's China going to be the world's best manager/ It does not have the experience to do that. So ultimately China should move its reserves from the US treasury into US stocks as the US economy truly recovers. China could ultimately own 5 % of all listed companies in the US stock exchange, does have any control doesn't involve any managing. China cannot continue to accumulate US Treasury bond at the current rate. Because by the end of this decade, China would hold half of all US Treasury bonds. And that is crazy. Today China owns a quarter of Us Treasury bonds. First of all its politically unacceptable. China's investment in the US Treasury bond, almost 1 trillion dollars, that has been the cost of the war on terror. That's the cost of the war in Iraq and Afghanistan, so its like China is paying for the war on terror. The administration of foreign affairs wouldn't have agreed to that. The same for America. It happened with Japan in the late 1980's. The Americans said because Japan started to make request about US policy. They said because of their investment in the Treasury they don't like the welfare system. Many Americans said we don't need the Japanese telling us what to do just because they are buying our treasury bonds. Let's reduce the trade and we don't want this. One of the problems is that once this imbalance gets too big countries find it very hard to live without finding some sense of sovereignty. It plays both ways. Americans may feel that China is making demands about how they manage their country, for China, PBOC is giving all these money to fund the US to do things that the Chinese government would have agreed with. This creates pressure for structure change. I also want to talk about the influence of German Philosophy on China and Japan. German philosophy has not been very helpful to the west. Germans are very capable people but they were divided for too long. They weren't allowed to have a nation so they developed resentment. They have a very proud culture, they felt denied and angry. Both Japan and China could have shared that. China had been dominated and kept divided. Many Chinese intellectuals could have felt affinity for what the Germans experienced. But I think the so called ethnic nationalism is not very helpful. The problem with ethnic nationalism is that you can never change you ethnicity. Suppose I agree with everyone and say Chinese is the best but I can never be a Chinese and can never be included. Ethnicity creates a natural barrier prevents you from joining in. In my opinion, we may see evolution to a more unified institutional world allowing greater plurality of competitive agents. Business is seen as another way to conduct diplomacy. Individual people doing business, regardless of their nationality. This is where business overrides geopolitics and Ideology. One of the problems of the cold war is that there were these geopolitical experts who are suddenly not needed anymore. Business has taken over. These people would like to go back to the old world. Here's another thing. It promotes peace as opposed to a state of nature. One of the fears is that you have a world of nations that act independent agents. There are no laws that govern nationals and the relationships between themselves. The emergence of institution takes away the geopolitical imperatives. It breaks thing down to units smaller than a nation to companies which may not even have a single nation identity. There is also an issue about centralizing and decentralizing. 1920's economist/mathematician Ramsey constructed a legendary calculus proof that the decentralized – optimum or the command – optimum gives the same economic solution. It has since been shown that the decentralized optimum has the benefit of smoother result because the different decision – makers errors tend to cancel each other out. A single central decision – maker's error is huge. On energy，China and America face the same bright energy future：abundant natural gas. For historical reasons China has been under provisioned for natural gas. Natural gas has not been liked very much，the electric companies have been much more powerful. China has world class infrastructure in many fields but does not have natural gas pipeline system. There is no natural gas pipeline connecting the cities. China has even more natural gas than the US. China and America are natural leaders of world currency reform to a global currency. Also，I think America and China are powers "by default"，not by design or by ideology. Americans don't like to be involved in foreign things, they like to stay at home. Chinese is the same. So I think both countries militaries can be global partners in "peacekeeping". I was invited to give a talk by the state department of Canadian affairs. And I was told that more and more military activities are going to be seen as peacekeeping. Here's my conclusion：The future may be a replay of Francis Fukuyama's "the end of history"，meaning "the end of politics"，"the end of ideology"，and the dawn of "management". The concept was originally introduced 150 years ago by Antoine Augustin Cournot，a co – founder of competition theory in microeconomics and the founder of France's Ecole Nationale d'Administration Publique. Politics migrates to good，effective "management". There are no more political "events". This is my interpretation of Hu Jintao's concept of "scientific development". We need to manage more on the basis of professional systems, rules and science.

（录音整理：李奂哲、赵冰；翻译：李奂哲、南楠；初稿整理：赵冰）

中美关系和我国未来国际安全环境

彭光谦

主持人 黄晓勇（中国社会科学院研究生院党委书记）：尊敬的彭光谦将军，亲爱的各位同学，大家下午好！为了进一步丰富同学们的学术和课余生活，我们于今年 4 月 25 开启"社科大师大讲堂"。到目前为止，先后有原文化部部长王蒙先生、原夏商周断代工程首席专家李学勤先生以及原日本早稻田大学校长西原春夫先生等一批学术界、文化界和艺术界的名人来我院作学术报告。今天是"社科大师大讲堂"在本学期的最后一讲，我们非常荣幸地请到了中国人民解放军将军彭光谦先生给我们作最后一个报告。

彭将军，1943 年 11 月生，湖北黄陂人，2000 年晋升专业技术少将军衔，现任中国人民解放军军事科学院研究员，博士生导师，是中国著名的国际战略研究专家和军事评论家。彭将军在军事理论和军事科学研究方面有很多重要的研究成果，多次在《环球时报》《人民日报》等一些重要的报刊上发表重要论述。

1968 ~ 1986 年，彭将军先后在济南军区、武汉军区、广州军区任职，1987 年后在军事科学院战略研究部任研究员，从事国际战略与军事战略问题研究。20 世纪 90 年代以来，彭将军曾多次参加中美、中日、中德军事磋商和安全对话，20 世纪 90 年代中期应邀访美，以高级研究员身份在美国战略思想库大西洋理事会从事客座研究。

2001 年，彭将军出版了《战略学》，该著作建立与完善了我军战略理论体系，系统探讨了高技术条件下战争与战略指导规律，并作出了独特贡献。被学术界认为是"新时期我军战略理论创新的标志性著作"。由于在战略理论上的造诣与理论贡献，被评为国家有突出贡献专家，获全军专业技术重大贡献奖，荣立二等功。

彭将军见多识广，学识渊博，最近刚从国外访问回来。今天上午又与包括美国的前国防部长及一些军方高层在内的一个重要的美国代表团进行磋商。大家知道，最近中国的南海不是很平静。越南、菲律宾等国家针对南海有些在我们看来似乎有些可笑的表现，但是这些表现也值得我们非常认真地关注和研究。今天下午，3点20分左右，美国和菲律宾在南海进行联合军事演习等现象，我想同学们应该都是很关注的，也希望有所了解的。等一下，我们可以从彭将军的报告中，或者从我们的提问环节获得更多更新的信息与知识。请我们以热烈的掌声欢迎彭将军为大家作报告。

彭光谦（中国人民解放军军事科学院少将、著名军事战略研究专家）：尊敬的黄书记，尊敬的各位老师，各位同学，大家下午好！非常荣幸来到中国社会科学的最高学府——也就是古代的翰林院，来做这么一堂报告。我是本科毕业，而且还没拿到学士学位，在座的同学起码也都是硕士，所以面对大家，我心里有点虚。你们这个系列讲座名为"社科大师大讲堂"，看到"大师"二字，我都有点汗颜。我今天就从一个军人的角度来谈谈我个人对当下我国的安全环境的一点个人看法。可能我这个角度与大家的视角不太一样，带有军人的特点，所讲的内容仅供大家批判性的参考。

关于我们国家的安全环境，最大的外部因素就是美国。要谈国家安全问题，就必须结合美国来论述，离开美国，就无从谈起。我讲完后，到提问环节时，大家看看有什么我没讲明白的地方，或者我讲错了地方，抑或是大家感兴趣的话题，都欢迎大家提出来共同探讨。今天的讲座没有什么禁区，在座的都是自己人，不过还是希望大家要有一定的政治敏感性，探讨内容不要随意传播，以免信息被误用。

谈未来的环境问题，我想把视角放在接下来的5～10年内，特别是最近5年。第一，这5年是中国社会经济发展全面转型的一个关键时期，我们国家若能顺利闯关，那么我们国家的面貌将会有一个新的转变。第二，这5年是国际战略力量的对比处于重要转折的一个关键时期，正如中美关系一样，中国现在的军事力量正不断接近美国，所以美国很紧张，假如一旦过了这个临界点，矛盾反而会有所缓和。过去改革开放30年我们的外部环境还是比较利好的，虽然偶尔有些小波动，但没有什么太大的干扰，基本上比较稳定。这5年，我们能不能像过去一样继续获得一个有利的外部环境？能不能继续保持

一个有力的战略推进器，继续大力推进我国经济和军事水平不断提高？那么未来如果存在可能影响我们安全与发展的因素，其中最大的因素是什么？这些就是今天我们要涉及的话题。

安全环境，包括两个方面，一个是国内安全，一个国际安全。如果要对比内外环境的重要性，我个人认为，国内环境是主要的。如果国内有个好的环境，国际上无论是美国也好，越南也好，菲律宾也好这些外部因素再有什么动作也影响不大。如果我们自己先乱了阵脚，那内外问题就蜂拥而至，可谓内忧外患。内部环境主要有下面几个方面。一个是政治安全，一个是经济安全，一个是文化安全，还有一个是环境安全。当然还有其他的安全。

政治安全归根结底是我党的执政地位能不能继续巩固，在过去我党作为全国各项事业的领导核心，这是历史的选择，人民的选择。新时期，我们党应以什么样的成绩来证明其执政的合法性，尚需要不断地努力来证明。特别是在培养接班人的事业上面，我党还有很多的工作要做，还有更艰巨的任务有待完成。如果我们的反腐败工作没有做好，最终垮在腐败上，那谁也不能怪，只能怪我们自己；经济安全问题是我们的经济能不能可持续地发展下去的问题，能不能把我们的经济发展结构调整到一个科学合理的位置，如果比例失调，最后也是要出问题的；文化安全的关键是我们能不能培养和树立我们自己的价值观，能不能把中华民族的核心价值观变成我们的主流价值观，没有自己的核心价值观作为基础，中华民族的复兴之路会走得异常坎坷。中华民族的复兴首先是文化的复兴，只有把中国人的文化、中国人的智慧和中国人的价值观相结合，才能爆发出巨大的能量。这是最关键的软实力，没有这个软实力作为保障，中国就算经济发展总量暂时赶上美国也于事无补，照样不能成为一个强国；最后一个是环境安全，就是要保证我们的环境不能成为影响我们生活水平的制约因素，这是最起码的问题。发展的目的是什么，不是为了自掘坟墓，不是为了把自己往火坑里推。辛辛苦苦发展这么多年，到最后没有干净的水喝，没有清新的空气，没有无污染的粮食，没有原生态的土壤，连最基本的生存要素都被破坏了，我们发展的意义何在？所以说，发展如若以牺牲明天为代价，以牺牲下一代的生存安全为代价，这种发展我们宁可不要，这种发展是没有意义的。

以上四个安全都是非常重要的，我相信大家也都知道，而其中最重要的是政治安全。总之，我们只有先保证内部的凝聚力和向心力，才能够从容应付外面的各种安全问题。不过，今天我们主要讲的不是内部安全问题，而是外部安全问题，主要讲构成我们国家外部威胁的因素有哪些。我们判断外部威胁，有三个尺度，以此来判断其是否真正将成为威胁：第一，是否有威胁的实力；第二，是否有威胁的意图；第三，是否会采取行动（如果只是有动机，没行动，想想是不犯法的）。

第一，实力问题。

实力问题是最基本的问题，一个国家能否对咱们构成威胁，首先要看其是否有那个能力，没有能力，一切都是白搭。当今世界，有实力威胁中国的，我想目前只有两家——俄罗斯和美国。俄罗斯虽然是苏联垮台后的遗产，但是这个国家的军事力量不可小觑，如果它与中国发生摩擦，中国将不得不面对可能消耗巨大的代价。美国的实力是毋庸置疑的，他们的核弹扔出来，可以把地球毁灭好几遍；他们的核力量和常规力量都非常的强大，据说现在他们还在研究一小时可以应对全球任何角落战争的科技力量。美国如果想要和中国开战，想要阻断中国的发展进程，客观一点说，是的确可以做到的。除了这两个国家，剩下的其他国家都不能从根本上威胁到中国。即使是日本和印度都没有这个实力，而至于小国越南，别看它现在叫嚣甚欢，其实也就那么回事。在 20 世纪 70 年代时，越南曾经号称自己是世界上第三军事强国，后来中越战争被中国收拾了一顿，再也没那么宣称了。这种国家对我们只是起干扰作用，不会产生实质的威胁，这其中还包括我们常常谈到的日本。说实话，在 1937 年日本发动全面侵华战争的时候，是有能力毁灭中国的，即使如此，它也没有成功，现在则更不用说了，也许它永远也没有那样的机会了。中国和日本战略力量的对比已经发生了根本性的变化，现在的战争主要是远程打击时代和核时代，这方面日本不是中国的对手。首先，日本的战略空间有限，国土狭小，还是个岛国，没有可以回旋的余地，战争一打响，跑都没地方跑。中国再怎么说也是 960 万平方公里，有广阔的回旋余地。其次，日本缺乏战略资源，日本 80% 以上的基本战略资源都依靠从外国进口，这就决定其战争的持久能力有限，打不起消耗战。这次地震给日本造成的海啸和核灾难对日本的影响可谓雪上加霜，日本完全有可能从此一蹶不振。

中日之间的临界点已经过去，它以前的光辉地位已经无奈地成为历史，无论是从统计数据上还是从实际情况来看，日本和中国的关系都发生了逆转。1985 年，美国捣鼓了一个《广场协议》，逼迫日元升值，那个时候就注定日本的经济失去了强大的动力，要慢慢走下坡路，从那年以后，日本经历了一个漫长的经济滞涨阶段，被称为"失去的十年"。而现在，日本则面临着"衰

落的十年"或者"沉没的十年"，日本现在很悲观，很多人认为日本岛将要沉没，这当然是杞人忧天，不过日本无法再和中国比个高低，这已成为无法改变的事实。在隋唐时期，中国是老师，日本是学生，日本看中国是仰视中国，那时日本派了大批的遣隋使、遣唐使来中国学习，而后回去进行大化革新，日本才逐步文明和强大。而在甲午战争以后，日本就不再尊重中国，哪怕是在抗日战争中被中国人赶出去后，日本人也不承认是中国人打败了他们，而坚持是美国和苏联人的威慑所致，很明显瞧不起中国。现在时局发生戏剧性的转变，日本人的心态也随之变化，在他们心中，中国不仅不再是一个好欺负的国家，而且他们担心中国会侵略他们。当然，中国是一个爱好和平的国家，不会侵略日本。

日本有 55 个核电站（有好几个在地震后已经停止使用），这些核电站中有 17 个处于严重的地质威胁之中。据说这些存在安全隐患的核电站要全部关掉，如果这是真的，可以想象，日本的电力供应将会受到极大的打击，短期内无法恢复。在现代国家，电力供应不足意味着什么，相信大家都很清楚。由于存在核辐射，日本的食品出口困难重重，旅游业也备受打击。这次地震给日本造成的灾难是全方位的，也是持久的，可以预见，日本的经济会因此又处于一个较长时间的停滞期。这段时间，我们正加把劲往上走，拉大了中日两国之间的差距，日本也不再能构成威胁。不过，局部威胁还是有的，日本的海军力量还很强，如果只是和中国打海战，日本未必会占下风。我们讲战略力量的对比，日本比不上我们，但是某一个局部战役或者战斗上，输赢不好说。虽说日本不会对我们整个战略规划和战略进程构成根本上的威胁，但是在局部上的干扰时而有之。比如说钓鱼岛事件，日本与中国针锋相对，态度也很强硬。前两天，我到英国开那个全球联合峰会，日本的外相前原诚司也过去了。他坐第一排，我坐第二排，他恰好坐在我前面，我没怎么搭理他。我旁边坐的是李小林，李先念先生的女儿，她也没搭理他。

印度和日本一样，对我们也构不成威胁。不知道印度怎么想的，一直在中印边境增兵，还想增兵 50 万，可能是有点害怕中国。有一次在一个会上，一个印度的国会议员谈到，如果中印在边境问题上发生冲突，中国会不会使用核武器。这个问题问得太幼稚了，首先会不会发生冲突在于印度的表现如何，总之我们是不会首先挑起事端的；其次就算有冲突，也用不上核武器。最后，中国一再强调，不首先使用核武器。这是中国一贯的态度，印度没必要担心。

印度这个国家，除了人口上有可能超过我们，其他的方面是没办法超过的。该国有几个难以排除的困扰：一则是宗教矛盾非常深刻，各种教派之间矛盾重重，历史纷争由来已久，尤其印度教和锡克教的冲突。中国没有宗教战争，除了农民起义中有人把宗教当作一种号召手段加以利用外，宗教与宗教之间没有战争。中国人强调"三教合一"，和谐相处，你们看好多庙里头，三个教派的神仙被供在一起。二则是印度的种性矛盾十分突出。印度把人分成几等，从高到低，等级森严，中间的鸿沟不可逾越，直接导致社会矛盾加深。这种矛盾也就是咱们常说的阶级矛盾，阶级矛盾突出的社会发展一定会受到严重的束缚。三则是基础设施非常落后。虽然我没去过印度，不过我屡次听朋友回来讲印度的基础设施如何如何不行。我也看过一些这方面的书，我相信印度这方面的情况确实比较糟糕，具体的我就不说了。四则是这个国家的人比较懒，民风懒散，不像中华民族是勤劳勇敢的民族。印度人打仗也懒。印度实行的是雇佣兵制度，打仗的都是老爷兵，这些人年纪偏大，为养家糊口才去当兵。1959年的中印边境反击战一仗打完，我们就发现印度士兵战斗能力偏弱。老头子嘛，举个枪慢慢瞄准，等你瞄准过来，我们的四川兵早就杀到他们面前了。四川兵爬山快，印度人没法比的。

以上说的这些问题是印度固有的一些缺陷和弱点，这些问题很难彻底解决，如果不能解决又会反过来阻碍印度的发展。当然，印度在计算机软件开发方面有其独到的优势，这是不可否认的。印度未来的战略方向是如何定位的呢？印度的战略方向是往南发展，他们最大的愿望是把印度洋变成印度的洋，想把印度洋牢牢控制在自己手中。不过这个战略目标与美国人是相对立的，美国人一心想要控制全世界的海域，印度如何在这两个矛盾中寻找平衡，估计也不是件容易的事情。好几年前，印度战略局的一个局长跟我说，印度最大的威胁其实来自美国。我就问他这是他个人的观点，还是战略局普遍的观点。他回答说是共同的观点。尽管美国现在在拉拢印度，给予印度很多的支持并向其出口武器和技术，但是印度人心里还是有自己的想法。与印度发生根本战略利益冲突的国家是美国，虽然中国的海运要借道印度洋，但是中国没有控制印度洋的野心。在印度洋的问题上，中国和印度能有什么冲突？为什么印度的战略方向只能向南而不能向北呢？印度的北面是喜马拉雅山，海拔几千米的高山，终年冰川覆盖，印度人没那么傻把精力花在这上面。印度在北边是防御性质的，是为了巩固它的既得利益。它从中国占领了一部分藏南地区，担心中国会武力收回，所以在北边屯了不少兵。就算是印度想往北边发展，它也没有这个能力。

我想，中印两国同为新兴国家，面临共同的发展机遇，没有根本的战略冲突，外交上是没有多少隔阂的。虽然有历史问题，我们希望本着互谅、互让、双赢的精神和平解决。这点历史和领土纠纷是英国人殖民政策的遗留问题，将来迟早都是要互谅互让，各让一步的，哪一方都不可能将其独吞。大家都觉得不满意，但那是妥协后最好的结果。所以说，印度也不构成根本上的威胁。

其他的小国家，如越南和菲律宾，我们没必要太放心上，他们都没有能力威胁到中国。

第二，意图问题。

有能力威胁到中国，那是不是就有意图威胁你呢？这不一定。俄罗斯确实有能力威胁中国，但是他没有意图，起码暂时还没有。这个国家现在自顾不暇，他们现在的任务是恢复彼得大帝的传统，普京的办公室挂的就是彼得大帝的相。普京下一届还想当总统，估计没问题。梅德韦杰夫是普京一手从底下提拔上来的，根本不构成与普京竞争的态势。而且现在俄国大事都是普京说了算，梅德韦杰夫这个总统还得听普京这个总理的。中俄目前为止，在重大问题上，两国还是有共同语言的。不仅中国，俄罗斯也面临美国的排挤这个问题，在北欧和东欧，美国人不断压缩俄罗斯的战略空间。俄罗斯有一个传统意义上的战略思路，就是为自己的国家寻找战争缓冲地带及南水港，他侵略阿富汗就是体现之一，这在"二战"时期大家已经看到了。现在由于美国的排挤，它没有了缓冲地带，北约向东推进，几乎到了俄罗斯的家门口，把苏联的地盘除俄罗斯以外全部吃光了。对于这点，俄罗斯大为光火，对美国人的做法也是咬牙切齿。

如果从意图上讲，在可以预见的将来，它不会像当年的苏联一样，对中国构成全面威胁。当年苏联是有意图的。大家都知道 20 世纪 50 年代，美国人在东边扶植蒋介石，要反攻大陆。到 20 世纪 60 年代后期，美国这边的威胁还没减轻，而苏联的威胁却突然涌现，且急剧上升。由于苏共和中共两党之间的关系带来的矛盾激化，演变成中苏两国之间的矛盾，苏联甚至想对中国在军事上采取行动。苏联当时在中蒙边境和中苏边境几千公里的边境线上大量屯兵，从原来的 16 个师增加到后来的 50 个师，真的是百万大军于我们边境线一字摆开，这可不是闹着玩的。上百万机械化部队，万一打起仗来，那破坏能力太可怕了。面对这种状况，国内高层预计了三种可能性：一种是全面入侵，苏联从中国的东北、西北和华北同时南下，从数千公里的战线上，大纵深、宽正面、高速度向中国推进。你们看张家口那个地方的山被劈得跟刀切一样，就是为了防止当时苏联的坦克开过来的。新疆边界附近的山里面都被掏空了，为了防止这种可能性的发生，中国是做了很多准备的。毛主席当时讲到："准备苏联人从北边打进来，占领黄河以北，准备美国人从南面打过来，占领黄河以南。我们要准备继续打游击战。"老人家这时依然气派。那时流行的话是"备战备荒为人民，十亿人民十亿兵"。当时中国的外长是陈毅，他在为此召开的记者招待会上把帽子一扔："老子头发都等白了，你们还不来。"

战争虽然最终没有打起来，但是形势确实很严峻。苏联曾经想伙同美国打掉中国新疆的核基地，但是在征求美国意见的时候，美国人没有同意。美国人非但没有答应，而且把苏联人的想法给捅出去了。这样一来，苏联人就没办法再施以打击了。美国人这么做并不是说对中国有多么友好，而是因为在当时的美苏争霸过程中，苏联处于进攻状态，美国处于防守状态。在这种局势下，如果把中国的核力量打掉，那就等于少了牵制苏联的力量，苏联就会一门心思对付美国，美国怕是吃不消。美国认为中国的力量是对苏联的重要牵制，所以美国人当然没有同意。这不是友好不友好的问题，要是换作现在，美国没准儿同意了。

话说回来，现在的俄罗斯不是当初的苏联，从意图上讲，俄罗斯可以排除。那现在剩下的只有美国，美国不仅有这个实力，而且也有这个意图，它肯定不愿意看到中国发展这么快。而且美国也确实把能力和意图结合起来，不断付诸行动。

从科索沃战争开始，美国就把其全球战略重心向东转移。冷战时期，美国在欧洲和亚洲地区各驻有 10 万军队。现在欧洲大概只剩下 7 万，亚洲增加到 13 万。不仅如此，其军事重心也移到亚洲，美国的 11 个比较先进的航母编队其中 6 个开到了亚洲附近的海域，到了关岛。最新的核潜艇 60% 也都开过来了，先进的战斗机 F22 机群也都随之过来。大家想想有什么目的，对付一个朝鲜需要这么大的架势吗？很明显是针对中国来的。不过美国人不会承认，它会找借口说这是正常的军事调动，没有针对哪个国家，关键是谁会信呢？

有能力、有意图、有行动能对未来中国构成根本威胁的只有美国，我们回顾去年发生的种种事端，就会发现，美国已经开始在琢磨这些事了。去年一年，可以说是中美冲突年或者中美摩擦年，这一年中美关系可谓急剧恶化。特别是军事关系恶化程度深，生意上的矛盾相对少得多。这方面我们不多讲，就说三件事。

在黄海，美国制造了"天安舰事件"，借机屯兵黄海，利用航母对我国形成军事压力。我们来简单谈谈"天安舰事件"。"天安舰事件"到底是谁干的，到现在还是个谜，但是最不可能就是朝鲜干的。事件发生后，韩国政府带着安全研究院一批人员过来与我们对话。在对话过程中，我就跟他们讲我的理解：第一，他们正在进行军事演习，而演习的科目正是反潜，既然是反潜演习，又怎会让朝鲜单人独艇打掉天安舰，这违反常理。如果真的是朝鲜做的，那只能说明韩国的水平实在不敢恭维。第二，他们所持的最大证据就是从海底捞出来的鱼雷推进器。但是这个推进器锈迹斑斑，得多少年月才能长这么多锈，"天安舰事件"才发生多久，不能证明这个鱼雷就是打击天安舰的鱼雷。第三，从破坏的轨迹来讲也说不通。一般来说，鱼雷打中了军舰，会是穿一个大洞，但是天安舰却断成三截，这明显不是鱼雷的破坏造成的结果。最后韩方没有办法，居然说什么要从政治上来判断。说到这份上，就没什么好谈的了。他们有他们的政治判断，我们有我们的政治判断，他们认为朝鲜是该起事件的元凶，我们却不那么认为。判断一个国家不能像判断一个人一样，以道德来判断孰好孰坏。我们只就事论事，从事实上把"天安舰事件"说清楚。韩国人最后消停了，美国人却用这个事大做文章，不断地闹，最后闹到联合国去了。美国利用这次机会，把矛头指向了中国，以转移韩美之间当时存在的矛盾以及破坏中韩之间的关系。我有几次去过韩国，韩国政府很多人都认为，韩美是同盟，韩中也是等距离同盟，中美对韩国来说没有什么亲疏之分。美国人当然不乐意韩国的这个态度，韩国把中国摆在与美国同等重要的地位，就会消解美国在韩国的影响力。在这一点上，美国对日本的态度也一样。日本有段时间和美国闹别扭，要走东亚区域一体化道路，实行东亚一体化，就把美国人冷落在了一边，美国人同样不乐意。美国人为什么要闹东海问题，就是要阻挠一体化进程，通过东海事件和钓鱼岛事件又加大了对日本国家政策方向的控制，强化了美国对日本的影响力。通过"天安舰事件"和"钓鱼岛事件"，美国加强了对韩国和日本的控制，对它排挤中国在这两个国家的影响力起了很大的作用。

在南海，美国也是到处插手，希拉里一刻也不闲着，在南海各地不断煽风点火，制造矛盾。美国这么做有三个理由，一个是保证美国的自由航行权，维持美国船只的航行自由；再一个是主张多边谈判；最后就是要和平解决。这三个理由表面上看起来没什么大问题，实际上问题大着呢。

先说第一个航行自由权。航行自由权是伪命题，美国的船只什么时候航行不自由了？压根就不存在这个问题，谁都可以走，你的商船在南海航行，没有谁阻拦。但是美国的军事侦察舰来到中国的家门口进行军事侦察，这种自由是没有的。美国海军部属的海军学院有一次为此召开会议，我方去了6个人，美方却来了60个人和我们对话。他们以为我们人少会吃亏，实际上我们不怕人少。我跟他们讲如果他们以为可以在我们国家的领海内自由转悠，那么哪天我方的军舰到美方的领海内四处晃荡，他们也不能干涉什么。后来美方有个军事专家表态：彭将军所讲还是有道理的。可能是因为事先我已经送了他一包小茶叶，所以他对我特别友好。但是除他之外，绝大多数美方代表反对我的观点。可见，他们只想自己自由，却不想别人自由，这个观点是站不住脚的。美方抛出的第二个观点是坚持多边谈判。他们这样做其实是想把南海附近的小国家联合起来对付中国，美国人认为这些国家论单个力量，没有一个可以与中国抗衡，实际上就是这样。所以美国想要依靠集体力量，把这些小国家拢在一块儿和中国打群架，这招也是比较阴险的。第三个则是和平解决的观点。说到和平，首先要搞清楚是谁要闹事，谁要破坏和平，明明是他们闹事，中国采取忍让的态度没有针锋相对。狡猾的美国人劝说我们不要动用武力，却不断鼓动那些小国家赶紧发展军事力量，甚至不惜提供武器装备给他们，以便让他们和中国对抗。美国将其全球霸权主义和全球各地的地区纷争结合起来，是美国插手一个地区事务的惯用伎俩。美国利用地区之间的矛盾，渗透他们的军事力量以及其他方面的影响力，巩固美国的霸权地位，为美国牟利。所以对于美国的这种惯用伎俩，我们要充分认识它的本质，而且要提高警惕。

过去的一年，我们将美国的心思看得很透，那么未来美国会改弦易辙吗？中美关系会走向怎样的状态？关于这些，国内和国际都有很多不同的看法，有人说胡锦涛总书记访问美国后，中美关系呈好转迹象，陈炳德也去美国了，梁光烈也和美国对话了。不过，像我们这样头脑清醒的人不会这么想，根本问题不解决，矛盾迟早要爆发。目前的关系只是暂时的气氛缓和而已，不会是长久的状态。为什么这么说，最根本的原因是中美之间存在着短期内无法克服的结构性矛盾。有三个结构性矛盾，下面就让我们来看看哪三个结构性矛盾。

第一，地缘战略结构矛盾。这个矛盾天然存在，不可克服。加拿大一个资深新闻界人士曾对我说，美国把中国看作天敌。我问他此话怎讲。他进一步解释说，美国的战略是全球战略。这从中美两国的战区划分上可以看出点端倪。中国把军区划为沈阳军区、济南军区、广州军区等，美国人则不是，美国人是分为欧洲战区、太平洋战区等。美国不在美国国土上而是在地球仪上布置战区。那么美国全球战略的核心在哪里？核心在欧亚大陆。按照美国的战略学派（也叫边缘学派）的观点，要控制世界，首先必须要控制欧亚大陆，要控制欧亚大陆，则先要控制欧亚大陆两大边缘地带。这两大边缘地带就是欧洲与大西洋交界、亚洲与太平洋交界的海陆边缘地带，在美国人看来，抓住这两大地带，欧亚大陆就会在美国的掌控之中，控制了欧亚大陆，全世界就是美国的天下。这是美国的基本战略构想，这个战略的创造人是一个大学教授，名字我一时记不起来，这人很出名，与克林顿是耶鲁大学的同学。学国际关系的同学肯定知道这个人。在这个战略构想的基础上，美国人衍生出很多的其他战术布置，美国全球的军事力量的分布也是以此为标准的。这人之后，继承人是基辛格，之后还有人不断继承这种战略思想，其中就有布热津斯基。美国的全球战略思想实际上是一脉相承的，后来有约瑟夫·奈。布热津斯基在苏联垮台以后写过一本书，主题就是谈美国在欧亚地区的地缘政治问题，书名是《大棋盘》，副标题就是冷战后，美国的地缘政治战略，他把美国的全球战略比作是在一个大棋盘上下了一盘棋，书中很清楚地一再强调必须控制欧亚海陆交界的两大边缘地带，非洲和澳大利亚相比都不是那么重要，只有这样美国的全球战略才有可能实现。

在美国的欧亚大陆地缘政治棋盘中，中国是欧亚大陆东部边缘地带的主体部分，中国的存在本身就是美国全球战略的一个天然障碍，如果不能把中国纳入美国的势力控制范围，那么美国的全球战略就会因为中国的阻碍而无法实现。按照布热津斯基的大棋盘观点，实现美国全球战略有三个必要条件。①不能在欧亚大陆出现一个对美国构成挑战的大国；②不允许在欧亚大陆出现针对美国的联盟；③无论是哪个地区闹矛盾，美国要坚持当仲裁者。在西方国际政治的经典观点中，试图到处在世界其他地区实行分而治之，以便其用政治平衡术进行控制与操纵。比如说中国的两岸关系、中日关系、韩朝关系、印巴关系都是活生生的例子。从这三个条件来看，中国在美国人眼中是容不下的。如果在欧亚大陆出现一个足以挑战美国的大国，那这就是美国全球战略的失败。从经济的角度讲，美国是一个金融帝国，国内大量的资本要向全世界扩张，实现资本增值。布坎南讲：我们的国家天生在扩张，以致我们想违背它都不可能。扩张的根本动因在于垄断资本对垄断利益的无限追求。从政治上讲，就是山巅治国对世界霸权的天然迷恋。美国在"一战"后就成为世界上的超级大国，拥有世界霸权很多年，这么多年左右世界格局的权力让美国人迷恋上这种感觉，绝对不会轻易放弃这种权力。

再来看看中美之间存在的结构性矛盾。

①地缘政治矛盾。中国处于东亚与太平洋交界处，这是无法改变的，对美国的地缘政治构成了天然的挑战。这个矛盾永远也无法解决，除非美国放弃全球战略。②意识形态的矛盾。这也是结构性矛盾，美国奉行西方的资本主义意识形态，且认为这种意识形态是最高级、最科学、最人道的意识形态。中国的意识形态在一定程度上借鉴了西方的某些观点，不过本质上还是有区别。近年来，"中国模式"越来越受重视，这也让美国很不安，他们一时无法接受在美国自由模式之外还有其他的让人惊讶的选择，美国心有不甘。这种另外的选择也是对美国道德权威和价值观念权威的挑战。而美国最担心的就是，中国的这种模式会超越美国的模式成为世界上最受欢迎的普世价值。美国的学者曾经讲，中国的硬崛起并不可怕，可怕的是软崛起。价值观崛起，全球接受中国的价值观，美国说话就算数了。前一阵子，在社科院美国所建所30周年会上，美国去了一个公使，因为大使回家了。公使名叫王晓岷，是个华人。他在会上讲了这么一句话：中美之间光有共识还不够，还必须有共同的价值观。我一听完，感觉这是非常大的一个信号，也是一个以前很少提到的信号。意思是中国要和美国搞好关系，就得先向美国的价值观看齐，否则就正如中国的古话"非我族类，其心必异"，美国是不会对中国推心置腹的。价值观的这个矛盾是一个比利益关系还要深刻的矛盾。③战略力量的结构矛盾。中美战略力量对比不断发生变化，也是构成结构性矛盾的重要组成部分。如果中国还是以前那样大而不强，美国人不会把中国当潜在对手。当年中国改革开放刚开始时，先不讨论主观动机如何，美国工厂和资本客观上给中国提供了很多的支持。这是为什么呢？因为中国那个时候还很穷，与美国的差距太大，根本无法引起美国的重视。今非昔比，中国越发强大，美国却深陷于两场战争的泥潭和一场经济危机的深渊，美国的经济因为战争和经济危机的影响到现在还依然没有完全恢复。

2003年伊拉克战争刚爆发时，电视台有档节目让就该战争发表一下我的个人看法，我讲了这么几句话：这场战争没有悬念，美国人打赢是肯定的。

这不仅体现在美国国力相对强大，也体现在美国做了充分的战争准备。在战争之前，美国已经利用各种手段从内部瓦解了伊拉克的军队指挥系统。两军还没有交战，伊军已经失败，美国后来派一个师进入伊拉克基本上是去收摊子。真打起来，美国一个师哪有那等本事。不过虽然美国可以赢得战争，却赢不了和平；可以赢得军事，却赢不了政治；可以征服土地，却征服不了民心。回顾伊拉克战争的进程，直到现在这三句话还是成立的。伊拉克的宗教势力错综复杂，各种势力交织在一起，历史上，这个国度就是一片因为民族矛盾和宗教矛盾而战争频繁的土地，这绝对是一个马蜂窝。美国人以为几个导弹就可以打掉这个马蜂窝，错了，事实上，这个马蜂窝现在让美国大兵吃尽了苦头。另外一场战争是阿富汗战争。苏联曾经出兵阿富汗，当时的苏联也是很强大的，结果十年后还是铩羽而归，最后解体。结果没多久，美国人又重蹈了苏联人的覆辙，一头扎进了阿富汗，然后陷在那片泥潭中，死了不少人，更花费了数以千亿美元计的军费。

　　战争带来的损失还没有得到弥补，经济危机却突然爆发了。经济这一块儿我不是很懂，所以无法作出深刻的分析。但是我注意到一点，前几次经济危机始于发展中国家，比如说美洲危机和泰国危机，而2008年经济危机不同，这次危机爆发于资本主义核心地带的心脏区域——美国的华尔街，我们称这次危机为"心肌梗死"。过去的经济危机是由于物质过剩引发的，而现在是虚拟经济膨胀导致的，这种原因导致的破坏力更强，破坏范围更广，全球金融市场几乎全部受到了严重冲击。作为经济危机的原产地，美国受的损失尤其严重，直接的经济损失还是显性的，隐性的无形损失还包括经济危机之后引发的社会危机、理性危机和信心危机，这种损失不可估量。美国人民对自己国家的信心大打折扣，甚至对自己国家的制度以及这种制度下的政府产生了质疑。我去年11月份去美国纽约，纽约总理事陪我到时代广场转转。时代广场相当于中国的王府井，原本应该是很繁华的商业地段，结果我发现广场的路边损毁严重，总理事居然告诉我纽约市政府破产了，没有钱可以修路。从时代广场有一条地铁线路通往唐人街。我以前没有坐过美国的地铁，那次我愣是坐了一回，也好到唐人街看看嘛。上去后，我才知道，美国的地铁破旧不堪，晃动幅度大，噪音也很大。看到时代广场，又看到地铁，我有一种"美国是一个正在没落的帝国"的感觉。

　　这几年，美国相对衰落，中国则相对发展，请注意，这里都是相对，到现在中国与美国的差距依然非常大。不过这距离一上一下，二者之间的差距在缩小。中国各方面都有了长足的发展，相比以前，已是天壤之别。中美之间战略力量的结构性矛盾无疑对美国的全球战略布局造成了影响。尽管我们不认为这是在挑战美国权威，但是美国人会把中国的崛起视为一种挑战。为了强化自己的安全感，美国人会不断地给中国找麻烦，除非中国继续保持这种强势发展劲头，若干年后在实力上超越美国，美国才会有所顾忌而收手。

因为这三大矛盾的存在，中美关系会在以下几个领域有所调整。

第一，在军事领域：①美国以中国为战略对手的定位会越来越明显。尽管在外交场合，美国掩饰得很好，但是在政府内部文件中，已明确地把中国当对手看待。空口无凭，我们来看看文字证据。在 2000 年的防务报告中，美国把反恐视为最主要的任务，同时也写道：美国的长远挑战来自东方一个资源丰富的大国。我们都知道，哪个国家可称之为资源丰富的大国。2006 年的防务报告则直接指出，中国最有可能在军事上与美国展开竞争。2010 年的防务报告则如是说：世界人口最多的国家——中国的崛起，将重塑国际体系，这事关美国的核心利益。这句话很有深意，中国的崛起怎么会影响美国的核心利益呢？因为中国的崛起会重塑国际体系，很简单，现有的国际体系是美国主导的国际体系，重塑这一体系，说穿了，就是会动摇美国的以前乃至现在的霸权地位。基于这种假设，美国最近专门提出了一个新的作战理论——海空一体战。海空一体战看起来似乎没什么新意，其实不然。在冷战期间，美苏之间主要的作战方式是地空一体战，美国准备与苏联在欧洲地区打一场地面为主、空中为辅的陆地战。而美国现在认为，未来不可能再打地面战争，只有可能在太平洋上空跟中国打一场海空一体战。他们不会登陆中国进行地面战，他们知道中国陆地宽广，地形复杂，中国又擅长打游击，而且中国的陆军战斗力在半个世纪前就被证明很强大。他们会利用自身的海上优势和空中优势以远程打击为主的方式与中国进行较量。这是美国人为对付中国专门想出来的新理论。在海空一体战有关报告中，曾 383 次讲到中国人民解放军，英文缩写就是 PLA。如此高频率地提到中国的 PLA，目的何在，就是处心积虑想如何打垮中国的军队。别看在外交宴会上，美国人友好地向中国举杯，亲切交谈，那都是表面现象，他们真实的想法是明确把中国视为战略对手，而且要想尽办法打垮中国这个对手，以维护自己的霸权地位。②美国的全球战略部署重心东移的步伐越来越快，战略前沿日益向中国逼近。这一点，我刚才已经说过了，美国把更多的军队和航母编队投向了东亚地区。③不断强化旧的冷战同盟，同时还要建构新的围困中国的阵线。在亚洲地区，美国人不惜花大量精力把日本、印度、澳大利亚、越南等国纠集在一起围堵和牵制中国。印度发展核武器，按理说是违背国际法案的，但是美国只是象征性地制裁了几天，接下来甚至进行核工业合作。名义上，美国是为印度提供核燃料和核动力，帮助印度加快现代化进程，实质上是鼓励印度发展核武器，以便牵制中国。另外一个策略是拉拢越南，近年来，美国与越南的关系急剧升温，当日的死对头如今也能走到一起。美国的参议员麦卡恩说，越南正在成为美国在亚太地区最重要的伙伴。另一份美国亚太战略报告指出，越南与美国有许多共同的安全目标。稍微用心一想，就知道这个共同的目标矛头直指中国。而越南也不负美国所托，采取了一系列针对中国的措施来达到配合美国的目的。④打造全方位导弹防御系统。美国大力发展反导系统，主要也是针对中国。美国在阿拉斯加和加利福尼亚建设了100架反导装置，按照美国人的分析，五个反导装置拦截一颗导弹，100架则可以拦截20颗导弹。这100架装置对俄罗斯没有意义，因为俄罗斯的导弹数量太多，这点反导装置不够用。对朝鲜、伊朗更没意义，朝伊没有这种远程打击的技术。他们认为，中国具有远程打击能力又能打到美国境内的导弹大概也就20多颗（这是美国人的推测，具体数字我也不清楚）。所以说，这个反导装置是针对中国导弹的产物。同时，现在也发展与中国的太空站和网络战。

第二，在经济领域，主要是金融战。对于经济领域，我是外行，就不多说，只简单谈谈。美国是金融帝国主义，争夺金融垄断权和国家货币发行权是美国打金融战的必要手段和核心手段。为了争夺金融主导权，美国历史上先后有7位总统被刺杀，50多位总统，7人被刺杀，有人统计，美国总统的被刺比例比诺曼底登陆的一线美军伤亡率还高。为争夺国内金融主导权可以刺杀自己的总统，那么为争夺海外金融主导权，美国会对其他的国家和人民客气吗？美国的战争也可以说是美元战争，或者说是为美元而打的战争，包括科索沃战争。科索沃战争的爆发最深层次的原因是欧元诞生给美元造成了压力，发动这场战争，可以打坏欧元的投资环境，让欧洲的资金大量流向美国，破坏欧元的金融基础。而中东战争的内幕是，84个银行家为了振兴美元而精心策划和推动的一场战争。这些银行家策划战争的目标是让每桶石油的价格涨四倍，战争结束后，油价果然涨了四倍。而《广场协议》的出台同样如此，20世纪80年代初期，美国财政赤字剧增，对外贸易逆差大幅增长。美国希望通过美元贬值来增加产品的出口竞争力，以改善美国国际收支不平衡状。《广场协议》的表面经济背景是解决美国因美元定值过高而导致的巨额贸易逆差问题，但从日本投资者拥有庞大数量的美元资产来看，《广场协议》是为了打击美国的最大债权国——日本。《广场协议》后，日元一蹶不振，日本经济进入十多年低迷期。作为最重要的产品输出国，中国的外汇储备已跃居世界第一，人民币面临巨大的升值压力。这一局面与 20 世纪 80 年代中期的日本极为相似。美国故技重施，企图逼迫人民币升值，从汇率上实行金融战，扰乱中国的金融秩序，剥夺中国的金融主权。对此，我们一定要保持清醒的认识。

第三，政治领域，借助互联网等新兴媒体和手段实行魔力化革命。2 月 11 日，在埃及政坛执政 30 年的政治强人穆巴拉克黯然宣布辞职，这从另一个侧面向我们展示了互联网的政治魔力。或者说，互联网是很多政治动荡产生的幕后"推手"。因此，美国政府很注重利用网络来推行美国式的价值观。为了攻破中国的防火墙，美国政府大力投资翻墙软件，将西方的文化思想、价值观念推向中国，逐步改变中国人的思想观念，煽动中国内部不和谐。美国的情报官员讲过，通过互联网输送美国的价值观，这比派特工到目标国或在目标国培养价值观的当地代理人更实用、更有效。

说完这些，大家也别被美国人吓唬到，美国人虽然厉害，咱们也不弱。美国人的想法是一回事，能不能实现想法是另一回事。从新中国成立的第一天起，美国就想将中国扼杀在起步阶段，那都没成功。中国现在长大、变强了，美国更不可能打垮中国。2000 年，小布什上台，以新保守主义为原则，在五角大楼制定了一个新的计划——美国军力快速转型方案。方案的目标旨在确保美中战争时有快速毁灭对手之能力。方案包括航母战斗群重新编队、太平洋舰队取代大西洋舰队成为尖端装备集中点、全体加强核弹头、派重型轰炸机进驻核心地区、特种部队进入中国周边国家与地区、强化与中国周边国家的军事合作、太平洋部队开展中文训练等。小布什甚至公开讲过，要全力以赴协防台湾。因为小布什的这一系列举措，以致当时的中美关系非常紧张，眼看就要爆发冲突了。就在这紧要关头，本·拉登突然横杀出来，高调制造了"9·11事件"，该事件让美国举国上下大为震怒，同时美国重心转移到反恐上面去了。从这点来讲，本·拉登的出现分散了美国对中国的注意力，暂时缓解了中美之间紧张的关系。到了去年，美国在中东地区的事情完成的也差不多了，加上中国实力超越日本，美国重心又转移到东亚地区，刚才提到的布什的那个报告在去年几乎通通实现。

不过话说回来，美国做了这么多的准备，就能把中国打垮吗？不可能的，这只是美国人一厢情愿的想法。我敢这么说，也是有根据的。

其一，中国的综合国力与国防现代化水平较之以前有了太大的提高，现在不是近代历史时期积贫积弱的中国，也不是改革开放前的中国，而是 21 世纪的强大中国，中国现在有能力维护自己国家的安全。我们不仅在经济和科技发展方面成规模，我们的战略反击能力和不对称军事能力也绝对不可小觑。这里说的不对称主要是讲，与美国相比，我们的规模还是不对称的。美国的核武器规模庞大，中国的核导弹不过是美国的一个零头。不过虽然能力不对称、规模不对称，后果却是对称的。美国人核武器强大，可以毁灭中国甚至毁灭地球几百遍，这点中国比不了，中国只能毁灭美国一遍。毁灭一百遍和毁灭一遍，没什么区别。上次开一个全球无核化大会，美国表示中国还可在核武器数量上有所发展，将来再和美国一同往下减少。我说中国不用发展，这么多已经足够了。他们又建议我们提高质量，这还用得着他们提醒？我们一定会提高导弹的技术水平、生存质量和突防质量，让反导系统找不着、拦不住。其实美国人也知道增加核武器数量没有太大的意义。奥巴马在布拉格讲话中提议"全球零核"，将全球的核武器数量减到零（这个建议是抄袭中国的，中国 40 年前就提倡全球无核化）。

其二，从 1999 年到现在 12 年的时间，中国的国防水平又有了相当大的进步。之所以有这个进步，不仅要感谢全国人民的支持，感谢所有科技工作者的辛勤工作和艰苦努力，而且也别忘记感谢美国人。最大的奖章应该颁发给美国。1999 年 5 月，美国炸了中国驻南斯拉夫大使馆，几位使馆人员牺牲。这些牺牲者是英雄，他们的牺牲唤醒了全国民众，也打破了对美国的幻想，从那时开始，我国下决心要做点事，实施了"99 工程"，这才有今天的一点成就，否则拿什么与美国抗衡。而现在，我们的航母在这两年就要问世了。顺便说一下，这个航母已经不是什么新闻，更不是什么机密了，哪天举行个问世典礼，命个名，剪个彩，形式就算完成了。唯一不足的是光有一艘航母还不够，再过些年，中国更多的航母将会问世。飞机我们也有一点，再一点就是，我国的导弹控制能力大大加强，美国的反导系统未必拦得住。导弹发射之后在击中目标之前有一套运行轨迹，反导系统必须计算出这个轨迹才可以成功拦截。但是如果在导弹飞行的过程中，我们人工干预使导弹变轨，那反弹系统之前的计算就白算了。我们能把神州几号发送出外太空，能让杨利伟那批飞行员顺利返回，遥控个导弹也不是什么难事。改变导弹运行轨迹，再辅以其他的手段，美国人恐怕拦不住。我曾就此告诉美国人不要试图拦截中国导弹，首先极有可能拦不住，即使侥幸拦住，导弹在半空中造成的损失比在地上造成的损失还大。退一万步讲，就算美国那一百架反导装置能拦住我们 20 颗导弹中的 19 颗，一颗打过去美国人也吃不消。目前有核弹爆炸经历的只有广岛和长崎，那时的原子弹威力其实不大，不到两万吨，但是破坏力和杀伤力足够让人胆寒。现在的核弹哪还有两万吨级别的，最小的也是百万吨级的了，不敢想象，这百万吨级的核弹爆炸是怎么一幅惨淡的光景。当然，我们是绝不希望这种悲剧发生的。中国的核力量虽说"攻则不足"，没有力量进攻美国，但"守则有余"，美国打过来也讨不到什么好！关于核战争问题，世界上的任何一个有核武器的国家都要保持清醒和理性的头脑，核战对交战的任何一方来说，都是得不偿失的愚蠢选择。

其三，当前世界的经济重心在东移，美国经济对中国的依存度日益加深，离开了中国，美国的经济无法正常运转。当然，中国对美国的依赖度也是很高的。中美双方现在相互依存，你中有我，我中有你。话说，经济决定政治。经济上的这种相互依存虽然不能防止小的摩擦和局部的冲突，但是能对大规模战争的爆发起强烈的抑制作用。目前中美贸易额高达 4000 亿美元，这么大的贸易额牵涉了太多的经济利益关系，要爆发战争，就必须先考虑放弃这个利益，这种代价未免太高了点。

其四，中美之间共同安全合作需要日益增加。尽管中美两家面和心不合，不得不说，还是有些共同的安全利益。比如说，我们常谈的反恐、反海盗、气候问题以及一些地区性的问题，这些问题不是美国或者中国一家能够解决得了的。要顺利解决这些问题，就要走全球合作的道路，特别是大国与大国之间要加强交流与合作，大国不仅有实力，也要承担更多的责任。这样看来，中美在这些问题上的合作在所难免。

其五，世界多极化格局的趋势更加明显。世界上这么多国家，不单单只中国在发展，还有很多的国家也在发展，也试图提高自己的国际影响力。金砖几国，哪一国也不是好惹的。而美国要继续保持称霸地位，不能仅仅只针对中国一家，其他的国家美国人也要留神，这么多的势力崛起，美国人能不能应付过来还是未知数。

其六，美国现在正陷入战略困境。尽管美国对中国颇有意见，但是目前的状态不允许美国集中所有的资源和所有的注意力来对付中国。美国现在四处怂恿中国的周边国家与中国作对，不是强大的表现，恰恰暴露了其内心的焦躁与不安，是虚弱的表现。美国若是对自己充满信心，就不用借助那些小国家的力量，自己早就出手了。美国现在是无奈之下，才不断借助那些小国家骚扰中国。我这些年与美国打交道，明显感到美国人底气不那么足，说话的口气也不像过去那般盛气凌人。1993年7月23日，美国无中生有地指控中国"银河号"货轮将制造化学武器的原料运往伊朗，在海上拦截我们的"银河号"，结果什么也没查到。于是我质问美国的一个陆军后勤部长既然没有发现化学武器，美国人为什么不道歉、不检讨，结果他嚣张地跟我说他们这么做是为了维护世界和平。而现在，他们一个个精神不佳，心事重重，没有了往日的盛气凌人之势。这也难怪，美国现在确实有一些让他们头疼的问题。首先美国眼下最担心其实不是中国，是伊朗。美国出兵阿富汗、伊拉克、利比亚，把伊朗所有的对手都打掉了，包括埃及的穆巴拉克，故而收益最大的是伊朗，而伊朗一直是美国的死对头。有人说，拉登被追杀以后，美国会立刻调转枪头对付中国。没有这么容易，拉登可以说是恐怖组织的精神领袖，他的死亡反而可能激起更激烈的反抗。其实拉登直接参与和策划的恐怖活动并不多，他的存在更多的是一种象征意义或者领袖意义，很多活动是他下面的人自己组织的。拉登死后，我推断恐怖分子下一阶段的活动特点将会是分散化、网络化和本土化。其中重点要说的是本土化。美国本土的恐怖分子有所成长，去年美国抓的63个嫌疑人，结果这63个人全部是生活在美国本土的人，不是从中东潜入美国的恐怖分子，而是美国本土的人。本·拉登以后的"恐二代"乃至"恐三代"也在发展，所以，美国特种部队击毙本·拉登，不能解决根本问题。整个伊斯兰教边缘化倾向明显，南北矛盾在加深，霸权主义在发展，阿拉伯世界的民众对现有的国际政治经济秩序极度不满。从某种意义上讲，哪里有霸权主义，哪里就有恐怖主义，恐怖主义其实是一种非正常的机遇信仰和对仇恨的反抗方式。可以说，美国的反恐任务依然任重道远，远远不能画上句号，在这种情况下，美国想要一心一意对付中国，只怕心有余而力不足。刚开始不久的利比亚战争，将会使美国陷入另外一个深渊。在中东北非十二三亿的伊斯兰世界是美国不得不考虑的重要问题，将会对美国产生不小的牵制，也会给美国带来不小的压力。经济压力也是一个问题。经济危机以后，美国的经济也处于低迷状态。奥巴马为了连任，提出竞选承诺，要创造200万个就业机会，出口要翻一番。谁给美国创造机会，其出口怎么翻番？明显必须有中国这个市场奥巴马才能实现这个承诺。这个时候，得罪中国绝对不是明智之举。

中美之间的矛盾从长远来看是不可避免的，但是种种因素又让中美关系不能简单地以矛盾论处，其中还有很多纠缠不清的利益关系。现在的问题是，美国能否承认中国的发展权？能否承认中国的和平崛起？能否承认中国新兴发展的大国地位？中国一心一意谋发展，并不是想要挑战美国，只是出于一种更好的生存考虑。如果这几个问题美国不能正视，那矛盾迟早要激化，到时候，摩擦和纷争将会常态化、周期化。但也仅仅是摩擦和纷争，全面战争爆发的可能性极小。归根结底，中国要继续发展，增强实力，靠实力求和平，靠道德求团结，以备战求避战。对美国而言，我们要团结一切可以团结的力量，打破美国的战略围堵。我总结了一下中国对中美关系现在状态的方针：不盲目地对抗，不无条件地合作，不无原则地迁就。也许有美国这个外在的压力，中国才会有更多的忧患意识和发展的动力。有这个压力有利于增强民族内部的向心力、凝聚力。一旦外部压力没有了，我们往往就麻痹了，内部矛盾就凸显出来了。"国无内忧外患者，国恒亡"。有美国盯住我们确是大好事，使我们警觉，使我们自立，使我们奋发有为。谢谢大家！

主持人（黄晓勇）：非常感谢彭将军给我们做了一堂非常有意义的报告。他从实力、意图和行动三个方面入手，来阐述中国的安全环境问题；接着又从三个结构性矛盾入手来分析中美之间复杂的关系；最后下结论，保证中国国家安全的钥匙掌握在中国人自己手上，发展就是这个关键的钥匙，没有发展就没有发言权，以发展求实力，以实力促和平。机会非常难得，下面我们把时间交给在座的各位同学，欢迎大家提问。

学生甲：彭将军您好！非常感谢您深刻的演讲。我有几个问题想请教您。第一，如果两国交火，就当代的国防条件来看，我们选择攻击目标的顺序是怎样的？比如说，是先打指挥部？还是先打兵工厂？抑或是攻击水坝？第二，现在有一种观点，认为中美之间只有一般性摩擦，不可能爆发全面的战争。原因有二：①中国最大的"人质团"在美国。②中国最主要的黄金储备在华尔街。请问你是如何评价这个观点？谢谢。

彭光谦：假设中美交火，我个人认为，中美之间都不会去攻击大坝。一旦打水坝，那可是大战，不是一般的小摩擦。美国人动我们的大坝，或者我们动美国人的大坝，这个后果之严重是难以想象的，没准核战争也跟着开始了。我刚才讲过，中美全面开战的可能性极小。首先，中美两国皆有核武器，核武器是相互毁灭的武器，核战争中没有赢家，这种仗没有哪个国家愿意尝试。其次，现在的世界是一个全球化日益紧密的世界，利益相互依存度高。这两个条件共同作用，既相互威慑，又相互依存，使得全面战争打不起来。

这才是两个主要原因，至于你所说的那个"人质团"的因素，还不足以放在这个严肃的话题中来谈。

学生乙：彭将军您好！非常荣幸能听到您的讲座。今年 4 月份，中央军委颁布了一个全军信息化的纲要，明确提出，要着眼形成基于信息系统的体系作战能力，建设信息化管理人才、提高军队的信息化管理和作战水平。这一纲要的提出，是我军的信息化建设迈向一个新台阶的标志。我想请教您，在当今的信息化战争过程中，我们的军事战略有怎样的变化？或者说会呈现怎样一些新的特点？

彭光谦：这个问题提得非常专业。确实如此，我们的战略重点需要有所调整。由以前的注重如何打好全面战争向如何打好信息化条件下的局部战争转变。这种以高科技为基础的信息化战争与传统的战争方式有很大的区别，信息化战争需要现代化的技术，更依赖掌握现代化技术的军事人才。国家现在招聘大量的高学历人才进入军队，就是基于这种考虑，寄希望于以这批新型专业化人才带动整个军队的信息化水平。中国人民解放军三军的信息化水平都有所提高，并且还在逐步发展，电子科技和网络技术大量运用于指挥系统和作战系统。可以说，一场高技术的有效率的战争，依靠稳健的信息技术作为纽带，把整个战争都紧密地纳入指挥系统。指挥系统就是战争的中枢神经，一个高效的智慧系统对一场战争的胜利至关重要。美国在新时期所打的几场战争，已经上了一堂有关现代战争的重要课程。不过，也不是说信息化战争没有弱点。信息化战争的局限在于对软件和硬件的防御能力要求严格，不仅要求极高的电子防御能力，同时也要求极高的高端设备的保护能力。一旦指挥系统被攻击，指挥命令被篡改、军事情报被窃取或者指挥系统被破坏，后果都不堪设想。美国军队的现代化水平很高，这点毋庸置疑，但若是指挥系统被黑，或是天上的卫星被攻击，他们所谓的信息化战争也就没有了实际意义。所以说，信息系统也有其脆弱的一面。

无论怎样，信息化建设的重要性是不言而喻的。特别是在局部战争中，信息化水平高意味着胜利的几率高。现代国家的军队信息化装备几乎到了每一个士兵身上，每一个士兵或武器平台就是一个信息收集和运用的单位，单个士兵对战场情况的把握比以前的军官还要多。信息化的不断进步和信息化安全保障水平的提高是我们下一步的努力方向。

学生丙：非常感谢彭将军的演讲。现在很多人都在谈一个话题，这个话题从清末以来就一直在谈，就是中华民族的伟大复兴。我想请问您，复兴的真正内涵是什么？什么时候我们才算复兴？我们和美国现在差距悬殊，假如我们达到美国的发展水平，那我们就算复兴了吗？这恐怕也不尽然，众所周知，美国现在也有一堆的问题等待解决，既有内忧，也有外患。这是第一个问题。第二个问题，也是大家常讲的中华民族的核心价值观。关于这点，我有点迷茫，我国有一大批的学者，号称所谓的国学大师，都试图在传播中华文化的核心价值观。我自己也找了很多的材料来看，却不清楚这个核心价值观到底是什么。另外，为什么美国的价值观在世界上如此流行？如果中国有自己的核心价值观，如果中国的价值观有力量，我们怎么会担心美国的价值观入侵中国呢？请彭将军为我解惑，谢谢！

彭光谦：你提到的这些问题都很深刻。可惜我掌握的知识有限，恐怕难以达到你想要的要求。所以，我只能就此谈谈自己的个人想法。

什么叫民族复兴？复兴也是一个相对的时间概念，应该不是绝对的。在过去 100 年，中国在世界上没有地位，中国人在世界上没有尊严，甚至连基本的生存保障权都没有。谈到复兴，起码首先要先摆脱这个落后的面貌。我们说的复兴，并不是说让大家都过上奢侈的生活，更实际地说应该是让大家过上体面的、有尊严的、有希望的生活，不过物质生活的水平也一定不能落后，而要不断地超越过去，奔向更美好的未来。其次，我们在世界上要赢得尊重与主权，我们不要高人一等，但是也不要矮人一等，要有与其他任何国家一样平等的地位。再次，我们需要独立的价值观。我们不能满脑子讲的都是西方的那一套价值观，中国人应有中国人自己的价值观。尽管我们还没有总结出中华民族价值观具体是什么内涵，但是有些基本的原则是不可缺少的。①社会公平。②社会正义。这里说的是真正的公平与正义，不是西方那种以实力论地位的"假公平与正义"。③社会和谐。西方崇拜达尔文的进化论，视社会发展规律为你死我活的"丛林法则"。我们不这样想，中华文化中讲究"天人合一"，人与人之间、人与自然之间和谐相处。这是我对中华民族核心价值观的一点个人体会。

对于你刚才讲到的西方的价值观。我不完全否认它，它在人类历史上曾经起过非常进步的作用。这套价值观是从瓦解宗教愚昧和封建专制的斗争中提炼出来的，"自由"反对封建的人身依附关系；"民主"反对等级压迫的封建专制；"人权"反对"神权"与"皇权"，这对人的思想解放和个性解放有极大的促进作用。但是，这些口号慢慢地变了质。西方国家对内谈民主，对外实行的却是强权主义。难道只有西方国民需要民主，需要人权，世界上其他国家的人就不需要了吗？那些与美国不和的国家的人民就不需要吗？我想现在所谓的美国的那些价值观虽然也不乏一些积极意义，美国将其作为推行价值和扩大美国利益的一个工具，这一点也着实让人非议。

以上是我对这些问题的一些个人看法，仅供参考。

学生丁：我上初中的时候，美国轰炸中国驻南斯拉夫大使馆，有人将之视为中美关系的一个转折点。一晃十多年过去，中美关系应该何去何从，我发现众多学者的预测基本上还是比较一致的。现在我想谈谈军队的战斗力问题。美国现在打的虽然都是一些小规模的局部战争，但就实战经验来讲，美军这方面已经经受过很多考验了。回头看中国的军队，自 1984 年以后，就没有打过一次真正的战争。没有经过实战的检验，我们如何才能确定中国军队是否有强大的战斗力？第二个问题是，我们部队的装备或许水平提高很快，但是打仗打的不仅是装备，打的还是信仰，是责任，是政治凝聚力。现在反映军队问题的渠道很多，说现在中国的军队已经不是以前那种艰苦奋斗的军队，也不是那种特别能战斗的军队，军队同样存在让人担心的腐败。我想问，在实战经验不足和军中腐败问题存在的条件下，中国的军队还能保持强大的战斗力吗？

彭光谦：你提的问题是有道理的。第一，美国士兵的战斗经验确实强于我们的军队，这点不必多说。这几年，中国的军队缺少实战经验，为了弥补这个不足，只有加强训练。好在现在训练的途径越来越多，训练的水平也越来越高，几乎都可以接近实战，而且还可以用计算机模拟。如果我们为了获取实战经验而去打仗，那就太没必要了。第二，谈谈你所说的凝聚力问题。我个人感到，现在的战士和老一辈相比，在知识面上和知识结构上都要好得多，学历上也提高了好几个阶段。这是后发优势，不过必须承认，新时期战士的作战精神是不如老一辈的。这是社会发展的客观趋势，不可改变。同样只有经过训练，磨炼战士们的坚忍的意志、坚强的精神，教育战士们树立正确的价值观，以此提高战士们的政治凝聚力和保家卫国的责任感。这一点非常必要，虽然军队现代化水平提高，打仗不再仅仅依靠一股气势，但是精气神还是非常重要的。中国和平了很多年，这是好事。但是和平时期是民众的福音，却是军队的毒药，长时间不打仗，军队内部会松懈，会贪图安逸，会出现一些腐败现象，各种问题就显现。但是我们又不能为了打仗而打仗，这是个两难的问题。现在，也只能继续加强军队的政治建设，尽力继承与发扬老一辈给我们留下来的优良传统。

主持人（黄晓勇）：还可以提最后一个问题。

学生戊：很荣幸听彭将军这么一个有见地的讲座。我想问问台湾问题。按照我的理解，似乎是只要台湾不独立，中国大陆就不会对台湾使用武力。不过我想，随着台湾与中国大陆分离时间越长，台湾对中国的归属感就会越弱，未来两岸统一的时间就可能越拖越长。刚才彭将军提到中国实力有很大发展，既然有实力作基础，那么请问中国军方现在关于台湾政策上有些什么样的立场？有没有想过要武力收回台湾？请您在不泄露国家机密的情况下给我们一些提示，谢谢。

彭光谦：谢谢你的问题，台湾问题是一个很复杂的问题。我们发展军事力量，提高军队的现代化水平，目的是维护我们国家主权与领土完整，维护我们国家的核心利益，不是为了武力统一台湾。我们的基本原则是不打仗，但是想要不打仗，就必须具备打赢任何战争的能力，这不打仗比打仗的要求还要高。如果我们哪天用上了航母，用上了核武器，反而有可能是我们的战略层面出了问题。我们备战的最高目标是和平，是不战而屈人之兵，是创造一个有利于我们经济建设的和平稳定的环境，这才是我们的目的。

台湾问题同样如此，我们希望和平统一，是诚心诚意希望走和平统一的道路，只要有百分之一的和平希望，我们就会付出百分之百的努力。但是如果台湾试图搞台独，那就不是哪个领导想打不想打的问题，而是非打不可。祖国统一的红线是不能触犯的，台湾要是触犯了，我们也不会放弃使用武力。目前，两岸相处得还是不错的，比陈水扁时期好多了。那个时候，我们这边是真准备打仗的，但是后来美国人看我们这架势，就把陈水扁的台独想法压下去了，这仗才没打成。总的来说，对台湾动武是我们最不愿意看到的事情，但是为了维护祖国统一，我们也不怕打仗。人不犯我，我不犯人，人若犯我，我必犯人。通过威慑，预防战争；通过威慑，制止战争。

主持人（黄晓勇）：非常感谢彭将军给我们作的这堂报告。同时，"社科大师大讲堂"的系列讲座到这个学期就结束了。下个学期，我们继续讲。最后，让我们再次以热烈的掌声感谢彭将军的报告。下面请学生代表向彭将军献花。

（录音整理：黎越亚；初稿整理：苟军）

苏联解体和中国改革开放的世界经验

〔俄〕 季塔连科

主持人 黄晓勇（中国社会科学院研究生院党委书记）：尊敬的季塔连科先生、各位来宾、各位同学：在北京秋高气爽、风轻云淡的金秋时节，中国社会科学院研究生院在良乡新校园，迎来了 2011 年度新学期。为了庆祝迁至这片新的校园，更为了丰富大家的课余生活，拓宽同学们的学术视野，我院策划举办了新校园落成典礼之"社科大师大讲堂"系列讲座活动。让同学们有机会近距离与大师接触，一睹大师的风采，聆听大师的教诲，在大师们的指引下，让我们的治学为人之路走得更加扎实、走得更加精彩。

我们从 4 月 25 日举办第一期"社科大师大讲堂"以来，先后有原文化部部长王蒙先生、原历史所所长李学勤先生、原日本早稻田大学校长西原春夫先生、苏联研究专家沈志华先生、画家高宏先生、中国曲艺家协会党组书记姜昆先生、经济学家罗伯特·卜若柏先生、著名演员冯远征先生、解放军少将军事研究专家彭光谦先生等人先后在这个讲堂为我们做了精彩的演讲。演讲主题涉及了政治、经济、文化、军事等诸多领域。该活动反响良好，获得了同学们以及房山区有关部门的肯定和好评。今天的讲座是"社科大师大讲堂"系列讲座第十讲，也是本学期第一讲。为我们开讲的是俄中友协主席、俄罗斯科学院院士、俄罗斯科学院远东研究所所长、俄罗斯联邦功勋科学活动家、中国人民的老朋友，也是我本人的老朋友——季塔连科先生，感谢他百忙之中前来演讲。

季塔连科先生 1934 年 4 月 27 日出生，现已年过 77 岁。我们上学期第一讲的王蒙先生也是 77 岁，这次我们再次迎来了一位 77 岁的非常健康且非常著名的高龄老人。他出生于苏联时期一个农民家庭。小学毕业后考入阿尔泰地区一所师范学校，并以优异成绩毕业。1953年到莫斯科大学哲学系深造。1957年大学毕业后到北京大学哲学系进修两年，师从冯友兰先生。1958年到河北省农村锻炼。不久被调回并被派到复旦大学学习。1960年毕业于复旦大学哲学系，并继续进修。1962~1965年，季塔连科先生在苏联驻上海总领事馆和苏联驻中国大使馆任研究员职务，1965年获哲学副博士学位，1979年获哲学博士学位。回国后到苏共中央委员会工作，负责中国和东亚地区事务。从1985年起到现在，季塔连科先生一直担任俄罗斯科学院远东研究所所长，并于1997年5月30日当选为俄罗斯科学院通信院士，2001年11月当选为院士，其后当选为俄中友协主席。

季塔连科先生研究成果非常之多，学术著作多达百部。比较著名的有：1987出版的《中国共产党的历史》，1994出版的《俄罗斯和东亚：国际关系问题和不同类型文明间的关系问题》，1998出版的《俄罗斯面向亚洲》，1999年出版的《中国：文明和改革》，2006年出版的《俄罗斯——2050：突破创新战略》，2007年出版的《2050年：中国—俄罗斯共同发展战略》，2009年主持编写了五卷本的《中国精神文化百科全书》等。他的不少著作在中国、日本、韩国和美国等翻译出版，影响广泛深远。由于时间关系，这里不一一介绍。

季塔连科先生除了从事学术研究之外，还长期致力于中俄友好事业，为中俄两国战略协作伙伴关系健康发展发挥着重要影响。这种影响不仅在俄国，也在中国。他在《2050年：中国—俄罗斯共同发展战略》一书中肯定了中国改革开放以来在各方面取得的发展和成就，论述了中俄战略协作伙伴关系对两国的重大意义，他指出："中国和俄罗斯经济同时增长和共同发展是一种最佳方案，符合两国人民共同需要和根本利益。"2011年，正值中国共产党诞生90周年。季塔连科先生多次讲过，中国共产党成立90周年是中国政治生活中伟大的历史性事件，也是国际解放运动史上的伟大事件，中国共产党30多年改革开放成果证明，中国共产党对社会主义的思考和认识是深刻的，并且有力地推动了国际共产主义运动的发展。

下面，季塔连科先生将以《苏联解体和中国改革开放的世界经验》为题，为我们深刻分析社会主义道路上的这两大历史性事件为世界和平与发展留下的宝贵经验。让我们以热烈的掌声表示欢迎！

季塔连科（俄中友协主席、俄罗斯科学院院士）：亲爱的同志们、亲爱的朋友们，女士们、先生们，对我个人来说，今天将是非常有意义的一天，因为我有机会与中国当代的或者未来的社会精英们就有关问题共同探讨，为此我感到非常高兴。

首先我想说的是俄罗斯和中国，新的中国和苏联以及现在的俄罗斯是分不开的。我们两个国家的历史有很多的渊源，很多的交叉。我们经常可以看到，苏联碰到的一些问题往往和中国有关系，同样，中国所碰到的或者要考虑的问题也往往和苏联有联系。从历史发展的轨迹来看，中俄是两个非常亲密的同呼吸、共命运的国家——一荣俱荣，一损俱损。中俄两国人民面临着的共同命运是光明的，这一点毋庸置疑，也许由于历史的、文化的以及一些其他细节的原因，中俄两国在某些具体的利益上有所出入，但是最基本、最核心的利益是一致的。所以，我们两个国家的发展相互需要、相互依存。

今天我要谈的主要是下面几个方面：一是苏联的解体和中国改革开放给我们留下了怎样的经验和教训；二是在这么一个时代背景下，中国共产党的最大经验——坚持走中国特色的社会主义道路，有着怎样的意义？以及这种意义是仅仅适用于中国国情还是具有普遍适用性？我想非常坦率地和大家谈谈，有些话你们未必爱听，不过真正的朋友关系，对自己的朋友说心里话是非常重要的。有些话你们听了可能不太高兴，但那是我应该说的，否则我就不是真正的朋友。这些话可能是不便公开在报纸上发表的，因为怕引起误解，但我相信，大家可以正确地理解我的意思。今天我来到这里，看到了这个新的非常方便、非常漂亮、设施非常完善的研究生院，我很高兴。在此，我希望，你们能够以实际行动来回报你们的党和国家对你们的培养和信任。同时，祝在座的各位在今后的工作、学习和生活中获得更大的成就。

谈到苏联和中国，恰如中国的一句古话："青出于蓝而胜于蓝。"如果这个"蓝"被弄脏了，那"青"的颜色就更加鲜艳、更加引人注目。中国坚持的社会主义在苏联解体后取得的光辉成就尤其彰显了"青"的这种光芒。这种光芒不是依靠一两句漂亮体面的空话来装点的，而是意味着为了维护这种光辉，大家身上肩负着沉甸甸的历史责任，这份责任需要严肃认真地对待。苏联解体了，给我们留下了很多的问题，我们需要思考的东西太多。苏联为何会解体？其中有哪些最基本的原因？这一重大事件对中国有怎样的影响呢？还有俄罗斯国内对中国所取得的成就有怎样的反应？这就是今天要讲的具体问题。讲完之后，大家还有什么问题，请尽管提问。

到今年 8 月份，苏联解体已有 20 年历史。对于苏联解体，学界、政界以及社会各界有不同的反应。许多真诚的人对此深深担忧，并在寻找由世界社会主义体系的瓦解、国际共产主义运动特别是伟大的世界强国苏联解体而引发的一系列原则性问题的答案。苏联解体后，许多政权力量的代表人物，包括普京先生在内也承认，苏联解体是 20 世纪最大的悲剧。但我始终以为，苏联是一个不平常的国家，是一个非常强大的国家，是一个因苏联人民发扬不怕苦、不怕死的精神所创造出来的国家。这个国家有一个特点，它首先关心的往往不是自己，而是别的国家，这种精神在我还是小孩子的时候就已经深刻地体会到了。在那段时间，有一次英国煤矿工人罢工，俄罗斯的公民，甚至是在集体农场的农民为此激烈地讨论，他们不仅关注英国工人罢工的进程，还时刻惦记着如何给他们提供帮助。1947 ～ 1949 年，我在读中学，那个时候我们都还是小孩子，可是我们却很关心如何支持中国共产党、如何打倒蒋介石的军队。苏联在对外援助方面豁达而又慷慨，相信大家对这一点已经比较熟悉了。

苏联还有一个特点——在考虑当下的局势的同时，更会关注未来的前景。在那个时候的人们心中，未来才是最重要的。有一个笑话，苏联代表团到西德国（当时德国尚未统一）去访问，西德的官员们给我们展示他们现在的成就是如何如何的好。代表团成员们笑而不答，于是西德官员就问我们是怎么样的，我们的代表团则给西德描绘了一幅美好的未来画卷，然后告诉西德官员：西德是没有什么未来的。从现在的实际情况大家可以看到，苏联考虑的正是未来，不仅是俄罗斯，一切的苏联加盟共和国——现在独立的 15 个国家，到现在为止，依然还在沿用苏联留下的种种遗产，新的创造非常少。就连我们的总统梅德韦杰夫也于今年夏天说，现在的情况很不乐观，相对于苏联，我们的进步太缓慢了。俄罗斯现在展现的一些最先进的军事武器，比美国的还要先进，然而这些武器却是苏联时期 20 世纪 70 年代的科技成果。美国在很多方面也很先进，但是苏联与美国保持先进的途径不同，美国依靠剥削全世界，苏联则是剥削自己。这个给中国留下的教训就是，美国也想把中国拉入军事竞赛的泥潭中。令人欣慰的是，中国的领导人很聪明，没有如美国所愿，去准备军事竞赛。这当然是对的。

苏联和中国的现状有很多相似之处，只不过大家不了解而已。苏联走上了一条无人知晓的道路，尽管在其政治和活动中也并不完全平坦顺利和没有错误。但他的存在、英勇的行为以及毁灭的悲剧在人类历史上成了传说中亚特兰提斯的新范例。用马克思的话讲，他的发展和成功是"突破天空"，划向星空。而他确实是世界上第一个爆发社会主义革命的国家。苏联行动中的许多消极方面在人类记忆中被抹去。而留在人类积极思想中的是他在支持其他民族解放斗争中寻找公正、自我牺牲和英雄主义方面作出的榜样，在粉碎德国法西斯和日本军国主义中做出的巨大贡献，以及他在"冷战"年代的外交技巧和在制止侵略力量中展现出的大无畏精神，将永远地留在我们的记忆当中。中国作为一个社会主义国家，在很多方面不得不继续进行苏联的伟大事业。基于此，中国的社会科学界很全面，很深入地研究了苏联解体的原因、后果，以及解体给中国留下的教训。这种做法是正确而又明智的，对中国少走弯路和坚持和完善社会主义制度很有帮助。就我所知，你们社科院的李慎明副院长和其他的一些学者在这方面已经做了很多的努力，出了很多的书和文章，研究成果相当丰富。然而，我还是要警告大家，中国不要重复苏联曾经犯下的错误。

苏联解体后，很多反社会主义和共产主义的力量纷纷表态，说苏联的解体是无法避免的必然性事件，而且他们对这一事件持幸灾乐祸的态度。因为，他们认为，苏联解体，他们的威胁也就解除了。而对于中国，因为中国在对外政策方面采取了合适的策略，这些反对力量很长一段时间内没有把中国当作潜在的敌人，这是一种奇怪的辩证法。

这里有一个问题，苏联解体是否意味着社会主义制度的消亡呢？苏联解体后，住在美国的一个日本学者，曾为此写了一本书《历史的终结》，来宣告社会主义的终结。果真如此吗？如何负责任地回答这个问题是非常重要的，答案直接关乎中国有没有未来的生存大计问题。苏联和世界社会主义体系解体的确导致了衰落，但这并不意味着社会主义科学的灭亡和解体。它依旧向前发展，社会主义事业依旧存在，中国就是证明。研究苏联解体的根源和原因，查明导致这种悲剧的社会因素和精神因素，对于那些继续坚定不移走社会主义道路的人而言，是项很重要的事业。

列宁在临去世前不久曾号召重新认识社会主义斗争的经验。现实又尖锐地面临这项任务。在这种情况下，我认为，贫穷和社会主义是两个相对的概念，社会主义和共产主义是不同的两个概念，共产主义和腐败、官僚则毫无关系。列宁也是因为看到了苏联建设社会主义过程中的很多问题，所以在他生命的最后时刻，他要回过头来重新考虑到底什么是社会主义。那个时候，列宁已经意识到，共产党只有时刻与人民群众保持血肉联系，时刻牢记人民群众的利益，始终把人民群众的利益放在首位，社会主义才有未来。斯大林的经验是，在面临内忧外患的严峻形势下，经济上利用集权模式迅速发展苏联的综合国力，政治上注重发展党和国家、党和民族、党和群众的关系。从列宁开始，到接下来的国家领导人，几乎每一个人都在考虑这些严肃的问题：苏联到底是一个什么国家？苏联的社会主义到底是什么社会主义？苏联的社会主义到底有什么样的未来？同样的道理，中国现在也会有相似的困扰，在现在这么一个全球化浪潮日益高涨的大背景下，中国要坚持一种什么样的社会主义？中国的社会主义未来图景如何？中国这么一个社会主义大国会对全世界的未来产生怎样的影响？这都是大家要认真考虑并且等待回答的问题。

今天请允许我简短地表述自己的观点，对目前在学术界和老百姓中激烈争论的一些问题的看法可能较为片面。

第一，苏联解体是否是社会主义和共产主义理想的破产和毁灭？

第二，马克思主义列宁主义（如果存在）的普遍真理与每一个独立国家的民族特色应该是何种关系？

第三，社会主义国家的国际义务怎样和执政共产党面对生活着各个不同民族的国家人民责任相结合？

第四，俄罗斯和中国都是多民族的国家，在这种情况下，执政的共产党该以什么样的方法解决多民族国家各民族间的关系？

上面的四个问题，前面两个的答案是明显的。苏联解体仅仅表明苏联具体经验的错误和失败，绝不意味着社会主义和共产主义的破产。苏联解体是社会主义事业的一个很大的危机，可危机不等于终结，用中国人的话来说就是，机遇与挑战并存，在危机中寻找机会。中国坚持有中国特色的社会主义，就是最好的例证。马克思列宁主义的普遍真理是存在的，问题是如何将这种普遍真理与各个国家的民族特色和具体情况相结合，才能最大限度地发挥理论的指导作用。后面的两个问题则相对复杂得多，到现在也没有现成的答案可供参考，唯一能做的只是在历史的经验教训中，在当下的实践过程中认真观察，仔细研究，摸索着前进。正确处理这些问题，苏联灭亡的教训和在中国共产党领导下实行改革开放政策的实践，以及中国特色的社会主义建设方面都具有重要的国际意义。

我也是从事社会科学研究的，在该领域以前的观点中，我们经常会大胆地假设，资本主义已经走到了穷途末路，很快就要灭亡。然而，真实情况已经推翻了我们的假设，实际上，资本主义有很强的自我修复能力和对新环境的适应能力。所以，我们在讨论资本主义和社会主义命运的时候，我认为必

须考虑许多新的事实与结论：资本主义对其社会对手，即社会主义国家的出现，表现出了很强的适应能力，在借鉴苏联和社会主义体制经验中同样如此。苏联和中国同样在向资本主义国家学习，即趋同是体制间相互关系形式的一种。有人曾指责，我的观点是一种修正主义，这不是修正主义，这是一种不容忽视的事实。

在当今消费社会发展的条件下，劳动者绝对赤贫的理论并不适用。现实生活和实践没有证实《共产党宣言》中所论的"工人没有祖国"。随着科技的进步和国际化市场的深入发展，发达资本主义国家的工人随着本国的资本家一同有意或无意地剥削了发展中国家。可见，维护国家认同、爱国主义思想和国家主权原则的因素是切合实际和极其重要的。苏共的理论家和领导人高估了苏联、西方发达国家和东方劳动者国际化的程度。事实证明，脱离了爱国主义的国际主义是不能持久的。不能让国家和人民只从表面上感到幸福，像生活在中世纪的阿富汗一样，就转向社会主义轨道。任何国家、任何党派，都不能期望他们能把握住送给他们的幸福，只有他们自己经过艰苦的奋斗，才能够有决心和能力去保护来之不易的幸福生活。

还有一种对劳动者自主能力的高估存在于马克思列宁主义的思想当中，认为可自发接受社会主义思想。那时，正如古典主义者所说，无产阶级可以自己生成"工联主义意识"，而在某些情况下，资本家为了降低劳动成本，将大量的企业迁移到劳动力成本低廉的发展中国家，以致本国的工人失业增加，本国的工人因此甚至会怨恨发展中国家的工人，"工联意识"非但没有生成，还会遭到破坏。另外，就是低估了对工人运动、知识分子、所有劳动者及有社会主义和共产国际主义思想精神的中产阶级进行系统性启蒙教育的意义。

我认为，在现代马克思主义者的著作中有一种高估了社会主义作为科学的成熟程度和从乌托邦已过渡到科学的完成程度。在社会主义运动中，从乌托邦向科学的过渡尚未完成，并且显而易见，这个过程将是永久性的。乌托邦的元素将永远与科学社会主义并存。社会主义作为一门科学，将如同新知识一样不断发展，摆脱旧的提法，并赋予新的思想。

在广泛引进社会主义思想的事业中，共产党的思想教育活动，党和党领导在劳动人民群众以及与科学的千丝万缕的联系中发挥了重要的作用。现实一次又一次地证明，普遍真理应该考虑时间、地点和历史特点，不断适应和变革，这点在《共产党宣言》中早已阐明。

苏联和社会主义体系的瓦解，我再一次重复，并不意味着马克思列宁主义和科学社会主义理论的崩溃，它只是被证实已经过时和缺乏生命力。苏联解体首先是由于他的领导战略出现了重大失误，脱离了广大人民群众，甚至是由直接的背叛及党内许多高级领导人的堕落造成的。马克思主义的科学思想是有生命力的，这在当今的现实中也得到了证实，首屈一指的就是中国、越南和古巴的成就。社会主义思想依旧是亚洲、拉丁美洲和欧洲近20亿人的理想和目标。

至于说到马克思主义的中国化，这不仅仅考虑了中国特色，还包括历史文化特点，但社会主义思想和价值在劳动人民群众中的推广却能与日常实践相结合。这就是现如今很时髦的，被称之为"中国模式"和"北京共识"。

那究竟什么是社会主义？如何建设社会主义呢？在每一次历史急剧的转变中，这些问题都必然获得新的含义，在实现新社会思想的斗争中，要求制定新的战略战术。

认清"文化大革命"的教训，制定国家复兴的方针，实现长期改革开放政策，是摆在中国共产党和领导人面前的任务，还有一系列新的亟待解决的综合问题，要求在理论和政治实践中给出明确的答复。必须回答的问题包括：中国向何处走？在中国共产党领导下要将中国建设成一个什么样的社会？

中共中央的领导对这些问题可以给出明确和十分有说服力的回答，但在此之前付出了许多心血，为"解放思想"进行了长期斗争，学习了马克思主义理论并认识到"实践是检验真理的唯一标准"这一中心思想。在1978年12月召开的中国中央第十一届三中全会的文件，包括在中共领导人之后的讲话和全会的决议中，都坚定明确地强调，中国除了建设有中国特色的社会主义国家，没有其他的路。中国目前还处在而且将长期处在社会主义建设的初级阶段。

在中共中央十一届三中全会召开不久前，邓小平曾发表讲话，提出"解放思想、实事求是、团结一致向前看"。为了向前看，邓小平强调说，需要及时了解新环境，解决新问题。当时制定了"四个基本原则"，是中国共产党战略和政治路线的精髓。邓小平在1979年3月30日曾提出四项基本原则，坚持社会主义道路，坚持人民民主专政，坚持共产党的领导，坚持马列主义、毛泽东思想。邓小平特别强调，坚持四项基本原则是实现四个现代化的根本前提。

实行改革开放的政策导致中国社会形成了混合经济，及社会分层的复杂社会过程。新的社会和经济形势变复杂后，要求发展党的建设理论和实践不断更新，制定发挥共产党领导作用的新形式。

推出"三个代表"重要思想是中国共产党面对新挑战的回应。"三个代表"重要思想是在 2001 年中共庆祝建党 80 周年时，在中共中央江泽民总书记的讲话中首次提出的，之后在中共十六大和十七大的决议中得到了确认。中共"三个代表"重要思想的核心是通过最大限度地发展生产力、先进文化，提高人民生活水平，在物质、文化和思想精神领域发挥中国特色社会主义的优势，实现现代化和国家复兴的根本任务。"三个代表"的内涵在某些方面与孙中山先生提出的"三民主义"有一定的相似之处，这个理论的诞生，是一个很重要的信号。中国共产党不再仅仅是工人阶级和农民阶级的利益代表者，而是全体中国人民和整个中华民族的利益代表者和保护者。

未来中国共产党所面临的问题包括：中国综合国力的提升、经济的全面提高、生产关系特别是分配关系的复杂化，还有经济实力增长方式的问题，经济发展不能依靠生产规模的增长，而应该是最大限度满足社会和国民的社会需求。在中国十七大的准备过程中，以胡锦涛总书记为核心的第四代中共领导集体提出了完整的新理论思想体系和政治方针，其核心就是新的科学发展观。

胡锦涛在中共十七大的讲话中指出："中国的发展，不仅要使中国人民稳定地走上富裕安康的广阔道路，而且为世界经济发展和人类文明进步做出了重大贡献。"谈到确立科学发展观的条件时，胡锦涛强调："科学发展观，第一要义是发展，核心是以人为本，基本要求是全面协调可持续，根本方法是统筹兼顾。"在政治方面，新的科学发展观就中国发展内部过程而言，体现在构建和谐社会的口号中，而在对外政治上，则体现在国际关系的和谐理念上。科学发展观是一次全新的理论和实践尝试，它的意义非常重大，我希望中国能够很好地贯彻这个新的发展理论，为中国，也为全世界做出更大的贡献。

从现代条件下了解中国经验的国际意义来看，我想谈谈外界，包括俄罗斯在内对某些方面的看法，像中国的改革开放政策，有效改进党的战略方针的例子，以及国家如何适应快速变化的世界和应对内外部的挑战。我认为，在研究这项政策成功的原因以及对中国国际威望提高的影响时，应该对以下几点特别注意：

8200 万中共党员是主要的政治动力，也是中国统一稳定和社会主义坚定目的性的核心。当然，国内还未完全实际建成社会主义公平社会的物质前提，即在经济、社会和文化思想意识形态方面。然而中国共产党一贯坚定宣称自己纲领性的目标就是要建设中国式的社会主义。中国的理论家将此未来社会称为具有中国特色的社会主义。但遗憾的是，国外许多分析家不愿意承认这个说法，仅在谈到涉及各种"极权政治"和"民主模式"等论题的时候才偶尔提到中国共产党。

邓小平之后当今的中国共产党领导人没有推动思想意识形态同盟的历史进程。跟随马克思主义古典主义者之后，他们声明，在生产力高度发展的基础上，在最先进的科学技术成果和生产水平的基础上，在全民文化达到高水平及民族自治和民主全面发展的基础上，才能建成社会主义公平社会。

尽管所有上述的前提都还处在萌芽状态，但中国领导人依旧保持既定的目标，作为思想动员进行社会主义建设。在具体政策中遵循务实的态度，采用趋同的方法，在国家公有制主导下建立混合制社会的经济基础。守卫社会主义理想的权威，考虑到社会主义建设初期固有的社会主义关系的不完善性，在中国经常使用"小康"这个委婉语，即建设小康社会，如同社会主义初级阶段的同义词。

就本质而言，这种实践是中国化理论的典型例子，似乎是在道教的辩证法本性中结合了两个不可结合的元素"合二而一"，即趋同结合了资本主义和社会主义两个元素。

不少国外的，包括俄罗斯的政治学家忽略了中国共产党政治战略的这个特征和中国理论家的思考方式和自己的辩证法。他们利用媒体上时事和当今政治的实例断然确定中国是在建设资本主义类型的发达市场经济。这被描述成是社会主义理想和实践崩溃的证明。当然，从时事解释的角度而言，这些中国共产党实践中若干个方面的见解具有一定的根据，因为其市场机制的相似性以及中国经济与西方发达国家经济间具有紧密的经济往来。但从认识中共实行的战略角度而言，这种结论显然是仓促和不正确的。这是我想指出的第一点，有关当今世界对中国经验的社会政治定位。

接下来，想说一下中国取得的巨大成就，特别是近 30 年来的成就。一方面，中国吸引了全球的关注，在中国人民的广大阶层中出现了为祖国自豪这种正当的感觉。由于从 19 世纪中叶到 20 世纪末，中国一直遭受来自西方发达强国和日本的屈辱和歧视，在一部分中国人中间，特别是年轻人阶层和知识分子界，伴随着爱国主义的增长有时出现了远超乎于爱国主义界限的情绪。他们对中国的国际地位和影响及对世界政治的影响力表现出过高的评价。对美国霸权主义的评判和不接受美国以武力和自命为世界领袖的姿态操控时局，毫不客气地干涉别国内政，将自己的价值观强加于人等，与这些声明相应提出，中国才更配领导这个世界。不应仅通过经济手段，还应用"剑"在世界和争夺资源和销售市场的斗争中维护自己的利益（见《中国不高兴》）。

当然，这种激进的观点只代表一部分年轻的知识分子，原则上不同于政治和新闻，有别于国家领导人和中国共产党官方的声明。

官方的声明本质上非常谦虚、谨慎，且经过深思熟虑。其中着重指出，绝对巨大的数字证实了中国在经济、金融、宇宙开发、国家工业化和现代化领域整体上取得的巨大成就，但应当对比国家近 14 亿的巨大人口基数来评价。中国领导人坚持，中国是发展中国家内相对发达的国家，也就是说，依旧属于第三世界国家。

中共中央和中国政府官方的文件一贯号召将重点集中到解决发展本国经济和社会的系列综合问题上，包括克服沿海发达地区和内地的巨大差距的问题，缩小已濒临危险的不断加大的相对少部分较窄阶层的实业家和当权精英的收入水平差距问题，以及城市普通百姓与大多数农民在生活质量与社会保障方面的水平差距问题。由此可见，中国领导层充分意识到，过度追求强国之说，且若中国在解决国际问题中付出巨大努力，这些都将不合理地转移自己应着力解决内部许多极其尖锐迫切问题的大部分精力和物质资源。正因如此，强调要优先注重解决国家发展的内部问题，维护中国在国际舞台的民族利益，这是现代中国总战略方针的突出特点。

接下来，我们谈谈第四个问题。俄罗斯和中国都是多民族的国家，在这种情况下，执政的共产党该以什么样的方法解决多民族国家各民族间的关系？

俄国十月社会主义革命胜利后，根据俄共（布）提出的民族自决权原则，先后成立了俄罗斯联邦、乌克兰、白俄罗斯、阿塞拜疆、亚美尼亚和格鲁吉亚等苏维埃共和国。1922 年 12 月 30 日，俄罗斯联邦、乌克兰、白俄罗斯和外高加索联邦（1922 年 3 月由格鲁吉亚、阿塞拜疆和亚美尼亚 3 个共和国组成）四个苏维埃社会主义共和国联合组成苏维埃社会主义共和国联盟。在苏联成立之初，列宁采取的是联邦式的组成模式，根据当时的宪法规定，每一个加盟共和国都有自己独立的政治地位，有一定的独立外交权和自己的权力行使机关，甚至保留了自由退出苏联的权力。后来，在戈尔巴乔夫"民主化、公开性、多元化"的改革下，1990 年，立陶宛、爱沙尼亚和拉脱维亚三个波罗的海国家率先宣布独立，而苏联其他各加盟共和国的离心倾向也因此迅速增强。在 1991 年 3 月有九个加盟共和国举行了一次旨在调查起草新工作条约意向的公民投票。在这所有的九个共和国中，有76%的选民支持维持联邦制度，占大多数。反对派票数最多的城市为彼得格勒和莫斯科，反对派票数最多的加盟共和国为俄罗斯。然而苏联其他的六个共和国已经逐步走向独立，抵制了这次公民投票。

为了保住苏联的完整性，1991年5月，苏联总统戈尔巴乔夫与十五个加盟共和国首脑达成协议，同意组成"新苏联"。1991年8月14日苏联政府公布了新联盟条约文本，签署工作预定在8月20日开始。条约自签字之日起生效，这意味着1922年列宁制定的联盟条约失效了。依据新条约的规定，苏维埃社会主义共和国联盟将改名为"苏维埃主权共和国联盟"，简称仍为苏联。新条约同时规定，"苏联为平等共和国联合组成的联邦制主权民主国家"，"缔约的每个共和国均为主权国家"。由于新联盟条约使得苏联各共和国主权独立，苏联实际上由实质上的联邦转变为邦联。到这一步，苏联实际上已经解体了。

1949年，新中国刚刚成立，历史即将掀开崭新的一页，然而此前的中国一直受到苏联的支援和影响，在国家建构方面接近于苏联模式，同时也受制于苏联。1950年，毛泽东来到莫斯科给斯大林祝寿，其实主要是想签订中苏友好合作互助条约，废除雅尔塔会议上苏联和美国强加给中国的协议，为新中国建设营造一个良好的环境。毛泽东成功了。这个成功也体现了毛泽东在处理国际主义与爱国主义的关系时所表现出来的冷静与深思熟虑，这不但是国与国之间的关系，还与共产党制定建设社会主义方针政策有密切的联系。中国共产党这点做得很好。在很长一段时间内，其他社会主义国家的领导人都没有处理好这两个主义的关系，他们过分相信马克思所说的"全世界无产者联合起来"的国际共产主义思想。中国却注意把马克思主义的普遍真理与中国具体实际相结合，走上了一条独立自主的发展道路。

在如何处理民族关系的经验方面，俄罗斯有很好的想法——欧亚主义思想。这个思想的重要原则就是每一个民族文化，无论这个民族的大小如何，无论这种文化的内涵如何，这种文化都有其独特的一面，都不可缺少。一个多民族国家的文化，就像一个盛大的交响乐团，里面有演奏小提琴的，有演奏大提琴的，有吹号的，有吹萨克斯的，每一种文化都在这个交响乐团中扮演着自己不可代替的角色，少了其中一个，就不能演奏出一首完整的好曲子。这是俄罗斯与西方国家原则性的不同之处。俄罗斯的125个民族，都有自己的文化，自己的语言，自己的生活习惯，总之，这些民族特色都得到了相应的尊重和保护。西方发达国家面临着文化危机，在他们的眼中，土耳其人、阿拉伯人、非洲人没有真正的文化，所以他们想方设法让其他的民族接受自己的文化逻辑，不消说，西方的这种做法是不道德的，也是不科学的。中国有 5000 千年的发展历史，在这漫长的历史长河中，中国在各方面都取了辉煌的成就，绚丽的中国文化也在这个过程中得到酝酿和发展。2009 年，我主持编写了《中国精神文化百科全书》，对此深有体会，尽管花了大量的篇幅，我依然感觉意犹未尽。这本书的出版得到了中国领导人的认可和肯定，我因此还获得了一些不错的奖项。在这里，我要感谢中国社科院的一些同事们，他们为这本书的出版帮了很多忙。从俄罗斯政府支持我们出版这本书可以看出来，俄罗斯尊重中国的文化，并且希望从中国文化中汲取治理国家的力量。

现在讲一些关于未来的问题。

分阶段实现国家和平发展战略目标和一贯坚持经济改革和开放政策，符合新科学发展观的本质。依据许多国内外客观分析家的观点，中国在 2050 年前将实现社会经济领域伟大的战略任务，即全面实现社会主义现代化。

要将国家变成一个物质文明、政治文明和精神文明高度发达的现代强国，为过渡到高度全面发达的有中国特色社会主义阶段，中国将创造充分的物质和精神基础，即将中国建设成一个物质文明、精神文明和政治文明高度发达的和谐社会。

上述的逻辑观点使我们了解到中国在解决国家民主革命任务和国家和平发展及建设和谐社会方面的经验，即建设有中国特色社会主义对于中国和世界未来社会主义的命运都有重要的意义。

中国共产党 90 年历史经验和她孜孜不倦为人民服务事业所呈现的丰富而多结构的特性包含了反对内部反动势力和外部力量间谍的武装斗争、政治斗争和其他形式斗争的经验，以及反抗日本帝国主义侵略的经验，还有在政治、思想意识形态和社会范畴内为解决国内经济建设复杂问题的各种形式的斗争和实际行动的经验，以及提高人民生活水平和发展民族文化与构建社会主义的经验。

20 世纪 30 年代中国共产党人对现代马克思主义理论的巨大投入是将爱国主义思想和民族独立斗争与国际主义信念相结合的结果，是马克思列宁主义与中国具体实践和中国化的结合，是革命理论和科学社会主义观的结合。马克思主义思想，其中包括卡尔·马克思在《共产党宣言》的中心思想，即"工人没有祖国"，事实证明是不成熟的。实践表明，维护民族平等、爱国主义思想和民族国家主权具有特别的生命力和重要性。

现在谈谈国家和国际的关系。1921 年建立苏联时，上层不仅赋予俄罗斯民族边境地区民族文化教育自治权，还赋予他们充分的自决权，直至从俄罗斯分离出去为止。在这种情况下，生活在这个地区的其他民族的几百万群众的利益，以国际化名义不会受到关注。

毛泽东和其他中国领导人在对待苏联提出的关于中国国家建设模式的建议非常谨慎。他们拒绝了按照苏联的样子建立联邦制国家，建立了单一的中央集权制国家，使非汉族的少数民族在统一国家的范围内有充分的民族和文化自主权。中国共产党和她的领导人在尖锐的内外部斗争过程中，总结出了将马克思列宁主义的普遍真理和建设有中国特色社会主义国际经验相结合的必要性，继而提出了关于马克思主义中国化和建设社会主义实践中国化的论题，推出了中国特色社会主义的观点。苏联历经 70 年后解体，她的存在历史表明，以牺牲自己人民的利益为代价，过分强调国际主义因素是具有片面性且不合时宜的。

中国共产党人令人信服地表明了对列宁思想的深刻理解和创造性的发展，即成为社会主义革命者和拥护者或者是共产主义者是远远不够的，而是应该在每一刻都能够找到全局的重点环节并应全力抓住，目的是把握全局并能平稳过渡到下一个环节。正是由于正确地将社会主义一般理论与实践相结合，一开始与国家民主结合，后来与中国的社会主义革命相结合，马克思主义中国化才确保了中国共产党的成功和胜利。

应该指出的是，正是由于在抗战激战时期，当中国面临生死存亡的尖锐问题时，中国共产党领导人提出了结合爱国主义和国际主义的明确观点。在1938 年召开的中共中央六届六次全会上，毛泽东在讲话中指出："中国共产党人应该将爱国主义和国际主义相结合……中国的胜利以及击溃入侵中国的帝国主义者将有助于其他国家的人民……因此，爱国主义就是国际主义在民族解放战争中的实践。"在阐述这个观点的时候，他说："现代中国是中国过去发展的产物。我们是马克思主义历史方法论的拥护者，我们不能回避自己过去的历史，我们应该总结过去从孔夫子到孙中山的所有历史，并从中汲取宝贵的历史遗产。这将对领导现在的伟大运动有很大的帮助。共产党人是国际主义理论——马克思主义的拥护者，不过只有考虑我们国家的具体特点，通过一定的国家形式才能将马克思主义应用于实践。"为了脱离民族主义偏见的猜疑，还需要不少的时间。

　　世界社会主义体制在欧洲瓦解的惨痛教训，以及苏联解体和国际共产主义运动和工人运动受挫一方面，是在中国共产党领导下所取得的改革开放政策的巨大成功，另一方面，则通过现实呈现出相反的一面。在爱国主义和国际主义结合的争论中究竟谁才是正确的，近百年的历史事件表明，劳动者，包括无产阶级和工人阶级，在革命进程中和胜利后都绝对不能疏远自己的祖国，自己的民族文化和传统，革命共产党执政后不能忽视国家利益和文化民族特色及人民的爱国情怀，她将在建设新社会的道路上不断指引着我们。

　　在社会主义口号旗帜下的革命胜利，建立新政权和新国家，这是新目标的胜利，接下来要构建新社会主义社会的政治制度、社会制度和国家制度，但在自身社会经济和文化基础方面，该社会还远不是完整的社会主义。这是一个过渡社会，通常都是混合经济，既包括以往的资本主义要素，也包括新的社会主义要素。

　　这个过渡的初始阶段，正如前苏联和中国实践的那样，要占据十分漫长的周期，在这个阶段对社会主义成熟与否下定义都是不合时宜的。尝试是人为的，通过政治运动和意识形态来鞭策历史和社会发展，忽视经济增长面临的实际问题，还有劳动者文化水平、意识水平和政治文化水平，突然转变其发展的自然阶段，将产生严重的后果。以邓小平为核心的第二代领导人和以江泽民为核心的第三代领导人，还有以胡锦涛为核心的第四代领导人，他们的卓越功绩，我认为：首先，是他们推动了和正在推动切合实际的有根据的就建设新社会和国家复兴及建设现代化方面的政治纲领。

　　30多年间，中国共产党在理论工作中取得了很大的突破。通过群众日常实践检验的理论成了和平崛起和国家高速发展（9%~10%）中巨大成就的基础。在执行国家政策、解决祖国统一问题中也取得了划时代的正面结果。这些都保证了中国的民族团结和政治稳定。中国在国际舞台的威望也空前高涨。

　　中国共产党深思熟虑的、有远见的且切合实际的内部政策，结合开放政策和与世界各国展开多元合作发展，一贯坚定不移地实行独立自主的外交政策，使中国有效地融入了全球化的过程，为国家顺利和平崛起创造了非常有利的国际环境。

　　中国创造了不同社会政治体系国家间关系的新模式，在这种关系中不仅赋予了和平共存的特征，还赋予了相互有利、相互依存、平等合作发展，甚至是战略协同的特性。目前中国实行的经济改革和开放政策，按照邓小平的话说，是在中国的一场新革命。

总之，中国共产党 90 年积累的丰富经验不仅具有本国的意义，更具有国际意义，特别是对于那些过去的殖民地国家，目前正在努力实现国家社会现代化和建设现代文明。在寻找深入民族的国家现代化道路中，中国的经验既丰富又有价值。

当我们提及 150 多年的科学社会主义的历史，社会主义一般科学理论的起点定为马克思和恩格斯所撰《共产党宣言》的出版年份，即 1848 年。

马克思主义从一开始就尖锐地提出了要将社会主义和共产主义思想从乌托邦和剥削阶级代表的思想意识形态操控范畴变成科学理论的任务，这种理论应该在劳动者总结和了解实际的社会实践和社会生产力发展需求的基础上不断发展和充实。

理论落后于实践，即考虑到不断变化的全球形势，认识实践的过程落后于社会发展的新阶段，将导致社会发展的停滞，妨碍新社会建设的目标设定，出现社会危机。20 世纪的历史和一些前社会主义国家或认为自己是社会主义的国家为此提供了不少例证。

事实表明，《共产党宣言》中所述的"共产主义的幽灵"具有独特的辩证法，有很大的改变潜力：从"幽灵"变成科学理论和领导政党的行动，社会主义变成改革和群众创造性活动的巨大动力。但如果理论变成了教条并脱离了现实的实践，不再有在认识和总结建设新经验基础上产生的新思想来充实和滋养，那社会主义思想本身就会僵化，有可能重新变成某些骷髅或者着魔的"共产主义幽灵"，批判各种非科学的社会主义的形式，马克思和恩格斯说："批判乌托邦式社会主义和共产主义的意义在于其有悖于历史发展。"

总结中国从 1949～1979 年这 30 年社会主义建设的初始经验和随后深度的经济改革开放政策的实践，以及世界社会主义经历的危机，经济全球化深化的过程和中国共产党提出的新理论原理和结论的整个体系，这不仅是对马克思列宁主义现代理论创造性的贡献，还从本质上，在全球化的环境下，以及苏联东欧大多数国家和蒙古脱离社会主义，还有国际共产主义运动和工人运动受挫的环境下，开始从整体上重新思考建设的现代理论与实践。

苏联和世界社会主义体系解体后，中国共产党人在某种意义上处在与苏联"二战"前类似状态的形势中。那个时候，众所周知，苏联在独立占领国家的环境下完成了建设新社会的任务，苏联处于不同社会制度国家的包围中，而且这些国家中的许多人对苏联怀着非常不友好的意图，并与他们进行了一场激烈的斗争。因此为了发展和建设，对外政治的任务就是建立有利的和平

国际环境，这对中国具有特别的划时代的现实意义。与苏联时期不同的是，中国在最近 30 年间已经成功地创造了合作、和平竞争和相互依存的有利氛围。中共中央领导人制定的在和平共处原则基础上独立自主的对外政策，不加入强国联盟，开放政策与所有国家合作发展，拒绝霸权主义，坚决推进和谐国际关系的方针，所有这些都引起了国际社会对中国的尊重，促进了中国国际威望的提升。

　　为完成统一祖国的历史任务，中国共产党的领导人提出了敢于创新的"一国两制"新方针，这一方针的执行解决了香港、澳门回归祖国怀抱的问题，还推动了与台湾的建设性对话和合作。在这一点上，我们再次看到了道教原理"合二而一"的实际应用。

　　实事求是地评价苏联解体后的形势，中国对俄罗斯和对从苏联独立出来的其他国家的关系采取了积极建设性的态度。至于涉及 20 世纪 90 年代中期开始的俄中关系，取得了特别富有成效的发展，成为与不同政治体制国家关系的典范。俄罗斯和中国通过共同努力，将相互关系达到了战略合作伙伴关系的水平，它是 2001 年 7 月 16 日在莫斯科签署的两国睦邻友好合作条约的牢固的法律基础。

　　正如我所说的，俄罗斯作为伙伴，理解并尊重地对待中国在解决自己内部问题上的尝试，以及在平等互利的基础上努力协助实现中国和平发展的方针。中国对俄罗斯也遵循相同的路线。

　　俄中关系和两国领导人在政治方面的相互理解要达到最高水平的重要前提，首先是双方互不干涉内政，相互尊重对方的选择，如果将此视为长期因素，作为相互尊重政策制定的方法论基础，那么可以大胆地预测俄中关系发展的前景良好。建立在这种相互理解基础上的关系具有协同的特征，可创造经济共同繁荣、共同发展的条件，以及在解决这样或那样问题的效率上创造独特的竞争条件。从我的观点看，俄中未来关系最大的危险将来源于不能正确认识中国国际影响力的提高，而将其作为俄罗斯利益的威胁和反制力量。俄罗斯和中国许多世纪以来存在的经验表明，这两个国家如同伙伴一样相互需要，他们的相互合作和睦邻友好是领土和国家主权完整的相互保证。坚决原则遵守 2001 年 7 月 16 日签署的《俄中睦邻友好合作条约》的精神和字面意义，这不仅符合两个国家和人民的长期根本利益，也是和平安全的保证，不仅是地区和平安全，还是全球意义上和平安全的保证因素。

　　我讲这么多，也是在告诉大家，俄罗斯的汉学界、学术界以及社会各界对中国的发展经验和中国的文化都非常重视。并且，我们认为，中国和俄罗斯都是在国际上很重要的两个大国，中俄两国的政策、中俄两国之间的关系、中俄两国的战略方针对全世界的影响举足轻重。只要中国和俄罗斯共同努力，共同进步，不只是造福中俄两国的大事，同时也在为世界人民的未来谋福祉。谢谢。

主持人（黄晓勇）：刚才季塔连科先生就苏联解体的背景、原因、教训以及其他的一些相关问题进行了一个非常好的分析，并且十分恰当地将之表达出来。他刚才谈到，中国特色的社会主义有没有未来的问题，可以从研究苏联解体的种种成果中来寻找答案。美国有一个非常著名的汉学教授，开始是学社会学的。他的导师和他说："你想要研究美国的社会，那你就要先到其他的国家去观察比较，这样你才能知道美国是一个什么样的社会。"于是，这个教授去了日本，并且在日本作了很长时间的研究。1976年，他出了一本书，写到了日本自1953年经济腾飞直到1973年遭遇经济危机的这段期间，日本所取得的巨大成就。这本书当年影响巨大。从这可以看出，社会研究方法非常重要，你想要研究自己国家的社会，先要看看别的国家的社会形态如何。有比较，才能有发现。中国通过从苏联解体的历史事件中汲取教训为我所用，也是一个很好的研究方法。希望同学们在做学术研究的同时，也要注意挑选合适的研究方法。季塔连科先生的讲座非常的精彩，接下来，大家有什么问题可以当面请教季塔连科先生。

学生甲：谢谢季塔连科先生精彩的演讲。我有两个问题，第一，社会主义作为一个思想体系和资本主义作为一个思想体系，这两者的区别在什么地方？社会主义的核心价值在哪里？第二，您作为一位普通的俄罗斯公民，如果让您选择，您是愿意选择生活在苏联时代，还是愿意选择生活在现在的俄罗斯？为什么？

季塔连科（俄中友协主席、俄罗斯科学院院士）：还有什么问题，请一起提出来，之后我一并回答。

学生乙：季塔连科先生，您好！我提的问题非常简单，您能不能稍微谈一谈，当年的苏共是怎样反腐败的？

学生丙：季塔连科先生，您好！我的问题有两个，一是苏联解体最根本的原因是什么？二是据说您1958年的时候去河北锻炼，其实就是劳动改造，您如何看待知识分子接受劳动改造这个事情？谢谢。

学生丁：您好！我的问题是，苏联 15 个加盟共和国中坚持社会主义的政党会有怎样的未来？他们是否有参与竞选而重新执政的可能性？请您分析一下。

学生戊：季塔连科先生做了一堂非常精彩的演讲，同学们刚才提的问题角度都很好。我这里也有个问题，您认为处理好中印俄三国之间的关系非常重要，那请问，未来中美之间的战略关系会有怎样的变化？

学生己：您好！谈到苏联解体的原因时，很多人将之归结于社会主义体制的问题，而事实上，社会主义也是通过国家的整体建构才能发挥作用，国家才是将各种意识形态理论实践化的重要载体。我现在的疑惑在于苏联解体究竟是社会主义理论体系出了问题，还是苏联的国家建构存在问题？

季塔连科：我们常常谈到，社会主义的价值观较之于资本主义的价值观优越性在哪儿。其实区别很简单，社会主义的优越性体现在它关注的是全人类的幸福，而不是某些人或者小部分特殊人的幸福。马克思在《共产党宣言》的最后曾呼吁全世界无产者联合起来，这是一种非常宽广的胸怀。适逢经济危机，很多资本主义国家的人们开始反思，为什么一定会发生经济危机，关于这个问题，马克思在他的巨著《资本论》中写下了最好的答案。社会主义国家的对外关系是和谐、和平、互惠互利的，本国的经济发展不是建立在对其他国家的盘剥之上，资本主义的经济是如何崛起的，我相信大家都很清楚，不必多说。这两点就是社会主义和资本主义的最大区别。至于对苏联的感情，这是一个复杂的问题，想法因人而异，有的怀念，有的庆幸，有的认为事不关己。无论怎样，苏联的解体是既成事实，无法改变，而且永远也没有机会再回到过去。我想说的是，苏联解体后，很多原来加盟共和国的老百姓生活得非常不好。1991 年，苏联解体时，想到海外定居的俄罗斯居民只占到全国人口的 5%，现在则增加了 3 倍。苏联时期，所有国家内没有特别穷的家庭，家家户户都具备家庭生活的主要设施。苏联时期加盟共和国中最发达的共和国，比如说乌克兰，那时的生活水平比俄罗斯要高，时隔多年，现在这些国家的人们要到俄罗斯找工作，在莫斯科城市中生活的穷人绝大部分都是这些人，境况十分糟糕。即使是俄罗斯本国，生活水平相较于苏联时期同样急剧下降。不只经济下滑，到现在为止，俄罗斯各方面的发展，比如说科技、文化、艺术也均不及苏联时期。所以说，苏联解体对俄罗斯及诸多加盟国的破坏性比希特勒对苏联的破坏性还要大。

苏联解体后，社会主义运动和共产主义运动依然在以前的国家进行，但无论是规模，还是影响力都大不如前了。俄共现在面临的一个非常严重的问题，是党员人数锐减的问题。苏联解体时，俄罗斯有共产党员 180 万，1993 年 3 月，俄共在司法部重新注册时，注册党员人数降为 50 万，而现在仅仅只有 10 多万，分布在全国 1.47 万个基层及 2400 个地方分部之中。而且更让人担心的是，在这些党员中，48% 的党员在 60 岁以上，43% 的党员在 30～60 岁之间。只有 7% 的党员小于 30 岁，全党平均年龄为 58 岁。随着俄罗斯经济的连续增长、人民生活水平的提高，俄共赖以生存的社会底层的群众基础日渐减少，加上普京总统上台之后，俄罗斯的国际地位日升，一种"俄罗斯再也不能回到过去"的观点逐渐成为俄罗斯普通民众的认识，俄共在政坛上的影响力也开始显现下降的趋势。另外，在白俄罗斯和乌克兰还有共产党组织存在，在中亚一些共和国没有共产党，格鲁吉亚本来有共产党，解体后共产党组织也随之消亡了。还有一个让人担忧的现实，俄罗斯的共产主义运动现在是分裂的，2004 年 7 月 3 日，莫斯科举行了两个俄共第十次代表大会，标志着俄罗斯共产党的正式分裂，吉洪诺夫另立山头，与久加诺夫分道扬镳。俄共面临着消亡甚至被其他大党吞并的危险。究其原因，苏联的继承国俄罗斯的社会、政治、经济制度都发生了根本的转变，实行民主政治，私有制为主体的多种经济成分的混合经济。而俄共领导没有及时、充分地认识到这种转变给俄共带来的新挑战，没有彻底分析清楚这种转变的主客观原因，而把它简单地归咎于戈尔巴乔夫的背叛和叶利钦的反人民政权。这种顽固的观念阻碍苏共与时俱进，一直未能制定出具有广泛号召力的改革方案和切实可行的促进国家发展的行动纲领。不仅逐渐失去人民的支持，内部也因为各种矛盾而产生了分裂。

刚才我谈到苏联解体的原因有很多，但是无论怎样，也不能得出结论说苏联解体是必然的结果。应该说，这是一个很多不利条件同时出现、综合作用的历史悲剧，而这些不利条件中，影响最坏的是苏联的党和国家领导人逐渐腐化，这是我们常说的内因。还有不得不说的是，外部的因素同样不可忽视。那个时候，莫斯科人们总能听到美国的两个广播电视台，每天 24 小时不间断地向俄罗斯人民灌输俄罗斯社会和政府诸多不好的信息。内部的腐化，加之外部的舆论攻击，让俄罗斯人民对苏共及政府日益失去信心，瓦解了苏共及政府的统治基础，大大动摇了苏共继续执政的合法性。

关于如何看待中国知识分子接受劳动改造的历史，我想说的是，尽管每个国家的情况不一样，但是每一个国家的知识分子都有一定的社会特权，知识从某种程度上讲也是一种权力的象征。毛主席当初实行知识分子上山下乡改造运动，就是看到了知识分子的这种特权，他很担心这种权力会脱离劳动群众，危害党和国家的整体利益，所以他才发起这场旨在让知识分子接受劳动改造以密切阶层关系的社会运动。我对那时下乡接受锻炼的时光印象深刻，至今难忘。中国的农民对我非常友好，也非常关心我，照顾我，我很感谢他们的朴实和热情。1958 年的经历让我更好地了解了中国百姓的善良和勤劳。

苏联解体其实和某些知识分子的破坏性也是分不开的，他们脱离了群众，以一己私利代替国家利益和人民利益，推动了苏联的解体。在斯大林时代，知识分子因为政治压力，与群众保持着密切的联系。斯大林之后，自由化现象加剧，知识分子的权力逐渐生长，逐渐扩张的权力成为知识分子们为自己服务的工具。但由于当时苏联的国内环境相对简单，压缩了知识分子的自由化空间，同时也限制了他们的权力欲望的膨胀，于是他们把目光瞄向了国外，并希望通过推动苏联解体来获得所谓的解放。这样的例子举不胜举，曾经轰动一时至今仍左右俄罗斯时局的俄罗斯寡头政治的来源即和这些人有很大的关系，他们通过各种手段推动苏联的解体并支持新政权的建立，作为回报，他们垄断了俄罗斯更多的资源，获得了更大的特权，成为名副其实的特权阶层。社科院有一个关于苏共亡党的课题，对此有非常深刻的分析，大家看一看就能够理解我说的这些话。不仅仅俄罗斯如此，其他的加盟共和国和苏联一样，那些从苏联体制中退化出来的特权大佬们继续把持着国家的各种命脉，危害着国家和人民的利益。

刚才有同学问我中国和印度的关系。要说明的是，中印之间的关系现在其实处理得很好，中印之间的贸易额比中俄之间还要多，并且关于边境问题的谈判方式也比较温和，中国的外交策略是成功的。由于中国坚持独立自主的外交政策，美国不得不正视中国这个不断崛起的发展中大国。但是美国国内对待中国的态度是非常不一致的，各有各的考虑和观点，不过有一点是可以肯定的，那就是美国的经济想要平稳健康的发展就不得不和中国展开多方合作。全球化为中国发展提供了很好的机遇，中国抓住这个难得的机会大力发展自己的经济，中国人民的购买力越来越强。拥有十亿多人口的中国市场对美国来说是一个巨大的消费市场和巨大的劳动力供应市场，美国不仅需要中国廉价的劳动力为其降低生产成本以制造更多富有竞争力的工业品，同时也需要中国这个巨大的消费市场为其消化过剩的工业生产能力。中国的这个潜力对中美两国的关系有非常实用的调节能力，美国对中国的依赖不断加强，这就意味着中国同美国关系恶化的可能性大大降低。从这点说，中美关系短时间内是不会有大问题的。实际上，中美关系的稳定友好对俄罗斯来说未必是件好事，这是实话。但是，希望大家对中美关系不要太过乐观，美国在中国周边布置大量的军事基地，在朝鲜问题上从中作梗，加强对韩国的控制以便对抗朝鲜，这些行为显然不是一时的心血来潮，而是针对中国采取的战略行动，中国应对此保持足够的警惕。而将来中美关系会何去何从，还有待进一步的讨论。

再有一个问题就是，在建设社会主义的过程中，党和国家的关系应该怎样处理？在马克思列宁主义初期关于社会主义建设的理论中，国家应该被消灭，而且也没有对党和国家的关系作出具体的阐述。可是"十月革命"胜利以后，列宁就认识到在一个经济、文化、政治、军事均较为落后的国家里，应该有一个组织机器，组织和带领人民走向一个比资本主义生产力更高和经济更发达的社会主义社会。这个组织肩负重任，应该高度团结，并且组织成员的觉悟都非常高。但是在这种落后国家，往往找不到这样的组织，所以只好由国家代替。国家代行了一切组织的职能，社会团体的成长受阻，社会力量始终无法强大到可以与国家抗衡。中国曾一度面临这样的状况，中共是唯一具有权力的政党。国外的反华势力经常会因为这点攻击中国，指责中国走的集权式的党国体制。大家现在很喜欢谈民主，但民主也不是一个空洞的概念，而是与一个国家的历史、文化、发展水平和政治经济制度分不开的，是一个实实在在的概念。一谈到民主，我们就会想起美国，可是你们不知道30年以前的美国和现在的美国完全不一样。那个时候，美国的人权状况其实很不好，美国黑人一直备受歧视，这种状况直到现在也没有得到彻底解决。所以民主不是用文字和口号堆砌出来的，而是需要付出许许多多实实在在的努力。如果这个国家不能保证人民的健康，不能保证人民的教育，不能保证人民的生活水平，而去空谈什么民主，去花掉不必要的精力做一些民主的表面文章，这个国家是没有未来的。大家还有什么问题吗……那就暂时说到这，谢谢大家。

主持人（黄晓勇）：季塔连科先生经历了除列宁以外的所有领导人在任的

时期，有斯大林、赫鲁晓夫、马林科夫、勃列日涅夫、安德罗波夫、契尔年科、戈尔巴乔夫七位主席，接下来又是叶利钦、普京和梅德韦杰夫三位俄罗斯总统，可谓是两大时期的见证人。这样的经历加之自己长期的观察和思考，对苏联解体和中国今后的发展作出了精辟而深刻的分析，他的论述过程充满说服力。

让我们再次以热烈的掌声感谢季塔连科先生！下面请学生代表向季塔连科先生献花。

（录音整理：黎越亚；初稿整理：蒋菁）

金融危机大背景下的中国与世界

唐双宁

主持人　黄晓勇（中国社会科学院研究生院党委书记）：尊敬的唐双宁董事长，各位来宾，亲爱的同学们：大家上午好！金秋十月，丹桂飘香，在这秋高气爽的美好时节里，继上一次故宫博物院郑院长主讲《国学新视野与故宫学》，"社科大师大讲堂"迎来了第十二讲。今天，我们非常荣幸地请到了中国光大集团董事长、党委书记唐双宁先生来做演讲，在此，让我们以热烈的掌声欢迎唐先生的到来！

唐双宁先生，生于 1954 年 10 月，辽宁省北镇市人。1982 年毕业于东北财经大学。1985 年起历任中国建设银行沈阳市分行常务副行长，中国人民银行沈阳市分行副行长、行长。1997 年起历任中国人民银行信贷管理司司长、货币金银局局长、银行监管一司司长。2003 年 4 月起任中国银行业监督管理委员会副主席。2007 年 6 月任中国光大集团董事长、党委书记，兼任中国光大银行若干子公司董事长、第十一届全国政协委员。

唐双宁先生在金融监管、投资、货币信贷、金银管理等方面有深入的研究，参与多项重大国家金融政策的研究，曾在《求是》《人民日报》《经济研究》等国内高端报刊上发表论文 200 多篇，并有《投资与金融——实践者的理性思考》《中国信贷政策问题研究》等多部专著，享受国务院特殊津贴。

在专业研究方面，唐双宁先生的观点新颖独特，语言也非常生动形象，比如他提出的金融理论的"汤水效应"、银行监管的"四维论"、国有银行改革的"三段论"、农村信用社改革的"四棒论"、农村金融的"九龙治水论"等，最近唐先生还在报纸上发表文章，就欧洲的金融危机提出了"打组合拳"等观点。唐双宁先生经常把深奥、复杂甚至看似晦涩难懂的金融现象和金融问题用十分通俗的语言非常精准到位地描述出来、解说清楚。

唐双宁先生在书法、诗词、散文、楹联等方面也有很深的造诣，曾经在《中国文化报》《中国艺术报》等报纸上发表关于文化的文章。尤其他在书法方面，更是取得了突出的成就，被誉为"中国狂草第一人"。其书法融张旭、怀素的狂草和蔡邕、蔡襄的飞白于一身，若长枪大戟，气势宏大，笔法劲健，能给人一种阳刚之美的享受，被暂定名"飞狂草书"。其书法作品先后在国家博物馆、中国美术馆、荣宝斋及日本、美国等地展出，并为人民大会堂、国家博物馆、军事博物馆、钓鱼台国宾馆、周恩来纪念馆、朱德纪念馆、郭沫若纪念馆等数十家机构和博物馆收藏，也被若干碑林刻石。

唐双宁先生还担任多项社会职务，如中国金融学会副会长、中国投资学会顾问、中国书法家协会会员、诗词学会顾问、党史人物研究会副会长等，我们在此就不一一介绍了。

今天，唐双宁董事长将给我们带来主题为"金融危机大背景下的中国与世界"的精妙演讲，为了这个演讲，他准备了88篇PPT。昨天因为欧洲的局势有一些变化，唐双宁先生为了准备今天的讲演一直持续工作到凌晨四点，让我们以热烈的掌声对唐先生这种敬业精神和对学子的关爱情怀表达敬仰之情，并欢迎唐先生给我们做演讲！

唐双宁（中国光大集团董事长、党委书记）：谢谢主持人的介绍，谢谢同学们抽出时间与我一起讨论"金融危机大背景下的中国与世界"这个问题。

上周我本来准备了一个PPT，有一个思路，昨天下午欧盟峰会通过了一个决议，是一个治标不治本的决议，昨天晚上法国总统萨科奇跟胡锦涛主席通了个电话，所以说我原来准备的有些结论还需要做些调整。昨天，我八点处理完公务，之后给学校写了两幅书法作品，九点钟到家，就从网上搜索各种信息动态，一直到早晨四点，整理出一个新的思路，因为我不能误人子弟啊。如果昨天讲，我就不一定这样了，因为今天讲，情况变化了，所以我又重新准备了一下。

刚才黄书记介绍了这么多，介绍太多，我都下不了台了，所有的都是业余爱好，你们都别当真。达·芬奇有句话，"我精通数学、解剖、几何、机械，略通美术"，我"略通金融"。

今年是辛亥百年，辛亥革命的口号就叫"驱除鞑虏，恢复中华"，鞑虏就是满族，满族就是胡人，胡人说话就是"胡说"，所以你们别当真。另外，刚才介绍我"中国狂草第一人",这个也别当真。但是我跟你讲,书法的练习,我们是从"文化大革命"写大字报开始练的,有四五十年的功底。按道理讲,要先从永字八法开始,永字八法:横竖撇捺点提勾,撇分上撇、下撇,这八法也可以叫八道。所以我在这胡说八道,你们就别当真。

我先把这两幅作品赠送给学校。社会科学院是社会科学的最高殿堂,不知道你们有书法院吗?有文学所也不错。不知道在座的各位同学能不能读得下来?当然书法不是一种实用工具,不是以认得不认得作为标准的,特别是狂草,它有固定写法,不是随便写的。我跟你们解释一下,当年杨昌济送给毛泽东四个字:修学储能!能字的草书必须这么写,不这么写就是错的,它是有固定写法的。所以,希望你们在中国社会科学院这个中国社会科学的最高殿堂要"修学储能",为我们国家做出重大贡献。

这是另一幅作品了,同学们可以读出来么?书法不是文字,它是艺术。"苟日新、日日新、又日新",应该是出自《易经》吧,所以希望你们社科院的研究生院"苟日新、日日新、又日新"!这个书法体现两种称谓,可以叫草篆,用草字的笔法写篆书,可以叫草篆,也可以称为现代书法,这个没有严格的界定。

书归正传,"金融危机大背景的中国与世界"这个题目很大,我思考了一下当前全球最关心的有这么几个问题。第一个还是金融危机、债务危机和经济危机;第二个就是政治乱局,老问题像巴以问题、伊拉克、阿富汗、朝核、伊核,新问题像突尼斯、埃及、利比亚、也门、利比亚。利比亚,卡扎菲的终点,我觉得就是利比亚内乱的起点。最近又弄出个伊朗要刺杀沙特大使的事件,是不是美国对伊朗要下手,这是政治乱局。第三个是多国的社会骚乱,从希腊到伦敦到柏林,这最近全世界的"占领华尔街",蔓延80多个国家。第四个是自然灾害频发,地震、海啸、火山爆发、洪水泛滥、台风肆虐。我就说这地球怎么了,是不是地球跟人一样,也有更年期。他们说原来也这样,只是信息不发达。我说是这么简单吗?不一定,还得有点忧患意识。人跟自然的矛盾,我认为现在已经上升到主要矛盾了,但是人还不明智,人还在跟人斗。第五个就是恐怖主义猖獗,从基地组织到索马里海盗,到中东、南亚自杀,甚至扩大到北欧这么个人间天堂。我参观过瑞典的监狱,一个人一间,外面还有一个小草坪,有电视、一应尽全,周五回家,周一还再回来。这么好的一个地方,最近发生爆炸。最近我们有13个船员在湄公河被害,这是恐怖主义的问题。第六个就是民族宗教的冲突加剧,特别是伊斯兰教同基督教这个矛盾。这个矛盾几千年啦，十字军多少次东征，这个仇怨是解不开的。第七个是环境气候问题严峻。特别是到底是正在变寒还是变暖，还有点迷惑。你说是变暖吧，我们感觉冬天特别冷，去年内蒙古零下 50 多摄氏度，历史上从来没有过的严寒。你要说变冷吧，现在冰川融化，冰川都没了，搞不清楚。第八是贫困人口和教育问题，从世界来讲，这也是很严峻的问题。第九个就是南海问题复杂化。这边菲律宾阿基诺三世到中国来，回头就跑日本去；这边越南的总书记阮富仲到中国来，那边他的国家主席张晋创就到印度去；菲律宾后边靠山是日本，越南后面靠山是印度，印度又到中国南海地区来开发南海，他们四家后面靠山是美国。第十个问题是科学与宇宙之谜。原来说美国的卫星不知道落在哪儿，大家都很担心，现在德国也有这些问题。另外克隆人的问题，既是科学问题，又是伦理道德问题，还有什么超光速、暗物质、暗能量、黑洞、外星人、飞碟、宇宙爆炸、2012 等等这些问题，可能都是人类十分关心的问题。

所以，我捋了一下，大体上，现在世界比较关注的就是这么十个问题。那么这里边和我们关系更紧密一些的还是金融危机问题，现在可以说是谈虎色变。其实这个问题用不着色变，金融危机不是今天才有，中国有，国外也有，现在有，历史上也有。最早的就是 17 世纪荷兰的"郁金香泡沫"，那时候一只郁金香一直炒到 20 头奶牛的价格，就像我们当年炒君子兰，炒普洱茶，都是这么回事，最后泡沫破灭。后来英国的"南海泡沫"，法国的"密西西比泡沫"，1907 年美国的银行业危机催生了美联储。中国最早影响比较大的是北宋时期的交子贬值，这是世界最早的纸币贬值。当时从宋神宗到宋徽宗，为了打仗的需求，滥发交子，最后交子贬值。国民党统治时期的金圆券，大家可能没经历过，但都听说过，早晨一摞金圆券还没买盒火柴，到下午就得一筐才能买盒火柴，到明天就得一麻袋金圆券，到后天就得一车金圆券。国民党政权为什么垮台，除了不得人心、除了军事力量对比发生变化之外，通货膨胀是其中很重要的一个因素。

所以，现在的金融危机不是第一次，也绝不会是最后一次。但问题是现在的世界金融危机产生了一个外溢效应，形成了三个环环相扣的百慕大三角。我前天在新浪就讲了这个观点，世界形成了三个环环相扣的百慕大三角。什么叫百慕大三角？你们可能都听过，但不一定去过，敝人去过，就是从加勒比海北边百慕大群岛到美国的佛罗里达再到巴哈马群岛，这个三角形的海域，叫做百慕大三角。这个三角里边经常有些轮船飞机到这个地方罗盘失灵了，然后就失踪了，所以现在搞不清楚，有的说是地球磁场、黑洞，甚至还有说有外星人藏匿在里面，把轮船给拽进去了。说不清楚，我是用它做个比喻，世界陷入了三个环环相扣的百慕大三角。

第一个三角就是金融三角，金融三角就是美联储为了刺激经济，出台量化宽松经济，想刺激经济，但是消费者不愿意贷款或者不具备贷款条件，那么银行也不能贷款或者不愿意贷款，所以这个刺激经济初衷没有实现，货币又发出来了，这个货币怎么办呢？就流到其他国家，流到其他经济体，这样就推高其他经济体的膨胀。本来央行是防止通胀，结果又制造了通胀，发达经济体只能出台紧缩政策来放缓通胀速度，这样反过来对美国又不利。所以，美联储是搬起石头既砸了自己的脚又砸了别人的脚。美联储、银行和消费者形成了一个金融百慕大三角。

由金融百慕大三角，当年银行金融危机是国家财政通过发债救银行，寄希望于把银行搞好了来救经济，来增加税收，但是经济没有复苏，收不上税，反而造成了现在的债务危机。财政、金融和经济形成了一个经济百慕大三角，所以 2008 年讨论全球金融危机的时候，美国要用债务救金融危机，当时我就讲这是抱薪救火，薪就是柴火，果然现在发生欧洲的债务包括收税的问题。

那么收不上税，就只好提高债务上限，提高债务上限需要国会通过。党派利益从中掣肘，就产生政治危机。解决债务危机就得减少赤字，减少赤字就得降低福利，就引起抗议骚乱，产生社会危机，所以经济、社会、政治又形成一个综合百慕大三角。所以世界现在陷入了环环相扣的三个百慕大三角，根源还是金融危机。所以，我们今天想跟大家讨论四个问题，一个是危机的生成与演变；第二个是历史的回放与前瞻；第三个是金融危机后的世界新格局；第四个就是中国的机遇与挑战，看时间的关系，跟大家讨论这四个问题，到 11 点结束。人的听觉的极限是 2 个小时，我 12 点还有其他的活动，所以我们 11 点结束。

探讨这四个问题，我想先讲十句话，希望能起到一个画龙点睛的作用。第一句话就是：一个只懂经济的经济学家，不是一流的经济学家，这是哈耶克讲的。第二句话：局部正确有时会导致整体错误。现在有个怪现象，你到哪说这是哈耶克讲的、凯恩斯讲的、弗里德曼讲的，人就说这个人有水平，你说马克思讲的，哎呀，太土了，这个现象不正常，我觉得在高等院校这种倾向更严重一些。我认为这个不正常，至少都是平等的，谁对，我们服从谁。第三句话：在政治家的商店里，最怕望远镜滞销。凡是没有出处的都是敝人说的。第四句话：如果画人，首先要画好眼睛，倘若头发画得再像，也没有意义，这是鲁迅讲的。第五句话：把复杂问题说简单，这叫水平，把简单问题说复杂，这叫学术。这是我和人大的老校长黄达先生的一个对话，因为多少年前，我写了一个很重要的稿子，一个简单的文字，3000 多字。他认为很好，但太短了，你能不能搞成 1 万字，要加多少个数学模型。我说行啊，我又得东拼西凑把它弄成 1 万字，弄了几个数学模型，我都看不太明白了，他说这个可以了，头版头条！后来我看见黄达，我说我终于明白了什么叫学术，就是把简单问题说复杂，让人听不明白，什么叫水平，就是把复杂问题说简单，让人能听明白。第六句话：美元是我们的货币，你们的问题，这是尼克松时期的美国财政部长康达利讲的。第七句话：上帝让他灭亡，先让他疯狂。你看谁疯狂到劲，肯定没好事。卡扎菲如何、萨达姆如何，人办事都得有个度，上帝让他灭亡必先让他疯狂，这是《圣经》里的话。第八句话：现在世界、经济唯一能说得清的就是说不清，这是前天我在新浪网上说的一句话。第九句话，就是除了变是不变的以外，一切都是可变的！最后一句话：和平是两次战争的间隙，这是尼采的话！所以，我先讲十句话，跟大家分享，希望能起到一个画龙点睛的作用。

下面我们讨论第一个问题：危机的生成与演变。罗马不是一天建成的，从次贷危机到次债危机到金融危机再到经济危机，走到今天，又是债务危机，都是怎么回事。从次贷危机到金融危机有五道冲击波，2007 年 4 月，美国新世纪公司破产，这是次贷危机的第一道冲击波。2007 年底到 2008 年初，花旗、美林、瑞银等大公司出现大规模亏损，这是第二道冲击波。2008 年 3 月贝尔斯登破产是第三波，然后"两房"是第四波，到雷曼兄弟、美林、AIG等这是第五波。所以金融危机是由量变到质变，罗马不是一天建成的，是这样一步一步走过来的。

总结教训，最重要一条教训就是金融危机彰显了美国精英的腐败与无能，现在不都讲问责制吗？所以首先要对三个人问责，第一个人是保尔森，他跟雷曼有过节，所以他要踹雷曼一脚，这是他的行为和人品。再一个他的思想，典型的极端市场主义思想，就是市场能解决一切。我跟你们讲，当年拿几百亿美元一解决雷曼，就不会有全世界的金融危机，然后你再慢慢地通过软着陆的办法逐渐地化解这个矛盾，不至于造成现在这个状况，几百亿美元不拿，现在几十万亿美元都搭进去了。所以，全球信心大跌。我曾经提出一个潮水现象，就是说金融危机以不良资产为例，就好比海边的礁石，如果涨潮，船就可以畅行无阻。如果礁石爆出来，什么船也行驶不了。所以，如果当时把雷曼救一下，当然，救过之后该问责问责，该软着陆就软着陆，缓缓地解决，不至于是现在这个情况。这一下搞得信心大跌，一下全退潮，礁石全出来了，整个世界就出现金融危机。

再一个就是布什，布什这个人我觉得就是无能、束手无策、放任保尔森，而且这个人是典型的傲慢与偏见兼具的人，是一味逞强的纨绔子弟，最无能的政治家。我就说美国这么好的体制，怎么能选出这样一个总统呢，两次按照实际绝对数都没有过半数，选举联票勉勉强强，亏他老爹还当过美国驻中国联络处主任，他还在中国生活过，要不是一上台就在南海问题上逞强，撞机，跟中国蛮横逞强、耍横。要不是"9·11"，他需要联中反恐的话，那还不定闹出什么事。

再一个是格林斯潘，格林斯潘这个人不负责任，为什么这么讲？现在国际金融界能奉为"老"的，可能独此一人，格老，我们奉其为格老。格老的身份地位，在那种情况下不能轻易讲话，他的一句话真顶一万句。保尔森把雷曼一踹倒，就说"现在是百年一遇的金融海啸"。是不是"百年一遇的金融海啸"，固然踹倒以后确实很严峻，但是我们今天回过头来看，它没有当年"大萧条"的时候严重。况且就是那么严重，他这么一讲，把全世界的信心一下都打垮了，所以危机马上像洪水一样蔓延。好像一个老大夫诊病，这癌症病人还不至于死，他说不行了，马上就得死，病人一下子就死了。所以我觉得，这个"射人先射马，擒贼先擒王"，海牙国际法院应先对这三个人起诉，渎职罪还是什么罪，反正要进行。所以，金融危机本质是信心危机。布什和保尔森用行动把全世界的信心打垮，格林斯潘用语言把全世界的信心打垮。

那么现在又出来了债务危机，债务危机又到了考验西方政治家和金融家的时候。2008年金融危机以后，在上海有个"陆家嘴论坛"，这是金融界很有名的论坛，在这个论坛上，有不同观点，有人说金融危机会出现反转，当然也有人说好不了。我在那次论坛上提出一个观点，世界经济是一个 W 形由大写到小写的渐变过程。现在三年多过去了，雷曼倒了以后出现迪拜的问题、高盛的问题、"两房"的问题、债务危机问题，都是些 W 形这么一个过程。因为这个事情啊，说实在的，很容易判断，懂点哲学就行。现在就是哈耶克讲的"只懂经济的经济学家不是一流的经济学家"。没有一流的经济学家，你自然看不这么清楚，所以这个经济学家得学点哲学。

经济危机造成的损失——全球股市蒸发了 30 万亿美元。蒸发了，没了，不动产损失 30 万亿美元，两者相加等于全世界一年的 GDP，道指，道·琼斯指数由 2007 年的 1.42 万点跌到 2009 年的 6800 点，美国到现在失业率还基本上是 10%。全球 GDP 大幅下滑。受金融危机冲击最严重的十个行业，第一个是金融业，金融、保险，特别是投行，五大投行都没了。第二个是房地产业，房地产价格大幅下降，跟中国不一样，中国现在是大幅上升。我倒是不会买房，但是我总结了一条，你们要是买房，一定要买鸡立鹤群的房子，不要买鹤立鸡群的房子。鸡立鹤群，好楼房里买个破房子，完了跟着涨价，你要是买鹤立鸡群的，你跟着一起倒霉。你们将来都要买房子，我作为过来人，虽然没买过房子，但传授给你们这么一条意见，姑且说之，姑且听之，不必当真。第三个是高档消费行业，第四是建筑业，第五是制造业，第六是能源业，第七是旅游业，第八是交通运输业，第九是娱乐博彩业，第十是医疗保健业，这是受冲击最大的十个行业。

那么没有受到危机的冲击，甚至还有借机发展起来的行业，事物都是两个方面，事物都是一分为二的。第一是律师行业，因为破产打官司，律师行业火了，你们学法律的，院长是学法律的，你们这个行业火了。第二是典当行业，因为破产要变卖资产，所以典当行业火了。第三个是心理咨询行业，精神上都不堪重负，本来现在"90 后""80 后"都脆弱，再加上这么打击，不像我们这样摸爬滚打，无所谓，死就死活就活，现在年轻人太脆弱，一受打击就得请心理医生。第四个是新闻传媒资讯业，这个是因为新鲜事多了，吸引眼球的事越来越多，所以媒体行业发达了。第五是警察保安业，游行示威不断，所以减员不能减警察，警察得增加。社会矛盾越来越冲突。第六个是快餐行业，因为上不起高档饭店，所以快餐行业火。第七个是黑社会，黑社会在有的国家已经成为一个有组织的行业，在意大利西西里岛，政府搞不了的事，那都找黑社会，用行规给你弄明白。第八我原来觉得是公共管理行业，现在债务危机，公务员也得减，实际上第八是个什么行业呢，性服务行业。第九个是殡葬业，因为自杀多，死人多，所以殡葬行业比过去利润增加。最后一个行业是军工行业，因为加之世界政治矛盾，所以局部战争不断。所以我觉得受冲击的有十个行业，没受冲击甚至借机发展起来的也有这么十个行业。

现在金融危机又发展成债务危机，我原来分析的债务危机有十个矛盾，在十天前的《人民日报（海外版）》《光明日报》还有《金融时报》，我写了一篇关于西方债务危机十大矛盾的文章。昨天欧盟峰会，通过了它的一个治标的方案，依然不解决根本问题。既然出了这个方案，这十个矛盾还有一些转化，昨天晚上我又思考了一下，有的是原来的，也有新的演变，这个矛盾又有些变化。

什么叫债务危机？实际上有两个警戒线，一个是60，一个是3，就是债务余额/GDP不能超过60%，财政赤字/GDP不能超过3，这两个警戒线，超过了就是债务危机，现在超过的国家有一大片，什么美国、英国、法国、德国、日本、加拿大、西班牙、葡萄牙，一大片，这些国家的GDP和贸易大体占世界的60%。像希腊、意大利、葡萄牙、西班牙这些国家，公认就是破产国。

那么跳过这些眼花缭乱的数字，透过现象看本质，本质上反映了四大矛盾。第一个矛盾就是超高福利水平和现行政治体制之间的矛盾。西方政治体制表面上看叫三权分立，但是真功夫是竞选。竞选靠四大实力，第一是竞选实力，包括党派实力、资金实力，就是拉广告、拉票的能力；第二是你自身的形象，包括有没有丑闻啊，是不是亲民啊，包括外貌形象都挺重要的。乌克兰美女当选总理和外貌就有关系，克林顿当选是美国总统历史上中年妇女得票最高的；第三就是伶牙俐齿，这也是真功夫。聪明的头脑，高能的辩才，你说话半天憋不出来不行；第四个是利益许诺，就是不管你有没有真金白银，得先许诺。我上台会给你保证什么，福利提高多少，你最后没有这么大能力，但是为了选举你必须这么说。所以参选党派竞相提高福利的价码，这就形成了超高福利的无限性和政治体制趋向极端化的矛盾。丘吉尔讲民主不是最好的东西，但是目前还没有找到比它更好的东西，应该试一下。就像我们高考，高考不是最好的方式，但是为了体现公平，目前还没有比它更好的方式。有可能真正的人才高考还发现不了，有可能庸才还被选上，情况和这个差不多，但是目前还没有比它更好的方式。现在这样发展下去呢就是超高福利主义的文化和竞选承诺，养成超高福利的习惯和民主政治体制趋向的极端化的矛盾。

由此产生第二个矛盾，就是兑现竞选承诺和财政能力的矛盾，承诺了就得兑现，要兑现就得提高财力，提高财力就得收税。但是西方逐渐人口老龄化，劳动力成本上升，造成产业空心化，这个产业空心化本质上还是生产私人占有和社会化大生产之间的矛盾，为什么呢？因为私人企业它要盈利，必然向吸引人的经济体转移，向新兴经济体移，那么本国的产业必然空心化。

这样的话就产生了第三个矛盾，就是经济衰退和收税的矛盾，又要维持党派利益，又要争取连任，那么就得实行赤字财政，就得大幅举债。

大幅举债就形成第四个矛盾，保位和欠债的矛盾。为了保位而欠债，日复一日，年复一年，欠债越来越多，雪球越滚越大，债务危机就是这么来的。形成债务危机就得减少赤字，减少赤字又引发民众的抗议，又引发了消费的低迷，消费低迷又带来经济衰退，失业增加，反过来又导致税收下降、赤字增加。

民众抗议又引起社会动乱，所以又出现第五个矛盾，克服债务危机与社会动乱的矛盾。你们天天都上网，我就不多讲了。

那么高债务问题自身解决不了，就得向其他国家求救。向德国、法国求救，这就产生第六个矛盾，就是德国等国的救助意愿和救助代价的矛盾。换句话说，默克尔是要欧元还是要选票。她想要欧元，拿德国人的钱去救希腊人，平均每个德国人要摊2.5万欧元，德国人肯定不干，到时候基社联盟选票就低，还有一个基督教民主联盟，还有一个自由党。她又要选票，又要欧元，鱼和熊掌不能兼得，就面临这个问题。这是第六个矛盾，救助意愿和救助能力之间的矛盾。

同时还有个矛盾就是救助国之间的矛盾，就是德国和法国的矛盾。法国政治上是欧洲的老大，但是法国经济不行，本来法国摩拳擦掌地想救别人呢，但是还没救别人，自己的腿先折了。它是政治老大，但是德国是经济老大，因为"二战"限制它的政治地位，但是德国经济是老大，又让它拿钱，它心就不甘，所以他们有矛盾，经常貌合神离。

昨天欧盟峰会达成三项协议，一个是希腊国债减记，什么叫减记呢，减记50%，就是原先的100元钱的国债变成50元钱了。如果你愿意，就救你，如果不愿意就拉倒。希腊持有欧债的损失主要还是银行，损失一半，说是达成协议了。第二个就是欧债稳定机制，要扩成1万亿欧元，各国也同意。计划是通过了，钱从哪里来，我下面再讲。第三个就是重组银行，向银行注资1000亿欧元，提高银行的资本金比率，提高到9%。这是欧盟峰会通过的三个决议。

怎么看这个问题，根据目前到今天凌晨四点之前的信息和资料判断，我有七点看法。第一是达成协议表明真的不行了，但凡能行，就不会达成协议，真的不行了，船如果翻，全都得死。第二就是我认为达成协议比达不成好。第三这个协议多为一些愿景，缺乏细节，而且是一部分，原来还有不少都没达成。而且欧债危机不仅有希腊，还有其他国家，实际是个无底洞，所以，缺乏细节。第四就是达成并不等于落实，说我们几个同意借钱了，借不借呢，还是另一回事。第五个是落实了也是治标不能治本，只不过加长导火索而已。第六个就是最终的效果还有待观察，我现在不宜把话说得过严、过死。第七个就是实质上是在转移矛盾。

第八个矛盾就是债务危机和银行危机的矛盾，为什么呢，这个矛盾转移到银行上了。第一，欧美的银行股普遍跌了30%；第二是现在有60多家大银行普遍遭到降息。第三，这次又让它减记，银行损失大约1000亿欧元，这不是雪上加霜嘛！原来是救银行，最后搞成了债务危机，现在为了解决债务危机，又搞成银行危机，恶性循环，所以第八个矛盾就是债务危机与银行危机的矛盾。

第九个矛盾就是达成协议和如何落实的矛盾。要扩容，钱从哪来？就打中国的主意。昨晚萨科奇给胡锦涛主席打电话，当年他见达赖的时候干什么去了，当年我们2008年奥运，硬挺着他还不来参加，现在想起来给胡锦涛主席打电话了。救不救欧债，我原来的意见是救不救这是个问题，我的意见是不救，为什么不救？第一它窟窿多大不清楚，是个无底洞。第二个是关键问题上欧洲还打压着我国，我们提出市场经济地位，和贸易上的税收有关，我们加入WYO，实际上是准加入，到2016年才算是真正加入，视你为市场经济国家。现在有很多国家承认我们市场经济的地位，欧盟国家不承认，不够意思。第三他是富人，不管它现在有债务危机，它是民富国穷，我们是国富民穷，我们人均是4000美元，希腊人均GDP是2万美元，这叫穷人救富人，没有这道理。希腊这个国家我去过，我概括了四个字叫懒、空、深、美。懒，人懒，懒到什么程度，七八九三个月休假，国家快破产了，人都休假，有钱人到海滩，没钱的到乡村，休假回来游行示威，先文斗后武斗。不但人懒，狗都懒，大街上你踢它一脚它都不动。这也不怪它，因为希腊历史上就个犬儒哲学，犬儒学派，代表人物就是狄奥根尼，他主张回归自然，他的生活方式就像狗一样，就在木桶里躺着，拿个碗要饭吃。最有趣的一件事就是亚历山大去看他，毕竟是哲学家嘛，说看我有什么能帮你，他说你离开这里，帮助我得到阳光。犬儒主义，这个人思想不懒，能思考问题，但是人懒。懒，然后是空，产业空心化，就是卖橄榄油、搞旅游业什么的，没什么支柱产业。深，历史积淀深，我们必须得承认，希腊的哲学、文学、艺术、神话现在还影响着全世界。它的哲学最早从泰勒斯，第一个有名字记载的最早的哲学家，他认为世界是由水构成的，到后来有彼得格拉斯、克拉赫利特，再后来苏格拉底、柏拉图、亚里士多德，古希腊哲学应该很好地去读一读，对我们有很

好的启发。美，爱琴海确实美。说不救，不是没有道理的，希腊人均2万美元GDP，我们人均4000美元GDP。第四点，就是欧洲资金有能力救，德国、法国有能力救，它们银行里的黄金储备多得多，他不拿出来，留后手，让我们救，这也说不过去。第五点，很多欧洲人，心里对中国还是有戒心的。这用我们东北话说就是"大伯子背兄弟媳妇"——卖力不讨好。第六点呢，咱不能搞国粹主义，不能单纯地站在历史高度来看。但是你想当年八国联军不都是他们嘛，用铁血宰相俾斯麦的话讲就是靠血与火把全世界的财富据为己有。第七点呢，就是危机的前景不明朗，虽然昨天通过了决议，但到底有多大的窟窿不明朗。第八点呢，现在希腊国债减记，我们要买了，他给我们减记怎么办？所以我原来主张不救。

当然这里边考虑问题不能简单地从一个方面去考虑，要从世界格局去考虑。那么现在他打来电话，处在困境下，不知道我们国家领导怎么考虑，我们作为民间在这里"看三国，替古人掉眼泪"，在这里瞎担心。这个救也有点好处，在哪呢？第一，这个世界格局是美欧中，如果欧洲要是倒了的话，中国受美国的牵制可能会更大，从这个角度挺一挺欧洲，让它跟美国对抗对我们还有点好处。另外我们跟欧洲还有很多技术和贸易上的交流，是我们很主要的一个贸易伙伴，所以从眼前需要来看，也有救的一面。原来我是不主张救的，现在我主张慎救，为什么呢？就是前面我讲的那几条，怎么慎救呢？第一要有担保，拿你银行库里的黄金担保，或者IMF担保，要不我不能救你，不见兔子不撒鹰。再一个，我们不能买他的国债，可以买他的技术、买他的资产，这个时候不敲他下，还等什么时候敲呢。第三，我们要条件，欧洲还不承认我们市场经济国家地位，那么多国家都承认了，我们事实上也就是市场经济。看一个事物得看本质，就总体而言，我们已经是市场经济了，不承认就是想多收我们点税，所以要有条件。所以，这个事情，我们得走一步看一步。

昨天晚上欧盟通过的事情，我认为有三个点需要注意：第一个是由债务危机转移成银行危机；第二个由短痛的危机转移为长痛的危机；第三个由欧洲危机转移到其他国家。处理得不好的话，其他国家也会受连累。为什么救不了？这里边有政治的原因、经济的原因、文化的原因。文化原因，欧洲有强烈的享乐主义文化，根深蒂固，改变不了。我讲过一句话：政治是暂时的，经济是长远的，文化是永恒的。已经形成这个习惯，叫他改成起早贪黑去打工，他们国民根本受不了。极端民主化的竞选体制，为了竞选的需要，不管有没有钱，先承诺，承诺完后靠借债；经济上，产业空心化，人口老龄化，产业就得转移，因为第三世界国家劳动力成本低，所以就得向新兴经济体转移，产业必然空心化，空心化必然收不上税，想从经济、文化、政治这个层面根本解决，我觉得难。

第十个矛盾就是治标和治本的矛盾。如果不解决西方超高福利、极端化的民主政治体制，西方这些领导人不从政客变为政治家，如果为了自己当选，就不顾一切，这个没好。

西方有一批政治家，华盛顿就是政治家。我研究英雄和圣人有什么区别，英雄能战胜一切，圣人能战胜自己。拿破仑是英雄，横扫欧洲，但他战胜不了自己。华盛顿是圣人，领导美国人独立战争以后，当了总司令，公推他当皇帝，不当，没他又不行，最后当总统。当了4年，不当了，没他又不行，又当总统，后来又不当了，一共当了8年，从他打下了美国任期两届总统的基础。华盛顿是圣人，当了两届之后，不当了，到弗农山庄去，娶了个寡妇，领两个孩子。我上次到弗农山庄去凭吊他，认为他是圣人。但是现在，西方没有这样的圣人，没有这样的政治家，都是政客。想治本，统一财政、发展实业、紧缩开支，过起日子。

欧洲还有一个矛盾，就是财政政策差异性和货币政策统一性的矛盾。货币政策是央行统一，财政政策就不一样。这个矛盾解决不了。我讲了希腊紧缩的例子，所以紧缩开支过起日子，也紧缩不了。所以，这个就是在债务危机产生过程内，第一推动力我觉得还是超高福利和政治体制的矛盾，根子还是社会化大生产与生产资料私人占有的矛盾。如果西方不解决这个问题，希腊矛盾即便解决，也是饮鸩止渴，专制集权迟早会被人民推翻，但是极端民主化的选举又走向了另一个极端。

金融危机、债务危机，都属于经济危机，现在从经济危机又发展到综合危机，也就是说经济、社会、政治再加上自然矛盾，这四个问题形成一个平行四边形，平行四边形的灵活性预示世界很不稳定。所以我讲人类自己在跟自己过不去，自然灾害已经成为人类共同面对的主要矛盾，但是人类自己还不理智，所以要防止转移矛盾，甚至发生战争。尼采那句话：和平是两次战争的间隙。"九·一八"在某种意义上就源于日本的关东大地震，"二战"源于大萧条，"二战"后转移矛盾的战争从来没有停止过，只不过是有核国家没有打，有核国家打，地球就没了。有核国家是搞冷战，所以要吸取张伯伦的教训，张伯伦是"二战"时期怂恿希特勒参加慕尼黑会议，当时搞绥靖政策

的英国首相。由于他的绥靖政策，怂恿了希特勒，造成世界大战。

现在欧美大国的领导人不是政治家是政客，没有认识到人类与自然的矛盾实际上已经上升到最主要的矛盾。这个自然矛盾，人类在自然面前还是很渺小，康德的理论核心叫二元论又叫不可知论，我认为是有限可知，无限不可知。在座的同学有学哲学的吗？你们对康德肯定比我了解得多，你们知道康德是哪国人？有没有人能回答出来？迄今为止，我问了无数的哲学家，没有能给我回答出来的。很多人都认为康德是德国人，德国人怎么讲呢？康德出生的时候没有德国，当时叫普鲁士，德意志地区有30多个邦国。他出生在普鲁士柯尼斯堡格林斯堡。当年德国统一以后，格林斯堡是德国的一部分，"一战"后变成波兰，"二战"后变成苏联的一部分，苏联解体后，变成加里宁格勒，是俄罗斯康在波罗的海的一块飞地，康德一生没有出过他那个小镇。康德的三本书《纯粹理性批判》《实践理性批判》和《判断力批判》晦涩难懂，我是把它读下来了，我希望你们学哲学的同学把它啃下来。我讲复杂问题简单化，我读完之后把这三本书概括了七个字，叫存在、作用、不可知。他说，我们生在此岸世界，和此岸世界对应的是彼岸世界，这个彼岸世界是存在的，是有作用的，是不可知的，由此构成康德哲学的核心，叫二律悖反。所以要复杂讲，你根本听不懂，三本书你根本读不下来。康德的思想受谁的影响？受休谟的影响，康德又影响了黑格尔，黑格尔影响了马克思，马克思影响了毛泽东，毛泽东影响了邓小平，才有了我们的今天。所以我希望你们学什么专业的，都要学点哲学。什么是哲学？毛主席有个概括：自从有了阶级社会以来，就有了两门学问，一门是自然科学，一门是社会科学，哲学就是自然科学和社会科学的概括和总结。毛主席概括得非常精辟，但是有一句话错了，不是有阶级社会以来，从无阶级社会以来就存在了，但是概括得非常精辟。我经常跟同学们讲，哲学是地基，专业是楼房，不能只打地基不盖楼房，那你打地基干什么呢；但是更不能只盖楼房不打地基，如果那样楼房迟早要倒塌。哲学不管具体问题，哲学可以管所有问题。我们现在买一座楼装修，三年四年装修不完，李瑞环建人民大会堂，从设计到建成到装修到入住到使用，十个月，现在还是中国最好的建筑。他就是工人农民通过辩证法搞出来的，你还能不服？所以啊，学好哲学受益无穷，我劝你们有时间多读点哲学。

再拉回来讲自然，现在我想了想有十二个谜团想不明白，第一个宇宙怎么出现的，原来说是空间上无边无际，时间上无始无终，原先说是上帝造出来的，霍金说是能量爆炸，这和咱有什么关系呢？如果是爆炸，就越来越远，就是和太阳越来越远，将来不是越来越冷吗，人怎么活啊？得思考这些问题啊。再一个就是人类是怎么出现的，有的说肯定达尔文进化论——猴子变的，现在又有人说冰河期前就有人类，说我们的《易经》就是冰河期前写出来的。还有英国的巨石阵、埃及的金字塔等等，都说是冰河期前的人类建的，现在人都造不出来，五六千年前的人能建成吗？也有说是外星人建的，也有说是冰河期前人类建的。

我们讲人的功能，有嗅觉、听觉、触觉、味觉、味觉。我认为人还有第六觉，心觉，什么叫心觉？比如灵感、特异功能、悟性，同样的问题，人的悟性、人的灵感不一样，特异功能不一样，悟性不一样。人确实还是有特异功能的，这个大概就是心觉的范畴。成语上讲心心相印，我认为它不是大脑跟大脑相印，不是心脏跟心脏相印，我认为应该有个独立于大脑跟心脏的心觉存在，所以这个心觉应该是第六觉，还有没有第七觉，还有没有第八觉，这个将来你们去研究吧，我研究不过来了。

还有，最近出了超光速。按照爱因斯坦相对论，光速达到极限时间就可以停滞，时间停滞，人就可以长生不老。时间停滞了，人就永远20岁；按照超光速，就是说时间不仅可以停滞，时间还可以倒流，人就可以返老还童，我今年60岁，将来就可能20岁。超光速理论如果存在的话，这到底是怎么回事？

飞碟怎么回事，恐龙怎么灭绝的，什么暗物质，什么暗能量，什么黑洞，这都怎么回事。反人，你们读过霍金的《时间简史》吧，说有人就有反人，理论上是成立的。但反人是什么？有一个我，就有一个反我存在，不知道在哪儿，一见面就灰飞烟灭啦。理论上是存在的，但是到底在实践当中能不能验证反人的问题化？百慕大三角就不说了，尼斯湖怪兽，后来说尼斯湖怪兽是造假，还有说贝加尔湖也有，说长白山怪兽也是造假，还说我们神农架有野人。神农架有野人，中国科学院有一个人，离妻别子地去找野人，找了30多年，他现在没找到野人，他快成野人了。

还有一个大西洲，我们过去说世界是五大洲或七大洲，柏拉图的记载里说还有个大西洲，大西洲哪去了，在西班牙西边的大西洋里，说是被地震震没了。还有通古斯大爆炸，1908年在西伯利亚，一次突然的爆炸，类似于原子弹的威力，到现在也搞不清楚。说是原子弹，只有1945年美国搞了三颗，自己试验了一颗，给日本两颗，这些到底是怎么回事？

这些都是世界之谜，就是人和自然的矛盾已经上升到主要矛盾了，但是人还不觉悟，还跟人斗来斗去。那么经济矛盾、社会矛盾、政治矛盾，再加上自然矛盾，这个平行四边形不稳定，不知道出什么事。我现在一天忙于俗务，真是想将来有时间，也好好地从事自然科学研究，当然没那个基础，我是想从哲学角度切入。你们知道 1977 年世界物理学大会在夏威夷召开，命名了一颗基本粒子叫毛粒子，是美国的一位诺贝尔奖获得者叫格拉肖提出来的，命名为毛粒子。为什么，他解释说，毛主席有一次跟钱三强、周培源闲谈，他问钱三强说世界是由物质构成的，物质是由分子构成的吗？钱三强说是。分子是由原子构成的吗？钱三强说是。说原子又是由什么构成的呢？钱三强说原子就不能再分了。毛主席说，我认为还能分。他引用了庄子的一句话："一尺之捶，日取其半，万世不竭。"说你分吧，肯定还能分。最后又分出了原子核、质子、粒子，然后又分成基本粒子、电子、夸克。所以，从这个角度命名。1977 年"文革"刚结束，我们都不知道，后来才知道的。美国的一个获诺贝尔奖的人提名，把这新发现命名为"毛粒子"，所以将来我也有可能从哲学角度切入，研究这些东西。

第二个问题简单说一说。历史的回放与前瞻。历史的回放与前瞻，一个是 30 年的小回放——从里根主义开始的作用力与反作用力的博弈。第二个是 200 年的中回放——美国的四个发展阶段。第三个是 500 年大回放——世界风水轮流转。第四个是百年前瞻——危机是一个历史转折点。

第一个 30 年小回放，就是从里根主义开始作用力与反作用力的博弈。这个美国啊，从华盛顿开始到现在一共是 44 个总统，我认为有五位杰出的政治家，第一位是华盛顿，华盛顿不是他一个人，是他为中心的第一代领导集体，包括杰克逊，包括亚当斯，包括富兰克林等一批人，这个是独立战争，开国奠基。第二个就是林肯，南北战争，国家统一，西进运动开疆拓土，这是林肯。第三个老罗斯福，老罗斯福搞的进步运动，美国 100 多年前跟我们今天差不多，它的进步运动通过社会改革使得美国的一些社会道德问题、社会矛盾得以化解，当然还有其他的贡献，不展开讲了。第四个是小罗斯福，"二战"的时候，小罗斯福利用"二战"使美国成为世界霸主。第五个就是里根，里根要使美国变成单边霸主。里根这个人年龄最大，70 多岁还是个演员，后来当了总统。年龄最大，但是得票最多，五十个州得了 49 个州，小罗斯福当时 49 个州，夏威夷当时还没有划进来，49 个州，他得 48 个州，而里根得 49 个州，得票最多。罗斯福以后的政绩最突出，而且创造了美国历史上最辉煌的时期之一。都是时势造英雄，里根是什么背景呢？越战以后，美国面临最困难的局面，朝鲜战争失败了，越南战争失败了，肯尼迪遇刺，尼克松水门事件辞职，然后福特、卡特这是两届最弱的政府，在这种背景下，时势造英雄，造出里根。里根主义的核心是什么？简单地讲就是放弃凯恩斯主义，实行弗里德曼的货币主义。具体讲就是一减、一增、一收、一放、三高。一减就是减税，一增就是增加国防开支，一放就是放松政府管制，三高就是高利率、高赤字、高汇率。这样的话实现连续多年的经济高增长，最高到7%。对外实行星球大战，拖垮了苏联，结束冷战。所以从美国国家利益讲，里根这个人很了不起。同时还有个机缘，碰上一个撒切尔，两个人志同道合，撒切尔是铁娘子，打下马尔维纳斯群岛，在英国名声大噪，他俩一唱一和，左右世界舞台。

那么里根任期中和冷战后，对美国有五个作用力，第一个就是利用《广场协议》压制日本；第二个就是利用亚洲金融危机打垮"四小龙""四小虎"；第三个就是发动科索沃战争，动摇欧元；第四个就是兴起资讯革命，领先全球；第五个就是实行宽松政策，刺激经济。

这第一个作用力，利用《广场协议》压制日本是什么背景呢，就是20世纪80年代，日本有取代美国的趋势，特别是外贸。日本把洛克菲勒大厦都买过去，美国不干了。美国、德国、英国、法国、日本五个国家的财长和银行行长在纽约的广场开会，协议要下调美元汇率，要日元升值，达成一个协议就叫《广场协议》，日元、马克升值，解决美国的贸易赤字。那么《广场协议》以后，日元平均每年升值5%，这样的话对日本出口产生巨大影响。日本没办法，就得搞宽松的货币政策，大幅度降低基本利率，这样资金就大量流向股市和房地产，成为泡沫。最终泡沫破灭，日本陷入战后长时期的衰退，20多年了，到现在还没缓过来，就是《广场协议》把日本打下去了。

第二个作用力就是利用亚洲金融危机打垮"四小龙""四小虎"。"四小龙""四小虎"你们都知道，我就不说了。怎么打的？一个人、1000亿美元、三个基金、四个回合。一个人是索罗斯，1000亿美元，三个基金——量子基金、老虎基金、长期资本基金。四个回合，第一回合是1997年的7月2号对泰国，然后波及整个东南亚；第二个回合是1998年初在印尼；第三个回合是1998年8月份对香港，要不是大陆坚持人民币不贬值，香港就垮了，东南亚也垮了；第四个回合是后来又打俄罗斯。这是美国利用亚洲金融危机打垮了"四小龙""四小虎"。

第三个作用力就是发动科索沃战争，动摇欧元。从 1991 年 1 月，欧元同马克、法郎共同流通，到 2002 年的 1 月，欧元单轨制流通。此间赶上了科索沃战争。美国就借机敲打欧元，战争的结果是美元对欧元的汇率由 1:1.2 跌到 1:0.8，欧元严重受挫。

那么第四个作用力就是兴起资讯革命，领先全球。亚洲市场不行了，欧洲市场不行了，资金都流向美国，吹出了一个互联网泡沫。这泡沫吹大了，到最后泡沫破灭，就是纳斯达克指数从 1995 年的 1000 点升到 2000 年的 5000 点，然后又降到 2002 年的 1100 点，现在大概 2000 点左右，兴起了资讯革命，领先全球。

第五个作用力就是实行宽松政策，刺激经济。互联网泡沫破灭，纳指狂跌，后来又出现"9·11"事件，再加上出现了安然事件，为了转移目标，美国就打阿富汗、打伊拉克。钱从哪儿来啊，就得靠发国债，同时为了刺激经济，又实行宽松的货币政策，企图用这个政策来拉动房地产，拉动经济，同时又放松监管，把款贷给没有偿还能力的人，这就催生了次贷。

这五个作用力，以后还有三个反作用力，事物都是有作用力就有反作用力。三个反作用力一个是"9·11"事件，你们都知道，我就不讲了，再一个是安然事件，你们可能都知道，最大的时候在 500 强中排第七。安然，世界第五大会计事务所，系列造假，美国是最诚信的国家，但系列造假，全世界哗然，全世界陷入了信任危机。再一个就是次贷危机，次贷危机发展成次债危机，又发展成金融危机，一共七步，第一步是美联储放空银根刺激房地产；第二步是美国的商业银行贷款给没有偿还能力的人，这就叫次贷；第三步是银行把次贷打包叫资产证券化，以债券的形式，这就叫次债，次贷变成次债了，卖给投行；第四步是评级公司给次债搞评级；第五步是保险公司给保险；第六步是投行卖给投资者；第七步是最后露馅，链条断裂，投行银行倒闭，产生全世界的金融危机。

金融这个词在行业内，与大家讲，还马马虎虎能听得懂，但是讲次贷、次债，听不明白，用英文缩写更听不明白。前天在新浪我跟他们形象说了一下，就这么讲吧，第一步银行把一个 80 多岁的人老珠黄的老太婆打扮成一位 40 多岁风韵犹存的中年妇女，第一步这就叫次贷变成次债了。第二步，投行又把这个 40 多岁风韵犹存的中年妇女打扮成 20 多岁的小姑娘。第三步，评级公司给这小姑娘出具假户口、假出生证，这个评级公司给你搞评级。第四步，保险公司给你保险就是说确认这就是个小姑娘，而且还是个处女，保险公司保证说包退包换。第五步这一结婚露馅了，全世界家庭危机。所以，熊彼特有句话：最聪明的肥皂商不是制造肥皂，而是制造腋臭的概念，诱导人们去洗澡。不得不服华尔街最聪明的金融家，诱导全世界去洗澡。整个由次贷到次债到金融危机到经济危机就是这么来的。

这是30年的小回放，那么200年的中回放呢？我讲讲美国的四个发展阶段，我利用美国的四个地理标志来说明一下。第一个就是独立战争，洛基山奠基阶段；第二个就是从建国到"一战"是尼亚加拉瀑布式前进阶段；第三阶段是密西西比河式前进阶段，缓了，不像尼亚加拉瀑布那样一泻千里了；第四步从朝鲜战争到金融危机是两大洋涨潮式阶段，这就更缓了。我把美国200年比喻成这四个阶段。

美国体制的核心是什么，我概括是一法两院三权四制。一法就是一部宪法，两院就是参政两院，三权就是三权分立。当初华盛顿建国时设计三权分立，设计得很好，但是现在已经演变成金权领导下的三权分立。四制就是联邦制、多党制、总统制、任期制。所以美国体制的核心简单化就是这么一法、两院、三权、四制，形成了一个国家利益与防范风险的制约平衡机制。

南北战争，实现国家统一，西部开发，领土扩张。它那领土扩张有的是买的，有的是抢的，有的是连买带抢的。再一个是工业革命，第二次产业革命和第三次产业革命都是美国领先。美国的工业革命发明可多了，像富尔顿发明轮船；福特发明汽车、汽车生产线；莱特兄弟发明飞机；莫尔斯发明电报；贝尔发明电话；特别是爱迪生，发明电灯、留声机、电影、发电机和输电系统等2000多项，同时产生了一批财团和新的管理模式：洛克菲勒、摩根、福特、杜邦、泰勒、福特生产线。所以到"一战"前美国的工业总产值占世界的1/3，工业、农业乃至整个经济均居世界第一。

第三个就是从"一战"到"二战"的密西西比河式前进阶段，虽然经过了大萧条，但是"二战"以后仍然是世界最强国。事物啊，都是物极必反，1909年，胡佛上台半年，就经济大萧条，股票狂跌叫"黑色星期四"，纽交所的股票由250美元跌到60美元，5000家银行破产，企业大量倒闭，1/3工人失业，四年间钢产量下降了90%，贸易下降了2/3，国民收入下降一半，这是"大萧条"。于是出来了"罗斯福新政"，罗斯福那句名言，就是"最大的恐惧就是恐惧本身"。"罗斯福新政"要讲起来讲一天也讲不完，重点有六个举措，一个是整顿银行业；二是成立紧急救助署；三是成立工程进度管理署；四是成立农业调整署；五是成立国家复兴署，六是通过黄金储备法。美国又赶上"二战"，巧妙地利用"二战"，被动地参与"二战"，要不是日本偷袭珍珠港，它不会参加"二战"。那么"二战"以后，美国的工业占西方的 60%，外贸占世界的 1/3，黄金储备占世界 70%，钢是苏联和英国的 5 倍，石油是英国的 15 倍、苏联的 7.5 倍。

从朝鲜战争到金融危机到两大洋波浪式的涨潮阶段，冷战阶段有三个退潮阶段，朝鲜战争、越南战争和布雷顿森林体系解体。但是它有三次涨潮，就是苏联解体、里根主义和资讯革命，这是 200 年的中回放。

时间关系，我不展开多讲了。这里边我想简单地说说布雷顿森林体系，可能金融危机之后，经常听到这个词，什么叫布雷顿森林体系？首先，什么叫布雷顿森林？"布雷顿"是美国新罕布什尔州华盛顿的一个地名，那里有一片森林叫布雷顿森林，有个饭店叫华盛顿饭店，在那饭店开了一个会，所以达成的协议叫布雷顿森林体系。"二战"快要结束的时候，有 44 个国家参加，讨论"二战"后的世界政治经济格局，中国是民国政府财政部长孔祥熙参加的，通过了这个布雷顿森林体系。布雷顿森林体系成立了两个世界组织：世界银行和国际货币基金组织，然后实行双挂钩：美元和黄金挂钩，世界各国货币和美元挂钩，就是这么一个体制。

为什么美元能成为国际货币？是美国实力决定的，因为它的黄金占世界的 2/3，GDP 占世界的一半，实力决定的。英国当然也想啊，但是实力不行。我们可能会听到一个名词叫特里芬难题，什么叫特里芬难题呢？就是一方面从世界货币角度讲，美国只有发生世界贸易逆差，买人家东西，其他国家才能得到美元，它才能成为世界货币；但另一方面从世界国家主权讲，美国是一个主权国家，它必须保持贸易平衡，不能出逆差，必须保持贸易平衡，所以这个矛盾就形成一个悖论，这就叫特里芬难题。作为主权货币，美国要保持贸易平衡，世界就得不到美元；作为世界货币，美国又必须实行贸易逆差，世界才能得到美元，这两个矛盾解决不了，叫特里芬难题。20 世纪 60 年代，越南战争爆发，尼克松宣布停止挂钩，布雷顿森林体系解体。这是 200 年的中回放。

那么 500 年的大回放，谈谈世界风水轮流转。葡萄牙、西班牙、荷兰、英国、法国、德国、日本、俄罗斯、美国这些国家为什么能轮流成为世界大国。这些国家有幅员辽阔的泱泱大国，也有巴掌大的蕞尔国家，为什么都能成为世界大国，这里边不能展开讲了，就点点题吧。有六个共同点：无不以国家强盛为目标；无不以改革体制为前提；无不以对外开放为先导；无不以科技创新为引领；无不以国民教育为基础；无不以精神文化为支撑。丘吉尔有一句很有名的话：宁可失去印度，我也不能失去莎士比亚。涩泽荣一是日本最著名的企业家，企业家之父，他讲一手拿《论语》，一手拿算盘。毛奇，是德国的元帅，俾斯麦打败法国军队占领凡尔赛宫，德国皇帝在凡尔赛宫下面羞辱法国，毛奇就讲德国的胜利是建立在小学的课桌上的。无不以精英人物为骨干，比如说思想家伏尔泰、卢梭，数学家牛顿，发明家瓦特、爱迪生，经济学家亚当·斯密、凯恩斯，探险家哥伦布、达·伽玛，文学家莎士比亚，政治家俾斯麦。无不以有为领袖为表率，像沙皇彼得大帝当年化装成下属去荷兰留学，华盛顿拒当国王，伊莎贝拉资助哥伦布，因为出自新教，伊丽莎白终身不嫁，戴高乐的自由法国运动，列宁的新经济政策，无不以精英人物为表率，这是他们的共同点。

他们的不同点是什么呢，就是政体上既有君主立宪，也有共和制；经济体制上既有自由市场经济也有计划经济，像"大萧条"时期，苏联当时的计划经济最好；对外开放上既有照搬他人，也有立足自身；推行手段上既有温和的妥协方式也有强硬方式；对外扩张上既有武力扩张也有经济扩张；国家统一上既有经济手段为主的，也有武力手段为主的。这就说到体制，我们觉得这国体制好，那国体制好，我倒觉着，你说哪国体制好？只要时间长了，它不影响生产力的发展，有利于生产力的发展，有利于生产关系的改善，国民接受了就是好体制。你说英国和法国这两个国家，从自然和地理，他们差多少？差不多，但是法国大革命实行共和体制，英国光荣革命实行君主立宪体制，都挺好的。所以适应了，符合国情就好，所以这是 500 年回放——风水轮流转。

那么百年前瞻——危机是一个转折点呢？现在美国面对十个棘手问题：一个经济复苏、债务危机、政治下届大选；一个就是社会犯罪，枪支、吸毒、犯罪、移民、占领华尔街等；再一个是他的霸权文化同世界其他文化的冲突；再一个就是伊拉克、阿富汗战争如何收场，包括利比亚，卡扎菲的终点就是利比亚内乱的起点，看怎么收场；再一个遏制中、俄；另外是和欧洲的明争暗斗；另外一个是中东动乱后的结局及巴以问题；再一个是如何对付拉美后院左转及朝鲜、伊朗、古巴、委内瑞拉等叫板国家。所以我判断，一方面，美国将出现波浪式的退潮。另一方面，瘦死骆驼比马大，它强大的硬实力和软实力，特别是它的"黑三角"，就是高科技、军力和美元，美国的退潮是缓慢的，不会一退到底。所以，话说"天下大事，合久必分，分久必合"，话说"国家实力，兴久必衰，衰久必兴"，这是辩证法，为什么我一再强调要你们多学点哲学。

站在哲学的高度，借鉴历史的经验，依据当今的形势，我预测 30～50 年，世界将出现一些与美国平起平坐的国家，英国的今天就是美国的明天。50～100 年，世界将出现一些超美的国家，意大利的今天就是美国的后天，意大利文化曾引领世界潮流。100 年以后，世界将出现一批超美的国家，希腊的今天就是美国大后天，希腊文化也曾引领世界潮流，我们都讲"言必称希腊"。总之，欧洲的今天就是美国的未来。由于矛盾的激化，科技的发展，人类的智慧，这个变化可能加速，也可能减速。但是除了变是不变的以外，一切都是可变的，这是我讲的第二个问题。

第三个问题，金融危机后的世界新格局。我提了当今中美的十个大格局，因为时间的关系，我就不讲了。最后一个是中国的机遇与挑战，中国的机遇，也不讲了，我想说说挑战。我认为有十个挑战，一个是经济发展的挑战；第二个是社会矛盾凸显期的挑战，现在社会矛盾已经上升到主要矛盾；第三个是推进政治体制改革的挑战；第四个是科技创新能力的挑战；第五个是外交纵横捭阖水准的挑战。我们穷的年代还能进联合国，穷朋友把我们抬进去的，我们现在富了，却没有朋友；第六个是提高国防实力的挑战；第七个是增强国民素质的挑战；第八个是处理民族关系的挑战；第九个是处理港台问题的挑战；第十个是我们传统文化的弘扬和外来文化怎么吸纳的挑战。

这十个挑战，因为时间关系没法展开，我想说说解决社会矛盾增强国民素质的问题。外国人对中国人什么看法，我告诉你们七个字，叫"羡慕、嫉妒、瞧不起"。羡慕，羡慕中国的发展速度；嫉妒，他心态不平衡，所以嫉妒；瞧不起，对我们的国民素质瞧不起，横穿马路、随地吐痰、大声喧哗、到处炫耀、到处造假，对我们的国民素质瞧不起。我最近看了《人民日报》办的《旅程信息》上有一个段子，我给你们读一下：现在中国人没有精气神，中国男足怎么打入世界杯？我后来想了想，就想出了一招，通过运作使得中国男足出线。第一步是国际足联能分给南极洲一个名额；第二步是中国男足被分到南极洲赛场；第三步是和企鹅争夺出线权；第四步是客场在南极洲逼平企鹅；第五步是主场安排在三亚，把企鹅全热死，中国出线！这个讽刺从男足的一件事情反映我们的精气神。

现在赶上 500 年风水轮流转这么一个机遇，我们要有个精气神，抓住这个机遇。所以有责任感的中国人都要认识到中国正在进入这样一个阶段：战略机遇期和矛盾凸显期并存的阶段。这个并存阶段，我简单讲十个观点：物质的高速发展同时引发了一系列新矛盾，我们提出科学发展观，但没有落实。第二个精神道德水准普遍下滑，但传统伦理观因为长期受儒家文化的影响还是主导。第三个社会矛盾突出，但总体上还是相信共产党。第四个实用主义总体成为目前政治、经济、军事、文化、外交、医疗、教育，包括交友一切活动的出发点和落脚点，甚至已经可悲地内化为国人的自觉行动。所以现在不是请客就是吃饭，有钱人终成眷属，现在社会就这么一个现状。第五个"一差""六腐"就是收入分配差距过大，形象腐败、经济腐败、立法腐败、公益腐败（什么叫公益腐败，就是医疗教育，你现在考个研究生，要没几个人，不送点礼，恐怕也很难考得上）、新闻腐败、学术腐败，包括我前面说的男足体育腐败，这个现象成为人人痛恨的社会现象，所以产生现在的"三仇"——仇富、仇官、仇名人。所以"桃花潭水深千尺，不如我爸是李刚"，现在是不如我爸李双江。切蛋糕比做蛋糕更难，邓小平当年讲，解决发展起来以后的问题比解决发展的问题更难。第六个问题是中国老百姓是最好的老百姓，但是你要知道老百姓有"四性"。第一个是忠诚性；第二是忍耐性，受儒家文化的影响，这是好的两点，但是还有两点：从众性、失控性。这和俄罗斯、苏联的文化教育不一样，苏联解体后，那么困难，俄罗斯人还是排队买面包，我们要是那种情况那就天下大乱了，所以中国出事就出大事。

第七，这些都是前进中的问题，不前进就没有这些问题。退回30年，我们还是计划经济分配，可能还没有这么多社会矛盾，这是世界各国转型期的共同问题。人心浮躁、腐败严重、社会矛盾突出，100年前，美国也这样啊。泰坦尼克号是怎么回事，你们可能不一定清楚。泰坦尼克号是在北爱尔兰的贝尔法斯特造出来的，被摩根买去。买去的时候四个发动器坏了一个，但是为了能够早点赚钱，还是投入商业运行。为了快点赶到加拿大，一下子撞上了冰山。但是经过老罗斯福的进步运动，美国新的道德观树立起来了。所以我们也需要一场百年前美国式的"进步运动"。第九个观点是德治和法治结合，以德为主，单纯管制不解决根本问题，甚至会激化矛盾。孔子讲"道之以政，齐之以刑，民免而无耻；道之以德，齐之以礼，有耻且格"。就是说有各种规定，不准这个不准那个，犯了就判刑，老百姓可以不这么做，但不从心里认为这么做可耻。如果"道之以德，齐之以礼"，就是告诉你为什么不能

这么做，你自觉地不去这么做，就"有耻且格"，他知道这么做是耻辱的，他就自觉地规范自己，这样才行。

最后一句话呢，中国有能力跨过这一阶段。甭管在国内看到处都是社会矛盾，你出国再回头看还是中国最好。我出国比你们多得多，我有亲身感受，不仅是发展中国家，就是发达国家，目前都羡慕中国的发展速度。但是我们一定要头脑清醒，认清这个问题。我们现在正处在三岔路口，不能走回头路，也不能简单地照搬别人的路，要走自己的路。

时间的关系，后面我还想讲讲金融怎么办，实际上这是我的老本行，搞了 30 年，但是没时间讲了，我想了十个问题，两个小时还讲不完，就算了吧，已经两个小时了，不行以后有机会讲第二讲，今天就到这吧。

最后我再讲一句话，引用毛主席的一句话：我们中华民族有在自力更生的基础之上光复旧物的决心，有自立于世界民族之林的能力，这个军队具有一往无前的精神，他会压倒一切敌人而绝不会被敌人所屈服！希望这个世界是你们的也是我们的，但归根结底是你们的，你们青年人朝气蓬勃好像早晨八九点钟的太阳，希望寄托在你们身上！

主持人（黄晓勇）：非常非常感谢唐双宁董事长给我们做了一个博学的、生动的、深刻的、前沿的精彩报告。第一个是博学的，刚才不仅有金融学、有哲学、有历史学很多方面；第二个语言非常地生动，比喻也非常地精当；思想也非常深刻；所用的资料是截至今天早上四点的，所以非常前沿。

让我们再一次以热烈的掌声感谢唐双宁董事长！同时我们期待唐双宁董事长在不久的将来再续上这次讲座作为第二讲，再一次期待唐双宁董事长！提问也留在下次吧！谢谢大家！

（录音整理：黎越亚；初稿整理：刘大胜）

后 记

  "社科大师大讲堂"是以工作组的形式组织的一次大型系列讲座活动，该活动花费时间之长、投入精力之大、涉及部门之多在同类活动中实为少见。该活动能获得广大师生的一致认可，是与各方面的理解和支持分不开的。在此，大讲堂工作组全体成员对所有的支持力量表示衷心的感谢！

  首先，要感谢诸位嘉宾的莅临。他们作为社会各界名流，于百忙之中抽身前来作精彩演讲，是对我们工作的最大支持。

  其次，要感谢我院领导的亲切关怀和我院相关部门的积极配合。正是由于他们的鼎力相助，才有力地保证了大讲堂活动的顺利运行。

  最后，要感谢研究生院师生员工的热情参与。因为他们的热情参与和踊跃发言，才使得每一次讲座都充满活力。

  或许由于大讲堂活动起了示范作用，之后我院其他部门也举办了类似的系列讲座活动，同样反响良好，受到广大同学的青睐，我们由衷地为此感到欣慰。

  回顾这半年来的工作经历，我们难免唏嘘。在为所取得的收获兴奋之余，也为工作中出现过的疏漏深感惭愧。大讲堂是一个程序性、系统性非常强的工作，尽管大家都尽心尽力，然而还是不可避免地会因为主客观因素而偶尔导致工作细节上的失误，虽然工作组成员想方设法予以弥补，这些细节也没有影响整体质量，但还是提醒我们在今后的工作中要更加注意工作方法，更加注重细节把握，以精益求精的态度把各项工作做好。

"社科大师大讲堂"工作组

2012 年 6 月 25 日

图书在版编目（CIP）数据

笃学大讲堂. 第 1 辑 / 黄晓勇主编. —北京：
社会科学文献出版社，2013.1
（中国社会科学院研究生院文丛）
ISBN 978 - 7 - 5097 - 3960 - 0

Ⅰ. ①笃…　Ⅱ. ①黄…　Ⅲ. ①社会科学 - 文集
Ⅳ. ①C53

中国版本图书馆 CIP 数据核字（2012）第 260359 号

·中国社会科学院研究生院文丛·
笃学大讲堂（第一辑）

主　　编 / 黄晓勇

出 版 人 / 谢寿光
出 版 者 / 社会科学文献出版社
地　　址 / 北京市西城区北三环中路甲 29 号院 3 号楼华龙大厦
邮政编码 / 100029

责任部门 / 经济与管理出版中心（010）59367226　　责任编辑 / 高　雁
电子信箱 / caijingbu@ ssap. cn　　　　　　　　　责任校对 / 李瑞芬
项目统筹 / 恽　薇　　　　　　　　　　　　　　　责任印制 / 岳　阳
经　　销 / 社会科学文献出版社市场营销中心（010）59367081　59367089
读者服务 / 读者服务中心（010）59367028

印　　装 / 北京鹏润伟业印刷有限公司
开　　本 / 787mm×1092mm　1/16　　　　　印　　张 / 21
版　　次 / 2013 年 1 月第 1 版　　　　　　　彩插印张 / 0.5
印　　次 / 2013 年 1 月第 1 次印刷　　　　　字　　数 / 363 千字
书　　号 / ISBN 978 - 7 - 5097 - 3960 - 0
定　　价 / 65.00 元